종교의 기원

종교의 기원

지크문트 프로이트 이윤기 옮김

일러두기

1. 열린책들의 『프로이트 전집』 2020년 신판은 기존의 『프로이트 전집』(전15권, 제2판, 2003)을 다시 한 번 교열 대조하여 펴낸 것이다. 일부 작품은 전체를 재번역했다. 권별 구성은 제2판과 동일하다.

2. 번역 대본은 독일 피셔 출판사S. Fischer Verlag 간행의 『지크문트 프로이트 전집*Sigmund Freud Gesammelte Werke*』과 현재까지 발간된 프로이트 전집 가운데 가장 충실하고 권위 있는 전집으로 알려진 제임스 스트레이치James Strachey 편집의 『표준판 프로이트 전집*The Standard Edition of the Complete Psychological Works of Sigmund Freud*』을 사용했다. 그러나 각 권별 수록 내용은 프로이트 저술의 발간 연대기순을 따른 피셔판 『전집』이나 주제별 편집과 연대기적 편집을 절충한 『표준판 전집』보다는, 『표준판 전집』을 토대로 주제별로 다시 엮어 발간된 『펭권판』을 참고했다.

3. 본 전집에는 프로이트의 주요 저술들이 모두 수록되어 있다. 다만, (1) 〈정신분석〉이란 용어가 채 구상되기 이전의 신경학에 관한 글과 초기의 저술, (2) 정신분석 치료 전문가들을 위한 치료 기법에 관한 글, (3) 개인 서신, (4) 서평이나 다른 저작물에 실린 서문 등은 제외했다. (이들 미수록 저작 중 일부는 열린책들에서 2005년 두 권의 별권으로 발행되었다.)

4. 논문이나 저서에 이어 ( ) 속에 표시한 연도는 각 저술의 최초 발간 시기를 나타내며, 집필 연도와 발간 연도가 다를 경우에는 [ ] 속에 집필 연도를 병기했다.

5. 주석의 경우, 프로이트 자신이 붙인 원주는 각주 뒤에 〈 — 원주〉라고 표시했으며, 옮긴이주는 별도 표시 없이 각주 처리했다.

6. 본문 중에 용어의 원어가 필요할 때는 독일어를 병기했다.

차례

강박 행동과 종교 행위

Zwangshandlungen und Religionsübungen(1907)

이 논문은 1907년 2월, 브레슬러Bresler와 포어브로트Vorbrodt 가 주관하던 정기 간행물 창간호를 위해서 쓰였다. 이 논문은 종교 심리학에 대한 프로이트의 교두보 노릇을 하는 동시에 5년 뒤 「토템과 터부」에서 한층 더 광범위하게 다루어진 주제를 향한 확실한 디딤돌 노릇을 한다. 그 밖에도 이 글은 이보다 10년쯤 앞선 브로이어 시대 이후에 등장한, 강박적인 신경증에 대한 프로이트의 첫 논문이라는 점에서도 대단히 흥미롭다. 바로 이 논문에서 프로이트는, 뒷날 「쥐 인간 — 강박 신경증에 관하여」(프로이트 전집 9, 열린책들)에서 상술하게 되는 강박 징후 기제에 대한 밑그림을 그리기도 한다. 그러나 여기에서는 아직 그 치료법에 대해 언급하고 있지 않다.

프로이트가 평생의 저작에서 다룬 정신 장애 중에서 강박 신경증은 그가 가장 자주 검토했던 주제였을 것이다. 후반기 작업을 통하여 프로이트가 내린 결론은 다음과 같다. 〈강박 신경증은 분석 연구 주제 중 가장 흥미롭고 보람 있는 주제일 것이다. 그러나 문제로서의 강박 신경증은 아직 확립된 것이 아니다.〉

이 논문은 1907년 『종교심리학지 *Zeitschrift für Religionspsychologie*』 제1권 1호에 처음 실렸으며, 『신경증에 관한 논문집 *Sammlung kleiner Schriften zur Neurosenlehre*』 제2권(1909), 『전집 *Gesammelte Werke*』 제7권(1941)에도 실렸다.

영어 번역본은 1924년 맥워터스 R. C. McWatters가 번역하여 "Obsessive Actions and Religious Practices"라는 제목으로 『논문집 *Collected Papers*』 제2권과 『표준판 전집』 제9권(1959)에 실렸다.

강박 행동과 종교 행위

나는 환자들에게서 발견되는 이른바 강박적인 행동이라는 것과, 종교인들이 신심(信心)에 표정을 부여하는 수단으로서의 과민한 집착과 종교 의식이 유사한 데 충격을 받은 사람이지만, 그런 사람이 나뿐만인 것은 아니다. 이런 종류의 강박적인 행위에 〈의례(儀禮)〉라는 술어가 사용되고 있다는 것이 바로 그 증거다. 그러나 내가 보기에 이 유사성은 피상적인 데 머물지 않는다. 따라서 신경증적 의례의 기원에 대한 통찰은 유추 과정을 통해 종교 생활의 심리학적 과정에 대한 추론을 가능케 할 듯하다.

강박적인 행동이나 의례에 집착하는 사람들은 강박적인 생각, 강박 관념, 강박적인 충동 같은 것으로 고통받는 사람들과 같은 계층에 속한다. 이 두 계층의 경향을 종합하면 하나의 특수한 임상적 실체를 형성하게 되는데, 우리가 일상적으로 쓰는 〈강박 신경증Zwangsneurose〉이라는 술어가 적용되는 것도 바로 이 실체에 대해서이다.[1] 그러나 이 병의 이름에서 병의 성격을 추론해서는

---

1 뢰벤펠트Löwenfeld가 쓴 『정신적 강박 현상Die psychischen Zwangserscheinungen』(1904)을 참고할 것 — 원주. 뢰벤펠트에 따르면 〈Zwangsvorstellung〉이라는 술어는 1867년 크라프트-에빙Krafft-Ebing이 처음으로 쓴 것이다. 〈강박 신경증〉이라는 개념(그리고 술어 자체)은 프로이트 자신이 창안한 것이다. 이 술어가 처음 등장하는 출판물은 1895년에 발표된 불안 신경증에 대한 첫 논문이었다. 「신경 쇠약증에서 〈불안 신

안 된다. 엄밀하게 말하면 다른 일련의 병리학적 정신 현상도 얼마든지 〈강박적〉 특징을 보일 수 있다는 것이다. 우리는 이 정신 현상을 정의하는 대신 현재로서는 이런 상태에 대한 자세한 지식을 얻는 것에 만족할 도리밖에 없는데, 그 까닭은 우리가 아직 강박 신경증의 기준을 획득하지 못했기 때문이다. 우리는 지금 모든 병증에서 강박 신경증의 흔적을 보고 있는 듯하지만 사실 이것은 우리 정신의 심층에 자리하고 있는 것으로 보인다.

  신경증적 의례는 특정 일상 활동에 대한 사소한 조정 행위로 이루어진다. 말하자면 특정한 일상 활동에 사소한 무엇을 보태거나, 제한하거나, 각색하는 것으로 이루어진다는 것이다. 이러한 행동은 늘 같은 식으로 이루어지기도 하고, 방식은 일정하되 양상은 다양하게 이루어지기도 한다. 이러한 행위는 언뜻 보면 단순한 형식에 지나지 않는다는 인상을 주기도 하고, 우리가 보기에는 별 의미가 없는 것 같기도 하다. 환자들에게도 두드러진 증상으로 나타나는 것은 아니다. 그러나 환자들에게 문제되는 것은, 환자들은 이런 일상적인 일을 포기하지 못한다는 데 있다. 환자들은 이런 의례에 태만할 경우 불안해서 견디지 못한다. 그러므로 어떻게 하든지 환자들에게서 이런 것을 벗겨 주어야 한다. 의례적인 행동 같은 하찮은 일상 행동, 가령 옷을 입는다거나 벗는다거나, 잠자리에 든다거나 육체의 요구를 만족시키거나 하는 이런 행동이 문제되는 것은 이것이 미화와 복잡화의 과정을 거치고, 때로는 의례에 의해 과장되기도 하는 상황이나 행위를 도출하기 때문이다. 의례적인 행동은 일련의 불문율을 따르는 것이라고 해도 좋다. 가령 수면 의례의 경우를 예로 들어 보자. 신경증 환자라

경증)이라는 특별한 증후군을 분리시키는 근거에 관하여」(프로이트 전집 10, 열린책들)를 참조할 것.

면 의자는 침대 옆 특정 장소에 놓여 있어야 하고, 옷은 특정한 방식에 따라 그 위에 정리되어 있어야 하며, 이불은 특정 부분이 시트 밑으로 접혀 들어가 있어야 하고, 시트는 부드러워야 하며, 베개는 이러저러한 식으로 놓여 있어야 하고, 환자 자신의 몸은 정확하게 미리 정해진 위치에 놓여야 한다. 환자는 이런 상태가 되어야 잠들 수 있다. 병증이 가벼운 경우 이러한 의례적 행위는 일반적인 수면 과정에서 조금 과장된 것, 따라서 관례적인 것, 보아 넘길 수 있는 것으로 보일 수도 있다. 그러나 환자가 이런 행위에 특별히 세심한 주의를 기울이고, 이렇게 하지 않으면 불안을 느낄 경우 이런 의례적 행위에는 〈신성한 행위〉라는 낙인이 찍힌다. 대개의 경우 중증 환자는 이런 행위를 방해받는 것을 참지 못하고, 이런 행위를 하고 있을 때 다른 사람이 곁에 있는 것을 견디지 못한다.

특정한 행위에 어떤 의미를 덧붙이고 공을 들인다든지, 중지와 반복을 통하여 일정한 주기적 성격을 부여할 경우도 넓은 의미에서의 강박 행위라고 할 수 있다. 〈의례적인 행위〉와 〈강박적인 행위〉를 딱 잘라 구분하기는 쉽지 않다. 대체로 보아 강박적인 행위는 의례적인 행위에서 발전한 것이라고 할 수 있다. 이 두 가지 이외에 금제(禁制)와 의지 상실abulias이 신경 장애의 내용물을 구성하기도 한다. 특정한 행위가 환자에게 완전히 금지되고, 다른 환자들에게도 이 환자에게 규정된 의례적 행위에 준해야 할 경우, 이런 금제와 의지 상실이 실제로 강박적 행위 역할을 하기도 한다.

주목할 만한 것은, 이 강박과 금제(어떤 일을 해야 한다는 것과 어떤 일은 해서는 〈안 된다〉는 것)는 처음 환자의 독자적인 활동을 통해서 나타났다가도 오랫동안 그 환자의 사회적인 역할에 아무 영향도 미치지 않는다는 점이다. 따라서 이러한 신경증 환자

는 자신의 고통을 사적인 것으로 치부하고 몇 년이든 감추는 것
도 가능하다. 실제로 의사에게 증세를 호소하는 환자 수보다 더
많은 환자들이 강박 신경증이라는 병으로 고통을 받고 있기도 하
다. 많은 환자들은 이런 장애가 있는데도 불구하고 일상생활이라
는 사회적 의무를 제대로 수행할 수 있기 때문에 이를 감추고 사
는 데 별 어려움을 겪지 않는다. 따라서 멜뤼진Mélusine[2]처럼 숨
어서 몇 시간이고 은밀한 행동에 전념할 수도 있는 것이다.

신경증적 의례 행위와 종교 의례의 신성한 행위 사이의 공통점
을 지적하기는 어렵지 않다. 이 양자에서 공통되는 것은 이 행위
에 태만할 경우 불안에 휩싸인다는 점, 다른 행위와는 완벽하게
분리된다는 점(틈입이 철저한 금제가 되어 있는 것으로 보아), 그
리고 처음부터 끝까지, 또 세부 사항에 이르기까지 지극히 세심하
다는 점이다. 그러나 차이를 지적하는 일 또한 어렵지 않다. 그 차
이 중 몇 가지는 비교 자체가 신성 모독으로 느껴질 정도로 두드
러진다. 정형화한 제의의 성격(기도, 동쪽 향하기[東方定位] 등)
에 견주어 (신경증적) 의례 행위의 개인적 변이성(變異性)이 현저
하게 크다는 점, 종교 의례는 공적이고 사회적인 데 견주어 신경
증적 의례 행위는 그 성격이 지극히 사적이라는 점, 그리고 무엇
보다도 종교 의례의 일거수일투족은 의미심장하고 상징적 의미
로 가득 차 있는 데 견주어 신경증적 의례 행위는 하찮고 어리석
어 보인다는 점이다. 바로 이런 의미에서 강박 신경증은 반은 희
극적이고 반은 비극적인 사적인 종교의 서툰 흉내이다. 그러나
이 신경증적 의례와 종교적 의례 사이의 현저한 차이가 일거에
해소되는 것은 바로 정신분석적 연구 조사 기법의 도움을 받아
강박 행위[3]의 진정한 의미를 꿰뚫어 볼 수 있게 될 때인 것이다.

2 은밀하게 물의 요정 행세를 하면서 살았던 중세 전설 속의 미녀.

그런 연구 조사 과정을 통해서 엉뚱하고 무의미해 보이는 강박 행위의 외관은 완전히 지워지고, 그런 외관을 지니게 된 이유가 설명된다. 연구 조사를 통하여 밝혀진 바에 따르면 강박 행위는 그 하나하나가 완벽한 의미를 지니는 것이고, 개인의 중대한 관심사를 반영하며 여전히 영향을 미치고 있는 경험과 감정에 집중된 사고를 표현한다. 강박 행위는 두 가지 방식을 통하여, 말하자면 직접적인 방법과 상징적인 표상 작용을 통하여 이런 일을 한다. 따라서 강박 행위의 역사적 의미와 상징적 의미는 해석이 가능한 것이다.

나의 논점을 분명하게 하기 위해 몇 가지 예를 들겠다. 정신 신경증에 대한 정신분석학적 연구 조사 결과에 관심을 가진 사람이라면 강박 행위나 의례 행위를 통해 나타난 것들이 환자 자신의 내면적인 것, 더구나 대부분은 환자 자신의 성적 경험의 산물이라는 것을 알게 되어도 그렇게 놀라지 않는다.

(a) 내가 관찰해 온 한 소녀는 세수가 끝난 뒤 반드시 대야를 몇 차례씩 헹구는 강박 현상을 보였다. 이러한 의례적 행위의 의미는 〈재계(齋戒)가 끝나기까지는 더러운 물을 버리지 말라〉는 다분히 격언적 속담에 그 근거를 두고 있다. 그 소녀의 이러한 행위는 소녀가 좋아하는 언니에 대한 경고를 담고 있다. 소녀는 언니에게, 더 나은 사람을 만나기 전에는 비록 불만스럽더라도 현재의 남편과 이혼하지 말 것을 경고하고 있는 것이다.

(b) 남편과 별거하고 있던 한 여자 환자도 강박 현상을 보이고

3 신경증에 관한 나의 논문을 참고할 것 — 원주. 『히스테리 연구』(프로이트 전집 3, 열린책들), 「신경 쇠약증에서 〈불안 신경증〉이라는 특별한 증후군을 분리시키는 근거에 관하여」, 「신경증의 병인에서 성욕이 작용하는 부분에 대한 나의 견해」(프로이트 전집 10, 열린책들) 참조.

있었다. 이 환자는 음식을 먹을 때마다 음식 중에서 가장 좋은 부분을 남기곤 했다. 가령 구운 고깃덩어리를 먹을 때는 꼭 거죽만 먹는 식이다. 이러한 자기 부정 강박증은, 이 강박증이 생기게 된 날짜만으로 그 까닭을 설명할 수 있다. 환자가 이러한 증상을 보인 것은 남편에게 부부 관계의 지속을 거절당한 날부터였다. 바로 그날부터 이 환자는, 가장 좋은 것은 늘 거절하게 된 것이다.

(c) 위에서 예로 든 환자는 앉을 때는 반드시 특정 의자에만 앉았고, 거기에서 일어날 때는 힘을 몹시 들이고서야 일어날 수 있었다. 환자가 처해 있는 결혼 생활 상태로 보아 그 의자는 남편을 상징했다. 그러니까 환자는 여전히 남편에게 충실한 아내 노릇을 하고 있는 것이다. 환자는 자신이 보이는 강박적 현상에 대해 이렇게 설명했다.

「한번 자리 잡으면(남편, 의자) 떨어지기가 힘들어요.」

(d) 상당 기간 동안 이 환자는 특별한 주의를 요하는, 그러나 터무니없는 강박 행위를 계속했다. 환자는 자기 방을 나와서 한가운데 탁자가 놓여 있는 방으로 들어가곤 했다. 일단 그 방으로 들어가면 여자는 나름의 방법으로 탁자 위에다 상보를 깔고 종을 울려 하녀를 불렀다. 하녀가 부름을 받고 들어오면 환자는 별것도 아닌 심부름을 보냄으로써 하녀를 내치곤 했다. 이러한 강박 현상에 대한 설명을 시도하면서 환자는, 상보 한구석에는 얼룩이 있는데 그녀는 어떻게 하든지 하녀에게 그 얼룩이 보이도록 상보를 깐다고 했다. 이러한 강박 현상은 환자의 결혼 생활 경험의 재현임을 보여 준다. 결혼한 이후 환자에게는 풀어야 할 문제가 있다는 데 생각이 미쳤다. 결혼 당일 밤에 환자의 남편은 예사롭지 않은 난관에 봉착했다. 자신의 발기 부전증을 발견한 것이다. 〈그날 밤 남편은 몇 차례나 자기 방에서 아내의 방으로 들어와〉 초야

의 성사를 시도했다. 다음 날 아침이 되자 남편은, 잠자리를 정리하는 호텔 하녀에게 부끄럽다면서 붉은 잉크 한 병을 꺼내어 시트 위에다 쏟았다. 그러나 손길이 형편없이 미숙했던 이 남편은 자신이 노리던 부위와는 상관 없는 부위에 잉크를 쏟고 말았다. 따라서 환자는 강박 행위를 통해 이 첫날밤을 재현하고 있었던 것이다. 두 사람의 결혼 생활은 〈침대와 식탁Bett und Tisch〉[4] 꼴이 되고 만 것이다.

(e) 이 환자가 보이기 시작한 또 하나의 강박적인 증상, 즉 돈을 지불할 때는 일일이 그 돈의 일련 번호를 기록하는 행위도 이 환자의 개인사를 통해 분석이 가능하다. 이 환자가 믿을 만한 남자를 찾아내면 남편과 헤어지겠다는 생각을 하고 있을 때, 해수욕장에서 한 사내로부터 구혼을 받았다. 그러나 환자는 새로 만난 남자의 진실성에 다소간 의문을 품고 있었다. 어느 날 수중에 잔돈이 없다는 것을 안 환자는 남자에게 5크로넨짜리 경화(硬貨)를 잔돈으로 바꾸어 달라고 부탁했다. 남자는 잔돈으로 바꾸어 주고 그 경화를 받아 주머니에 넣으면서, 아주 자랑스러운 듯이 사랑하는 여인의 손길이 닿은 돈이니만치 그 돈을 쓰지 않겠노라고 말했다. 나의 환자는 이후에도 그 남자를 여러 차례 만났는데, 그때마다 그 돈을 보여 주면 남자의 의도가 진실한 것으로 확인이라도 되는 듯이 그때의 그 5크로넨짜리 경화를 보여 달라고 말하고 싶은 유혹을 느꼈다. 그러나 나의 환자는 그 유혹을 억눌렀다. 같은 5크로넨짜리 경화가 여러 개 있으면 그때의 그 돈을 확인할 수 없을 것이라는 이유에서였다. 이런 식으로 새 남자에 대한 내 환자의 의혹은 해소되지 못했다. 이때부터 내 환자는 특정

---

4 합법적인 별거separatio a mensa et toro, 즉 침대와 식탁처럼 떨어진다는 데서 나온 말.

화폐를 구별해 내기 위해 화폐의 일련 번호를 일일이 기록하는 강박적인 증세를 보이기 시작했다.

내가 경험한 수많은 사례 중에서 뽑아낸 이 몇 가지 사례를 소개하는 뜻은, 그러므로 다른 데 있는 것이 아니다. 강박적인 행위에 관한 한 하나하나의 행위에는 다 의미가 있고, 따라서 해석이 가능하다는 나의 주장을 뒷받침하기 위해서이다. 엄밀한 의미에서는, 의례적인 행위에 대해서도 같은 말을 할 수 있다. 의례적인 행위의 경우, 이것을 논증하자면 더 많은 정황적인 증거 제시가 요구될 뿐이다. 나는 강박 행위에 대한 나의 이 설명이 종교적인 관념이 지니는 영역의 상당 부분을 잠식하고 있다는 점을 잘 알고 있다.

강박 행위가 병이냐 아니냐 하는 것은, 강박에 복종하는 당사자가 아무리 하찮은 것이든 그 의미를 알고 하느냐 모르고 하느냐에 달려 있다. 강박 행위의 의미를 의식하고, 더불어 그 강박 행위를 하게 만드는 동기를 의식하는 일은 정신분석학적 치료를 통해서만 가능하다. 나는 극히 중요한 이 사실을, 강박 행위는 〈무의식적〉동기와 〈무의식적〉사고를 반영한다는 말로 대신하고자 한다. 이러한 진술을 통해 우리는 종교적 관습과는 조금 떨어진 듯한 느낌을 받는다. 그러나 우리가 주목해야 하는 것은, 평범한 신앙인들 역시 그 의미를 알지 못한 채 대체로 의례적인 행위를 하고 있다는 점이다. 물론 사제들이나 과학적인 연구 조사자들은 의례의 의미 — 대개는 상징적인 — 에 어느 정도 익숙해져 있다. 그러나 모든 신앙인들에게 종교적인 관습을 행동으로 드러내게 하는 동기는 알려져 있지 않거나, 그들의 의식 속에서 생각한 것보다 훨씬 의미심장한 형태로 나타나는 것이 보통이다.

강박 행위에 대한 분석 작업은 강박 행위의 원인과 강박 행위에 이르는 일련의 동기를 이해하는 데 요긴한 길을 열어 왔다. 강박과 금제의 고통을 받는 환자들은 죄의식이 무엇인지도 모르면서도 일종의 죄의식 같은 것에 사로잡힌 것처럼 행동한다고 우리는 말할 수 있다. 환자가 모르고 있는 만큼 우리는 이 죄의식을, 용어상 약간의 모순이 없는 것은 아니지만 어쨌든 무의식적 〈죄의식Schuldbewußtsein〉[5]이라고 불러 보기로 하자. 이 죄의식은 정신과 관련된 과거의 사건에 그 뿌리를 두고 있다가, 유사한 자극이 있으면 예외 없이 되살려지는 새로운 유혹에 의해 끊임없이 재생되곤 한다. 더구나 여기에는 잠복해 있던 가상적인 불안, 불행에 대한 예감이 수반된다. 불행에 대한 예감은 죄에 상응하는 벌에 대한 예감을 통하여 유혹의 내적 지각과 연결된다. 의례적 행위가 처음으로 발생할 때는 환자도, 병이 깊어지지 않도록 이러저러한 짓은 경계해야 한다는 것을 의식한다. 말하자면 환자는 대체로 그런 의례적인 행위를 통해 예견되는 불행을 의식적으로 알고 있는 것이다. 그러나 환자가 알지 못하는 것은 가상적인 불안이 야기되는 경우와, 이 가상적인 불안이 위험을 가중시키는 경우의 — 항상 논증이 가능한 — 관계이다. 이렇게 해서 의례적 행동은 〈방어 행위〉 혹은 〈방어 수단인 대비책〉으로 시작된다.

강박 신경증의 죄의식과 아주 흡사한 것이 바로 진심으로 자기네들은 용서받을 수 없는 죄인이라고 생각하는 종교인들의 확신이다. 종교인들의(기도, 주문 등과 같은) 일상생활과 특수한 비일상적 행사를 지배하는 경건한 의식도 방어 혹은 방어 수단과 같은 의미를 지니는 것으로 보인다.

---

5 독일어의 〈죄의식Schuldbewußtsein〉은 글자 그대로 〈죄의 의식〉을 뜻한다. 프로이트의 사상에서 중요한 자리를 차지하는 이 용어는 여기에서 처음으로 등장하는 듯하다.

병증의 기저에 잠복해 있는 근본적인 요소를 검토해 보면 강박 신경증 기제에 대한 보다 깊은 통찰도 가능해진다. 이 근본적인 요소가 무엇이냐 하면, 환자의 병증을 통해 나타나는 〈본능 충동 (성적 본능의 한 구성 요소)의 억압〉이다. 본능 충동*Triebregung*은 어린 시절에는 겉으로 드러나는 것이 어느 정도 허용되다가 뒤에 억압의 대상이 된다. 이러한 본능의 억압이 진행되는 과정에서 특수한 〈양심성〉이 생기고, 이 양심성은 본능이 겨냥하는 것과는 반대되는 것을 지향한다. 그러나 이러한 심적 반작용 구조는 위기를 느끼는 동시에, 끊임없이 무의식에 잠재되어 있는 본능의 위협을 받는다. 억압된 본능의 영향은 유혹처럼 느껴지고, 억압 자체의 과정이 진행되면서 불안이 싹트는데, 이 불안은 마침내 불안의 예감 형태를 취한 미래를 지배하게 된다. 강박 신경증에 이르게 하는 억압의 과정은 부분적으로는 성공할 가능성을 지니되, 그 성공 또한 점증하는 실패의 위기를 맞는 것으로 보아야 한다. 말하자면 기왕에 생긴 본능의 압력을 견제하기 위해서는 새로운 심적 노력이 지속적으로 요구되는, 끊임없는 갈등 관계로 파악되어야 한다는 것이다. 이렇게 해서 의례적 행위와 강박적 행위는, 일부는 유혹에 대한 방어 수단으로, 또 일부는 예견되는 불안에 대한 방어 수단으로 발생한다. 그러나 유혹에 대한 방어 수단은 곧 부적당해지는 것으로 보인다. 이때 유혹을 발생시키는 상황과 거리를 두려는 목적으로 금제가 활동하기 시작한다. 이렇게 되면 금제가 강박적 행동의 자리를 차지한다. 이때의 금제는 히스테리성 발작의 예봉으로부터의 자기방어 기제인 공포증 노릇을 하는 것처럼 보인다. 이때 의례는 다시 한번, 아직은 절대적인 금제에 속하지 않은 것들을 허용하는 상황의 총화를 표상한다. 절대적인 금제에 편입되지 않은 것들을 허용하는 상황은 교회에

서 벌어지는 결혼식과 흡사하다. 신도들에게 교회의 결혼식은 자
칫 죄악이 될 수 있는 성적 쾌락을 용인하는 절차이기 때문에 그
렇다. 어떤 사물에 유난히 애착을 보이는 유사한 행위가 그렇듯
이, 강박 신경증이 지니는 그 밖의 특징은 그 드러남(강박 행위를
비롯한 그 증상)이 마음속의 적대하는 세력 간에 절충적 상황을
조성한다는 점이다. 적대하는 마음속의 두 세력은 원래는 막아야
하는데도 불구하고 이러한 쾌락적인 요소를 끊임없이 재현해 낸
다. 이 세력은 억압된 본능에 봉사하는가 하면, 본능을 억압하는
주체에 봉사하기도 한다. 신경증이 발전해 감에 따라 원래는 방
어에 주력하던 일련의 행위가, 유아기에는 본능의 표현을 가능케
하던 금지된 행위에 접근해 가는 것이다.

　이런 상황의 일부 양상은 종교 생활의 영역에서도 볼 수 있다.
종교의 형성 과정도 억압, 다시 말해서 특정한 본능적 충동을 단
념하는 데 그 바탕을 두고 있는 것으로 보인다. 그러나 신경증에
서 확인했듯이, 이러한 충동은 성적 본능만으로 이루어져 있는
것이 아니다. 성적인 내용물이 전혀 없는 것은 아니지만, 이러한
충동은 자기 본위의 사회에서 유해한 본능이다. 계속되는 유혹에
뒤따르는 죄의식, 신의 징벌에 대한 공포 형태의 불안은 신경증
의 경우보다 종교의 영역에서 훨씬 더 우리에게 낯익다. 성적인
내용물의 혼효(混淆) 때문이거나 본능의 일반적인 특성 때문이겠
지만, 본능의 억압은 종교 생활에서도 불가피한 과정으로 나타나
는 것으로 확인된다. 죄악으로의 완전한 타락은 신경증 환자보다
는 종교적으로 경건한 사람들에게 훨씬 일반적인 현상인데, 바
로 이러한 현상이 이른바 참회라고 하는 새로운 종교 활동의 형
태를 만들어 낸다. 강박 신경증 환자들에게도 여기에 상응하는
증상이 있다.

지금까지 우리는 강박 신경증 환자들이 보여 주는 의례적인 행위가 일상생활의 사소한 일과 밀접한 관계가 있고, 이런 것들이 터무니없는 규정과 이와 관련된 제한 조건을 통해 표현되는 강박 신경증의 기이하고도 우스꽝스러운 특징을 검토해 왔다. 그러나 우리는 꿈의 구조 속에서 내가 처음으로 발견한,[6] 심리적 〈전위Verschiebung〉의 메커니즘이 강박 신경증의 정신 작용을 지배한다는 것을 알지 못하면 이 임상적 상황의 주목할 만한 특징을 이해할 수 없다. 위에서 예로 든 강박적 행위의 몇몇 사례에 주목하면, 강박적 행위의 상징성과 그 세부적인 시행은 바로 이 전위 작용을 통하여 드러난다는 것은 분명해진다. 즉 실제하는 중요한 사물을 하찮은 것, 말하자면 남편을 의자로 전위시키는 것이 좋은 예다. 임상 상황을 완전히 뒤바꾸어 버리는 것, 하찮은 것을 지극히 중요하고 긴급한 것으로 바꾸어 버리는 것도 바로 전위가 지니는 이러한 경향 때문이다. 종교 분야에도 심적 가치의 유사한 전위 경향이 같은 방향으로 작용하고 있다는 것은 부인하기 어렵다. 말하자면 종교 관습의 사소한 의례들이 본질적인 것이 되면서 그 기초를 이루는 사고 체계를 옆으로 밀어내 버리는 것이다. 종교가 복고적인 개혁의 대상이 되고, 끊임없이 최초의 가치 균형을 회복하려고 하는 것도 바로 이 때문이다.

　　강박적 행위가 신경증적 징후로 드러내는 절충의 특징은 종교 관례에서 쉽게 찾아볼 수 있는 것이기도 하다. 그러나 종교가 금지하는 행위들 ─ 억압되어 있던 본능의 표현 ─ 이 얼마나 자주 종교라는 허울 좋은 이름으로 자행되고 있는지를 상기해 보면 신경증이 어떤 것인지 알 수 있을 것이다.

　　이러한 유사성과 상사성에 주목한다면 강박 신경증을 종교의

6 『꿈의 해석』(프로이트 전집 4, 열린책들) 참조 ─ 원주.

병리학적 내용물로 파악하고, 신경증을 개인의 종교성으로, 종교를 보편적인 강박 신경증으로 파악하는 것도 가능할 것이다. 이 양자에서 가장 중요한 유사성은 인간의 내부에 깃들어 있는 타고난 본능 발현의 체념이다. 가장 중요한 차이가 있다면 이 본능의 성격일 것이다. 신경증의 경우 이 본능은 성적인 것에서 오는 데 비해, 종교의 경우 이기적인 데서 솟아오른 것이라는 점이다.

타고난 본능을 발현시키면 자아는 기쁨을 누릴 수 있을 것이나, 이 본능의 체념은 인류 문화 발전의 바탕 중 하나다. 이 본능 억압의 일부는 바로 종교에서 비롯된 것이다. 종교는 개인에게 본능적인 쾌락을 신에게 제물로 바칠 것을 요구하기 때문이다. 말하자면 〈주님께서 말씀하시되, 내가 앙갚음을 하리라〉인 것이다. 고대 종교의 발전 과정을 눈여겨본 사람들은 인류가 〈부정한 것〉으로 알고 체념했던 많은 것들을 신들에게 되돌리고 바로 그 신의 이름으로 자행했다는 것을 알 수 있을 것이다. 그러니까 인류는 부정한 것, 사회적으로 해로운 본능을 신들에게 되돌림으로써 이를 본능의 지배로부터 자유로워지는 수단으로 삼았다는 것이다. 바로 이런 이유에서 인류의 모든 속성이, 그 속성에서 비롯된 악행까지도 고대 신들의 묘사에 무자비하게 동원되었다는 것은 우연이 아니다. 이러한 사실과, 신들이 본을 보였는데도 불구하고 인류에게는 부정을 정당화할 수 없다는 사실은 서로 모순되지 않는 것이다.

1907년 2월 빈에서

토템과 터부

토템과 터부
― 미개인과 신경증 환자의 정신생활에서 상당 부분 일치되는
점에 관하여

Totem und Tabu — Über einige Übereinstimmungen im
Seelenleben der Wilden und der Neurotiker(1913[1912-13])

프로이트는 서문에서 이 논문을 쓰도록 자극한 것은 분트
Wundt와 융C. G. Jung의 저작이었음을 밝히고 있다. 그러나 사실
사회 인류학에 대한 그의 관심은 물론 그 전으로 거슬러 올라간
다. 〈초고 N〉(1897년 5월 31일)에서는 〈근친상간의 기피〉를 검
토하면서 문화의 진보와 본능 억압의 관계를 다루고 있다. 그는
뒷날 자신의 논문 「〈문명적〉 성도덕과 현대인의 신경병」에서 다
시 이 문제로 돌아가는가 하면, 세월이 훨씬 더 흐른 뒤에 쓴 「문
명 속의 불만」에서도 이 문제를 다시 다루고 있다.

『꿈의 해석』 초판의 각주에 나오는, 군주 제도가 한 가정의 아
버지가 지니고 있던 사회적 지위에서 유래했음을 암시하는 짧막
한 대목도 주목할 만하다.

사회 인류학에 대해 프로이트가 공헌한 핵심은 이 논문에, 정
확히 말하자면 네 번째 소론에 처음으로 등장한다. 이 소론은 원
시군(原始群)과 원초적 아버지 살해에 대한 가설을 포함하고 있
으며, 이 가설을 통하여 자신의 이론을 확산시킨 후, 그 뒤에 오는

거의 대부분의 사회 문화 제도의 기원을 면밀히 검토하는 것을 그 내용으로 하고 있다.

　이 논문은 1912년 『이마고 *Imago*』 제1권에 「미개인과 신경증 환자의 정신생활에서 상당 부분 일치되는 점에 관하여 Über einige Übereinstimmungen im Seelenleben der Wilden und der Neurotiker」라는 제목으로 제1장과 제2장이 발표되었으며, 1913년 『이마고』 제2권에 같은 제목으로 제3장과 제4장이 발표되었다. 또한 *Totem und Tabu*라는 제목으로 1913년 헬러 사에서 단행본으로 발간되었으며, 『저작집 *Gesammelte Schriften*』 제10권(1924), 『전집』 제9권 (1940)에도 실렸다.

　영어 번역본은 1918년 브릴A. A. Brill이 *Totem and Taboo*라는 제목으로 번역하여 Moffat, Yard 사에서 출간되었으며, 런던의 Routledge(1919), Penguin Books(1938)에서도 출간되었다. 1950년에는 제임스 스트레이치James Strachey의 번역으로 Routledge and Kegan Paul 사에서 출간되었고(〈히브리어판에 부치는 서문〉 포함), 『표준판 전집』 제13권(1953)에도 실렸다.

서문

다음 네 편의 논문은 원래 내가 편집하던 잡지 『이마고』의 제 1권과 제2권을 통해 (이 논문의 부제를 그 제목으로 해서) 발표되었던 것들이다. 이 네 편의 논문은 민족 심리학이 해명하지 못한 여러 문제에 정신분석학의 관점 및 그 성과를 적용시켜 보려는 나의 첫 시도라고 할 수 있다. 따라서 이 네 편의 논문은 방법론적으로 볼 때, 한편으로는 비분석적 심리학 가설과 연구 방법을 나와 함께하는 빌헬름 분트의 방대한 저작과 대립하고, 다른 한편으로는 거꾸로 민족 심리학적 소재를 채용함으로써 개인 심리학의 여러 문제를 해명하려는 취리히 정신분석학파의 연구 성과[1]와도 대립한다. 나는 이 양자의 성과로부터 자극을 받고 이 논문을 쓰게 되었다는 것을 여기에서 기꺼이 고백한다.

나는 이 연구 성과가 몇 가지 결함을 지니고 있음을 잘 알고 있다. 미개척 분야의 연구가 그 특성상 결함을 지닐 수 있다는 것은 더 말할 나위도 없겠지만, 그럼에도 불구하고 몇 가지 문제는 여기에서 해명할 필요가 있을 듯하다. 여기에 실린 네 편의 논문은

---

1 『정신분석과 정신 병리학 연구 연보*Jahrbuch für psychoanalytische und psychopathologische Forschungen*』 제4호에 실린 융의 「리비도의 변형과 상징Wandlungen und Symbole der Libido」(1912)과 1913년에 발행된 같은 연보에 실린 「정신분석학 이론 서술의 시도Versuch einer Darstellung der psychoanalytischen Theorie」를 참고할 것 — 원주.

교육 수준이 상당한 독자들의 관심을 겨냥한 것이기는 하다. 그러나 실제로는 정신분석학의 요체와 인연이 있는 소수의 전문가가 아니면 이 논문을 이해하고 비판하기 어렵다. 이 네 편의 논문은 문화 인류학자, 언어학자, 민속학자 사이에 가로놓인 간극의 가교 노릇을 하는 한편, 정신분석학자들 사이의 가교 역할까지도 겨냥하지만, 쌍방에 대하여 서로 결여된 부분을 보충하고 있지는 않다. 말하자면 문화 인류학자, 언어학자, 민속학자들에게는 그들이 필요로 하는 심리학에 대한 새로운 기술에 관해 만족스러운 입문적 지식을 제공하지 못하며, 정신분석학자들에게는 분석 작업에 필요한 자료와 접할 수 있는 기회를 충분히 제공하지 못하고 있는 것이다. 따라서 이 논문들로서는 상대 분야에 대한 관심을 환기시키고, 이 두 분야 사이의 밀접한 교류가 상호 연구 발전에 절대로 무익하지 않을 것이라는 믿음을 고무할 것이라는 점에 만족하지 않으면 안 된다.

「토템과 터부」의 표제가 된 두 가지 주요 테마, 즉 〈토템〉과 〈터부〉가 이 논문에서 동등하게 다루어지는 것은 아니다. 터부의 분석은 문제 전반에 걸쳐 확실한 해명이 시도되고 있는 반면, 토테미즘에 관한 연구는 〈정신분석학이 토템의 해명에 기여할 수 있는 성과가 지금으로서는 이 정도〉라고 밝히는 것에 머문다. 터부와 토템이 지니는 이러한 차이는, 토템과는 달리 터부는 오늘날까지도 우리 내부에 잔존하고 있는 것과 무관하지 않다. 부정적으로 이해되기도 하고 다른 내용물로 전화(轉化)하기도 하는 터부는 그 심리적 특성상 칸트의 이른바 〈정언 명법〉과 다르지 않아서, 대개의 경우 강박적으로 작용하는 동시에 일체의 의식적인 동기 부여를 거부한다. 토테미즘은 오늘날 우리가 느끼는 감정 상태와는 유리되어 있다. 말하자면 토테미즘은 사람들이 오래전에 실재로 간주하기를 포기한 것인 동시에 일찍이 새로운 것으로 대체된 종교적·사회적 제도에 지나지 않는 것이다. 이러한 제도는 현재의 문화 민족이 사는 삶의 종교나 풍습이나 관습에 어슴푸레한 흔적을 남기고 있는 데 지나지 않는다. 그뿐만 아니라 토테미즘은 오늘날 그 흔적을 보존하고 있는 민족의 내부에서조차 엄청난 변화를 겪지 않으면 안 되었다. 인류 역사를 누벼 온 사회적·기술적 진보는 터부보다는 토템에 훨씬 깊은 영향을 미쳤다.

이 논문이 시도하는 것은 유아기 흔적으로부터 토테미즘이 지니는 본래 의미를, 우리 아이들의 성장 과정에서 나타나는 토테미즘의 낌새로부터 찾아내는 일이다. 토템과 터부 사이의 긴밀한 관계는 이 논문에 제시된 가설에 이르는 길로 몇 걸음 더 다가서게 할 것으로 믿는다. 설사 이 가설이 결국 개연성이 없는 것으로 드러난다고 하더라도, 그것이 성격상 이 가설이 재구성하기 매우 까다로운 현실에 다소간이나마 접근했을지도 모른다는 가능성을 제공했다는 점에서는 이의가 없을 것이다.

1913년 9월 로마에서

근친상간 기피 심리

다양한 발전 단계를 거쳐 왔던 선사 시대 인류의 삶은 그들이 남긴 광물성 기념물이나 도구를 통하여, 혹은 직접적으로 우리에게 전해지는 예술·종교·인생관에 대한 정보를 통하여, 혹은 전설·신화·동화의 형태로 전해지는 다양한 전승을 통하여, 혹은 우리의 풍습과 습관에 잔존하는 그들의 사고방식의 잔재에 대한 연구를 통하여 우리 앞에 드러난다. 그러나 우리가 선사 시대 인류라고 부르고 있기는 하지만, 어떤 의미에서 그들은 우리와 동시대인이기도 하다. 우리와 같은 시대를 살고 있는 사람들 중에는 원시인과의 거리가 우리보다는 훨씬 가까운 사람들, 그래서 우리가 원시인의 직계 혹은 견본으로 간주하는 사람들이 지금도 이 땅에 살고 있는 것이다. 이것이 바로 우리가 야만인 혹은 반(半)야만인이라고 부르는 사람들에 대한 우리들의 견해이다. 만일에 선사 시대 인류에게 우리가 경험해 온 발전의 전 단계가 고스란히 보존되어 있다고 한다면, 이들 미개 민족의 정신생활은 우리들에게 특히 흥미로운 것이 아닐 수 없다.

이 전제가 옳다면 민족학으로부터 배운 원시 민족의 심리와 정신분석을 통해서 드러난 신경증*Neurose* 환자의 심리에 대한 비교는 양자의 많은 일치점들을 보여 주는 동시에 두 학문의 익숙한 사실들을 새롭게 조명하도록 할 것이다.

　내적인 이유는 물론이고 외적인 이유에서, 이 비교의 근거로서 나는 인류학자들이 가장 낙후되고 가장 뒤떨어진 민족이라고 하는, 즉 가장 뒤늦게 발견된 대륙인 오스트레일리아의 원주민을 선정했다. 이 오스트레일리아의 동물 구계(區係)에서는 아직까지도, 다른 곳에서는 깡그리 소멸되고 만 고대적인 삶의 양태를 만나는 것도 가능하다.

　오스트레일리아 원주민은 특수한 종족으로 알려져 있다. 이들은 인접해 있는 종족들, 즉 멜라네시아인, 폴리네시아인, 말레이인들과 신체 구조적으로나 언어적으로나 아무 관계가 없다. 이들은 집을 짓지 않는 것은 물론, 영구적인 어떤 거처도 마련하지 않는다. 이들은 땅을 갈지도 않는다. 이들은 개를 제외하고는 어떤 동물도 가축으로 기르지 않는다. 심지어는 도자기를 만드는 기술조차 알지 못한다. 이들이 먹거리로 삼는 것은 오로지 저희들 손으로 사냥한 동물의 고기와 손수 캐낸 식물의 뿌리뿐이다. 왕이나 추장 같은 것도 이들은 알지 못한다. 공동체의 일은 원로 회의에서 결정될 뿐이다. 이런 식으로 살고 있는 이들에게 보다 높은 존재를 섬긴다는 의미에서 종교의 흔적을 찾을 수 있을 것 같지도 않다. 식수 부족으로 인한 절체절명의 생존 문제와 싸워야 하는 대륙 오지 원주민들은 모든 점에서 대양 연안의 원주민들보다 훨씬 원시적일 것으로 보인다.

　우리는 이 비참한 벌거숭이 식인종들의 성생활에서 우리 식의 도덕을 기대하는 것은 무리라고 생각한다. 또 이들의 성적 본능이 심한 제한을 받을 것이라고도 기대하지 않는다. 그러나 그렇지 않다. 우리가 알기로, 이들은 지극히 엄격하고 세심하게 근친상간이라는 성관계를 방지하는 데 온갖 힘을 쏟는다. 심지어는 이들의 사회 기구가 송두리째 근친상간을 방지하는 일에 봉사하고 있는 것으로 보이거나, 그런 봉사의 성취와 무관해 보이지 않을 정도이다.

오스트레일리아 원주민들은 종교적·사회적 제도를 결여하고 있는 대신에 그 자리를 〈토테미즘〉이 차지하고 있다. 오스트레일리아 원주민 종족은 작은 규모의 혈족 혹은 씨족으로 나뉘는데, 이 혈족이나 씨족의 이름은 나름대로 섬기는 토템의 이름에 따른다. 그렇다면 무엇이 토템 노릇을 하는가? 보통의 경우 동물(먹거리가 되는 동시에 무해한 동물도 있고, 위험해서 공포의 대상이 되는 동물도 있다)이 토템 노릇을 하지만, 드물게는 식물이나 혈족 전체와 특별한 관계가 있는 자연 현상(비 혹은 물 같은)이 그 자리를 차지하기도 한다. 일단 그 토템은 혈족이 공동으로 섬기는 조상인 동시에 수호령(守護靈)이자 보호령(保護靈)이다. 이들에게 하늘의 뜻을 내리는 수호령이나 보호령은 다른 혈족에게는 위험한 존재이나 이들만은 알아보고 지켜 준다. 그 대신 혈족의 구성원들은 자율적으로 부과된 신성한 의무를 진다. 말하자면 토템은 죽여서도 안 되고, 훼손해서도 안 되며, 그 고기를 먹어서도 (혹은 토템으로 인한 부수적인 이득을 취해서도) 안 되는 것이다. 토템의 범위는 한 개체에 국한되는 것이 아니라, 그 종류에 속하는 모든 개체에 두루 미친다. 이따금씩 혈족은 큰 잔치를 베푸는데, 이때 혈족의 구성원들은 의례적인 춤을 통하여 토템의 동작이나 특성을 묘사하거나 흉내 내곤 한다.

토템에는 모계로 전해지는 토템도 있고 부계로 전해지는 토템도 있다. 처음에는 모계 전승이 지배적이었는데, 뒷날에 와서 부계로 자리바꿈한 것으로 보인다. 오스트레일리아 원주민들의 경우, 이들과 토템의 관계는 곧 이들이 지니는 사회적 의무의 바탕

이 된다. 이 관계는 혈족 관계보다 우위에 서는가 하면, 다른 한편
으로는 혈연 관계보다 우위에 서기도 한다.[1] 토템은 특정 지역에
국한되지 않는다. 혈족의 구성원들은 각기 다른 지역에 흩어져
살면서도 다른 토템 숭배자들과 평화롭게 공존한다.[2] 그러면 이

1 토템에 의한 결속력은 근대적인 의미에서의 혈족 관계 혹은 가족 관계에 의한
결속보다 더 강력하다(프레이저 J. G. Frazer, 『토테미즘과 족외혼속Totemism and Exogamy』,
1910) — 원주.

2 토템 체계에 대한 이 간략하기 짝이 없는 요약에는 보충 설명과 의미의 범위
설정이 필요할 듯하다. 〈토템〉이라는 명칭을 맨 먼저 쓴 사람은 영국인 롱 J. Long인데,
그가 1791년 북아메리카 인디언으로부터 채용해서 썼을 당시의 말꼴은 〈토탐Totam〉
이었다. 그런데 이 〈토탐〉이라는 것 자체가 학계의 큰 관심을 불러일으키는데, 이때부
터 갖가지 문헌이 쏟아져 나왔다. 그중 저자가 추천하고 싶은 주요한 저작으로는 프레
이저의 네 권으로 된 『토테미즘과 족외혼속』 및 앤드루 랭Andrew Lang의 『토템의 비
밀The secret of the Totem』(1905)이 있다. 인류의 태고사(太古史)에 대한 토테미즘의 의
미를 인식한 공적은 스코틀랜드인 퍼거슨 매클레넌 J. F. McLennan이 1869~1870년에
걸쳐 발표한 논문에 돌아가야 마땅하다. 토테미즘 제도는 예나 지금이나 오스트레일
리아 원주민뿐만 아니라 북아메리카 인디언, 오스트레일리아 군도의 제 민족이나 동
인도, 심지어는 아프리카 대부분의 지역에서도 발견된다. 그러나 해명하기가 어렵다
뿐이지, 유럽 및 아시아의 아리아인 및 셈족에게도 토테미즘이 있었을 것임을 암시하
는 흔적과 유물은 얼마든지 있다. 그래서 많은 연구자들은 토테미즘을 인류 발전의 필
연적인 단계, 모든 종족이 반드시 경유해야 했던 단계로 인식하는 경향을 보인다.

선사 시대 인류는 대체 어떻게 해서 토템 체계를 가지게 되었을 것인가? 다시 말해
어떻게 해서 저희들이 이러저러한 동물로부터 유래했다는 것을 알고, 이로써 저희 사
회의 사회적 의무나 성적 제약(이 부분에 대해서는 뒤에 자세히 쓰겠지만)의 기반을
삼게 된 것인가? 여기에 대해서는 많은 학설이 있다. 독일어권 독자들이라면 분트(『민
족 심리학Völkerpsychologie』 제2권, 「신화와 종교Mythus und Religion」)가 대요를 파악하
는 데 도움이 되겠지만, 다른 학설과 일치하는 것은 아니다. 나는 머지않은 장래에 토
테미즘 문제를 특수한 연구의 대상으로 삼고자 한다. 나는 이 연구에서 정신분석학적
사고 방법을 적용시켜 이 문제의 해결을 시도하고자 한다(제4장 참조).

그러나 문제는 토테미즘의 〈학설〉에 상반된 이론이 분분하다는 것뿐만이 아니라,
나도 위에서 시도한 적이 있거니와 토테미즘을 구성하는 사실 자체도 일반적인 명제
로 표현하기 어렵다는 데 있다. 이의나 모순이 지적되지 않는 주장은 거의 없는 것이
다. 그러나 우리가 잊지 말아야 하는 것은, 특정한 민족이 아무리 원시적이고 보수적
이라고 하더라도 원래는 유서가 깊은 민족이고, 또 어떤 의미에서는 그 원시적인 것조
차도 오랜 세월을 거치면서 발전과 왜곡의 과정을 겪었으리라는 점이다. 바로 이 때문
에 오늘날 토테미즘을 보유하고 있는 제 민족의 경우, 토테미즘이 쇠퇴 또는 붕괴되었
거나, 다른 사회적·종교적 제도로 이행되었거나, 실로 다양한 모습으로 바뀌었거나,
원래의 형태에서 완전히 변질된 것으로서의 고정적인 형태를 보여 주고 있는 것이다.

제부터 토테미즘 제도의 특징 중에서 정신분석학의 구미를 자극해 온 토테미즘 제도의 특징을 살펴보기로 하자. 토템이 발견된 거의 모든 지역에서 우리는 하나의 규칙을 발견하기에 이른다. 그것은 〈동일한 토템에 속하는 자는 서로 성적인 관계를 갖지 않는다. 따라서 통혼(通婚)할 수 없다〉는 규칙이다. 이것이 바로 토테미즘과 밀접한 관계가 있는 〈족외혼속(族外婚俗)〉이다.

엄격하게 지켜지고 있는 이 금제는 실로 주목할 만하다. 내가 지금까지 언급해 온 토테미즘의 개념이나 특성에는 이런 금제를 예상하게 할 하등의 단서가 없었다. 따라서 어떻게 이런 족외혼속이 토테미즘과 관련되었는지 도무지 이해하기 어렵다. 이러니 많은 학자들이 족외혼속은 원래 ─ 태초부터, 그리고 진정한 의미에서의 원래 ─ 토테미즘과는 아무런 관계도 없는 것이고, 통혼을 제한할 필요가 있는 지경에 이르자 슬그머니(별로 깊은 연관성도 없이) 토테미즘에 합류하게 되었다고 가정하는 것도 무리는 아니다. 그러나 경위야 어떠했든 간에 토테미즘과 족외혼속이 관계가 있다는 것은 기정사실일 뿐만 아니라 그 관계는 밀접하기까지 하다.

보충 설명을 통해서 이 금제의 의미를 해명해 보기로 하자.

(a) 이 금제를 범하면 토템 동물을 죽이는 것을 금지하는 금제처럼, 다른 토템 금제(가령 토템 동물을 죽이는 것과 같은)를 범한 경우와는 달리 죄인은 〈자동〉 처벌이라고 불리는 것에 맡겨지지 않는다. 흡사 공동체 전체의 생존을 위협하는 위험한 행위, 혹은 공동체의 존망을 압박하는 죄악을 저지른 죄인은 공동체 전

따라서 지금의 상황에서 어떤 것이 의미심장한 과거의 충실한 복사판인지, 어떤 것을 2차적인 변형으로 보아야 하는지 판단하기 쉽지 않다는 데 어려움이 있다 ─ 원주.

구성원들로부터 잔혹한 보복을 당한다. 우리의 잣대로 재면 도덕과는 거리가 먼 듯한 미개인들이 금제를 범한 자를 얼마나 혹독하게 다루었는지는 프레이저의 책[3]에서 몇 구절만 봐도 알 수 있다.

〈오스트레일리아 원주민의 경우, 특정 혈족의 구성원과 절대로 맺어서는 안 될 성관계를 맺게 되었을 때 죄인에게 가해지는 통상적인 벌은 사형이다. 상대 여성이 같은 지역의 동일한 구성원이든, 전쟁 포로든 그것은 문제가 되지 않는다. 이런 여자를 아내로 맞이하는 다른 혈족의 구성원은 저희 혈족에 쫓기다가 기어이 죽음을 당한다. 여자도 물론 죽음을 당한다. 그러나 간혹 이렇게 결합한 남녀가 오랜 기간 붙잡히지 않고 숨어 사는 데 성공하면 처벌을 받지 않는 경우도 있다. 뉴사우스웨일스의 타타티족의 경우, 드문 일이기는 하나 남자는 즉석에서 맞아 죽지만 여자는 빈사지경에 이르기까지 얻어맞거나 창에 찔리거나, 이 두 가지 벌을 한꺼번에 받거나 한다. 여자가 죽음을 당하지 않는 것은 강간당했을 가능성도 있기 때문이다. 우발적인 정사(情事)일 경우에도 상대가 동일한 혈족의 구성원일 경우에는 이 금제가 엄격하게 지켜진다. 이 금제를 위반한 자는《구제 불능의 패륜아로 몰려 죽음을 당한다》.〉

(b) 이렇게 엄격한 처벌이 자식을 낳을 때까지 계속되지 않는 통상적인 애정 관계에도 가해진 것을 보면, 금제에 실질적인 동기가 있었던 것으로 보기는 어렵다.

(c) 토템은 상속되는 것이지 결혼에 의해 변경될 수 있는 것이 아니다. 따라서 금제의 상속 계열을 추측하기는 어렵지 않다. 가령 이 금제가 모계를 통하여 상속된다고 할 때, 캥거루를 토템으

---

3 『토테미즘과 족외혼속』제1권(1910) — 원주.

로 숭상하는 남자가 에뮤를 토템으로 숭상하는 여인과 혼인할 경우 아들딸은 에뮤 혈족이 된다. 따라서 토템 금제는 이 혼인으로 태어난 아들은 자기와 같은 에뮤 혈족인 어머니나 누이와는 근친상간을 불가능하게 만들고 있는 것이다.[4]

(d) 그러나 조금만 주의를 기울이면 토템과 결부된 족외혼이 어머니나 누이와의 근친상간을 방지하는 것 이상의 목적을 겨냥하고 있음을 간파하기는 어렵지 않다. 족외혼속으로 인해 남성은 자기 부족에 속하는 모든 여성과의 성적인 결합이 불가능하게 되기 때문에, 말하자면 족외혼 제도를 통해 자기와는 혈연 관계가 없는 수많은 여성을 혈연 관계로 만들어 버리기 때문에 이런 여성들과의 관계가 불가능해지는 것이다. 문명화한 민족에게서 찾아볼 수 있는 유사한 금제보다 훨씬 엄격한 이 족외혼속을 심리학적으로 정당화시킬 수 있는 이유를 찾기는 무리일 듯하다. 한 가지 우리가 이해할 수 있는 것은, 이 경우 선조로서의 토템(동물) 역할이 지극히 엄숙하게 받아들여지고 있다는 점이다. 동일한 토템에서 유래하는 모든 자손은 모두 혈족이고 한 가족이다. 그리고 그 가족 구성원 사이에서는, 혈연의 정도가 아무리 묽어도 성적인 결합은 절대 불가능한 것으로 인식되고 있었던 것이다.

이렇게 해서 이 미개인들은 이상할 정도로 근친상간을 기피하거나 지나칠 정도로 근친상간에 민감한데, 여기에는 실제로 혈연 관계를 토템 친족 관계로 대체한다는, 우리로서는 이해되지 않는

4   그러나 이 금제에 관한 한 캥거루계에 속하는 아버지는 에뮤계인 자기 딸과의 근친상간이 가능하다. 토템이 부계로 계승될 경우 아버지가 캥거루계면 아들딸은 모두 캥거루계가 된다. 이 경우 아버지는 딸과의 근친상간이 불가능하지만 아들은 어머니와의 근친상간이 가능하다. 이 같은 토템 금제의 결과는 토템의 모계 계승이 부계 계승보다 그 역사가 오래되었음을 암시한다. 그 까닭은 토템을 통한 근친상간의 금제는 아들의 근친상간 충동을 제지하는 데 있었을 것이라고 가정할 만한 이유가 있기 때문이다 — 원주.

어떤 특성을 아우른다. 그러나 우리는 이 같은 대립을 지나치게 과장해서는 안 된다. 단지 토템 금제에 실제의 근친상간이 특례로 포함되고 있다는 사실을 기억해 두고자 할 뿐이다.

토템 혈족이 어떻게 현실의 가족으로 변하고 말았는가 하는 것은 어차피 수수께끼일 수밖에 없는데, 이 수수께끼의 해답은 아마 토템 그 자체의 정체가 해명될 때까지 기다려야 할 것이다. 동시에 결혼상의 제한을 뛰어넘어 성적인 교섭이 어느 정도 자유롭게 되자 혈족 관계의 상간, 따라서 근친상간에 대한 방지책이 불확실해지고, 이 때문에 넓은 의미에서의 금제를 다시 만들지 않을 수 없었을 경우도 상상해 볼 수 있다. 따라서 오스트레일리아 원주민 풍속이 특정 상황이나 제의(祭儀)의 기회를 통하여 여자에 대한 남자의 독점적 권리가 타파될 수 있음을 인정하고 있는 것에 주목해 볼 필요가 있을 듯하다.

오스트레일리아 원주민의 언어 습관은 이와 관련된 특성을 잘 드러내고 있다.[5] 이들이 친족 간에 쓰는 호칭은 개인과 개인 간에 쓰이는 호칭이 아니라 한 개인과 한 집단 간에 쓰이는 호칭이다. 모건L. H. Morgan[6]이 지적한 바에 따르면, 이 호칭은 〈분류 체계 klassifizierenden System〉에 속한다. 그 의미는 이렇다. 이들은 자기를 낳아 준 부모 중 남성 쪽을 향해서만 〈아버지〉라고 부르는 것이 아니라, 종족의 관습을 좇아 자기 어머니와 혼인함으로써 아버지가 되었을 가능성이 있는 다른 남성들까지 모두 〈아버지〉라고 부른다는 것이다. 마찬가지로 낳아 준 어머니뿐만 아니라, 종족의 관습을 범하지 않는 선에서 어머니가 되었을 가능성이 있는

5 오스트레일리아 원주민뿐만이 아니다. 대부분의 토템 민족의 경우도 마찬가지다 — 원주.

6 『고대 사회 Ancient Society』(1877).

다른 모든 여성들까지 〈어머니〉라고 부른다는 것이다. 말하자면 친부모의 아들딸이 아니더라도 자기가 아버지, 어머니라고 부르는 모든 사람들의 자식들까지도 〈형제〉, 〈자매〉라고 부르는 것이다. 따라서 두 오스트레일리아 원주민이 서로 주고받는 친족 호칭은, 우리의 언어 습관에 따르면 두 사람 사이의 혈족 관계를 나타내지만, 이들 사이에서는 반드시 그렇지만은 않은 것이다. 이 경우 이들이 쓰는 호칭은 친연(親緣) 관계를 나타내기보다는 사회적인 관계를 나타내는 셈이다. 이 분류적 명명법(命名法)은 우리 사회에도 남아 있다. 가령 양친의 남자 친구나 여자 친구는 모두 〈아저씨〉, 〈아줌마〉라고 부르면서 인사하는 아이들의 어법이나 〈아폴로 안의 형제〉[7]니 〈그리스도 안의 자매〉 같은 어법에서 비유적인 의미를 지닐 때도 드러난다.

우리 귀에 설게 들리는 이런 종류의 언어 습관도 피슨L. Fison 목사가 〈합동 결혼Gruppenehe〉이라고 부르던 혼속(婚俗)의 유습(遺習) 혹은 징후로 받아들이면 설명이 쉬워진다. 합동 결혼의 본질은 일정한 수의 남성들이 일정한 수의 여성들에 대해 지아비의 권리를 행사하게 되는 일을 말한다. 그렇다면 이 합동 결혼을 통해서 자녀들은 모두 같은 부모에게서 태어나지 않았음에도 불구하고 이 집단의 모든 남성을 아버지로, 따라서 서로를 형제자매로 여긴다.

웨스터마크Westermarck[8]의 경우처럼 집단적인 친족명(親族名)이 존재한다는 사실로부터 이끌어 낸 결론에 반대하는 학자들도 없지 않다. 그러나 오스트레일리아 원주민에 정통한 학자들은 이 분류적 친족명을 합동 결혼 시대의 잔재로 보아야 한다는 데 의견의 일치를 보인다. 실제로 스펜서B. Spencer나 길런F. J. Gillen[9]에

---

7 시우(詩友).

8 『인류 혼인사 Geschichte der menschlichen Ehe』(1901).

따르면, 우라분나족이나 디에리족의 경우 합동 결혼에 속하는 혼속의 형태가 오늘날까지도 남아 있는 것으로 확인된다. 결국 이런 종족의 경우 합동 결혼은 개별 결혼에 선행했던 것이며, 합동 결혼이라는 혼속이 사라진 뒤에도 언어나 풍습에 그 흔적을 남긴 것으로 보인다.

그러나 개별 결혼의 자리에 합동 결혼을 놓아 보면, 이들 종족이 내비치는 근친상간에 대한 극단적인 기피 심리를 이해할 수 있다. 동족 간의 성관계를 금지시키는, 토테미즘에 그 바탕을 둔 족외혼습은 집단 근친상간을 방지하는 적절한 수단으로 사용되었던 것으로 보인다. 그래서 결국 이 수단은 종족의 혼속에 정착되었고, 따라서 그 존재 이유가 소멸된 뒤에도 오랜 기간 존속하게 되었던 것이다.

이로써 우리는 오스트레일리아 원주민으로 하여금 결혼에 갖가지 금제 조항을 규정한 동기를 찾아낸 듯하다. 그러나 지금부터 우리가 알아야 하는 것은 언뜻 보아도 당혹스럽지만 실제 사정은 사실 이보다 훨씬 복잡하다는 점이다. 사정은 이렇다. 오스트레일리아의 부족들 중 토테미즘을 바탕으로 하는 제약 하나만을 금제로 삼는 부족은 거의 없다. 대부분의 오스트레일리아 원주민 부족은 〈통혼 구분(通婚區分, Heiratsklasse)〉이라는 두 개의 단위 중 하나에 속하도록 조직되어 있다. 각각의 통혼 구분은 원칙적으로 족외혼속을 좇는데, 이 안에는 다수의 토템 부족이 포함되어 있다. 보통 각각의 통혼 구분은 두 개의 〈하위 구분Unterklasse〉으로 나뉜다. 따라서 종족 전체는 네 개의 하위 구분으로 나뉘게 되는 셈이다. 그러니까 하위 구분은 통혼 구분과 토템 부족의 중

---

9 『중앙 오스트레일리아의 원주민족The Native Tribes of Central Australia』(1899) — 원주.

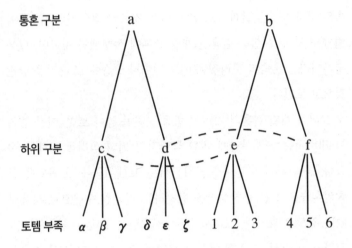

<table>
</table>

통혼 구분	a				b		
하위 구분	c	d	e	f
토템 부족	α β γ	δ ϵ ζ	1 2 3	4 5 6

간에 위치하는 것이다. 위의 도표는 오스트레일리아의 한 종족이 실제로 취하는 전형적인 조직 형태를 잘 보여 준다.

　이 도표를 보면 알 수 있듯이 열두 개의 토템 부족은 네 개의 하위 구분과 두 개의 통혼 구분에 속해 있다. 그리고 모든 단위 부족은 족외혼속을 따라야 한다.[10] 하위 구분 c와 e가 족외혼 단위를 형성하듯이, 하위 구분 d와 f도 같은 족외혼 단위를 형성한다. 이 제도가 노리는 결과(따라서 목적)는 명백하다. 이 제도를 통하여 배우자 선택과 성적 자유에 한층 엄격한 제한을 가하자는 것이다. 그렇다면 각 부족에는 같은 수의 구성원이 속해 있다고 가정하는 동시에, 이 종족에는 열두 개의 토템 부족만이 존재하고 있다고 가정해 보자. 그러면 각 토템 부족의 남성은 이 종족에 속하는 모든 여자들의 12분의 11에 해당하는 여자들을 선택할 수 있다. 그런데 두 개의 통혼 구분이 엄연하게 존재하기 때문에 남성이 선택할 수 있는 여자의 수는 12분의 6, 혹은 2분의 1로 줄어

　10　토템의 수는 임의로 선정된 것이다 ― 원주.

든다. 무슨 뜻이냐 하면, 바로 이 통혼 구분 때문에 토템 부족 α에 속하는 남성은 토템 부족 1에서부터 토템 부족 6까지 속하는 여성만 아내로 삼을 수 있는 것이다. 그러나 여기에 또 두 개의 하위 구분이 있기 때문에 남성의 선택 범위는 12분의 3, 즉 4분의 1로 감소한다. 토템 부족 α에 속하는 남성은 배우자를 고르되, 토템 부족 4, 5, 6에 속하는 여성에 국한되기 때문이다.

통혼 구분(몇몇 부족의 경우 그 수가 여덟 개에 이르는 수도 있다)과 토템 부족의 역사적 관계는 전혀 규명되어 있지 않다. 규명된 것이라고는 이 제도가 토템 족외혼속과 동일한 것을 성취시키려고 한다는 것, 어쩌면 그 이상의 것을 겨냥하고 있을지도 모른다는 것 정도이다. 그러나 기원은 분명하지 않으나 토템 족외혼속은 기왕에 성립되어 있는 신성한 제도, 말하자면 풍습이었을 것이라는 인상을 준다. 그러나 통혼 구분, 하위 구분, 그리고 이 두 가지가 상호 관련된 조건에서 발생한 복잡한 제도는 토템의 영향력이 쇠퇴하자 다시 한번 근친상간을 방지하는 역할을 대신할 수 있게 하자는, 목적 의식이 분명한 취지에서 제정된 것으로 보인다. 우리가 알고 있듯이 토템 제도가 종족의 다른 모든 사회적 의무나 도덕적 제약의 기반이었는 데 견주어 통혼 구분의 의미는 배우자 선택을 제한하는 것을 그 목적으로 삼는 데 그친다.

통혼 구분 제도가 발달함에 따라 자연 발생적인 근친상간이나 집단 근친상간을 방지하는 데 그치지 않고 상당히 먼 친족 집단과의 통혼까지도 금지시키려고 노력하는 경향이 나타난다. 이러한 경향은 그 이전까지는 형제자매에게 적용되던 금혼(禁婚)을 종형제자매에 이르기까지, 심지어는 영적인 친연 관계(대부, 대모, 대자)로까지 넓힌 가톨릭교회의 제도와 유사하다.[11] 통혼 구

11 『브리태니커 백과사전 _Encyclopaedia Britannica_』(제11판, 1911)에 랭A. Lang이

분의 유래와 의의, 그리고 토템과의 상호 관계에 대한 도무지 명
쾌하지 못한 논의에 더 깊이 뛰어들어 봐야 득될 것이 없을 듯하
다. 우리의 목적은 오스트레일리아의 원주민이나 그 밖의 미개
민족이 근친상간을 방지하기 위해 얼마나 세심한 주의를 기울였
는지 살펴보는 것만으로도 얼마간 이루어진 것 같다.[12] 사실 이
미개인들은 우리 이상으로 근친상간에 민감했다고 해도 좋을 것
같다. 어쩌면 그들은 근친상간의 유혹이 신변을 떠나지 않았기
때문에 그 유혹에 대한 충분한 대응 방안이 필요했는지도 모른다.

그러나 이들 제 민족이 보이는 근친상간 기피 심리는 내가 위
에서 지적한, 주로 집단 근친상간에 겨누어진 위의 제도만을 통
해서는 만족스럽게 달성될 수 없었다. 우리는 여기에다 이른바
개인적 근친상간을 방지하는 데 이바지한 일련의 〈풍습〉을 추가
하지 않으면 안 된다. 그 의도가 너무나 명백한 이 풍습은 거의 종
교에 가까우리만치 엄격하게 지켜진 불문율이기도 했다. 이러한
풍습 내지 풍습적 금제는 〈내외(內外, Vermeidung)〉[13]라고 불러도
좋을 듯하다. 이 풍습은 오스트레일리아 토템 종족은 물론이고
세계 여러 지역에 광범위하게 분포한다. 독자에게 다시 한번 당
부하거니와, 여기에서는 풍부한 자료에서 간추린 단편적인 보고
에 만족해 주기 바란다.

멜라네시아인의 경우, 이런 종류의 제한적인 금제는 어머니 및

집필한 〈토테미즘〉 항목 참조 — 원주.
    12 이 점에 대해서는 슈토르퍼A. J. Storfer가 최근의 연구 업적인 「아버지 살해의
특수한 지위에 관하여Zur Sonderstellung des Vatermordes」(1911)에서 강력하게 주의를
환기시키고 있다 — 원주.
    13 〈기피〉라는 역어(譯語) 대신 우리말의 〈내외하는 풍습〉에서 빌려 와 〈내외〉라
는 표현을 써보기로 한다.

자매와 사내아이 사이의 성관계를 방지하는 데 이바지한다. 가령 뉴헤브리디스 제도에 속하는 리퍼즈섬의 경우, 사내아이는 일정한 나이에 이르면 어머니와 집을 떠나 〈회관〉으로 들어가 여기에서 숙식한다. 양식이 떨어지면 아버지 집으로 돌아오는 것은 허용되어 있지만 누나 혹은 여동생, 즉 여자 형제가 집에 있을 경우에는 아무것도 얻어먹지 못한 채로 돌아서야 한다. 여자 형제가 없으면 문 앞에 앉아서 먹어도 좋다. 남매가 집 밖에서 조우하면, 누나 혹은 여동생 쪽이 그 자리에서 도망치거나 몸을 감추어야 한다. 사내아이가 모래 위에서 발자국을 발견하고, 그 발자국이 여자 형제의 것이라는 사실을 알게 될 경우 그 뒤를 쫓아갈 수 없다. 누나 혹은 여동생 쪽에서 오빠나 남동생의 발자국을 발견했을 때도 마찬가지다. 사내아이는 누이의 이름을 입에 올릴 수 없고, 통상 하는 말에도 누이의 이름 일부가 들어 있을 때는 이것을 입에 올리지 않도록 주의해야 한다. 형제자매 간의 이러한 내외는 성년식 무렵부터 죽을 때까지 엄격하게 지속되어야 한다. 어머니와 아들 사이의 관계도 아들이 자랄수록 소원해지는데, 이것은 아들보다는 어머니 쪽에서 더 주의를 기울여 지켜야 한다. 다 자란 아들에게 먹을 것을 갖다주는 경우에도 어머니는 아들에게 그것을 직접 건네주는 대신 아들 앞에다 놓아야 한다. 어머니는 다 자란 아들에게는 친밀하게 말을 걸 수도 없다. 아들을 부를 때도 (우리 어법으로 말하자면) 〈너〉라고 부르는 대신 〈당신〉이라고 부름으로써 일정한 거리를 두어야 한다.[14] 이와 유사한 풍습은 뉴칼레도니아에서도 찾아볼 수 있다. 남매가 길에서 서로 만나면 누나 혹은 여동생은 숲속으로 몸을 숨겨야 하고, 형제는 고개를

14 프레이저가 『토테미즘과 족외혼속』에서 인용한 코드링턴 R. H. Codrington의 『멜라네시아족 The Melanesians』(1891)을 참조할 것 — 원주.

돌리지 말고 지나가야 한다.[15]

뉴브리튼섬의 가젤라반도 원주민들의 경우 혼인한 누나 혹은 여동생은 남자 형제와 이야기를 나누어서는 안 된다. 혼인한 자매는 남자 형제의 이름조차 입에 올려서는 안 된다. 다른 방법으로 형제의 이름을 나타내야 하는 것이다.[16]

뉴매클렌부르크의 경우, 종형제와 종자매 간에도 형제자매 간과 유사한 금제가 적용된다. 종형제자매 간일 경우에도 서로 다가설 수 없는 것은 물론 악수를 할 수도, 선물을 교환할 수도 없다. 그러나 몇 발자국 떨어진 거리에서 서로 이야기를 나누는 것은 가능하다. 누나 혹은 여동생과 근친상간한 형제의 죄는 교수형으로 다스린다.[17]

피지 제도의 경우 이 내외의 규칙은 훨씬 엄격해서 혈연의 형제자매에게는 물론 합동 결혼을 통한 형제자매에게까지 적용된다. 우리를 놀라게 하는 것은 이런 이들에게도 신성한 황음난교(荒飮亂交)의 축제가 있고, 이 축제 때는 근친인데도 불구하고 상간을 시도한다는 점이다. 우리로서는 이러한 모순을 금제 해명의 수단으로 이용할 수 없으니 그저 어리둥절해질 뿐이다.[18] 수마트라의 바타족 같은 경우 이 내외의 규정은 근친 관계에 적용된다.

〈바타인들에게 형제가 자매의 동반자가 되어 야회에 참석하는

---

15   프레이저가 『토테미즘과 족외혼속』에서 랑베르Lambert의 『가젤라반도의 연안 주민 *Moeurs et superstitions des Néo-Calédoniens*』(1900)을 인용한 것을 참조할 것.

16   『토테미즘과 족외혼속』 참조 ― 원주. 프레이저는 이 부분을 파킨슨R. Parkinson의 『남태평양에서 보낸 30년 *Dreißig Jahre in der Südsee*』(1907)에서 인용했다.

17   프레이저가 앞의 책에서 페켈P. G. Peckel의 『인류학 *Anthropologie*』(1908)을 인용한 것을 참조할 것 ― 원주.

18   프레이저가 앞의 책에서 인용한 피슨 목사의 논문 「낭가족The Nanga」을 참조할 것 ― 원주.

일은 거의 충격에 가까운 일로 받아들여진다. 다른 사람 앞이면 바타인 형제자매는 당혹스러워한다. 형제 중 혹은 자매 중 하나가 집 안으로 들어서면 자매 혹은 형제는 밖으로 나가 버린다. 아버지는 딸과, 어머니는 아들과 단둘이 집 안에 있을 수 없다. 이런 풍습을 보고한 네덜란드 선교사는《바타인들을 잘 알고 있으니까 하는 말이지만, 이것이 지켜져야 할 풍습이라고 할 수밖에 없는 것이 유감스럽다》고 덧붙인다. 바타인들은 남녀가 한집에 있으면 불필요하게 친밀해지는 법이라고 간단하게 추측해 버린다. 바타인들은 혈연 관계가 있는 남녀의 성관계에는 가혹한 벌과 무서운 결과가 뒤따른다는 것을 잘 알기 때문에 차라리 이런 금제가 그런 유혹을 차단하는 것을 당연하게 여긴다.〉[19]

흥미로운 것은 남아프리카 델라고아만의 바롱고족의 경우 처남댁, 즉 아내 형제의 아내와의 관계에 대한 아주 엄격한 금제가 있다는 점이다. 남자는 우연하게라도 이 위험한 여성을 만나면 아주 조심스럽게 내외한다. 남자는 처남댁과는 같은 접시에 밥을 먹을 수 없는 것은 물론이고, 처남댁의 초막으로는 들어갈 엄두도 내지 못한다. 어쩌다 인사를 해도 전율로 떨리는 목소리로밖에는 인사를 건넬 수 없다.[20]

영국령 동아프리카의 아캄바족(혹은 와캄바족)의 내외 규정은 우리의 기대에서 크게 벗어나지 않는다. 아캄바족의 경우 딸은 사춘기 때부터 결혼하기까지 아버지를 내외해야 한다. 길에서 만나도 딸은 아버지가 지나갈 때까지 숨어 있어야 한다. 아버지를 만나거나 아버지 가까이 앉을 수도 없다. 이러한 내외는 약혼할 때까

19 프레이저의 『토테미즘과 족외혼속』 참조 — 원주. 프레이저는 이 부분을 유스트라M. Joustra의 저서에서 인용했다.
20 프레이저가 『토테미즘과 족외혼속』에서 인용한 쥐노H. A. Junod의 『바롱가족 Les Ba-Ronga』을 참조할 것 — 원주.

지 지속된다. 그러나 일단 결혼하면 아버지를 내외하지 않는다.[21]

가장 광범위하게 분포되어 있고, 가장 엄격한(문명인의 관점에서 보면 가장 흥미로운) 내외 규정은 장모와 사위의 상간을 금지하는 내외 규정이다. 이 내외 규정은 오스트레일리아에서는 매우 일반적이고, 또한 토테미즘이나 집단 근친 관계의 흔적이 남아 있는 멜라네시아인이나 폴리네시아인, 그리고 아프리카 흑인종의 거주 지역 너머까지 미친다. 이들 지역에는 며느리와 시아버지의 스스럼 없는 관계에도 유사한 금제가 적용되고 있기는 하다. 그러나 며느리와 시아버지 간의 금제는 항구적이지도, 철저하지도 않다. 사위와 장모, 며느리와 시아버지 간의 내외 규정이 드문드문 보고되고 있을 뿐이다. 그러나 우리의 관심은 이 내외 규정의 분포 상황을 인종학적으로 규명하는 데 있지 않다. 따라서 여기에서도 몇 가지 사례를 소개하는 데 그치고자 한다.

뱅카 제도에 살고 있는 멜라네시아인의 경우 이 규정은 아주 엄격하고 주도면밀하다.

〈사위는 장모 곁에 가는 것을 기피하고 장모는 사위 곁에 가는 것을 피한다. 두 사람이 우연히 길에서 마주치면 장모는 길에서 내려서서 등을 돌리고 사위가 지나갈 때까지 기다린다. 경우에 따라서는 사위가 그렇게 할 수도 있다. 포트 패터슨의 바누아 라바Vanua Laba 주민의 경우, 해변에 남겨진 장모의 발자국이 물결에 씻겨 나가기 전까지 사위는 그 해변에 들어서지 않는다. 사위와 장모가 멀찍이 떨어진 채 얘기를 나눌 수 있기는 하다. 그러나 장모는 사위의 이름을 입에 올릴 수 없고, 사위 또한 장모의 이름을 입에 올릴 수 없다.〉[22]

21 프레이저『토테미즘과 족외혼속』참조 ― 원주.
22 프레이저의 앞의 책 참조 ― 원주. 프레이저는 이 부분을 코드링턴의『멜라네

46

솔로몬 제도의 경우, 사위는 장가든 뒤에도 장모를 보거나 함께 이야기를 나눌 수 없다. 우연히 만나게 되더라도 사위는 장모를 아는 체해서는 안 된다. 장모와 조우하면 반드시 달아나거나 숨어야 한다.[23]

동 반투족 풍습은 사위에게 장모를 〈부끄러워할 것〉을 요구한다. 말하자면 장모가 속한 사회를 멀리하는 데 필요한 모든 수단을 강구할 것을 요구하는 것이다. 사위는 장모가 사는 오두막에 들어갈 수 없다. 두 사람이 길에서 마주칠 경우 돌아서서 외면해야 한다. 장모는 숲속으로 숨고 사위는 방패 같은 것으로 얼굴을 가리는 식이다. 서로 피할 수 없는 상황이고, 가릴 것마저 없는 상황이라면 장모는 최소한 풀잎이라도 하나 뜯어 머리에 두름으로써 의례적으로나마 내외하는 시늉을 해야 한다. 양자의 대화는 제3자의 중계를 통해서 이루어지거나, 가령 원형 촌락의 방어막 같은 장애물을 사이에 둔 채로 이루어져야 한다. 양자는 서로 상대의 이름을 입에 올려서도 안 된다.[24] 나일강 상류에 사는 반투족의 일파인 바소가 부족의 경우, 장모가 다른 방에 있거나 눈에 보이지 않을 때만 장모를 상대로 말을 걸 수 있다. 이런 지경에 이르기까지 근친상간에 민감한 이들은 심지어 집 안에서 기르는 가축의 근친상간도 반드시 벌을 주고 넘어간다.[25]

가까운 친척 사이에 적용되는 다른 형태의 내외 풍습의 목적이나 의미에 대해서는 논란의 여지가 별로 없다. 그래서 모든 관찰자들은 이것을 근친상간에 대한 방어 수단이라고 이해하고 있다.

시아족』에서 인용했다.

23 프레이저가 앞의 책에서 리베Ribbe의 『솔로몬 제도의 식인종과 함께 보낸 2년Zwei Jahre unter den Kannibalen der Salomo-Inseln』을 인용한 것을 참조할 것 — 원주.

24 프레이저의 『토테미즘과 족외혼속』 참조 — 원주.

25 프레이저의 『토테미즘과 족외혼속』 참조 — 원주.

그러나 장모와 사위 사이의 금제에 대한 해석은 각기 다르다. 장모는, 실제로 그런 것은 아니지만 사위의 어머니가 될 가능성도 있었을 정도로 나이를 먹은 모습으로 사위 앞에 나타난 여성이다. 이들 부족은 사위가 이런 여성에게 느낄 법한 위험에 불안을 느끼지 않을 수 없었을 터인데, 많은 관찰자들이 이 점을 불가사의하게 여긴 것은 당연한 것으로 보인다.[26]

이런 식의 반론은 피슨[27]이 제시한 견해에 대해서도 제기되었다. 피슨은 어떤 통혼 구분의 체계에는 결함이 있고, 바로 그 결함 때문에 사위와 장모와의 혼인이 이론상으로 불가능한 것이 아니었던 만큼, 그런 가능성을 원천 봉쇄할 수 있는 특단의 조처가 필요했을 것이라고 주장했다.

존 러벅 경Sir John Lubbock[28]은 장모에 대하여 사위가 보이는 내외 풍습의 기원을 과거의 〈약탈혼속(掠奪婚俗)〉에 돌린다. 그는 이렇게 쓰고 있다.

〈부녀 약탈이 현실이었을 당시에는 약탈당한 부녀의 양친이 느끼는 의분도 현실적이었을 것이다. 그런데 약탈혼속이 단순한 과거의 상징에 지나지 않게 되었을 때는 그들의 의분도 상징화했을 것이다. 그들의 의분은 상징이 된 채, 그 기원이 잊혀진 뒤에도 계속 풍습의 내림으로 전해지게 되었을 것이다.〉

크롤리E. Crawley는 이러한 설명의 시도가 실제로 관찰된 개개의 사실과 얼마나 일치되지 못하는지 간단하게 보여 주었다.

타일러E. B. Tyler[29]는 장모 쪽에서 사위를 다루는 태도는 처가

26 크롤리의 『신비의 장미The Mystic Rose』(1902)를 참조할 것 — 원주.
27 『카밀라로이와 쿠르나이Kamilaroi and Kurnai』(1880).
28 『문명의 기원 The Origin of Civilisation』(1870).
29 『관습 발달의 연구 방법A Method of Investigating the Development of Institutions』(1889).

에 의한 일종의 〈무시Nichtanerkennung〉이지 다른 것이 아니라고 주장한다. 말하자면 사위는 첫 외손을 생산하기까지는 〈국외자〉로 간주된다는 것이다. 그러나 외손이 태어난다고 해서 이 내외 금제가 반드시 해소되는 것은 아니다. 그뿐만 아니라 외손과 내외 금제와 상관없이, 이 설명은 금제가 왜 하필이면 장〈모〉에게 집중되는지는 규명해 내지 못하고 있다. 말하자면 이 설명은 성별(性別)의 문제를 간과하고 있는 것이다. 더구나 설명은, 이 금제에 드러나고 있는 종교적이기까지 한 기피 심리에 대한 태도를 전혀 다루지 못하고 있는 것이다.[30] 이러한 금제의 근거에 대한 질문을 받자 한 줄루족 여인은 다음과 같이 대답했다.

「자기 아내가 어린 시절에 빨고 자란 장모 젖을 사위가 보는 것은 옳은 일이 아니죠.」[31] 사위와 장모 간의 관계는 〈문명화〉한 사회의 가족 구조에서도 민감한 문제에 속한다는 것은 널리 알려진 사실이다. 이 양자의 관계는 유럽이나 아메리카 백인 사회의 경우 더 이상 내외 규정의 대상이 아니다. 그러나 이 내외 풍습이 관습으로 여전히 존속하고 있고, 따라서 개개인에 의해 상황에 맞게 재설정될 필요가 없었다면, 많은 분쟁이나 불유쾌한 갈등이 해소되었을지도 모른다. 많은 유럽인들에게 내외 풍습은 지극히 지혜로운 것으로 보였을 수도 있다. 유럽인들의 눈에는 미개인들이 바로 그 내외 풍습을 통해서 지극히 가까운 두 사람 사이에 생길 수도 있는 바람직하지 못한 문제를 사전에 봉쇄할 수 있었던 것으로 비쳤을 것이기 때문이다. 사위와 장모, 이 양자 간의 심리적 환경에는 적의를 불러일으킴으로써 공동생활을 곤란하게 만

30 크롤리, 『신비의 장미』 ― 원주.
31 크롤리가 『신비의 장미』에서 레슬리D. Leslie의 『줄루족 및 아마톤족에 대한 보고서Among the Zulus and Amatongas』(1875)에 나오는 구절을 인용한 것을 참조 ― 원주.

드는 어떤 요소가 있다는 것이 거의 틀림없어 보인다. 실제로 문명사회에서 장모는 농담의 단골손님으로 등장하는데, 내가 보기에 이것은 서로 날카롭게 대립하는 적대 요소가 있음을 암시한다. 나는 이 관계가 애정의 충동과 적의의 충동이 어우러진, 말하자면 갈등 관계로 구성된 〈양가적(兩價的)〉 관계라고 믿는다.

이 양자 관계에 이런 충동*Strebungen*이 복류(伏流)하는 것도 무리는 아니다. 장모 쪽에는 딸에 대한 소유를 포기해야 하는 데 대한 거부감, 딸을 양도받을 국외자에 대한 불신, 한 가정에서 자신이 차지하고 있던 주도적인 위치를 계속해서 지키고자 하는 충동이 있을 법하다. 사위 쪽에는 더 이상 타인의 의지에 굴복하지 않으려는 결의, 자기 차지가 되기 이전에 아내의 애정을 독차지하고 있던 상대에 대한 질투, 그리고 마지막으로 말하는 것이기는 하지만 아주 중요한, 자신의 성적 감정에 대한 과대평가의 환상을 교란시키려고 하는 상대에 대한 거부감 같은 것이 있을 수 있다. 많은 경우 사위의 심정을 교란하는 대상은 장모일 것이다. 왜 그런가 하면 장모가 지닌 다양한 면면이 사위에게는 자기 아내를 상기시키겠지만, 그것은 자기 아내가 지니고 있고, 따라서 그에게는 매우 소중한 매력인 젊음이나 아름다움이나 정신적인 발랄함과는 너무나 거리가 먼 것이기 때문이다.

개개인의 정신분석학적 연구의 결과, 은밀한 정신의 충동에 대한 지식에 힘입어 우리는 이상의 동기 이외에도 다른 특별한 동기가 있을 것으로 추론할 수 있다. 결혼 생활과 가정생활에서 성 심리적 욕망의 충족을 도모하는 여자는 부부 관계의 급속한 냉각으로 인해, 그리고 여자 자신이 영위하는 감정생활의 단조로움 때문에 위기를 겪는 경우가 자주 있다. 어머니는 나이를 먹어 가면서부터 자기 자식의 자리에 자신을 놓아 보고, 자식을 자신과 동일시함으로써 이 위기를 벗어나려고 한다. 말하자면 자식의 감정 체험을 자기 것으로 만듦으로써 위기를 벗어나려고 하는 것이다. 부모는 자식을 통하여 젊음을 유지한다는 옛말이 있지만, 실제로 부모가 자식으로부터 얻는 가장 귀중한 심리적 이득 가운데 하나가 바로 이것이다. 이 심리적 이득은 결혼이 여자에게 요구하는, 여자로서는 견딜 수 없는 절망감으로부터 지켜 주는 것인데, 그렇다면 자식 없이 사는 여자는 바로 이것을 지니지 못한 채로 살아가는 셈이 된다. 어머니와 딸 사이에서 감정 이입(感情移入)이 이루어지는 것 자체는 위험한 것이 아니다. 그러나 딸에 대한 어머니의 감정 이입은 종종 어머니로 하여금 딸이 사랑하는 사위를 사랑하게 만들기도 한다. 극단적인 경우 이러한 성향은 감정 상태에 대한 맹렬한 정신적 저항을 불러일으키는 만큼 심각한 신경 질환의 원인이 되기도 한다. 어떤 경우가 되었든 장모가 이런 식으로 사위에 대해 사랑의 〈충동〉에 사로잡힐 때가 자주 있는데, 문제는 바로 이러한 충동 혹은 거기에 저항하는 정신적 경향이 장모의 마음속에서 서로 대립하는 갖가지 힘과 어울리면서 다양한 모습의 갈등을 연출해 낸다는 데 있다. 이 경우 장모는 천륜(天倫)이 허용하지 않는, 애정 어린 사랑의 감정을 확실하게 억압할 목적으로 사위에게 매몰차고 가학적인 태도를 보인다.

사위 쪽에서 볼 때, 장모와의 관계는 연원은 다르지만 비슷한 충동 때문에 한층 복잡해진다. 통상 남성은 사랑의 대상을 최종적으로 선택하기까지는 자기 어머니를 사랑의 대상으로 여기는데, 때로는 자기 누이까지도 그렇게 여기기도 한다. 그러나 근친상간을 금지하는 장벽 때문에 남성의 애정은 어린 시절부터 애정을 기울였던 두 대상으로부터 그 두 대상과 유사한 외부의 대상에게로 옮겨 간다. 이로써 남성 자신의 어머니이자 누이의 어머니가 차지했던 자리를 장모가 등장해서 차지하게 되는 것이다. 남성은 최초의 선택으로 되돌아가고자 하는 충동을 느낀다. 그러나 그의 내부에 깃들어 있는 모든 경향은 여기에 반발한다. 그의 내부에 자리하고 있는 근친상간 기피 심리는 그에게 사랑의 대상 선택의 계보가 무시될 수 없다고 주장한다. 이러한 충동과 쉽게 결별할 수 있도록 도와주는 것이 바로 장모는 새로 나타난 대상이라는 사실의 자각이다. 말하자면 장모는 어린 시절부터 알고 있던 대상도 아니고, 그의 무의식*Das Unbewußte*에 각인된 대상도 아니기 때문에 쉽게 거부할 수 있는 것이다. 남성의 복잡한 감정 상태는 대단히 민감하고 심술궂다는 점에서 우리는 장모가 실제로 남성에게 근친상간의 유혹을 제공하는 것이 아닐까 의심스러워지기도 한다. 이런 의심은 근거 없는 것이 아니다. 남자가 딸에게 사랑을 기울이기 전에 먼저 장모될 여자에게 사랑에 빠지는 일이 드물지 않다는 점에서도 우리는 이것을 확인할 수 있다.

미개인들에게서 흔히 볼 수 있는, 사위와 장모 간의 내외를 규정하는 동기가 바로 이러한 근친상간 가능성의 차단에 있었을 것이라는 가정보다 더 확실한 가정을 나는 알지 못한다. 그렇다면 원시적인 제 민족이 엄격하게 지키던 내외 풍습에 대한 설명을 선택해야 한다면, 그것은 피슨이 제시한 견해, 즉 이러한 규정을 통하여 미개인들은 근친상간의 가능성을 방지하려 했다는 견해를 옹호하지 않을 수 없게 된다. 이 설명은 혈족 관계 및 인척 관계의 내외 풍습에도 그대로 적용된다. 혈족 관계 및 인척 관계에서 다른 것이 있다면 전자의 경우 근친상간은 직접적인 것이고, 이것을 방지하기 위한 의도는 의식적인 데 비해 사위와 장모 관계를 비롯한 후자의 경우는 무의식적 중개물을 통해 매개되는 환상적 유혹이라는 점이다.

지금까지의 논의에서는, 정신분석학적 접근 방법의 응용을 통해 민족 심리학적 사실이 새롭게 이해될 수 있다는 것을 보여 줄 기회가 별로 없었다. 그 까닭은 야만인들의 근친상간 기피 심리는 워낙 오래전부터 알려져 온 것이어서 다른 해석이 필요하지 않았기 때문이다. 우리들이 기왕에 이해하고 있는 것에다 내가 보탤 수 있었던 것이라고는, 이러한 현상은 현저하게 〈유아기적〉 특징을 보여 주는 것이며, 신경증 환자의 정신생활과 분명하게 일치하고 있음을 강조한 것에 지나지 않는다. 정신분석을 통하여 우리는 사내아이가 최초로 선택하는 성적인 대상이 근친상간적이고, 따라서 천륜이 금지하고 있는 어머니나 누이라는 것을 알게 되었다. 그뿐만 아니라 우리는 그 아이가 자라나면서 이 근친상간적인 애정 심리에서 자유로워진다는 것도 알게 되었다. 그러나 신경증 환자는 예외 없이 다양한 단계의 심리적 유아 현상을 드러낸다. 그러니까 신경증 환자는 어린 시절을 지배하던 성 심리적 조건에서 자유로워지는 데 실패했거나 어린 시절로 되돌아갔거나 둘 중 하나인 것이다. 이 두 가능성이 각각 〈발육 부전 *Entwicklungshemmung*〉과 〈퇴행 *Regression*〉이다. 말하자면 그의 무의식적인 정신생활에서는 리비도의 〈근친상간성 고착 *die inzestuös Fixierungen*〉이 계속해서 중심적인 역할을 맡고 있거나, 다시 한번 그런 상태로 돌아가 있는 것이다. 일찍이 우리는 근친상간 충동에 지배되는 대(對)양친 관계를 신경증 환자의 중핵 콤플렉스 *Kernkomplex*라고 정의한 바 있다. 신경증 환자가 드러내는 근친상간의 중요한 의미의 발견에 대해 성인과 정상인들은 회의적이었다. 가령 근친상간이라는 테마가 얼마나 창조적인 작가들에게 핵심적인 관심사였는지 그런 관심이 어떤 변형의 단계를 거치면서 시의 재료가 되었는지를 광범위하게 논의하고 있는 오토 랑크

Otto Rank[32]의 작업조차 비슷한 회의와 거부의 대상이 되고 있다. 우리는 이렇게 회의하고 거부하는 심리를, 지금은 억압을 통하여 극복이 된 근친상간에 대한 혐오감의 산물이라고 믿지 않을 수가 없다. 따라서 후일에 와서 무의식이 된 똑같은 근친상간에의 원망(願望)을 미개인들은 여전히 무서운 재앙으로 느끼고 있고, 이것을 방지하느라고 엄격한 예방 조치를 취하고 있다는 점을 지적하는 것 또한 무익한 일이 아니라고 생각한다.

32 랑크의 『예술가. 성 심리학의 시작Der Künstler. Ansätze zu einer Sexual-psychologie』(1907), 『문학과 전설에 나타난 근친상간 모티프Das Inzestmotiv in Dichtung und Sage』(1912) 참조.

터부와 감정의 양가성

1

〈터부〉는 폴리네시아어인데, 이 말의 역어를 찾아내기는 어렵다. 우리에게는 이 단어가 의미하는 개념과 동일한 단어가 없기 때문이다. 고대 로마인들에게는 이 말에 해당하는 단어가 있었다. 즉 라틴어 〈사케르 *sacer*〉[1]가 폴리네시아어 〈터부〉와 똑같다. 고전 그리스어 〈아고스〉,[2] 히브리어의 〈카데쉬 *Kadesh*〉도 폴리네시아어 〈터부〉, 그리고 아메리카, 아프리카(마다가스카르), 북아시아, 중앙아시아의 많은 민족들도 유사한 낱말을 통해 같은 의미를 표현하고자 했을 것으로 보인다.

〈터부〉의 의미는 상반되는 두 방향을 지향한다. 즉 한편으로는 〈신성한 *heilig*〉, 〈성별(聖別)된 *geweiht*〉이라는 의미를 지니고 있는가 하면, 다른 한편으로는 〈기분 나쁜 *unheimlich*〉, 〈위험한 *gefährlich*〉, 〈금지된 *verboten*〉, 〈부정한 *unrein*〉이라는 의미를 지니고 있기도 하다. 폴리네시아어에서 〈터부〉의 반대말은 〈노아 *noa*〉인데, 이 말은 〈보통의 *gewöhnlich*〉, 〈누구에게나 접근이 가능한 *allgemein zugänglich*〉이

---

1 〈거룩하다〉는 뜻.
2 〈거룩한〉이라는 뜻의 형용사.

라는 뜻이다. 따라서 〈터부〉라는 말에는 범접하기 어렵다는 의미가 포함되어 있고, 실제로 이것이 바로 금제와 제한이라는 의미로 드러난다. 우리가 쓰는 복합적인 표현인 〈신성 외경(神聖畏敬, *heilige Scheu*)〉이 터부의 개념과 일치할 것으로 보인다.

터부에 의한 심리적 제한은 종교적 혹은 도덕적 금제와는 다르다. 터부에 의한 제한은 신의 계율에 바탕을 둔 금제라기보다는 자기 기준에 따라 스스로 가한 금제라고 할 수 있을 듯하다. 이것이 도덕적 금제와 다른 것은 지극히 일상적인 절제를 필수적인 것으로 선언하면서도 그 필수성의 근거를 제시하는 체계에 편입되어 있지 않다는 점이다. 터부 금제는 어떤 구체적인 동기 아래서 제정된 것도 아니고 그 기원도 분명하지 않다. 비록 그 금제가 〈우리〉에게는 이해하기 어려운 것이라고 해도 그 터부의 지배를 받는 사람들에게는 아주 당연한 것으로 받아들여지고 있는 것이다.

분트는 터부를 인류 최고(最古)의 불문 법전(不文法典)이라고 부른다.[3] 일반적으로, 터부의 존재는 신들의 존재에 선행하는 것, 어떤 종교의 존재에도 선행하는 것으로 받아들여진다.

터부를 정신분석학으로 고찰하기 위해서는 이것을 공평하게 설명할 필요가 있을 것 같아서 나는 『브리태니커 백과사전 *Encyclopaedia Britannica*』[4]의 〈터부〉 항목을 다음과 같이 발췌, 게재하기로 한다. 이것은 인류학자 토머스N. W. Thomas가 작성한 항목이다.

〈엄밀하게 보자면 터부에 포함되는 것은 (a) 사람 혹은 사물의 신령한(혹은 부정한) 성격, (b) 이 성격으로부터 발생한 일종의 금제, (c) 그 금제를 범할 경우에 발생하는 신성(혹은 부정)뿐이

---

3 『민족 심리학』(1906) 제2권, 「신화와 종교」 참조 — 원주.
4 제11판(1911). 여기에는 중요한 문헌 목록이 소개되어 있다 — 원주.

다. 폴리네시아어에서 터부의 반대말은 《노아》인데, 이 말은 《일반적인》 혹은 《평범한》이라는 의미를 지닌다……〉

〈넓은 의미에서 터부는 갖가지로 구별할 수 있다.

(1) 사람 혹은 사물에 깃들어 있는 신비스러운 힘(마나 Mana)으로부터 생겨난 자연적인 또는 직접적인 터부.

(2) 다른 데서 전해진, 혹은 간접적인 터부. 이것도 신비스러운 힘에서 유래하지만, (a) 후천적인 것, (b) 사제, 추장, 혹은 다른 누군가에 의해 전해진 것이 있다.

(3) 앞의 두 가지 터부의 중간에 위치하는 터부, 가령 남자가 여자를 자기 것으로 만들 경우처럼 양쪽의 인자(因子)가 한꺼번에 등장할 때의 터부이다……〉

터부라는 명칭은 다른 의례적 구속에도 그대로 적용된다. 그러나 〈종교적 금제〉라고 하면 될 것까지 터부로 여겨서는 안 된다.

〈……터부의 목적은 다음과 같이 다양하다.

(1) 그중에서도 직접적인 터부가 겨냥하는 것은 다음과 같다. (a) 해로운 것으로부터 추장, 사제 같은 요인(要人)과 사물을 보호한다. (b) 추장과 사제의 강력한 마나(주술적인 영향력)로부터 약자 — 아녀자 및 일반인 — 를 지킨다. (c) 시체를 다루었거나 만짐으로써, 혹은 먹지 말아야 할 것을 먹음으로써 야기되는 위험에 대처하게 한다. (d) 출생, 성년식, 결혼, 성생활 따위의 중요한 인생사에 장애가 생기지 않도록 막아 준다. (e) 신들이나 악령의 힘 혹은 분노로부터 인간을 지킨다.[5] (f) 양친 중의 어느 한쪽, 혹은 양쪽과 특별히 상호 공감적인 관계를 이루고 있을 경우, 유아나 태아가 양친과 함께한 특정 행동, 가령 양친과 나누어 먹은

---

5 현재의 문맥에서 이 〈터부〉라는 용어의 사용은 이차적인 것이므로 무시해도 무방하다 — 원주.

특정 음식이 야기시킬 수 있는 위험으로부터 태아 혹은 유아를 보호한다.

(2) 터부는 논밭이라든지 연장 같은 개인 재산이 도둑맞지 않게 해주기도 한다⋯⋯.〉

터부를 범하는 데 대한 벌은 원래 내적으로, 그리고 자동적으로 작용하는 어떤 불문율에 맡겨진다. 말하자면 훼손된 터부 자체가 스스로 복수하는 것이다. 그러나 후일 신들이나 악령 따위의 관념이 등장하고, 터부가 이들과 제휴하면서부터 원시인들은 바로 이 신성한 힘이 자동적으로 범접한 자를 벌하게 될 것으로 믿었다. 그보다 후일에 이르러서는 아마도 이 관념이 세부적으로 발달했기 때문이겠지만, 행동을 통하여 모듬살이를 위험하게 만드는 범법자를 사회 자체가 벌을 주게 되었다. 따라서 인류의 형벌 제도는 터부에까지 거슬러 올라간다고 할 수 있다.

〈터부를 범하면 그 범한 자가 터부가 된다⋯⋯.〉 터부를 범함으로써 발생하는 갖가지 위험은 속죄 의례나 재계 의식(齋戒儀式)을 통해 돌이키는 것도 가능했다.

터부의 원천은 사람이나 정령에 내림하는 특별한 주력(呪力)인데, 이 주력은 생명이 없는 대상을 매개물로 전달될 수도 있다.

〈터부로 간주되는 사람이나 사물은 대전체(帶電體)에 견주어질 수 있다. 터부로 간주되는 사람이나 사물은 무서운 힘을 장전하고 있다. 이 힘은 접촉을 통하여 다른 사물에 전해질 수도 있고, 방전을 도발하는 유기체가 그 힘이 약해서 그 방전을 견딜 수 없을 경우에는 대전체로부터 풀려나면서 파괴적인 힘을 행사하는 수도 있다. 그래서 터부를 범했을 때 생기는 결과는 터부 대상이 지니는 주력의 강도뿐만 아니라, 범한 자가 지니고 있는 이 힘에 대항해서 작용하는 〈마나〉의 강도에 따라 달라진다. 왕이나 추장이 막강한 힘을 지니고 있고, 신민이 이들과 직접 접촉할 경우 죽음에 이를 수밖에 없는 것은 이 때문이다. 그러나 사제나 일반인보다 더 강한 〈마나〉의 소유자는 왕이나 추장에게 접근해도 무사할 수 있고, 일반인들이 이 사제나 일반인보다 더 강한 마나의 소유자에게 접근해도 무사할 수 있는 것이다……. 이렇게 해서 간접적으로 전이된 터부의 힘은 전이시킨 자가 지니는 마나의 힘에 따라 달라진다. 터부를 전이시킨 사람이 추장이나 사제라면, 그 힘은 일반인이 전이시킨 것보다 훨씬 강력한 것이다…….〉

재계 의례를 통하여 터부의 제거를 시도하는 풍습은 바로 이 터부가 지닌 이러한 전이성(轉移性)을 통하여 설명된다.

터부에는 영구적인 터부도 있고, 일시적인 터부도 있다. 사제나 추장은 전자에 속한다. 사자(死者)나 사자에 딸린 모든 것도 전자에 속한다. 일시적 터부는 어떤 상태, 가령 생리, 분만, 원정을 앞둔 전사(戰士)의 심리 상태, 고기잡이나 사냥과 밀접한 관계가 있다. 일반적인 터부는 (가톨릭교회의 파문이 그렇듯이) 광범위한 지역에 부과되어 오랫동안 그 효력을 발생시킬 수 있다.

내가 독자들의 느낌을 제대로 읽었다면, 터부에 대해 지금까지 장황하게 설명해 왔음에도 불구하고 독자들은 이 말의 진정한 의미가 무엇이며, 독자들이 가지고 있는 생각의 틀 어디에다 자리를 잡아 주어야 할지 정확하게 납득하지 못했을 터이다. 그 까닭은 다른 데 있는 것이 아니라 내가 독자에게 준 정보가 충분하지 못했고, 터부와 미신, 정령 신앙 및 종교의 관계에 대한 설명을 빠뜨린 데 있을 것이다. 그러나 터부에 대해 알려져 있는 정보를 조목조목 자세하게 알려 주면 오히려 지금 이상으로 혼란을 일으키지 않을까 두려울 뿐이다. 여기에서 내가 자신있게 할 수 있는 말은, 터부라고 하는 주제가 원래 이토록 모호하다는 것이다.

그렇다면 우리가 진정으로 관심을 가지고 있는 것은 무엇인가? 그것은 원시 종족을 지배하고 있던 일련의 금제다. 원시 종족 사회에는 금제가 도처에 널려 있었다. 그러나 그들은 왜 그것이 금제가 되어 있는지 알지 못했고, 의문을 제기해야 한다는 생각도 하지 못했다. 의문을 제기하기는커녕 그들은 그 금제를 일상사로 받아들여 거기에 복종하고 그런 금제를 범하면 바로 벌을 받는다는 확신 속에서 살았다. 금제를 범하면 자동적으로 무서운 벌을 받는다는 것과 관련된 믿을 만한 보고서는 얼마든지 있다. 가령 한 순진한 친구가 금지되어 있는 짐승을 잡아먹고는 의기소침해 하면서 죽을 때만 기다리다가 실제로 덜컥 죽고 만다는 것이다. 금제라고 하는 것은 대체로 향락의 자유, 이동의 자유 및 교제의 자유를 제한하는 것을 그 목적으로 삼는다. 많은 경우 이러한 금제는 의미심장한 것으로 받아들여지고, 실제로 금욕과 자기 방기를 조장하는 몫을 하기도 한다. 그러나 경우에 따라 원래의 목적 의식이 드러나지 않는 경우도 있다. 말하자면 시시껄렁한 것에만 관심을 쏟게 한 나머지 그저 의례적인 것에 불과해 보이게 할 때도 있다는 것이다.

이러한 금제의 배후에는, 금제의 개연성을 돋보이게 하는 어떤 이론이 도사리고 있는 듯하다. 말하자면 특정 인물이나 사물은 위험한 힘을 내장하고 있어서 거기에 접촉하면 무슨 전염처럼 접촉하는 사람에게로 옮겨 붙는다는 것을 강조하는 것처럼 보인다는 것이다. 이 경우, 이 위험한 속성의 〈양(量)〉도 큰 몫을 한다. 사람이나 사물 중에는 이 위험한 속성의 양이 유달리 많은 것이 있을 수 있고, 접촉했을 경우의 위험은 장전하고 있는 속성의 양에 따라 결정된다. 여기에서 기묘한 것은, 이러한 금제 중의 하나를 범할 경우 그 범한 사람은 그 위험한 속성이 송두리째 전이되기라도 한듯, 바로 금제의 대상이 되어 버린다는 점이다. 이러한 힘은, 가령 왕이나 사제, 신생아 같은 〈특별한〉 사람들, 생리라고 하는 육체의 특정 상태, 사춘기 혹은 출산 같은 〈예외적인〉 상태, 병, 죽음 같은 〈불길한〉 것에 달라붙는다. 그것도 감염이라든지 전파 작용 같은 것을 통하여 이런 것들에 침착(沈着)한다.

〈터부〉라는 말은 사물만 나타내는 것이 아니다. 때로는 사람일 수도 있고, 장소 혹은 사물일 수도 있으며, 심지어는 일시적인 어떤 상황일 수도 있다. 말하자면 〈터부〉라는 말은 신비스러운 속성이 담긴 그릇, 혹은 그 근원일 수도 있는 것이다. 〈터부〉라는 말은 같은 속성에서 비롯된 금제 그 자체를 의미하기도 한다. 그뿐만 아니라 〈신성한〉, 〈일상적인 것을 넘어서는〉, 〈위험한〉, 〈불결한〉, 〈불길한〉 것들을 아우르는 언외언(言外言)의 의미를 지니기도 한다.

이 말 자체와 이 말이 의미하는 체계는, 일군의 정신적 태도와 관념에 우리들로서는 이해하기 어려운 표정을 부여한다. 특히, 저급 문화의 특징이라고 할 수 있는 귀신이나 정령에 대한 믿음을 검토하기 전에는 우리에게 접근 가능성이 희박한 것으로 비치기도 한다.

이 대목에서 의문을 한번 제기해 보자. 우리는 왜 이 터부의 수수께끼에 관심을 갖게 되었는가? 나는 〈어떤〉 심리학적 문제가 되었든, 문제 그 자체를 해명할 생각이라면 터부의 수수께끼에는 관심을 기울일 가치가 있다고 생각한다. 심리학적 문제 자체의 해명에 머무는 것이 아니다. 터부에 관한 관심은 우선 미개한 폴리네시아인들의 터부에 대한 태도를 해명할 수 있게 해준다. 우리에게는 미개한 폴리네시아인들의 터부가 우리와 아무 상관이 없다고 생각하는 경향이 있는데, 그렇지 않다. 우리를 지배하고 있는 도덕적, 관습적 금제는 원시인들의 터부와 밀접한 관계가 있고, 이러한 터부의 해명은 곧 우리들의 〈정언 명법〉이 지니는 모호한 기원을 조명할 수 있는 것이다.

그래서 우리는 터부라는 주제에 관한 한 탁월한 연구자라고 할 수 있는 빌헬름·분트의 견해에, 특히 〈터부의 개념을 그 뿌리까지 파헤쳐 보겠다〉는 그의 약속[6]에 귀를 기울이게 되는 것이다.

분트는 터부의 개념에 대해 이렇게 쓰고 있다.

〈터부는 제의적(祭儀的) 관념과 관련이 있는 일정한 대상 혹은 이것과 관련이 있는 행위에 대한 외포(畏怖)가 표현되는 일체의 관습을 포괄한다.〉[7] 다른 대목에서는 이렇게 쓰고 있기도 하다.

〈우리는 터부라는 것을 이 말의 일반적인 의미에 따라 어떤 물건을 접촉한다든지, 특정한 목적에 그 물건을 이용한다든지, 혹은 엄격하게 금지된 언어를 입에 올린다든지 하는 것에 대한 금제(관습이나 도덕률 혹은 분명한 성문법에 의한)라고 이해하는데, 만일에 이것이 옳다면 터부의 역효과를 피할 수 있었던 민족이나 문화 계급은 없었을 것이다.〉

분트는 이어서 비교적 높은 단계에 속하는 폴리네시아인의 터부 연구 대신 원시 상태에 속하는 오스트레일리아 원주민의 터부 연구를 바람직하게 생각했던 이유를 설명한다. 그는 오스트레일리아 원주민의 터부 금제를 그 대상에 따라 세 가지로 나눈다. 동물을 대상으로 하는 것, 사람을 대상으로 하는 것, 일반 사물을 대상으로 하는 것이 바로 이 세 가지다. 죽이는 것을 금지하고 먹는

6 『민족 심리학』 제2권, 「종교와 신화」 참조 — 원주.
7 앞의 책 참조 — 원주.

것을 금지하는 금제로 구성된 동물에 대한 터부는 〈토테미즘〉의 핵심을 구성한다. 두 번째 부류의 인간을 겨냥하는 터부는 이것과는 본질적으로 다르다. 이 터부는 먼저, 터부의 대상인 인간이 처하는 비일상적인 상황에 국한된다. 그래서 젊은이는 성인식을 치를 때, 여성은 생리 중이거나 출산한 직후에 터부가 된다. 이와 마찬가지로 신생아, 병자, 그리고 무엇보다도 사자(死者)가 터부가 된다. 특정인이 끊임없이 이용하는 그 사람의 재산도 타인에게는 영원한 터부가 된다. 말하자면 그 사람의 옷, 그 사람의 연모, 그 사람의 무기는 터부가 되는 것이다. 오스트레일리아 원주민의 경우, 한 사람이 가지는 지극히 개인적인 소유물은 청년이 성인식에서 받는 새 이름이다. 그들에게는 이것도 터부에 속하므로, 비밀에 부쳐져야 한다. 세 번째 단계의 터부, 즉 나무, 풀, 집, 장소를 그 대상으로 하는 터부는 덜 고착적이다. 이런 대상은 대체로 불길하게 보이거나, 어떤 이유에서든 공포를 불러일으키게 될 때만 터부의 대상이 된다는 규칙을 따르는 것으로 보인다.

분트 자신도 어쩔 수 없이 인정하고 있지만, 폴리네시아와 말레이 군도의 풍부한 문화권에서 나타나는 터부의 변모 양상은 그리 오묘하지 않다. 이 지역 민족의 경우, 사회적 분화가 고도로 진행되었기 때문이겠지만, 추장이나 왕이나 사제는 특별히 효과적인 터부 노릇을 하는 동시에, 그보다 더 강력한 힘이 등장하는 경우 그 터부에 복종한다.

그러나 분트는 터부의 근원이 특권층의 관심보다 훨씬 깊은 데 뿌리내리고 있다고 덧붙인다.

〈터부의 근원은 가장 원시적인 동시에 가장 지속력이 강한 인류의 본능, 즉《악마적》권능에 대한 두려움에 그 뿌리를 두고 있다.〉[8]

8 앞의 책 참조 — 원주.

그는 계속해서 다음과 같이 쓰고 있다.

〈터부는 원래, 터부가 걸린 대상에 숨어 있는 것으로 믿어지는 《악마적》인 권능에 대한 객관화한 두려움에 지나지 않는다. 터부는 그 권능의 잠을 깨우는 행위가 어떤 것이든 금지시키는 한편, 의식적으로든 무의식적으로든 그 터부가 깨어졌을 경우에는 이로써 잠을 깬 그 악마의 보복을 사전에 차단할 것을 명하는 것이다.〉

이로써 우리는 조금씩 조금씩 터부가 악마에 대한 믿음과는 상관없이, 스스로 선 자리를 그 발판으로 해서 권능을 키워 나간다는 사실을 알게 된다. 터부는 이렇게 해서 관습의 강제, 전통의 강제가 되었다가 이윽고 법률의 강제로 발전한다. 분트의 설명은 이렇게 계속된다.

〈시간과 장소에 따라 변화무쌍한, 터부에 의한 금제의 배후에서 울려나오는 무언의 명령은 원래 하나, 오로지 하나뿐이다. 그것은 《악마의 분노를 경계하라》는 것이다.〉

분트는 이어서 터부라고 하는 것은 〈악마적〉 권능에 대한 원시인들의 믿음의 표현이자 그 파생물이라고 주장한다. 그가 나중에 한 주장에 따르면, 터부는 그 뿌리로부터 스스로를 해방시키고, 과거에 권능〈이었다〉는 바로 그 이유에 기대어, 말하자면 일종의 심리적 고착을 통하여 독자적인 권능으로 행세하는 것이다. 이렇게 해서 터부는 우리 관습률의 뿌리가 되고, 이윽고 법률의 근저가 되는 것이다. 비록 처음에 분트가 세운 몇 가지 주장이 서로 모순된다고 할 수는 없지만, 내가 분트의 설명은 기대에 미치지 못한다고 하면 아마 독자들은 고개를 끄덕거릴 것이다. 이것은 터부 개념의 근원을 거슬러 올라가는 것도 아니고, 뿌리째 캐내는 것도 아니다. 심리학에서는 두려움도, 악마도 더 이상은 환원이 불가능한 〈가장 오래된 것〉일 수 없다. 악마라는 것이 실제로 존재했다면 문제는 다르다. 그러나 우리는 알고 있다. 신들이 그렇듯이 악마라고 하는 것도 사람의 마음이 빚어낸 것에 지나지 않는다. 악마라는 것은 무엇인가를 재료로 누군가가 빚어낸 것에 지나지 않는다.

명료하게 제시된 것은 아니지만, 그래도 분트에게는 터부의 이중적인 의미에 대한 나름의 중요한 견해가 있었다. 그의 견해에 따르면 〈거룩한 것〉과 〈부정한 것〉의 구분은 터부의 원시적 초기 단계에는 있지도 않았다. 이런 구분이 없었기 때문에 터부가 지니는 의미에는 신성 부정의 개념이 포함되어 있지 않았다. 이런 구분은 일반적으로 대립되는 관계에 서게 되면서 처음으로 나타났던 것이다. 터부가 된 동물이나 인간이나 장소는 악마적이었을지언정 〈신성〉하지도, 따라서 그 뒤에 생기게 된 의미이지만 〈부정〉하지도 않았다. 이것이 〈터부〉라는 말을 통하여 적절하게 표현된 것도, 바로 이것이 가치 중립적이고 중간적인 의미(〈신들린 것〉 혹은 〈건드려서는 안 될 것〉)를 지닌 것이었기 때문이다. 말하자면 시대와는 상관없이 신성한 것, 부정한 것에 두루 통용되는 특징, 즉 접촉을 기피해야 하는 점을 강조하고 있는 것이다. 그렇다면 이같이 중요한 공통의 특징이 있다는 사실은, 동시에 이 양자 간에 근원적으로 일치하는 점이 있었다는 것, 이 근원적 일치에 다른 조건이 분화하면서 양자는 서로 분리되고, 이윽고 서로 대립하게 되었음을 암시하고 있는 것이다.

분트에 따르면 터부의 이 근원적인 특징 — 한 사물 속에 깃들어 있다가, 이 사물을 범하거나 부당하게 사용하는 사람이 있으면 그 범법자에게 마법으로 복수하는 〈악마적〉 권능에 대한 믿음 — 은 전적으로 〈두려움이 객관화된 것〉이지 다른 것일 수 없다. 여기에서 말하는 두려움은 두 개로 갈라져 각각 〈숭배〉와 〈기피〉로 발전하기 이전 단계의 두려움을 말한다.

그렇다면 이것은 어떻게 갈라지게 되었는가? 분트의 설명에 따르면 터부에 의한 금제가 악마의 권역(圈域)에서 신들에 대한 믿음의 권역으로 이식되는 과정을 통해서이다. 〈신성한 것〉과 〈부정한 것〉의 대비는 꼬리를 물고 연속되는 신화의 두 단계와 일치한다. 두 번째 단계가 시작되는데도 첫 번째 단계는 완전히 사라지는 것이 아니라, 저급한 평가를 받으면서도 모멸을 당하는 형태로 존속한다. 그의 주장에 따르면 한 단계가 다음에 오는 보다 강력한 단계에 의해 극복되고, 그래서 격퇴되는 데도 불구하고 다음 단계에도 열등한 형태로 다음 단계와 나란히 끈질기게 존속하게 되고, 바로 이 때문에 숭배의 대상이 기피의 대상으로 변전하게 되는 것이 일반적인 신화의 법칙이라는 것이다.

분트의 해명은 이어서 터부 개념과 재계 의식 및 공희제(供犧祭)와의 관계를 다룬다.

2

개인의 정신생활 중에서도 무의식의 부분을 연구하는 정신분석학의 관점에서 터부의 문제에 접근해 본 사람이면 누구나 조금만 생각해 보아도 곧 이 정신분석학 현상이 낯설지 않다고 여길 것이다. 정신분석학과 터부에 관심을 가진 사람은 오래지 않아 스스로 개인적인 금제의 터부를 만들어 놓고, 미개인들이 저의 종족이나 모듬살이의 공동 터부를 그렇게 하듯이 엄격하게 거기에 복종하고 있는 환자들을 만나게 될 것이니 무리도 아니다. 만일에 그 사람이 그런 환자들을 지칭하는 〈강박증 환자Zwangskranke〉라는 말에 익숙하지 않다면, 그런 환자들의 상태에 참으로 잘 어울리는 〈터부병〉이라는 말쯤은 쉽게 찾아낼 것이다. 그러나 정신 분석학적 연구는 이 강박증에 대한 병인(病因)이나 심리적 메커니즘의 본질까지 규명해 놓고 있기 때문에, 그 성과를 여기에 대응하는 민족 심리학 현상의 해명에 응용하고 싶다는 유혹을 억누를 길 없을 것이다.

그러나 바로 이 대목에서 한마디 경고해 두지 않으면 안 되겠다. 터부와 강박증 사이의 유사성은 외적인 것에 지나지 않는다는 것이다. 말하자면 이 양자가 지니는 현상의 〈형식〉에 대해서는 유사하다고 말할 수 있겠으나, 이 유사하다는 표현은 그 본질에 이르면 사정이 판이하게 달라진다는 것이다. 자연은 생물학적으로는 아무 연관도 없는 현상에 동일한 형식을 부여하기를 즐기는 모양이다. 가령 가지 모양의 비슷한 구조를 하고 있는 산호와 여느 식물이 그렇다. 결정의 모양이라든지, 일정한 화학적 침전물의 형식을 취하고 있는 것까지 서로 비슷하다. 그러나 유기적 조건의 공통성을 내보이는 이 일치점으로부터 내부적 근친성에 관한 결론까지 얻으려는 것은 성급할 뿐만 아니라 별로 될성부르지도 않다. 이 경고를 마음에 담아 둘 필요가 있기는 하지만, 이 때문에 우리가 지금부터 해보려고 하는 상호 비교의 노력까지 포기할 것은 없다.

신경증 환자의 강박적인 금제와 터부 사이의 가장 두드러지는 공통점은, 이 두 금제가 하나같이 동기도 불분명하고 그 유래도 수수께끼에 가려져 있다는 점이다. 언제인지도 모르게 불쑥 그 모습을 나타낸 이 두 가지 금제는 억제할 길 없는 공포를 통해 끈질기게 그 모습을 지켜 나간다. 어떤 외부적 처벌의 위협도 여기에는 통하지 않는다. 그 까닭은 이 금제를 어기면 견딜 수 없는 재앙이 뒤따를 것이라는 내적 확신, 도덕적 신념이 항상 함께하기 때문이다. 강박증 환자가 드러내는 가장 현저한 특징은, 금제를 어기면 누군가가 해를 입을지도 모른다는 막연한 예감에 시달린다는 점이다. 그 재해의 성격에 대해서는 아무것도 알지 못한다. 이 비참하리만치 초라한 정보조차도 금제 자체로부터라기보다는, 우리가 곧 논의하게 될 속죄 행위와 방어 행위와 관련해서 얻어지는 경우가 많다.

터부의 경우가 그렇듯이, 이 신경증의 가장 핵심적인 금제도 접촉의 금제이다. 그래서 이 금제는 〈접촉 불안증Berührungsangst, délire de toucher〉으로 알려져 있는 것이다. 이 금제에서 금지되는 범위는 직접적인 물리적 접촉에 머무는 것이 아니다. 심지어는 비유적인 표현인 〈접촉한다in Berührung kommen〉는 단어에까지 미친다. 금지되는 것에 생각이 미치는 것, 즉 생각 속에서 접촉을 상기시키는 것도 모두 육체에 의한 직접적인 접촉과 똑같이 금지되는데, 이런 종류의 확장된 의미에서의 금제는 터부에서도 흔히 볼 수 있다.

금제의 목적 중 일부는 우리 눈에도 확연하게 드러난다. 그러나 그중에는 우리로서는 어안이 벙벙해지는 것, 불가사의한 것, 우스꽝스럽게 여겨지는 것도 있다. 이런 종류의 불합리해 보이는 금제는 〈제의적〉 금제라고 불리기도 한다. 이런 구분은 앞에서 터부의 종류를 구분할 때 다룬 바 있다.

강박적 금제에는 아주 강한 전위성Verschiebbarkeit이 있다. 그래서 어떤 종류의 것이든 연관성만 있으면 하나의 객체에서 다른 객체로 퍼져 나간다. 그러면 이 새로운 객체는 온 세상이 〈손댈 수 없는〉 금제로 가득 차게 될 때까지 금제를 이전시킨다. 이것을 두고 〈손댈 수 없는〉이라는 형용사를 쓴 사람은 나의 여성 환자 중 한 사람이다. 강박증 환자는 〈손댈 수 없는 사람〉처럼 행동한다. 그들에게 이 세상의 모든 사물은 접촉을 통하여 이웃의 모든 것을 전염시킬 수 있는 위험한 매개체로 보인다. 나는 앞에서 터부의 문제를 다루면서 똑같은 전염과 전위의 특징에 주의를 기울인 바 있다. 그래서 우리는 터부인 것과의 접촉을 통해 터부를 범한 사람 자신이 터부가 되어 버리고, 따라서 다른 사람은 〈그 사람〉과 접촉할 수 없다는 것을 알고 있다.

이제부터 금제의 전이(아무래도 전위라고 하는 것이 적절하겠다)에 관한 두 가지 예를 하나씩 검토해 보기로 하자. 하나는 마오리족에 관한 보고서로부터 옮긴 것, 또 하나는 강박증을 치료받고 있던 내 여성 환자에 대한 관찰 결과이다.

〈마오리족 추장은 불길을 입김으로 불지 않는다. 그 까닭은 입김으로 불길을 불면 신성한 숨결이 지닌 신성(神性)은 불로 옮겨 가고, 불은 이것을 다시 화로로 옮기고, 화로는 다시 이 입김을 추장이 불고 있는 불 위에 놓인 화로의 고기를 통해 먹는 사람으로 옮겨 가 버리기 때문이다. 이렇게 되면 매개물을 통해 추장의 입김을 쐰 사람, 다시 말해서 고기를 먹은 사람은 목숨을 잃게 되는 것이다.〉[9] 내 환자의 남편이 이러저러한 가재도구를 사서 집에다 들여놓았다. 그러자 내 환자는 남편에게 그 가재도구를 치워 줄 것을 요구했다. 그대로 두면 자기가 지내고 있던 방이 〈손댈 수 없게〉 된다는 이유에서였다. 내 환자가 이렇게 주장한 것은 남편이 그 물건을 〈히르셰가(街)Hirschengasse〉에서 사왔다는 사실을 알고 있었기 때문이다. 그런데 〈히르셰〉는 환자의 여자 친구 남편의 이름, 즉 여자 친구가 결혼한 뒤의 이름이었다. 환자가 처녀 시

---

9 프레이저의 『황금 가지*The Golden Bough*』 제2부 「터부와 영혼의 위기Taboo and the Perils of the Soul」(1911) 참조 — 원주. 프레이저는 이 부분을 테일러의 *Te Ika a Maui*에서 인용했다.

절 이름을 쓸 때부터 사귀던 이 여자는 환자가 사는 곳으로부터 멀리 떨어져서 살고 있었다. 이 경우 친구가 바로 환자에게는 〈손 댈 수 없는 것〉, 혹은 터부이다. 따라서 여기 이 빈에서 구입한 가 재도구도 환자로서는 손댈 수 없는 친구와 마찬가지로 터부가 되 어 버린 것이다.

강박적 금제는 터부에 의한 금제와 마찬가지로 일상생활을 극 단적인 단념과 체념으로 채워 버린다. 그러나 이러한 강박적 금 제의 일부는 특정한 행동을 통해 금제에서 해제되기도 한다. 그 렇다면 환자는 이런 특정한 행동을 〈해야〉 하는데, 이런 행동은 강제적인 성격을 지니는 행위, 혹은 강박 행위의 성격을 지닌다. 그렇다면 이런 행위가 보상, 속죄, 방어 조처, 재계의 성격을 띠게 되는 것은 의심할 나위가 없다. 이런 강박 행위 중에서 가장 흔한 것은 물에다 씻는 것(세척 강박)이다. 터부에 의한 금제 중 일부 는 이런 식으로 대체될 수도 있고, 비슷한 〈제의적〉 행위를 통하 여 금제에 대한 위반이 개선될 수도 있다. 그리고 여기서는 물을 이용한 재계가 선호되는 방식이다.

이제 터부 관습과 강박 신경증 징후가 어떤 점에서 명확하게 일치하는지 요약해 보면 다음과 같다.

(1) 금제에 동기가 없다는 점, (2) 내적 강제에 의해 금제가 확 립된다는 점, (3) 쉽게 이전된다는 점, 금지되는 대상을 통하여 전 염될 위험이 있다는 점, (4) 제의적 행위, 즉 금제에 기초한 계율 을 발생시킨다는 점이다.

강박 신경증의 임상 병력과 심리 기제는 둘 다 정신분석을 통 하여 우리에게 알려진 것들이다. 이제 〈접촉 공포증〉을 살펴봐야 할 터인데, 전형적인 〈접촉 공포증〉의 임상 병력은 다음과 같다.

맨 처음, 그러니까 아주 어린 시절 환자는 접촉에 강한 〈욕구〉를 드러낸다. 그런데 이 욕구의 목표는 일반인들이 생각하는 것보다 훨씬 특수한 것이다. 그런데 이 욕구가 〈외부〉의 금제에 부딪치면서 특정한 것에 대한 접촉을 차단당한다.[10] 외부의 이 금제는 강력한 〈내부적〉 힘[11]의 지원을 받으면서 수용되는 단계를 거치는데, 이 금제는 접촉을 통하여 표현하려는 충동보다 강한 것으로 드러난다. 그러나 어린아이의 정신 구조는 아직 원시적이기 때문에 금제가 욕구 자체를 〈폐기〉할 수는 없다. 그 결과 아이는 본능(접촉의 욕구)을 〈억압〉하고, 이 본능을 무의식 쪽으로 쫓아 버린다. 아이의 내부에는 금제와 본능이 공존한다. 본능이 남아 있는 까닭은 단지 억압당했을 뿐 폐기당한 것은 아니기 때문이며, 금제가 남아 있는 까닭은 금제가 사라진다면 본능은 의식을 뚫고 솟아올라 실제의 행동이 될 것이기 때문이다. 이렇게 해서 미결 상태, 즉 정신적 고착 상태가 만들어진다. 따라서 지금부터 일어날 사태는 금제와 충동의 지속적인 갈등에 맡겨질 수밖에 없다.

이런 식으로 고착된 심리적 짜임새가 드러내는 중요한 특징은 어떤 대상, 혹은 그 대상에 대한 특정한 행동에 대해 개인이 〈양가적(兩價的)〉[12]인 태도를 보인다는 것이다. 아이는 이 행동(접촉)을 하고 싶어서 잠시도 참을 수가 없다(그는 그 접촉을 최고의 즐거움으로 여기지만 여전히 할 수가 없다). 그래서 아이는 결국 그것을 혐오하게 된다. 이 두 흐름 사이의 갈등은 쉽게 풀리지 않는데, 그 까닭은 이 양자(우리는 이렇게밖에는 부를 수가 없다)가

10 접촉의 욕구와 외부의 금지 모두 아이가 자기 성기를 만지는 것과 관계가 있다─원주.

11 이 힘은 금제를 만든 당사자와 어린아이 사이의 애정 관계에서 온다─원주.

12 블로일러E. Bleuler가 「양가감정에 대한 소고Vortrag über Ambivalenz」에서 채택한 표현을 좇기로 한다─원주.

이미 각각 정신생활 속의 일정한 부위를 차지하고 있어 도저히 합류할 수 없기 때문이다. 그 까닭은 또 무엇인가? 금제는 명료하게 의식되는 데 비해 끊임없는 접촉의 욕구는 무의식에 스며들어 있어서 본인은 자각을 못 하기 때문이다. 만일 이러한 심리적 요소가 없었다면 〈양가성〉은 존속할 수도 없거니와, 그런 후속 현상으로 발전하지도 않을 것이다.

특정 사례의 병력을 통하여 우리는 유아 시절에 나타나는 금제가 그 사람에게 결정적인 요소로 작용한다고 주장한 셈이다. 그뿐만이 아니다. 이 연령 단계의 억압 기제는 차후의 상태에 대해서도 마찬가지로 결정적인 역할을 한다. 억압은 망각 — 기억 상실 — 과 관계가 있는데, 이 억압이 강제된 결과 금제 자체는 의식되고 있는 데 비해 금제의 동기는 오리무중이 되어 버린다. 따라서 공격 목표가 포착되지 않는 상황이므로, 지성적 과정을 통한 강박증 제거 노력은 어차피 수포로 돌아가게 되어 있다. 금제가 지니는 힘과 강박적 속성은 어디에서 오는가? 그것은 정확하게 금제와는 무의식적 적대자라고 할 수 있는, 은폐되어 있지만 약화시킬 수는 없는 욕망에서 온다. 말하자면 의식적 통찰을 허용하지 않는 내적 필연성에서 오는 것이다. 금제가 쉽게 전위되고 확장될 수 있는 까닭은 무의식적 욕망이 동반하는, 무의식을 지배하는 심리적 제 조건 아래서 특히 원활하게 진행되는 과정 때문이다. 충동적 욕망은 〈막다른 골목〉에서 끊임없이 탈출을 기도하며, 금지된 것의 대용물 — 대용 객체와 대용 행위 — 의 탐색을 시도한다. 그 결과 금제 자체도 끊임없이 움직이면서, 금지된 충동을 받아들일 만한 새로운 과녁을 찾아 스스로를 확장시킨다. 억압된 리비도가 진일보하면 여기에 대응해서 금제는 그만큼 더 강화된다. 갈등하는 두 세력의 상호 저지 노력은, 마침내 이 긴장을 해소하기 위해 역동성을 방전할 필요를 느낀다. 강박 행위가 나타나는 것은 바로 이 필요성 때문이다. 신경증의 경우 이 강박 행위는 바로 이때 발생하는 절충안 같은 것이다. 어떻게 보면 강박 행위는 후회의 증거 혹은 속죄의 노력으로 보이지만, 다른 각도에서 보면 금지된 행위에 대한 욕망을 보상받으려는 일종의 보상 행위로 보이는 것이다. 강박 행위가 충동의 지배 아래로 들어가면서 근원적으로 금지되어 있는 행위로 접근해 들어가는 것, 이것이 바로 신경증의 법칙이다.

이제 실험 삼아 터부를 우리 환자들이 보이는 강박에 의한 금제와 동일한 것으로 다루어 보도록 한다. 그러나 우리는 먼저 관찰의 대상이 되는 터부에 의한 많은 금제들이 2차적인 것, 이전된 것, 왜곡된 것이라는 점에 유념할 필요가 있다. 따라서 우리로서는 근본적이고 핵심적인 터부를 희미하게나마 조명할 수 있다면 그것에 만족해야 한다는 점을 분명히 해둘 필요가 있다. 미개인과 신경증 환자의 상태 차이는 완전히 일치시키는 것이 불가능할 정도로 충분한 중요성을 가지고 있다. 따라서 미개인의 경우를 신경증 환자의 경우에 견주는 것은 가능하나 그대로 대응시키기에는 무리가 따른다는 데 주의를 기울일 필요가 있다.

그렇다면 먼저 미개인들에게 그들의 모듬살이에 금제가 따라다니는 진정한 이유, 말하자면 터부의 유래를 묻는 것은 무의미하다는 점을 지적해 두어야겠다. 우리는 그 진정한 이유라는 것이 〈무의식적〉인 것이므로, 미개인들은 이 질문에 대답하지 못할 것이라는 사실을 전제로 삼아야 한다. 그러나 우리는 강박에 의한 금제를 모형으로 이용해서 터부의 역사를 재구성할 수 있다. 우리가 가정하기로 터부는 태곳적부터 잔존해 온 금제, 다시 말해서 원시 종족 세대를 향하여 외부에서 부과되어 온 전통이다. 이러한 금제는 원시인들이 강한 충동을 보이는 행위에 부과되었을 것임에 분명하다. 모르기는 하지만 전통이 가부장적, 사회적 권위를 통하여 대물림이 되면서 금제도 거기에 묻어 한 세대에서 다음 세대로 꾸준히 대물림이 된 듯하다. 그러나 후대의 어느 세대에 들어 이들 금제는 상속된 정신의 유산으로 〈조직〉되었을 가능성이 있다. 그렇다면 누가 과연 그런 금제가 〈생득적 관념〉인지 아닌지를 결정하고, 단독으로든 교육과 관련시켜서든 터부를 영속적인 것으로 고착시켰던 것일까? 그것은 알 수 없다. 그러나 터부가 계속해서 존속해 온 것으로 보아 한 가지 확실한 것은, 금지된 행위에 대한 원초적 욕망은 터부 종족 사이에 강하게 작용하고 있었다는 점이다. 그래서 그들은 저희들의 터부에 대해서 양가적 태도를 취했음에 분명하다. 무의식 속에서 일어난 일이지만 그들에게 터부는 어떻게 하든지 범해 보고 싶은 것, 그러나 범하기에는 너무나 무서운 것이었다. 그들이 두려워한 것은 바로 그것을 범하고 싶었기 때문에, 즉 두려움이 욕망보다는 강했기 때문이었다. 그러나 신경증 환자들에게 그렇듯이, 종족을 구성하는 개개인에게 그 욕망은 무의식적인 것이었다.

유서가 가장 깊고, 또 중요한 터부 금제는 토테미즘의 두 가지 기본 법칙이다. 그것은 토템 동물은 죽여서는 안 되고, 토템 종족의 이성(異性)과는 성관계를 맺어서는 안 된다는 것이다.

이것이 가장 유서 깊으면서도 가장 중요한 터부에 의한 금제였다는 점은, 바로 이것이 인간이 지니고 있던 가장 유서 깊고 가장 강력한 욕망이었다는 뜻이다. 우리는 토템 체계의 근원이 지닌 의미에 무지한 채로는 이것을 이해할 수도 없고, 이 두 가지 사례를 통하여 우리의 가설을 검증할 수도 없다. 그러나 개인에 대한 정신분석의 연구 성과에 무지하지 않은 사람들은 이 터부의 어법과 이 두 터부가 병행하고 있다는 사실에서 매우 중요한 것을 알아낼 수 있다. 정신분석학자가 유아기 욕망의 중심축으로 삼고 있는 것, 신경증의 핵심으로 간주하는 것이 바로 이것이다.[13] 나는 이미 앞에서 분류를 시도한 바 있거니와, 다양한 터부 현상은 다음과 같은 우리의 논제를 통해 하나의 원칙으로 환원된다. 그것이 무엇이냐 하면, 터부의 바탕은 특정한 행동에 대한 금제라는 것이다. 말하자면 무의식 속에 강력한 욕망으로 자리 잡고 있는 행동을 저지한다는 것이다.

우리는 앞에서, 정확한 의미도 모르는 채 금제를 범한 사람은, 다시 말해서 터부를 범한 사람은 스스로 터부가 된다고 지적한 바 있다. 이것은 모순되어 보인다. 그렇다면 이 모순을 어떻게 해소해야 하는가? 터부는 금제를 범한 사람에게 고착될 뿐만 아니라, 사람이 아닌 사물은 물론이고 특정한 상태에 처해 있는 사람의 그 상태에도 고착된다는 사실과는 어떻게 연결시켜야 하는가? 그렇다면 서로 다른 조건 아래 같은 상태로 존재하는 위험한 특질이 있는 셈인데, 이것은 과연 무엇인가? 그 특질은 단 하나일 수밖에 없다. 그것은 바로 인간의 양가성을 자극하고 금제를 범하도록 〈유혹〉하는 특질이다.

터부를 범한 사람이 터부가 되는 것은, 그 사람이 자기의 본보기를 따르라고 다른 사람들을 유혹하는 위험한 특질을 갖기 때문이다. 사람들은 터부를 범한 사람을 보고, 다른 사람들에게는 금지되어 있는데 왜 〈저 사람〉은 범해도 되는가 하고 생각한다. 이렇게 해서 그 사람은 전염성이 강한 위험인물이 된다. 그의 행위는 모방의 대상이 될 가능성이 다분하다. 따라서 그는 기피의 대

13 나는 이 논문의 네 번째 장에서 토테미즘에 대하여 더 자세히 논했다 — 원주.

상이 되는 것이다.

　그러나 어떤 터부도 범해 본 적이 없는 사람도 영원한, 혹은 일시적인 터부가 될 수 있다. 그 까닭은 그 역시 다른 사람들의 금지된 욕망을 자극하고, 그들 내부에 잠재되어 있는 양가적 갈등의 잠을 깨우는 상태에 있기 때문이다. 예외적인 지위에 있는 사람, 예외적인 상태에 있는 사람의 대다수는 이런 종류에 속한다. 말하자면 위험한 힘을 내장하고 있는 사람들인 것이다. 왕이나 추장은 그 특권 때문에 사람들의 선망을 불러일으킨다. 왕이 되기를 원하지 않는 사람은 없을 것이기 때문이다. 사자, 신생아, 생리 중인 여자, 산통 중인 여자도 각자가 처해 있는 기가 막히는 상황 때문에 사람들의 욕구를 자극한다. 성적으로 갓 성숙한 사내는, 그것이 지니는 향락의 약속 때문에 역시 자극성의 대상이 된다. 이런 이유에서 위에 예를 든 모든 사람과 그들이 처한 상태는 거기에 대한 유혹이 저항의 대상이 되어야 한다는 의미에서 모두 터부인 셈이다.

　여기에 이르면 우리는 서로 다른 사람들이 가지고 있는 〈마나〉의 힘이 상호 반작용하거나 상당 부분 서로 감쇄하는 이유를 알 듯하다. 왕이 지닌 터부의 힘은 한 백성이 지닌 터부에 견줄 수 없을 정도로 막강한데, 이것은 이 양자가 처한 사회적 지위의 차이가 그만큼 크기 때문이다. 그러나 대신은 이 양자 사이의 중개자 노릇을 하는 데 어떤 어려움도 겪지 않는다. 만일 이 터부의 언어를 정상적인 심리학의 언어로 번역하면, 그 의미는 대략 다음과 같아진다. 백성은 왕과 접촉하면서 왕의 자리에 엄청난 유혹을 느끼고 이것을 그만큼 두려워했을 것이다. 그러나 대신을 대할 때는 유혹과 두려움을 느끼지 않아도 좋다. 그 까닭은 백성에게 대신은 그렇게 엄청난 선망의 존재도 아닐뿐더러, 그 대신이 차지하고 있는 지위도 결코 넘볼 수 없는 것만은 아니기 때문이다. 그렇다면 대신은 어떤가? 대신도 자신이 휘두르고 있는 권력을 염두에 두면 왕에 대한 선망을 그만큼 줄일 수 있다. 따라서 이렇게 말할 수 있다. 두 사람이 지니는 사람을 유혹하는 주력(呪力)의 차이가 크면 모르지만, 크지 않으면 두려움이 생길 공산이 줄어든다.

또 하나 분명해진 것이 있다. 터부에 의한 특정 금제를 범하는 것은 사회적인 위험을 의미하는데, 사회의 구성원이 이로 인해 피해를 입지 않으려면 금제를 범한 사람에게 벌을 내리거나 화해를 도모해야 하는 까닭이 이로써 분명해진 것이다. 무의식적 욕망의 자리에다 의식적 충동을 대입하면 그 위험이 얼마나 현실적으로 절실한지 분명해진다. 위험이란 곧 모방의 위험이다. 모든 구성원이 이 모방에 뛰어들 경우, 그 모듬살이는 와해를 피할 수 없다. 한 구성원의 터부 위반을 저지하지 않으면 모듬살이의 구성원들은 위반자의 뒤를 따르고 싶다는 유혹을 느낄 것이기 때문이다.

터부의 경우 금제의 은밀한 의미는 신경증에서처럼 특수한 것이 아니기는 하다. 그러나 터부에 의한 제한 사항 중에서 접촉은 신경증의 〈접촉 공포증〉과 비슷한 역할을 맡는다는 것은 놀라운 일이 못 된다. 접촉이라는 것은 대상이 사람이든 사물이든, 그 지배권을 장악하거나 그것을 이용하려는 시도의 첫걸음인 것이다.

우리는 터부를 통해 대물림이 되는 전염력을 세인을 유혹하거나 모방을 고무하는 어떤 특질을 가진 것으로 해석했다. 그런데 이것은 터부가 지니는 전염의 속성이 주로 물질로 전위되고, 이로써 그 물질 자체가 터부가 되는 것을 통하여 드러난다는 사실과 부합되지 않는 것으로 보인다.

앞에서 검토한 바 있거니와, 터부의 전위성은 신경증에서 나타나는 무의식적 충동이 끊임없이 새로운 대상을 향해 이동하면서 관념 연합의 경로를 찾아 헤매는 경향을 반영한다. 여기에서 주목할 것은 〈마나〉의 위험한 주력(呪力)은 보다 현실적인 두 가지 힘에 대응한다는 점이다. 두 가지 현실적인 힘이란 무엇인가? 그것은 인간으로 하여금 금지되어 있는 욕망을 상기시키는 힘, 그리고 이러한 욕망의 요구에 부응해서 금제를 위반할 것을 촉구하는 전자보다 훨씬 중요한 힘을 말한다. 그러나 이 두 가지 기능은 하나로 환원될 수도 있다. 만일 원시적인 정신생활에서 금지된 행동에 대한 기억의 자각이 그 행위를 실천에 옮기는 충동의 자각으로 자연스럽게 연결된다고 가정할 때 그렇다. 이 경우 그런 기억의 자각과 유혹은 한 덩어리가 된다. 여기에서 우리가 인정해 두어야 할 것이 있다. 그것이 무엇인가 하면, 금제를 위반한 사람이 똑같이 금제를 위반하도록 다른 사람을 유혹함으로써 금제에 대한 반항적인 분위기를 전염병처럼 확산시키는 것과 마찬가지로, 터부 또한 한 사람에게서 한 사물로, 그 한 사물에서 다른 사물로 끊임없이 전위된다는 점이다.

가진 것 중에서, 가령 자유 같은 것을 포기하는 식의 보상 의례나 재계 의례를 통하여 터부를 모독한 죄를 씻을 수 있다면, 이것은 터부와 관련된 규정에 복종한다는 것은 곧 사람이 가진 귀한 것을 포기한다는 것을 의미한다는 사실을 드러낸다. 다시 말해서 한 가지 포기로부터 해방의 성취는 다른 것을 포기할 때만 가능하다는 것이다. 이로써 우리는 터부와 관련된 제의의 재계 의례보다는 속죄적 보상 행위가 훨씬 근본적이라는 결론에 도달하게 된다.

이제 터부의 속성을 신경증 환자의 강박적인 금제와 비교함으로써 터부의 속성을 조명해 본 우리의 관심 사항을 요약해 보자. 터부는 외부에서 강제로 부과되어(권위 같은 것에 의해), 인간이 지니고 있던 가장 강력한 원망(願望)과는 정반대되는 방향을 지향하는 원시적 금제이다. 그런데 이 원시적 금제에 저항하고자 하는 욕구는 인간의 무의식에 집요하게 자리 잡고 있다. 이 때문에 터부에 복종하는 사람조차도 터부가 금지하는 것에 대해 양가적 태도를 보인다. 터부로 인한 주력은 유혹을 환기시키는 힘을 그 바탕으로 한다. 그런데 이 힘은 선례(先例)가 전염성이 강하기 때문에, 그리고 무의식 속에 깃들어 있는 금지된 욕망이 끊임없이 이동하기 때문에 전염병과 흡사하다. 터부의 위반이 권리의 포기를 통해 속죄될 수 있다는 사실은 권리의 포기가 터부에 대한 복종의 기저를 이룬다는 것을 보여 준다.

3

이제부터 우리가 알아내고 싶은 것은, 터부를 강박 신경증과 대비시키고, 이 대비에 기초한 터부의 해석이 어느 정도 가치 있는 작업이냐 하는 것이다. 이 가치는 전적으로 우리가 검토해 본 견해가 다른 견해보다 나은 것이었는지, 다른 방법을 썼을 경우보다 터부를 훨씬 명료하게 이해하게 할 수 있었는지 여부에 달려 있다. 우리의 느낌은 대체로 지금까지의 검토에서 응용 가능한 증거를 충분히 제시했다는 쪽으로 기운다. 하지만 터부 금제와 그 세부적인 관행에 대한 설명을 통해서 이러한 증거를 강화해 나가지 않을 수 없다.

다른 방법이 없는 것은 아니다. 일단 한번 자문해 보자. 신경증에서 터부에 원용했던 전제, 혹은 그때 우리가 도달했던 결론을 부분적으로나마 터부 현상에서 직접 실증해 낼 수는 없는 것일까? 하지만 먼저 연구의 방향을 결정하지 않으면 안 된다. 터부의 기원이 외부로부터 부과된 태고의 금제에 있다는 우리의 주장은 실증이 불가능하다. 그래서 우리는 강박 신경증 연구에서 밝혀진 심리학적인 여러 조건이 터부에 대해서도 그대로 타당한지 밝혀 보기로 한다. 신경증의 경우 우리는 어떻게 해서 이러한 심리학적 요소를 알 수 있게 되었는가? 물론 징후, 특히 강박 행동, 방어 기제, 강제 명령 등에 대한 분석 작업을 통해 알게 되었다. 우리는 이러한 징후가 원망(願望)과 반대 원망에 동시에 〈두루〉 대응하든, 두 가지 서로 반대되는 경향 중 〈하나〉에 대표적으로 두드러지게 작용하든, 이러한 징후 자체는 〈양가적〉 충동에서 비롯되었다는 갖가지 증거를 발견하기에 이르렀다. 만일 우리가 터부에 대한 연구에서도 양가성, 즉 상호 대립하는 경향이 두드러지는 현상을 찾아내는 데 성공한다면, 혹은 강박 행위에서 그랬던 것처럼 이 두 가지 흐름에 동시에 해당하는 표현을 지적해 낼 수 있다면, 터부와 강박 신경증의 핵심을 이루는 심리학적 공통 분모도 찾아낼 수 있을 것이다.

앞에서 지적했듯이 터부의 가장 근본적인 두 가지 금제는 토테미즘과 연결되어 있기 때문에 우리의 분석 대상이 될 수 없다. 그리고 그 밖의 금제들은 속성상 2차적이어서 우리 목적에는 이용할 가치가 없다. 그런 터부의 금제는 터부에 휘둘리던 모듬살이의 일반적인 입법의 형식이었고, 터부 그 자체보다 연대적으로 뒤늦게 성립된 사회적 목적에 봉사해 왔기 때문에 그렇다. 가령 추장이나 사제들이 저의 재산과 지위를 지킬 목적으로 제정한 터부의 금제들이 여기에 속한다. 그러나 그럼에도 불구하고 우리가 조사해야 할 관례는 아직도 광범위하게 남아 있다. 이 가운데 다음과 같은 터부를 일단 취합해 보자.

(1) 적과 관련된 터부
(2) 추장과 관련된 터부

(3) 사자와 관련된 터부

연구에 필요한 자료는 프레이저의 명저 『황금 가지』 제2부 「터부와 영혼의 위기」에 실려 있는 탁월한 자료를 이용했다.

(1) 적에 대한 대접

우리에게는 미개인이나 반미개인들은 적을 무자비하고 더할 나위 없이 잔인하게 다루었을 것으로 미루어 짐작하는 경향이 있다. 그런 만큼 그들에게도 사람을 죽이는 일에는 터부의 관례를 포함하는 무수한 계율이 규정하는 바가 있었다는 사실은 흥미로울 수밖에 없다. 이러한 계율은 주로 네 가지로 나뉘는데, 계율은 미개 종족의 구성원에게 다음과 같은 것을 요구한다.

1) 참살당한 적에 대한 진혼(鎭魂)

2) 참살자에 대한 구속적 제한

3) 자발적인 속죄와 재계

4) 몇 가지 의식의 집행

이 주제에 관한 한 정보가 충분하지 못해서 우리로서는 해당 민족의 모듬살이에서 이러한 터부 풍습이 얼마나 지켜졌는지 확언할 수 없지만, 우리가 다루고 있는 주제의 성격상 중요한 것은 그들이 적의 죽음에 관심을 기울였는지 여부다. 어쨌든 우리가 검토하는 사례는 어느 고립된 지역의 특수한 관례가 아니라, 상당히 널리 분포된 일반적인 풍습이었다는 점이다.

티모르섬 사람들은 〈진혼제〉를 지낸다. 원정대가 원정 전쟁에서 패배한 적의 머리를 들고 개선하는 경우, 특히 주목할 필요가 있다. 원정 대원들도 그렇지만 그 원정의 지휘자는 특히 엄격한 구속적인 제한을 받는다. 원정대는 개선하는 즉시 제물을 차려

놓고, 목을 잃은 적 병사들의 영혼을 위로한다.

〈사람들은 만일 제물을 바치지 않으면 승리자들에게 재앙이 미친다고 생각한다. 춤과 노래로 이루어지는 진혼제에서 사람들은 참살당한 적의 죽음을 애통해하면서 용서를 빈다. 그들은 이런 내용으로 축원한다.

《너희들의 머리가 여기에 있다고 해서 너무 원통하게 여기지 마라. 운이 따르지 않았더라면 우리 머리도 지금쯤 너희들 마을에 가 있을 터이다. 우리는 너희들의 혼을 달래기 위해 제물을 차렸다. 바라건대 너희 영혼이 안식을 찾고 우리를 해코지하지 않기 바란다. 어쩌다 우리의 원수가 되었더냐? 우리의 원수가 되지 않았더라면 너희들의 피가 흘렀을 리 만무하고, 너희들 머리가 잘렸을 리 만무하다.》〉[14]

셀레베스섬의 팔루족도 이런 진혼제를 지낸다. 팔루족과 마찬가지로, 〈동아프리카의 갈라족도 전투에서 돌아오면 적의 《정령》혹은 수호령에게 산 제물을 바친 뒤에야 각자의 집으로 돌아갈 수 있다〉.[15]

그런가 하면 자기네들 손에 죽음을 당한 적을 수호자, 친구, 후원자로 탈바꿈시키는 방법을 찾아낸 종족도 있다. 즉 보르네오의 미개인들이 자랑스럽게 그러듯이, 잘린 적의 머리를 정중하게 모시는 것이다. 사라왁Sarawak의 해양(海洋) 다이야크Dyak족은 머리 사냥 원정에서 적의 머리를 베어 가지고 돌아오면 몇 달 동안이나 정성을 다해 이 머리를 보살피면서 그들의 언어가 표현할

14 프레이저의 『황금 가지』 참조 — 원주. 프레이저는 이 부분을 흐람베르흐J. S. Gramberg의 "Eene maand in de binnenlanden van Timor"(1872)에서 인용했다.
15 파울리치케P. Paulitschke의 『아프리카 북동부 인종지(人種誌)Ethnographie Nordost-Afrikas』에서 프레이저가 인용한 것을 재인용했다.

수 있는 온갖 우아한 이름을 거기에다 붙여 준다. 그뿐만 아니라 가장 맛있는 음식을 그 입에 넣어 주고 온갖 치장을 하는가 하면, 심지어는 담배까지 물려 준다. 그러면서 그 머리에게 한때 동족이던 친구들을 멀리하고, 이제는 한 무리가 된 만큼 자기네들을 친구로 여길 것을 호소한다. 우리에게는 충격적이기까지 한 이러한 대접을 조롱의 일종으로 여기는 것은 이만저만한 착각이 아닌 것이다.16

북아메리카 인디언의 경우도 마찬가지다. 북아메리카의 인디언 연구자들은, 인디언들이 저희 손으로 죽이고 머리 가죽까지 벗긴 적의 시체 앞에서 애통해하는 것을 보고는 충격을 받았다. 촉토Choctaw 인디언은 적을 죽이면 한 달 동안 그 적의 죽음을 애통해하는데, 이 기간 동안 그는 엄중한 구속적 제한을 감수해야 한다. 다코타족에게도 비슷한 풍습이 있는 것으로 알려져 있다. 목격자의 보고에 따르면 오사가Osage족은 일단 친구들의 죽음을 슬퍼한 연후에, 〈친구들의 죽음을 애도하는 것과 조금도 다르지 않게 적의 죽음을 애도한다.〉17

적과 관련된 갖가지 단계의 나머지 터부 관행을 검토하기 전에 분명히 제기될 법한 반론에 귀를 기울여 보자. 반론자들은 프레이저를 비롯한 학자들이나 나에게 그런 진혼 의례의 근거는 지극히 소박한 것이므로 〈양가성〉과는 아무 상관도 없다고 반론할 것이다. 반론자들은 이 미개인들은 참살당한 적의 귀신이 두려워 미신에 사로잡혀 있을 뿐이라고 할 것이다. 실제로 이런 두려움

---

16 프레이저가 앞의 책에서 로H. Low의 『사라왁』을 인용한 것을 참조 — 원주.
17 프레이저가 앞의 책에서 도시J. O. Dorsey의 「오사가족의 전쟁 풍습에 대한 설명An Account of the War Customs of the Osages」을 인용한 것을 참조 — 원주.

은 위대한 영국의 극작가가 맥베스와 리처드 3세의 환상을 빌려 무대에도 올렸던 만큼 고전 고대(古典古代)의 미개인들도 느꼈을 법하다. 또한 반론자들은 진혼제라고 하는 것은 모두 지금부터 여기에서 다루어질 구속적인 제한 조건과 속죄하는 몸짓과 함께 미신에서 유래한 것이라고 설명할 것이고, 그 편이 논리적일 것이다. 이러한 반론은 터부와 관련된 네 번째 규율의 지지를 받는 만큼 일리가 없는 것은 아니다. 이 네 번째 규율, 즉 몇 가지 의식을 집행해야 한다는 규율은 참살자를 좇는 희생자의 귀신을 물리치기 위한 것이라고 설명할 수밖에 없기는 하다.[18]

실제로 미개인들은 죽은 적의 귀신이 무섭다고 공개적으로 인정하고, 우리가 지금부터 다루게 될 터부의 관행을 자진해서 지키기도 한다.

확실히 이런 반론에는 일리가 있다. 하지만 이런 반론이 확실한 근거를 확보한다면, 우리도 다른 설명을 계속하지 않아도 되니 성가시지 않아서 좋겠다. 자세한 것은 뒤로 미루고, 우선 우리가 앞에서 했던 터부에 대한 논의에 근거한 가설을 대안으로 제시하겠다. 이러한 계율에서 우리가 내릴 수 있는 결론은, 미개인들이 적을 향해 드러내는 충동이 적의만은 아니라는 것이다. 거기에는 적을 죽인 것에 대한 회한, 적에 대한 찬양, 심지어는 적을 죽인 데 대한 양심의 가책 같은 것도 함께 드러나더라는 것이다. 우리로서는 어떤 신이 계명판(戒銘板)을 던져 준 것이 아닌데도 불구하고, 이 미개인들에게는 살아 있는 계명이 있었다는 짐작을 떨쳐 버릴 수가 없다. 그들은 〈살인하지 말라, 이 계명을 어기는 자는 벌을 피할 도리가 없다〉는 계명을 가지고 있었던 것이다.

18 프레이저의 『황금 가지』 참조. 이런 제의는 방패 두드리기, 악을 쓰면서 고함 지르기, 타악기로 요란한 소리 내기 등으로 이루어진다 ― 원주.

이제 나머지 세 가지 터부 계율로 되돌아가도록 하자. 적을 죽이고 개선한 자에 대한 〈구속적 제한〉은 우리가 생각하는 것 이상으로 그 빈도가 높고, 대체로 엄정하다. 티모르족의 경우(앞에서 논의한 진혼 의례를 참고할 것), 원정 부대의 지휘관은 귀향해도 바로 자기 집으로는 돌아가지 못한다. 이 개선 지휘관을 위해서는 특별한 초막이 하나 마련되는데, 지휘관은 두 달을 이 초막에서 지내며 육체적, 정신적으로 자신을 재계해야 한다. 이 기간 동안 그는 아내에게도 갈 수 없고, 자기 손으로는 먹거리를 먹을 수도 없다. 그러니까 이 기간에는 다른 사람이 그의 입에다 먹거리를 넣어 주어야 하는 것이다.[19]

다이야크족의 경우 적과의 전투에서 승리하고 개선한 병사는 계율에 따라 며칠 동안 격리 수용된 채로 상당수에 이르는 먹거리를 절제해야 한다. 그 기간 동안은 쇠붙이를 만져서는 안 되고, 여자를 가까이해서도 안 된다. 뉴기니에서 멀지 않은 섬에 사는 로기아Logea족의 경우, 〈적을 죽였거나, 죽이는 데 힘을 보탠 사람은 일주일가량 자기 집에서 두문불출해야 한다. 이들은 아내를 가까이해서도 안 되고, 친구를 가까이해서도 안 된다. 제 손으로 먹거리를 먹어서도 안 된다. 먹어도 좋은 것은 식물성 먹거리뿐인데, 그나마 특별한 솥에다 조리한 것만 먹을 수 있다. 이렇게 구속적 제한을 가하는 이유는 살해당한 적의 피 냄새를 맡지 않도록 하기 위해서이다. 이들은 만일 적의 피 냄새를 맡으면 당사자는 병에 걸려 죽는다고 믿었다고 한다. 뉴기니 남동쪽에 사는 토아리피Toaripi족 혹은 모투모투Motumotu족의 경우도 사람을 죽인 자는 아내 곁에 가서도 안 되고, 음식에다 손을 대어서도 안 된다.

19 프레이저가 앞의 책에서 뮐러S. Müller의 *Reizen en Onderzoekingen in den Indischen Archipel*을 인용한 것을 참조 — 원주.

물론 남이 먹여 주는 것만 먹되, 그 종류도 한정되어 있다. 이런 계율 지키기는 새달이 뜰 때까지 계속된다.〉[20]

　프레이저가 보고한, 적을 죽이고 돌아온 자에 부과하던 구속적 제한의 사례를 여기에 모두 소개하지는 않겠다. 단지 터부의 속성이 두드러지는 것, 구속적 제한 규정에 속죄 의례, 재계 의례 등 의례가 함께하는 경우만 몇 가지 소개하고자 한다.

　〈뉴기니의 모눔보스Monumbos족의 경우, 전쟁에서 적을 죽이고 돌아온 자는 누구든 이로써《부정》을 타게 된다…….〉

　말하자면 생리 중인 여자, 병든 아이에게 적용되는 이 〈부정〉이라는 말이 여기에서도 쓰이는 것이다. 이렇게 부정 탄 사람은 〈오랜 기간 남자들이 모이는 마을 회관 같은 데 머물러야 한다. 그동안 마을 사람들은 그를 둘러싸고 노래와 춤으로 그의 승리를 축복한다. 그 기간 동안 그는 다른 사람들, 설사 자기 아내나 자식이라고 하더라도 손을 대어서는 안 된다. 그들은 만약 이런 사람이 손을 대면 그 손에 닿은 사람의 몸에는 상처가 생긴다고 믿는다. 부정 탄 사람은 목욕을 비롯한 재계 의례를 통해 깨끗함을 얻는다.〉[21]

　〈북아메리카의 나체즈Natchez 인디언의 경우, 처음으로 적의 머리 가죽을 벗긴 젊은 용사는 6개월 동안이나 금욕의 계율을 지켜야 한다. 이 기간 동안은 아내를 가까이할 수도 없고, 육식도 할 수 없다. 이 기간 동안 이들이 먹을 수 있는 것은 생선과 밀가루죽뿐이다……. 촉토족의 경우 적을 죽이고 머리 가죽을 벗기면 당사자는 한 달 동안의 애도 기간에 들어가게 되는데, 이 기간 동안 빗

20　프레이저의 『황금 가지』 제2부 「터부와 영혼의 위기」 참조 — 원주.
21　앞의 책 참조.

으로 머리를 빗을 수 없다. 머리가 가려워도 손가락이나 빗으로는 긁을 수 없다. 팔목에 묶은 짤막한 막대기로만 긁을 수 있다.〉[22]

〈피마Pima 인디언의 경우 아파치를 죽이면 엄격한 재계 의례와 속죄 의례를 치러야 한다. 16일에 걸치는 금식 기간 동안 고기와 소금에는 손을 대지 못하고, 불길을 바라보아서도 안 되며, 어떤 사람과도 이야기를 나누어서는 안 된다. 그동안은 숲속에 혼자 살되, 옆에는 시중 드는 노파가 하나 딸린다. 얼마 안 되는 초라한 먹거리는 바로 이 노파가 날라다 준다. 살인자는 자주 강물에다 몸을 씻되, (일종의 애도의 표시로) 머리에는 진흙을 바르고 있어야 한다. 열이레째가 되면 그 자신의 몸과 무기를 재계하는 엄숙한 의례가 베풀어진다. 피마 인디언은 적을 죽이는 것을 어떤 터부보다 우위에 두기 때문에, 원정 중이라고 해서 재계 의례나 속죄 의례를 미루는 법이 없다. 그래서 이 도덕적 엄격함과 생명을 경외하는 태도 때문에 전력에 차질을 빚곤 했다. 바로 이런 점 때문에 피마 인디언이 용감한 것으로 소문나 있었는데도 불구하고, 많은 인디언 부족들은 대(對)아파치전(戰) 동맹군으로는 꺼림칙하게 여겼다.〉[23]

이 주제의 심층 연구에 도움이 될 적을 살해한 뒤의 속죄 의례나 재계 의례 사례는 얼마든지 더 있지만, 지금 우리의 목적에는 크게 도움이 되지 않을 것 같아 여기에서 줄이기로 한다. 그 대신 오늘날까지도 계속해서 전해지고 있는 전문적인 사형 집행자를 일시적으로, 혹은 영원히 격리시키는 관습이 오히려 지금 우리가 검토하고 있는 것과 밀접한 관계가 있을 듯하다. 중세 사회의 공

22 앞의 책 참조.
23 프레이저의 앞의 책 참조.

개 교수형 집행자의 지위 역시 미개인들 사이에 통용되고 있는 터부의 역할을 조명하는 데 도움이 될 듯하다.[24]

진혼, 구속적 제한, 속죄, 재계의 규정을 이렇게 일반적으로 설명하면 두 가지 원칙이 서로 얽혀 있음을 알 수 있다. 터부는 사자로부터 연유해서 이 사자와 직접 접촉한 모든 것으로 번져 간다는 원리와, 사람들은 사자의 귀신을 두려워한다는 원리가 바로 그것이다. 갖가지 의례를 설명하는 데 이 두 요소가 어떤 방식으로 얽혀 있다고 보아야 하는지, 이 두 가지 원리가 같은 무게로 다루어져야 하는지, 이 둘 중 어느 것이 우선적이고 어느 것이 부차적인지를 설명하는 자료는 보이지 않고, 그래서 여기에 대한 대답을 마련하기는 실로 쉽지 않다. 그러나 이 모든 규정이, 적에 대한 감정적 양가성에서 유래했다고 할 경우, 하나의 〈통일된〉 설명이 가능하기는 하다.

(2) 지배자에 대한 터부

추장, 왕, 사제에 대한 원시인의 태도는 두 가지 기본 원리의 지배를 받는다. 이 두 가지 기본 원리는 상호 모순적이라기보다 상호 보완적이라고 할 수 있다. 지배자는 〈백성으로부터 보호 받아야 할 존재일 뿐만 아니라, 경계의 대상이 되어야 할 존재다〉.[25] 이 두 가지 목적은 무수한 터부를 통하여 달성된다. 왜 백성은 지배자를 경계해야 하는가? 그 까닭은 이렇다. 지배자는 신비스럽고 위험한 주력(呪力)의 그릇과 같은 존재다. 이 주력은 충전되어 있는 전기처럼 접촉을 통하여 다른 사람에게 전해진다. 그러니까

---

24 프레이저가 쓴 『황금 가지』의 「터부가 된 살인자」 장에는 이와 관련된 사례가 몇 가지 언급되어 있다 — 원주.
25 프레이저의 앞의 책 참조 — 원주.

비슷한 전하(電荷)의 보호를 받지 못할 경우, 접촉 당사자는 죽음을 당하거나 큰 재앙을 당할 수 있는 것이다. 따라서 이 위험천만인 신성한 존재와의 즉각적, 직접적 접촉은 피하는 것이 상수다. 피할 수가 없으면 의례 같은 행위를 통하여 이 무서운 힘을 다른 데로 돌리지 않으면 안 된다. 가령 동아프리카의 누바족은 〈사제를 겸하는 왕의 처소로 들어가면 죽는다고 믿는다. 그러나 이 입궁의 재앙을 피하는 수도 있다. 그것은 왼쪽 어깨를 드러내고 들어가 왕으로 하여금 거기에 손을 올려놓게 하면 된다.〉 여기에서 우리는 주목할 만한 사실을 만난다. 왕과의 접촉은 왕과의 접촉으로 야기되는 위험의 치료제이자 보호제라는 것이다. 그러나 여기에 서로 대비되는 두 가지 사실에 주목할 필요가 있다. 왕에 의한 고의적인 접촉이 지니는 치유력과, 왕에게 일반적으로 접촉을 당했을 때 야기되는 위험이라는 두 가지 사실이 그것이다. 그러니까 왕과의 관계가 능동적이냐, 수동적이냐에 따라 현저하게 차이가 나는 것이다.

왕과의 접촉이 야기시키는 치유력의 사례를 군이 미개인에게서 찾을 이유는 없다. 그다지 머지않은 과거에도 영국 국왕은 연주창을 낫게 하는 힘을 가지고 있었다. 그래서 이 병에는 〈왕병The King's Evil〉[26]이라는 별명이 있다. 여왕 엘리자베스 1세를 비롯해 그 후계자들은 심심치 않게 이 왕의 특권을 행사했다. 찰스 1세는 1633년 단 한 번의 손길로 백여 명의 환자를 낫게 한 것으로 알려져 있다. 하지만 왕의 손길에 의한 연주창 치료는 영국 대혁명 직후 방자하기 짝이 없는 그의 아들 찰스 2세가 왕위에 오르면서 절정에 이른다. 재위 기간 동안 찰스 2세는 자그만치 십만 명의 연주창 환자의 몸에 손을 댄 것으로 전해진다. 치료를 받으러 오는

26 원문에 영어로 표기되어 있다.

환자들이 얼마나 많았던지 한번은 치료를 받으러 왔던 환자 예닐곱 명이 밟혀 죽은 일도 있었다고 한다. 스튜어트 왕조가 쫓겨난 직후 왕이 된 회의주의자 오렌지 공(公) 윌리엄은 그런 주술적인 치료에 손을 빌려 주기를 거절했다. 딱 한 번 주위의 설득에 못 이겨 한 환자의 몸에 손을 대면서 이렇게 말한 적이 있을 뿐이다.

〈하느님께서 너에게 건강과 분별을 주실 게다.〉[27] 다음의 사례는 의도적으로 손을 대지 않았다고 하더라도 왕 혹은 왕이 쓰는 물건과의 접촉이 얼마나 무서운가를 보여 주는 증거라고 할 수 있다.

〈지위가 아주 높고 신성한 사제 노릇을 겸하던 뉴질랜드의 한 추장이 저녁을 먹다가 남은 음식을 길 옆에 버렸다. 덩치가 크고, 그래서 늘 먹을 것이 모자라 껄떡거리던 노예 하나가 추장이 지나간 뒤에 그 길을 지나다가 그 음식을 보고는, 누가 먹던 것이냐고 묻지도 않고 주워 먹었다. 노예가 그 음식을 다 먹기도 전에, 그 광경을 보고 질겁한 어떤 사람이 그 음식을 먹다 남긴 사람은 추장이라고 말했다.〉

그 노예는 건강하고 용감한 사람이었다. 그러나 용감한 것도 하릴없었다.

〈그는 그 무서운 말을 듣자마자 걷잡을 수 없는 경련과 복통으로 몸부림치더니, 그날 해가 질 무렵에 숨을 거두었다. 그의 경련과 복통은 숨이 끊어질 때까지 멎지 않았다.〉[28]

〈한 마오리족 여인은 과일 하나를 먹었는데, 다 먹은 뒤에야 터부가 걸린 곳에서 누군가가 따온 과일이라는 소리를 들었다. 이렇게 말한 사람에 따르면, 여자가 그 과일을 먹었으니 추장의 신

27 프레이저의 앞의 책 참조 — 원주.
28 프레이저가 앞의 책에서 마오리A Pakeha Maori의 『옛 뉴질랜드Old New Zealand』 (1884)를 인용한 것을 참조 — 원주.

성은 더럽혀졌을 터인즉, 더럽혀진 추장의 영혼이 여자를 죽이게 될 것이라고 했다. 이런 일이 있었던 것은 오후였는데, 다음 날 정오쯤 그 여자는 죽었다.)[29] 〈한번은 마오리족 추장의 부싯돌이 몇 사람을 한꺼번에 죽이는 살인 도구 노릇을 한 적도 있다. 추장이 어쩌다 그 부싯돌을 잃어버렸는데, 몇 사람이 그것을 주워 담뱃불을 붙였다. 그러다 그 부싯돌의 주인이 누구인가를 아는 순간 모두 죽었다.)[30]

모듬살이의 구성원들이 추장이나 사제같이 위험한 사람들을 모듬살이로부터 격리할 필요를 느낀 것도 그리 놀라운 일이 아니다. 말하자면 그들은 일반인들이 접근하지 못하도록 울타리 같은 것을 둘러칠 필요가 있다고 생각했던 것이다. 원래는 터부의 규율 때문에 둘러쳐진 이 울타리가 오늘날까지도 궁중 의례의 형식으로 남아 있는지도 모른다.

그러나 지배자에 대한 이런 터부의 핵심은 지배자로〈부터〉 모듬살이의 구성원을 지킬 필요가 있다는 발상에서 나온 것만은 아닐 것이다. 특권층 사람들을 특별히 다루어야 한다는 부차적인 이유(위험으로부터 그들을 지킬 방안을 마련해야 한다는 필요성)가 그런 터부를 만들고, 궁중 예법을 제정하게 하는 데 큰 몫을 했을 것이다.

언제 어떤 식으로 닥칠지도 모르는 위험으로부터 왕을 지켜야 한다는 필요성은, 좋은 방향으로든 나쁜 방향으로든 왕이 백성들에게는 어마어마하게 중요한 존재이기 때문이다. 엄밀하게 말하면 왕이라는 존재는 모듬살이의 생존 조건을 좌지우지한다.

29 프레이저가 앞의 책에서 브라운 W. Brown의 『뉴질랜드와 그 원주민 New Zealand and its Aborigines』을 인용한 것을 참조 — 원주.

30 테일러의 Te Ika a Maui에서 프레이저가 인용한 것을 재인용했다.

〈백성은 땅 위의 과일을 자라게 하는 비와 햇빛, 배를 해변으로 데리고 들어오는 바람, 심지어는 두 발로 디딜 수 있을 만큼 단단한 땅의 은혜까지도 왕에게 감사해야 했다.〉[31] 미개인들은 저의 지배자들에게 신들만이 향유할 수 있는 절대적인 권력과 축복을 내리는 능력까지 부여했다. 하지만 후대의 문명화한 세계에서 지배자에게 이런 능력이 있다고 믿는 척이라도 하는 것은 궁전의 가장 비굴한 정신(廷臣)이 고작이었다.

그렇게 무한한 능력의 소유자가 갖가지 위험으로부터 세심한 보호를 받을 필요가 있었다는 모순적인 사실이 우리에게는 놀랍기 짝이 없다. 그러나 미개인들이 왕족을 대하는 태도에서 보이는 모순은 이뿐만이 아니다. 미개인들은 왕이 그 권력을 쓸 데 제대로 쓰는지, 왕을 감시할 필요도 있다고 생각한다. 그들은 왕의 훌륭한 의도나 양심 따위는 신용하지 않는다. 왕을 둘러싼 터부 계율이 복잡한 것만 보아도 그들이 얼마나 왕을 불신했는지 알 수 있다. 프레이저는 이렇게 쓰고 있다.

〈고대의 왕국을 두고 백성은 오로지 군주를 위해서만 존재하는 전제 국가였다는 생각은, 우리가 생각하는 군주 제도에는 전혀 적용될 수 없다. 백성이 군주를 위해서 존재하기는커녕 정반대로 군주야말로 백성을 위하여 존재했다. 군주의 목숨은 백성을 위하여 자연이 제대로 운행되도록 명령함으로써 그 지위가 지니는 의무를 다할 때만 귀중했다. 군주가 이 의무를 다하지 못하는 순간, 그때까지 백성들이 그를 향해 기울이던 배려, 헌신, 종교적이기까지 하던 경의는 온데간데없어지면서 바로 증오와 경멸의 대상으로 바뀐다. 그런 군주는 불명예스럽게 왕좌에서 쫓겨나는

---

31 프레이저의 『황금 가지』 참조 — 원주.

데, 이 경우 운이 좋아야 목숨을 보전할 수 있다. 신처럼 섬김을 받다가 어느 날 문득 범죄자처럼 처단당하는 것이 그들의 군주였다. 그러나 백성들이 이같이 돌발적인 행동을 하는 것은 변덕이 많아서도 아니고, 심성이 한결같지 못해서도 아니다. 오히려 그 반대다. 말하자면 이들의 행동에는 일관성이 있는 것이다. 만일에 왕이 신이라면 백성의 보호자여야 한다. 만일 백성을 지켜 주지 못하면 지켜 줄 사람에게 자리를 넘겨주어야 한다. 그러나 백성의 기대에 부응하는 한, 왕에 대한 백성의 배려에는 그 끝이 없다. 백성은 저희 배려를 받아들여야 한다고 왕에게 강요하기까지 한다. 이런 종류의 왕은 망상(網狀)의 금제와 규율을 통한 정중한 예절의 울타리 안에서 살 수 있다. 그러나 이러한 금제와 규율은 왕의 품위를 높이기 위한 것도 아니고, 왕의 쾌적한 삶을 위한 것도 아니다. 오로지 왕으로 하여금 자연의 질서를 어지럽히지 않도록 하기 위함이다. 자연의 질서가 어지럽게 되는 날 왕 자신은 물론이고 백성들까지도 일대 위기에 처하기 때문이다. 왕의 쾌적한 삶을 위해서라니 어불성설이다. 왕의 일거수일투족을 구속하는 규율은 왕의 자유를 빼앗고, 백성들의 보호 대상인 왕의 삶 자체가 왕에게는 고역이자 고통이 되도록 만들고 만다.〉

터부 의례를 통하여 이런 식으로 속박을 당하고 마비당하고 마는 신성한 지배자의 빛나는 사례를 우리는 옛날 일본 미카도[天皇]의 삶의 양식에서 찾아 볼 수 있다. 2백여 년 전에 쓰인 보고서에 따르면 미카도는 이렇다.

〈발을 땅에 대는 것은 그의 위엄과 신성에 어울리지 않는 일이다. 바로 이 때문에 행차가 있을 때면 미카도는 신하들의 어깨를 타고 간다. 신하들은 미카도가 그 신성한 몸을 외기(外氣)에 드러내는 것을 참지 못한다. 태양조차도 그의 머리를 바로 비추는 영광을 누리지 못한다. 그의 온몸은 너무나 신성하기 때문에 그는 머리카락도 자르지 않고, 심지어는 수염이나 손발톱도 깎지 않는다. 그러나 그냥 두면 지저분해지니까, 신하들은 그가 잠들어 있는 한밤중에 그를 씻긴다. 신하들의 말에 따르면, 한밤중에 미카도의 몸에서 무엇인가를 취하는 것은 도둑질에 해당하지만, 그런 도둑질은 미카도의 거룩함과 위엄을 조금도 훼손하지 않는다. 옛날의 미카도는 머리에 관을 쓴 채 매일 아침 몇 시간이고 왕좌에 앉아 있어야 했다. 그러나 석상처럼 가만히 앉아 있되 손이나 발, 머리나 눈동자를 움직이지 말아야 했다. 그래야 제국의 평화와 안정이 유지된다고 사람들은 믿었다. 그러나 불행하게도 그가 좌우를 둘러보거나, 나라의 한 방향에다 시선을 던지고 있으면 전쟁이나 기근 같은 흉사가 온 나라를 망치기 위해 목전에 와 있는 것으로 믿어지곤 했다.)[32] 미개인들의 왕이 지켜야 하는 터부는, 살인자에게 부과된 구속적 제한을 생생하게 보여 준다. 서아프리카에서 채집된 터부를 살펴보자.

〈남부 기니의 케이프 파드론 부근에 있는 샤크 포인트(상어 갑)의 사제왕(司祭王) 쿠쿨루는 숲속에서 홀로 산다. 이 왕은 여자에게 손을 댈 수도 없고, 그 집을 떠날 수도 없다. 사제왕인 그는 왕좌를 떠날 수 없다. 그래서 잠도 왕좌에 앉은 채로 잔다. 왜 그래야 하는가 하면, 그가 바닥에 눕는 순간부터 바람이 일지 않아서 배라는 배는 모두 그 자리에 멈추기 때문이다. 그는 바람을 단속할 뿐만 아니라 대기의 상태를 일정한 수준이 되도록 보살핀다.〉 같은 저자가 들려주는 로앙고(위에 소개한 지방에서 멀지 않은) 왕의 터부도 흥미롭다. 로앙고의 왕은 권력이 강력해지면 강

---

32 프레이저가 『황금 가지』에서 인용한 캠퍼 E. Kaempfer의 『일본의 역사*The History of Japan*』(1727)를 참조할 것 — 원주.

94

력해질수록 지켜야 하는 터부도 그만큼 늘어난다.[33] 그 왕좌를 계
승하는 왕자도 어린 시절부터 그런 터부를 지켜야 한다. 이 터부
는 왕자가 나이를 먹어 감에 따라 늘어나다가 왕위를 계승할 때
가 되면 거의 질식할 지경에 이를 정도로 많아진다.

왕과 사제의 위엄과 관련된 터부를 더 이상 소개하기에는 지면
이 넉넉하지 못할 뿐만 아니라, 우리의 관심도 그것을 더 이상은
요구하지 않는 듯하다. 그래서 행동의 자유와 식사에 대한 구속
적인 제한이 이 터부와 관련해서 중요한 역할을 한다는 점만 덧
붙이고자 한다. 하지만 그러기에 앞서 고도로 발달한 문화권의
문명화한 모듬살이의 터부 의례 두 가지만 예를 들어 보겠다. 이
로써 우리는 특권층과의 접촉과 관련된 터부에서 고대의 관례가
얼마나 보수적인 영향을 미치고 있는지 보여 주고자 한다.

고대 로마의 최고위 유피테르 사제 플라멘 디알리스는 엄청나
게 많은 터부를 준수하지 않으면 안 되었다.

〈플라멘 디알리스는 말을 타는 것은커녕 보아서도 안 된다. 무
장한 군인을 보아서도 안 되고, 반지도 부서진 것이 아니면 껴서
도 안 되며, 옷을 입되 어떤 매듭도 지어서는 안 된다……. 그는 밀
가루나 누룩 넣은 빵에 손을 대도 안 된다. 염소, 개, 생고기, 콩,
담쟁이에 손대도 안 되고, 그 이름을 입에 올려서도 안 된다…….
그의 머리카락은 반드시 자유민이 청동 칼로 잘라야 한다. 이렇
게 잘린 그의 머리카락과 손발톱은 반드시 정(淨)한 나무 밑에 묻
어야 한다……. 그는 시체에 손대도 안 된다……. 아무것도 쓰지
않은 채 밖으로 나와서도 안 된다……. 그의 아내 플라미니카도
거의 같은 수의 터부를 준수하고, 제 몫의 터부는 따로 준수해야

---

33 바스티안A. Bastian의 『독일인의 로앙고 퀴스테 탐험 *Die deutsche Expedition an
der Loango-Küste*』(1874~1875)에서 프레이저가 인용한 것을 참조할 것 — 원주.

한다. 플라미니카는 계단 같은 것을 올라도 세 계단 이상은 오를 수가 없다. 특정한 제사 때는 머리를 빗을 수도 없다. 신발을 짓는 가죽도 자연사한 짐승의 가죽으로는 지을 수 없다. 반드시 도살 당했거나 제물로 쓰인 짐승의 가죽으로만 만들 수 있다. 천둥 소 리를 들으면, 속죄 제물을 바치기까지는 부정 탄 여자로 여겨지 기도 했다.)[34]

고대 아일랜드의 왕도 엄청나게 많은 괴상한 금제를 좇아야 했 다. 왕이 구속적인 제한 규정을 제대로 지키면 이 나라에 축복이 내리고, 이를 어기면 갖가지 재앙이 찾아든다. 이 모든 터부는 『신권(神權)의 서(書)Book of Rights』에 자세하게 기록되어 있다. 이 책의 가장 오래된 필사본 연대는 자그만치 1390년, 1418년까 지 거슬러 올라간다. 이 책에는, 몇 시에는 이렇게 하고 몇 시에는 저렇게 하라는 식으로, 금제가 아주 자세하게 실려 있다. 예를 들 면 왕은 한 주일 중 어느 요일에는 어떤 마을에 있어서는 안 되고, 하루 중 몇 시에는 특정 강을 건너서는 안 되며, 특정 벌판에서는 아흐레 동안 야영해서는 안 된다는 식이다.[35]

많은 미개인 종족의 경우 터부 금제의 엄격함은 그 터부의 대 상인 사제왕에 대한 그 종족 구성원의 태도를 반영하는데, 이 태 도는 역사적으로 중요할 뿐만 아니라 우리의 흥미를 유발하는 요 소이기도 하다. 사제왕이 지니는 위엄은 선망의 대상이 아니었다. 그래서 많은 구성원들은 사제왕 직분을 제수받으면 어떻게든 그 것을 피하려고 했다. 불의 왕, 물의 왕이 따로 있는 캄보디아에서 는 후계자를 강제로 골라 그 자리에 앉히기까지 했다. 남태평양 에 있는 산호도(珊瑚島)인 니우에, 혹은 새비지 아일랜드에서는

34 프레이저의 『황금 가지』 참조 — 원주.
35 프레이저의 『황금 가지』 참조 — 원주.

아무도 이 책임이 막중하고 위험한 직분을 수행하지 않으려고 했기 때문에 왕권이 중단된 일도 있었다.

〈서아프리카 몇몇 지역의 경우, 왕이 죽으면 왕족 회의가 비밀리에 계승자를 정한다. 계승자 낙점을 받은 사람은 갑자기 포박을 당한 뒤에 사당(祠堂)에 던져진다. 이렇게 강제로 감금된 사람은 후계자의 낙점을 수락해야 그 사당에서 나올 수가 있다. 때로는 적법한 계승자가 자기에게로 넘어오는 이 명예를 피할 수단을 강구하기도 한다. 왕좌에 앉으라는 사람이 있으면 여기에 저항하려고 늘 무장하고 다녔다는 어느 사나운 추장 이야기가 있을 정도다.〉[36] 시에라리온 토인의 경우, 사람들이 이 왕권의 명예를 어찌나 한사코 거부하는지, 대부분의 부족들은 외국인을 왕으로 앉히지 않으면 안 되었다고 한다.

프레이저는 왕권이 처해 있던 이러한 환경 때문에 역사 발전 단계에서 제정일치(祭政一致) 시대의 사제왕이 영적인 권능과 세속적인 권세로 분화된 것으로 본다. 제정일치 시대의 왕은 성무(聖務)의 부담에 짓눌린 나머지 실제적인 통치권은 행사할 수 없었다. 그런데 이것이 둘로 나뉘는 바람에 실제적인 통치권은 약간 열등하기는 하지만 그래도 실정(實政)에 밝은 유능한 사람에게 넘어갈 수 있게 되니, 이로써 왕권의 명예는 땅에 떨어지게 되었다. 그런데 후일에 이르자 바로 이들이 세속의 지배자가 되었고, 실정의 의미를 박탈당한 영적인 권능의 소유자는 그전의 터부 왕 자리를 차지하게 되었다. 널리 알려져 있다시피, 이것은 고대 일본의 역사를 살펴보면 곧 입증된다.

36 프레이저가 『황금 가지』에서 바스티안의 『독일인의 로앙고 퀴스테 탐험』을 인용한 것을 참조 — 원주.

원시인과 그 지배자의 관계를 개관하면, 이 양상의 서술에서 정신분석학적 이해로 한 걸음 더 나아가기는 그리 어렵지 않을 것 같아 보인다. 사실 원시인과 그 지배자의 관계는 적잖게 복잡하고, 또 상호 모순되는 부분이 없는 것도 아니다. 지배자는 엄청난 특권을 누리는데, 이 특권은 다른 사람들에게 부과되는 터부 금제와 정확하게 일치한다. 지배자들은 특권층이다. 지배자들은 백성들에게 터부의 금제가 되어 있는 일을 할 수도 있고, 누릴 수도 있다. 그러나 지배자에게 일반 백성은 마음대로 범접해도 좋은 특정 터부의 제한을 받는다. 바로 여기에서 우리는 모순에 가까운 현저한 차이점을 만난다. 즉 동일한 사람의 경우, 자유가 많으면 구속적인 제한 규정도 그만큼 많아진다는 점이다. 다시 한 번 말하지만, 지배자들은 막강한 주력(呪力)의 소유자들로 믿어진다. 그래서 백성들은 그들의 몸이나 소유물과 접촉하기를 두려워한다. 그러나 어떤 경우에는 동일한 접촉으로 엄청난 이득을 보기도 하는데, 바로 여기에서 또 하나의 모순이 두드러진다. 그러나 앞에서 우리가 검토했다시피 이것은 외견상의 모순에 지나지 않는다. 왕 자신에 의한 왕의 자발적인 접촉은 치료 효과도 있고, 보호 효과도 있다. 위험한 것은 백성이 자발적으로 왕의 몸이나 왕의 소유물에 접촉했을 경우이다. 이것은 어쩌면 백성에 의한 접촉이 공격적 충동을 암시하기 때문에 그런 것일지도 모르겠다. 그런데 여기에 또 하나의 쉽게 해소될 것 같지 않은 모순이 두드러진다. 백성들은 지배자가 대자연의 위력에 대하여 굉장한 권위를 행사할 수 있는 것으로 믿는데도 불구하고, 위해(危害)의 위협으로부터는 세심하게 보호받아야 한다는 모순이다. 말하자면 지배자에게는 많은 것을 가능하게 할 능력이 있지만, 이 위해의 위협으로부터는 스스로를 지킬 수 없는 셈인 것이다. 그런데 상황을 더욱 어렵게 만드는 것은 지배자가 이 막강한 힘을 제대로, 다시 말해서 백성의 안녕과 자신을 보호하는 데 쓰는 것으로는 믿어지지 않는다는 점이다. 바로 이 때문에 백성은 지배자를 불신하고, 지배자에 대한 감시를 정당한 행동이라고 생각한다. 왕이 평생토록 지켜야 하는 터부의 불문율은 왕을 위해의 위험으로부터 지키는 동시에 백성에게 겨누어질지도 모르는 왕의 위협으로부터 백성을 지키는 역할을 하는 것이다.

지배자에 대한 원시인들의 복잡하고 상호 모순되는 태도를 다음과 같이 설명할 수도 있다. 미신적인 동기를 비롯한 그 밖의 갖가지 동기에서 왕과 관련된 다양한 충동이 표현되는데, 이 개개의 충동은 다른 경향과는 아무 상관도 없이 극단으로 치닫는다. 갖가지 모순이 생기는 것은 바로 이 때문이다. 그러나 저능한 미개인들은 이런 모순을 의식하지 못한다. 고도로 문명화한 사람들에게 종교나 〈충성〉 같은 것이 지니는 모순이 별것 아닌 것과 흡사하다.

지금까지의 설명은 대체로 만족할 만하다. 그러나 이 문제를 심층적으로 검토하고, 갖가지 충동을 세부적으로 검토하자면 정신분석학 방법론의 도움을 빌리지 않으면 안 된다. 위에 등장한 여러 가지 사례를 신경증이 드러내는 징후의 일부인 듯이 분석해 보면, 문제가 되는 것은 터부 의례의 바탕을 이루는 지나칠 정도의 불안과 염려라는 것을 알 수 있다. 이런 종류의 지나친 염려는 신경증, 특히 우리가 지금부터 비교해서 검토해 보려는 강박 신경증의 경우에 매우 흔하게 나타나는 현상이다. 우리는 이 지나친 염려가 어디에서 유래하는지 알고 있다. 이러한 염려는 지나칠 정도의 애착 외에, 이와는 반대되는 무의식적 적대감이 드러나는 곳이면 어디에서든 나타난다. 말하자면 양가적 감정 태도의 전형적인 사례를 제시하고 있는 사태인 것이다. 이렇게 되면 적대감은 애착의 지나친 강화에 압도당하면서 염려로 나타났다가 그다음에는 강박성을 띠게 된다. 강박성을 띠게 되는 까닭은, 그렇지 않으면 무의식적인 반대 흐름을 억압하는 애착의 사명이 이루어지지 못할 것이기 때문이다. 정신분석가들은 경험을 통하여 절대로 그렇지 않을 것 같은 관계, 말하자면 어머니와 자식 사이, 혹은 사이좋은 부부 사이에도 지나친 염려에서 비롯된 과잉 애착이 나타난다는 것을 잘 알고 있다. 특권을 누리는 사람들에게 이것을 적용시켜 보면, 특권을 누리는 사람들을 존경하고 우상화하면 할수록 이것을 역류하는 강력한 적의의 흐름이 조성된다는 것을 알 수 있다. 말하자면, 예상했던 대로 우리는 여기에서도 감정의 양가성과 만나게 되는 것이다. 그러니까 왕이 터부를 준수해야 하는 계율은 백성이 왕을 불신한다는 뜻인데, 이 불신이라는 것이 또 하나의 직접적인 무의식적 적대감의 표현이라는 것이다. 각기 다른 민족이 드러내는 이런 종류의 갈등으로 비롯된 결과는 이루 셀 수도 없다. 따라서 이러한 적의가 실제로 드러나는 사례를 찾기 위한 수고는 따로 필요하지도 않다. 프레이저[37]는 이렇게 쓰고 있다.

〈선거로 왕을 뽑는 시에라리온의 미개인 티메족은 대관식 전날 밤에 왕을 매질하는 권리를 지닌다. 법이 허용한 이 특권을 이들이 어찌나 철저하게 누리는지, 대관식 전날 밤에 늘씬하게 얻어맞은 재수 없는 왕은 왕좌에 올라 보지도 못하고 죽는 경우가 허다하다. 그래서 추장들이 어떤 사람에게 앙심을 품고 제거할 마음을 먹으면 그 사람을 왕으로 선출한다.〉

---

37 프레이저가 『황금 가지』에서 츠바이펠J. Zweifel과 무스티에르M. Moustier의 『니제르의 수원지 탐험Voyage aux sources du Niger』(1880)을 인용한 부분 참조 — 원주.

추장들의 의도가 분명히 드러나는 이런 사례에서조차 적의는 적의 그대로 드러나는 대신 의례라고 하는 가면을 쓴다.

지배자에 대해 원시인들이 가진 태도의 또 한 측면은 신경증에서는 흔한 사례이면서도 그 과정은 피해망상*Verfolgungswahn*으로 알려진 신경증의 경과를 상기시킨다. 가령 한 특정인이 지니는 의미가 턱없이 과장되고, 이 특정인이 행사할 수 있는 절대적인 능력이 터무니없는 선까지 확장되는 경우를 생각해 볼 수 있다. 이 경우, 환자들이 체험하게 되는 바람직하지 못한 일에 대한 모든 책임은 모두 이 특정인에게 전가된다. 왕에 대한 미개인들의 태도가 이 환자들이 취하는 태도와 똑같다. 미개인들은 저희들 왕에게는 비와 햇빛, 바람과 일기를 통제하는 능력이 있다고 여긴다. 이렇게 믿고 있다가 자연으로부터 성공적인 사냥과 풍작에 대한 희망이 배신당했다고 여기는 순간, 이 책임을 왕에게 돌려 왕좌에서 내쫓거나 죽이거나 한다. 편집증*Paranoia* 환자가 보이는 피해망상의 전형은 아버지에 대한 아이들의 태도에서 잘 나타난다. 아이들은 일단 자기 아버지를 이런 종류의 능력의 소유자라고 생각한다. 그런데 아버지에 대한 아이의 불신은 종종 아버지에 대한 이런 존경과 밀접한 관계가 있는 것으로 드러나곤 한다. 편집증 환자가 특정인을 〈박해자〉로 간주할 때, 이 환자는 그 사람을 일단 자기 아버지의 지위까지 격상시킨다. 말하자면 자기가 겪는 모든 불행의 책임자로 돌리고, 일단 마음껏 비난해도 좋은 위치에까지 올려놓는 것이다. 미개인과 신경증 환자 사이의 이 두 번째 유사성은, 지배자에 대해 미개인들이 취하는 태도의 상당 부분이 아버지에 대한 아이들의 유아적 태도에서 유래했음을 짐작케 한다.

그러나 터부에 의한 금제를 신경증 징후와 동일시하자는 우리의 노력을 강력하게 뒷받침하는 자료는 터부 의례 그 자체에서 발견된다. 지배자의 위치에 대한 터부 의례의 의의는 이미 앞에서 논한 바 있거니와, 의례를 통하여 드러날 효과가 처음부터 의도적이었던 것이라고 볼 때, 이런 의례는 의심할 여지 없이 이중적이며, 양가적 충동에서 유래한 것임을 알 수 있다. 터부는 왕에게 영예를 부여함으로써 일반인으로서는 상상도 하지 못할 선까지 왕의 지위를 드높일 뿐만 아니라, 왕으로 하여금 왕좌에서 보내는 하루하루가 견딜 수 없는 짐으로 느끼게 하고, 결과적으로 백성들이 경험하는 것 이상으로 열악한 고통의 멍에를 지우게 되는 셈이다. 여기에서 우리는 신경증 환자의 강박적 행동에 정확하게 대응하는 현상과 만난다. 즉 억압된 충동과 이것을 억압하는 충동을 동시에 두루 만족시키는 현상이 그것이다. 강박적인 행동은 〈표면상〉으로는 금지된 행위에 대한 방어 행위인 것처럼 보인다. 그러나 우리가 보기에 〈실제〉로는 강박적 행동의 반복에 지나지 않는다. 〈표면상〉으로는 우리 마음의 〈의식〉의 부분에 해당하는 것 같지만 〈실제〉로는 〈무의식〉의 부분에 해당한다는 것이다. 왕에 대한 의례적인 터부도 마찬가지다. 이 의례적 터부는 〈표면상〉으로는 왕에 대한 최고의 명예이자 보호의 수단 같아 보이지만, 〈실제〉로는 왕이라는 신분으로 드높여진 데 대한 벌이자 백성이 그들을 상대로 펴는 복수전인 것이다. 산초 판사(세르반테스의 견해에 따르면)가 자기 섬에서 하게 되는 총독으로서의 경험은, 궁정 의례가 이렇게밖에는 해석될 수 없다는 것을 잘 보여 준다. 이 주제에 관한 한 오늘날 왕좌에 앉은 사람들이나 지배자들의 견해를 들을 수 있다면 여기에 동의하는 사람들이 의외로 많다는 것을 알 수 있을 것이다.

지배자에 대한 감정적 태도에 왜 이토록 강력한 무의식적 적의의 요소가 포함되는가 하는 문제는 참으로 흥미롭다. 하지만 이 문제는 우리 연구의 한계 밖에 있는 것이어서 줄이기로 한다. 나는 앞에서 아버지에 대해 자식이 지니는 감정적 복합 — 아버지 콤플렉스*Vaterkomplex* — 에 대해서는 이미 앞에서 암시적인 시사를 던진 바 있거니와, 여기에 한마디 덧붙인다면 왕권에 대한 고대사 연구에 대한 정보가 충분하다면 이 문제에 대한 결정적인 단서를 제공할 것이라는 점이다. 프레이저는 고대의 왕들은 대개 외국인들이었고 이들이 짧은 재임 기간을 끝내면 신성(神性)을 상징하는 존재로서 엄숙한 제사의 제물이 된 까닭에 대하여, 그 자신이 전폭적으로 인정하고 있는 것은 아니지만 나름대로 인상적인 이유를 제시하고 있다.[38] 기독교의 신화도, 이러한 왕의 진화사(進化史)의 영향을 받았을 가능성이 있다.

(3) 사자에 대한 터부

우리가 알고 있는 한 사자(死者)들은 강력한 지배자들이다. 그러나 놀랍게도 사자들은 적으로 간주되기도 한다.

사자에 대한 터부는 — 이것을 전염병과 비교해도 좋다면 — 대부분의 원시 종족 간에 창궐하고 있었다. 먼저 이것은 사자와 접촉한 결과와, 상제(喪祭)를 대하는 태도를 통해 잘 드러난다.

마오리족의 경우, 시체에 손을 대었던 사람이나 어떤 식으로든 매장 장례에 참가했던 사람들은 고도의 부정을 탄 사람들로, 동료들과의 왕래가 거의 단절되다시피 한다. 다시 말해서 거부되는 것이다. 이런 사람은 어떤 집에도 들어갈 수 없고, 어떤 사람이나 어떤 물건과도 접촉할 수 없다. 접촉하면 그 접촉 대상도 부정을 탄다. 음식에 손을 댈 수도 없다. 손이 이미 부정을 타는 바람에

38   프레이저의 『황금 가지』 중 「주술」 참조.

지극히 부정해졌기 때문이다.

⟨······음식이 땅바닥에 놓이면, 부정 탄 사람은 그 앞에 앉거나 무릎을 꿇고, 두 손은 뒷짐을 진 채로 그 음식을 수단껏 핥아먹어야 한다. 다른 사람이 먹여 주는 경우가 있기는 하다. 그러나 먹여 주는 사람도 그 손끝이 부정 탄 사람에게 닿지 않도록 주의를 다해야 한다. 그러나 이렇게 먹여 주는 사람 역시 많은 일에서 엄격한 제한을 당한다. 이 제한은 부정 탄 사람에게 부과되는 제한 조건보다 덜한 것도 아니다. 인구가 많은 마을이면 예외 없이, 부정을 탄 나머지 이렇게 동냥받이로 사는 천하디천한 사람들이 있기 마련이다······. 이들에게 팔 하나 길이만큼 접근할 수 있는 사람은 오로지······ 사자에게 마지막으로 경의를 표했던 상제뿐이었다. 적막한 격리 기간을 끝내고 상제가 다시 마을 사람들과 섞이자면 격리 기간 동안 사용하던 그릇은 모두 깨뜨리고, 그동안 입던 옷은 남김없이 버려야 했다.⟩

사자의 육신과 접촉한 사람에게 부과되는 터부 관습에 관한 한, 폴리네시아와 멜라네시아 전 지역, 그리고 아프리카의 일부 지역이 비슷비슷하다. 가장 일반적인 것은 사자와 접촉했던 사람은 음식에다 손을 댈 수 없으므로 결과적으로 무엇을 먹자면 다른 사람의 손을 빌려야 한다는 점이다. 폴리네시아의 경우(이 보고서는 하와이에 국한된 것으로 보이기는 하지만), 사제 왕은 신성한 행사 기간 동안에도 같은 제한 규정을 지켜야 한다.[39] 통가인들이 지키는 사자에 대한 터부는, 터부가 부과된 사람의 터부가 지닌 힘에 따라 금제가 다양해질 수 있다는 사례를 생생하게 보여 준다. 이 금제에 따르면, 죽은 추장의 몸에 손을 댄 사람은

---

39   프레이저 『황금 가지』 참조 — 원주. 이것은 엘리스W. Ellis의 『폴리네시아 연구 Polynesian Researches』(1832~1836)에서 프레이저가 인용한 부분이다.

부정을 타되 이 부정은 10개월 동안 계속된다. 그러나 사자의 몸에 손을 댄 사람이어도 그 신분이 추장이면, 죽은 사람의 신분에 따라 부정은 3개월, 4개월, 혹은 5개월 동안 계속된다. 그러나 손을 댄 사람의 신분이 추장이어도 죽은 당사자가 〈위대한 대추장〉일 경우, 그 부정은 10개월 동안 계속된다. 미개인들은 이 터부 규정을 어긴 사람은 병들어 죽는다고 철석같이 믿는다. 어찌나 철석같이 믿는지 한 보고자에 따르면 이렇다.

〈종족의 어떤 구성원도 사실이 그렇지 않다는 것을 증명할 엄두를 내지 못한다.〉[40]

우리가 볼 때 여간 흥미롭지 않은 것은 간접적인 방법을 통해 사자와 접촉한 사람들, 즉 과부나 홀아비처럼 사자의 죽음을 애도한 유가족에게도 본질적으로는 동일한 금제가 부과된다는 점이다. 우리가 지금까지 언급해 왔던 터부 관습은 터부의 전파성이나 전염성에 대한 특징적인 모습을 전하는 데 지나지 못했다. 그러나 지금부터 우리가 검토하게 될 사례는 터부의 동기(표면적인 동기는 물론이고, 심층적인 진짜 동기라고 해도 좋을)가 무엇인지 극명하게 암시한다.

〈브리티시 컬럼비아의 슈스와프족의 경우, 사자의 죽음을 애도하는 홀아비나 과부는 격리당한다. 이들은 자기 머리나 몸을 만질 수 없다. 다른 사람들은 이들이 쓰던 그릇을 사용해서는 안 된다⋯⋯. 사냥꾼은 이런 사람들에게 다가가서는 안 된다. 이들이 근처에 있다는 사실 자체가 재수 없는 일이기 때문이다. 이들의 그림자가 일반인에게 드리워질 경우, 이 사람은 곧 병이 들어 죽게 된다. 이들은 가시덤불 침대에서 자야 하고, 가시덤불 베개를

---

40 프레이저가 매리너 W. Mariner의 『통가섬 원주민에 대하여 *An Account of the Natives of Tonga Island*』(1818)에서 인용한 것 참조 ─ 원주.

베어야 한다. 침대 주위에도 가시덤불 울타리가 쳐진다.〉⁴¹

이것은 사자의 영혼이 접근하는 것을 막기 위한 조치이다.

북아메리카 원주민에 대한 한 보고서는 이러한 관례가 겨냥하는 바를 보다 선명하게 보여 준다.

〈북아메리카의 한 원주민의 경우, 과부는 죽은 남편의 영혼이 접근하지 못하도록 마른 풀로 만든 바지를 입고 지낸다.〉⁴²

이 사례는 〈은유적인 의미〉에서의 접촉도 신체 접촉의 하나로 믿어졌음을 보여 준다. 이들의 이러한 믿음은, 사자의 영혼은 장례 기간 동안 이승을 떠나지 않고 유가족 주위를 〈어슬렁거린다〉는 믿음에서 유래한다.

〈필리핀 제도의 하나인 팔라완섬 주민인 아구타이노Agutaino 족의 경우, 과부는 지아비가 죽은 뒤 7, 8일 동안은 초막을 떠나지 못한다. 부득이 한 시간 정도 외출하는 경우에도 다른 사람을 만나서는 안 된다. 그 까닭은 누구든 이런 과부를 만나면 급사하기 때문이다. 마을 사람들에게 끼칠지도 모르는 이런 재앙을 막기 위해 과부는 외출할 때마다 조그만 나무 막대기로 주위의 나무를 두드리면서 지나간다. 이로써 마을 사람들에게 자기가 지나가고 있는 만큼 접근하지 말라는 신호를 보내는 셈이다. 이 과부의 막대기에 맞은 나무도 곧 죽고 만다.〉⁴³ 또 하나의 사례를 보면, 사람들이 과부에 대해 이런 식의 공포를 느끼는 까닭이 분명해진다.

〈브리티시 뉴기니의 메케오Mekeo 지역 주민의 경우, 아내를

---

41 프레이저가 『황금 가지』에서 보애스F. Boas의 『중앙 에스키모족The Central Eskimo』(1890)을 인용한 것 참조.
42 타이트J. A. Teit의 『브리티시 컬럼비아의 톰슨 인디언The Tompson Indians of British Columbia』에서 프레이저가 『황금 가지』에 인용한 것 참조.
43 블루멘트리트F. Blumentritt의 『팔라완섬의 원주민Über die Eingeborenen der Insel Palawan』(1891)에서 프레이저가 『황금 가지』에 인용한 것을 참조.

잃은 홀아비는 공민권을 박탈당하고 추방자 신세가 된다. 모듬살이의 구성원들이 멀리하는 공포와 전율의 대상이 되는 것이다. 홀아비는 밭을 갈 수도 없고, 버젓이 얼굴을 들고 다닐 수도 없으며, 심지어는 늘 다니던 길로도 갈 수 없다. 흡사 들짐승처럼 풀밭이나 덤불 사이를 비집고 다녀야 하는 것이다. 누군가가 접근하는 낌새가 느껴지면, 특히 여자가 접근하는 낌새가 느껴지면 홀아비는 나무 뒤로 숨거나 덤불 속으로 뛰어들어야 한다.〉[44] 이 마지막 구절이 암시하고 있듯이, 홀아비나 과부가 위험한 까닭은 바로 〈유혹자〉로 돌변할 가능성이 있기 때문이다. 아내를 잃은 홀아비는 아내의 대용을 찾고자 하는 유혹에 저항해야 하고, 과부 역시 그런 욕망과 싸우지 않으면 안 된다. 게다가 과부의 경우는 남편 혹은 주인을 잃은 당사자라서 다른 사내가 일으키는 욕정의 대상이 될 가능성도 있다. 하지만 이런 식의 대체 만족은 상중(喪中)의 정서에 정면으로 위배되는 것이며, 따라서 망자(亡者)의 혼을 격분하게 할 수 있기 때문에 위험하다.[45]

장례와 관련된 황당하면서도 시사하는 바가 풍부해 보였던 관례 중의 하나는 사자의 이름을 입에 올려서는 안 된다는 관례[忌諱]이다. 이 관례는 광범위하게 퍼져 있고, 그 관행 자체의 양상과 관행을 어겼을 때의 결과도 아주 다양하다. 이 관례는 오스트레일리아 토인과 폴리네시아 토인(일반적으로 터부 관례를 가장 잘 보존하고 있는 것으로 알려진)만 지키는 것은 아니다.

〈서로 멀리 떨어져 있는 사람들, 가령 시베리아의 사모예드족

<hr>

44 프레이저가 『황금 가지』에 귀스J. Guis의 『카나족 Les Canaques』에서 인용한 것을 참조.
45 나는 앞에서 터부 이야기와 함께 〈손댈 수 없는〉 사람과 관련된 사례를 소개한 바 있는데, 그 사례의 당사자였던 여성 환자는 나에게, 거리에서 상복 입은 사람을 만날 때마다 화가 났던 만큼 그런 사람은 외출을 금지시켜야 한다고 말했다 — 원주.

과 남인도의 토다족, 타타르 일대의 몽고족과 사하라 사막의 투라레그족, 일본의 아이누족과 중앙아프리카의 아캄바족과 난디족 사이에서도 볼 수 있다. 심지어는 필리핀의 팅구이아네스족, 니코바르 제도의 토인들, 보르네오, 마다가스카르, 타스메이니아의 토인들에게서도 볼 수 있다.)[46]

이 금제와 부수적인 제한 조건은 장례 기간 동안만 지속되는 경우가 있는가 하면, 그 뒤로도 계속되는 경우도 있다. 계속되는 경우, 시간이 지날수록 완화되는 양상을 보인다.

사자의 이름에 대한 기피는 대체로 엄격하게 지켜진다. 남아메리카에 사는 몇몇 종족의 경우, 유가족이 사람들 면전에서 사자의 이름을 부르는 행위는 치명적인 모욕으로 받아들여졌다. 따라서 이에 대한 벌은 살인자에 대한 벌보다 가볍지 않았다. 처음에는 사자의 이름을 입에 올리는 일이 왜 그렇게 끔찍한 기피의 대상이 되어야 하는지 언뜻 이해가 되지 않는다. 하지만 그게 얼마나 위험한 일이었으면 그것을 피하는 방법이 그토록 다양할 수 있었을 것인가?

동아프리카의 마사이족은 사자의 숨이 끊어지는 순간 사자의 이름을 바꾸어 버림으로써 원래의 이름을 피한다. 그러니까 금제는 기왕에 쓰이던 이름에나 해당되는 것이므로, 이 새로운 이름으로는 언제든지 사자를 언급해도 좋다. 물론 이것은 사자의 영혼은 자기 이름이 바뀐 것을 알지 못할 뿐만 아니라, 앞으로도 알지 못하게 될 것이라는 전제 조건하에서만 가능하다. 오스트레일리아 남부 아델라이데와 인카운터만 주민의 경우, 사자의 이름을 입에 올리지 않도록 어찌나 조심하는지, 한 사람이 죽으면 그 사람과 이름이 같거나 아주 비슷한 사람들은 모조리 이름을 바꾸어

46 프레이저의 『황금 가지』 참조.

버린다. 빅토리아 및 북서아메리카 원주민의 경우, 바꾸되 훨씬 철저하게 바꾼다. 즉 한 사람이 죽으면 이름이 비슷하건 비슷하지 않건 친척들이 일제히 이름을 바꾸어 버리는 것이다. 실제로 파라과이의 구아이쿠루족의 경우, 모듬살이에 사망자가 생기면 추장은 구성원의 이름을 깡그리 바꾸어 버리곤 한다. 그러고는 〈바로 그 순간부터 모든 사람들은 흡사 그 이름으로 태어나기라도 한 것처럼 일제히 그 새 이름으로 서로를 기억한다〉.[47]

그뿐만이 아니다. 사자의 이름이 공교롭게도 다른 동물의 이름 혹은 일반 사물의 이름과 같을 경우, 이들의 이름이 사자에 관한 추억을 불러일으키는 일이 없도록 이들의 이름도 바꾸어야 한다고 생각하는 종족도 있다. 이러한 관례 때문에 어휘는 쉴 새 없이 바뀐다. 이런 일이 끊임없이 일어날 경우, 가장 난처한 사람들은 선교사들이다. 선교사 도브리조퍼는 7년간 파라과이의 아비포네족과 함께 사는 동안, 〈재규어를 지칭하는 토인의 말은 세 번 바뀌었으며, 악어, 가시, 백정을 지칭하는 명사도 비슷한 변화를 겪는 것을 경험했다〉.[48] 사자의 이름을 입에 올리는 것을 꺼리는 이러한 기휘속(忌諱俗)은, 사자가 생전에 담당하고 있던 일을 입에 올리지 않는 데까지 확대된다. 그 결과 이들 종족에게는 전통이나 역사적인 기억이 없다. 그래서 이들의 초기 역사를 연구하는 학자들에게는 이것이 큰 장애가 되기도 한다. 그러나 상당수의 원시인들은 보완책을 강구하기도 한다. 사망한 지 오랜 세월이 지난 뒤에는 사자의 이름을 되살리고, 이것을 그 후손에게 붙여

47 한 늙은 스페인 사람의 보고에서 프레이저가 인용한 것이다 — 원주. 로사노 P. Lozano의 『Descripción corográfica del Gran Chaco Gua-lamba』에서 프레이저가 인용한 것이다.

48 프레이저가 『황금 가지』에서 도브리조퍼 M. Dobrizhoffer의 『아비포네족의 역사 Historia de Abiponibus』(1783)를 인용한 것을 참조 — 원주.

줌으로써 그 후손을 사자의 화신으로 간주하는 것이다.

미개인들이 이름이라는 것을 한 사람이 지니는 인격의 본질이
며, 중요한 소유물로 간주했다는 사실을 염두에 두면, 이름에 대한
이런 터부도 덜 황당하게 여겨질 것이다. 요컨대 그들은 언어를
그 언어가 지칭하는 사물과 동일시한다. 내가 다른 데서[49] 언급한
바 있거니와, 아이들도 같은 생각을 하고 있다. 두 개의 각기 다른
사물이 같은 이름으로 불릴 경우 아이들은, 그 이름의 유사성은
아무 의미가 없는데도 불구하고 절대로 이 두 사물 사이에 유사성
이 없다는 설명을 받아들이지 않는다. 말하자면 비슷한 이름으로
불릴 경우, 거기에는 틀림없이 의미심장한 어떤 일치점이 있을 것
이라는 생각을 고집한다는 것이다. 문명화한 사회의 성인조차도
예외는 아니다. 그들이 취하는 태도의 특징을 관찰해 보면 그들
역시 고유 명사를 특히 중요한 것으로 여기고, 자기의 이름은 독
특한 방식으로 자기 인격을 나타낸다고 믿는다. 정신분석학에 대
해 임상 연구가 확인하는 무의식적 사고 행위에서 이름이 중요한
위치를 차지하고 있는 사례도 이와 무관하지 않다.[50] 예상했을 테
지만, 이름에 관해 강박 신경증 환자는 미개인과 똑같은 반응을
보인다. 다른 신경증 환자들처럼 강박 신경증 환자들은 특정 단어
나 이름을 입에 올리거나 들을 때마다 굉장히 심각한 정도의 〈콤
플렉스 과민증Komplexempfindlichkeit〉[51]을 보인다. 자기 이름에 대
한 이들의 태도 역시 다양하고도 심각한 금제를 부과한다. 내가

49 『농담과 무의식의 관계』(프로이트 전집 6, 열린책들) 참조.

50 슈테켈Stekel과 아브라함Abraham을 참조할 것 — 원주. 슈테켈의 「이름의 책
임Die Verpflichtung des Namens」(1911)과 아브라함의 「이름의 중요한 힘에 대하여Über
die determinierende Kraft des Namens」(1911) 참조할 것.

51 언어 연상 실험과 관련해서 융이 사용한 용어. 『진단학적 연상 연구Diagnostische
Assoziationsstudien』(1906, 1909) 참조.

알고 있던 한 터부병 여성 환자는 자기 이름을 쓰는 것에 심하게 저항하는 증세를 보이곤 했다. 그 환자가 자기 이름 쓰기를 꺼리는 것은 그 이름이 다른 사람의 손으로 들어감으로써 자기 인격의 일부가 그 사람 손에 들어가게 되는 것을 두려워하기 때문이었다. 그 여자는 망상에서 비롯된 이 유혹에 맞서서 발작적인 자기방어책을 강구하기로 마음먹고, 〈자기 인격의 어떤 부분도 타인에게 양도하지 않기로〉 했다. 이러한 망상은 처음에는 자기 이름을 쓰지 않는 데 국한되더니, 차차 필사(筆寫) 자체를 거부하는 것으로 이어지다가 결국 쓰는 행위 자체를 거부하는 사태로 진전되었다.

이제 미개인들이 사자의 이름을 그 사자의 인격 중 일부와 동일시하고, 그 이름을 터부로 여겨도 별로 놀랍지 않을 것이다. 사자의 이름을 입에 올리는 일이, 사자와의 접촉으로 간주되는 것도 이제는 별로 놀라운 일이 못 된다. 이제 그런 접촉이 왜 그토록 엄격한 터부가 되는지 포괄적으로 검토해 보기로 하자.

가장 손쉬운 설명으로는, 사자의 육신 자체와 그 육신에서 빠르게 일어나는 변화에 대한 공포를 들 수 있다. 사자의 죽음을 애도하는 일 그 자체에 대한 거리낌도 그 이유 중 하나가 될 수 있다. 그 또한 사자와 관련된 것들을 상기시키는 하나의 동기가 될 것이기 때문이다. 그러나 시체에 대한 공포를 가지고 그 복잡한 터부 관례를 일일이 설명할 수 없고, 애도를 가지고 사자의 이름을 입에 올리는 일이 어째서 살아 있는 사람들에게 모욕이 되는지를 설명하지 못한다. 애도는 이와 반대되는 성격을 띤다. 애도를 통하여 사람들은 죽은 사람을 기억 속에 자리 잡게 하고, 되도록이면 오래 이것을 기억 속에 남기고자 한다. 따라서 터부 관례가 지금과 같은 특징을 갖게 된 이유를 설명하기 위해서는 애도 이외의 다른 형식이 검토되어야 한다. 말하자면 애도와는 명백하게 다른 의도를 추구하는 무엇인가가 검토되지 않으면 안 된다는 것이다. 이 미지의 동기를 설명하는 데 단서가 되는 것이 바로 이름에 대한 터부이다. 만일 이름에 대한 터부의 관례가 이것을 설명해 주지 못한다면, 우리는 죽음을 애도하는 미개인들의 묵시적인 설명에 귀를 기울이지 않으면 안 되는 것이다.

미개인들은 사자의 유령 그 자체가 존재한다는 사실, 그리고 이 유령이 되돌아올 수 있다는 사실에 대한 〈두려움〉을 감추지 않는다. 그래서 그들은 이 유령과 거리를 유지하기 위해, 혹은 유령을 쫓아보내기 위해 무수한 의례를 치른다.[52] 그들은 사자의 이름을 입에 올리는 것은 사자의 영혼을 저승으로부터 부르는 것이고, 이로써 사자의 영혼이 그 자리에 임재(臨在)하게 되는 것과 동일시한다.[53] 따라서 그들은 그런 초혼(招魂)의 형식을 피하는 데 필요한 온갖 수단을 동원한다. 그들은 사자의 영혼이 와도 저희들을 알아볼 수 없도록 변장하는가 하면,[54] 사자의 이름을 바꾸기도 하고 저희들 이름을 바꾸기도 한다. 그뿐만 아니라 부주의하게도 사자의 이름을 입에 올림으로써, 살아 있는 사람들의 뜻과는 달리 유령을 부르면 몹시 화를 내기도 한다. 이제 우리는 분트가 지적한 것처럼,[55] 살아 있는 사람들은 〈악령으로 변해 버린 사자〉에 대한 두려움의 피해자라는 결론을 피할 수 없다. 여기에서 우리는 다시 한번 분트의 견해에 동의하지 않을 수 없게 된다. 앞에서

52 프레이저(『황금 가지』 제2부 「터부와 영혼의 위기」)는 미개인들이 설명을 제공하는 사례 중 하나로 사하라 지역에 사는 투아레그족을 언급하고 있다 ─ 원주.
53 여기에는 〈사체의 잔해가 남아 있을 경우에〉라는 조건을 달 수 있다(『황금 가지』 제2부 「터부와 영혼의 위기」) ─ 원주.
54 니코바르섬 주민의 경우가 그러하다(앞의 책 참조) ─ 원주.
55 『민족 심리학』 참조 ─ 원주.

소개한 바 있거니와 그는 일찍이 터부의 본질은 악령에 대한 두려움이라는 견해를 피력하기도 했다.

이 이론은 일견 믿어지지 않는 독특한 전제에 근거한다. 그 전제가 무엇이냐 하면, 사랑하던 사람은 죽는 순간 살아남은 사람에게는 오로지 적의만 드러내는 악령으로 변하므로, 살아 있는 사람들로서는 모든 수단을 동원하여 이 악령의 사악한 의지에 저항해야 한다는 것이다. 이러한 전제는 참으로 이상스러워 보이는데도 불구하고 권위 있는 많은 학자들은 이 전제를 미개인들에게 적용시킨다. 내가 보기에 웨스터마크는 저서 『도덕 관념의 기원과 발달』에서 터부에 별로 주의를 기울인 것 같지 않은데도 「사자에 대한 태도」라는 장(章)에 이렇게 쓰고 있다.

〈……일반적으로 말해서 내가 수집한 자료에 따라 나로서는, 사자는 우호의 대상으로 여겨진다기보다는 적의의 대상으로 여겨진다는 결론을 내리지 않을 수 없다. 그러므로 고대의 신앙 체계에 따르면 사자의 적의는 대체로 이방인을 향한 것이고, 자손이나 동족의 생명이나 재산은 자애롭게 보살핀다고 주장한 제번스Jevons 교수나 그랜트 앨런Grant Allen 씨는 착각한 것이다.〉[56]

56 웨스터마크가 『도덕 관념의 기원과 발달The Origin and Development of Moral Ideas』(1906~1908)에 붙인 각주와 본문에는 이런 주장을 뒷받침하는 풍부하고도 특징 있는 자료가 등장한다. 가령 다음과 같은 것이 그렇다. 〈……마오리족의 경우 가까우면 가까울수록, 사랑이 극진하면 극진할수록, 그 사람은 죽는 순간에 성격이 표변하면서 그만큼 더 사악해지는 것으로 믿어진다. 생전에 사랑하던 사람들에게도 마찬가지다…….〉 〈오스트레일리아 원주민들은 죽은 사람이 사후에 한동안 악령 노릇을 하며, 생전의 사자와 가까웠으면 가까웠을수록 그 사람은 사자의 악령을 그만큼 더 경계해야 한다고 믿는다…….〉 〈중앙 에스키모인들이 믿는 바로는, 사자의 영혼은 죽은 직후에 악령 노릇을 한다. 이 악령은 마을을 배회하면서 질병을 퍼뜨리는가 하면, 온갖 만행을 저지르고, 그 사악한 손길로 사람을 죽이기도 한다. 그러나 세월이 흐르면 안식을 찾게 되고, 따라서 그때가 되면 더 이상 두려워할 것이 없다〉 — 원주. 각각 테일러의 Te Ika a Maui, 프레이저의 The Aborigines of New South Wales(1892), 보애스의 「중앙 에스키모족」에서 인용한 것임.

루돌프 클라인파울Rudolf Kleinpaul은 그의 흥미로운 저서[57]에서, 문명화한 민족에 잔존하는 고대의 영혼 숭배를 살아 있는 자와 죽은 자의 관계를 설명하는 데 이용하고 있다. 그 역시 살의에 굶주려 있는 사자가 산 사람들을 저승으로 데려오는 데 혈안이 되어 있다는 결론을 내리기는 마찬가지다. 그의 설명에 따르면 이렇다. 사자가 사람을 죽인다. 그러므로 오늘날 우리가 죽음을 조명하는 데 이용하는 해골은 모두 사자가 곧 죽음이라는 사실을 증언하고 있다는 것이다. 더욱 흥미로운 것은, 살아 있는 사람들은 죽은 사람들과의 사이에 물길이 없으면 사자가 공격해 올 것이라는 망상에서 자유롭지 못했다는 것이다. 사람들이 사자를 섬이나 강 건너편에 묻는 것은 바로 이 때문이고, 〈차안(此岸)과 피안(彼岸)〉이라는 말도 여기에서 연유한다. 그런데 후일에 이르러 사자의 악의는 많이 수그러들고, 적의를 느끼는 경우도 특별한 범주에 한정된다. 가령 살해당한 사람이 악령이 되어 살인자를 쫓고, 새색시가 소원을 성취하지 못하고 죽으면 한을 품는 식이다. 그러나 클라인파울의 설명에 따르면, 원래 〈모든〉 사자는 다 흡혈귀가 된다. 그들 모두 산 사람에게 원한이 있어서 해코지하거나 목숨을 빼앗으려 한다는 것이다. 일반적으로 악령이라는 개념은 시체에서 비롯되었다고 한다.

죽으면 아무리 사랑스럽던 사람도 일단 악령으로 변하고 만다는 가설은 다음과 같은 몇 가지 석연치 않은 의문을 제기한다. 원시인으로 하여금 그토록 아끼고 사랑하던 사람들에게까지 그런 감정상의 변화를 야기시키는 요인은 과연 무엇인가? 왜 그들은

---

57 『민간 신앙, 종교, 전설에서 나타나는 삶과 죽음Die Lebendigen und die Toten in Volksglauben, Religion und Sage』(1898) 참조 — 원주.

사랑하던 사람들조차도 악령으로 만들지 않으면 안 되었던가? 웨스터마크는 『도덕 관념의 기원과 발달』에서 이런 질문에 쉽게 대답할 수 있다는 견해를 피력한다.

⟨……죽음은 일반적으로 모든 불행 중에서도 가장 엄숙한 불행으로 간주된다. 그래서 사자는 자기가 처한 운명에 강한 불만을 가진 것으로 믿어지는 것이다. 원시인들의 관념에 따르면 사람이 죽는 것은 곧 죽음을 당하는 것을 의미한다. 말하자면 주력(呪力)에 의해서든, 힘에 의해서든 죽음을 당했다고 믿는다는 것이다. 바로 이 때문에 죽음을 당한 이들의 영혼은 복수심에 불타며, 따라서 심술궂은 경향이 있다. 사자의 영혼은 끊임없이 살아 있는 자들을 부러워하면서 옛 친구들과의 재회를 갈망한다. 그래서 죽음을 통하여 그들과 합류하기 위해 질병을 보내는 것이다……. 하지만 육신을 떠난 영혼이 사악한 악령이라는 관념은…… 죽음에 대한 본능적인 공포와 밀접한 관계가 있다. 이 두려움은 죽음에 대해 불안을 느끼는 데서 유래하는 것이기도 하다.⟩

정신 신경증적 장애의 연구는 웨스터마크가 제시한 것 이상의 포괄적인 설명을 가능케 한다.

아내가 지아비를, 딸이 어머니를 사별할 경우, 남은 사람은 자기의 부주의나 태만 때문에 사랑하는 사람이 죽은 것은 아닐까 하는 고통스러운 의문을 품는 경우가 있다. 우리는 이것을 ⟨강박성 자책Zwangsvorwürfe⟩이라고 부르는데, 뒤에 남은 사람이 이런 의문을 품게 되는 경우가 종종 있다. 이 경우 세상을 떠난 사람에게 기울였던 어떤 정성의 기억도, 이런 자책이 근거 없는 것임을 증명하는 어떤 객관적 증거도 남아 있는 사람의 고통을 줄이는 데 보탬이 되지 못한다. 시간이 지나야 없어지는 이러한 현상은 애도의 한 병리학적 형식이라고 해도 좋을 듯하다. 이러한 사례에 관한 정신분석학적 연구는 이 장애의 은밀한 동기를 우리에게 드러내 보여 주었다. 우리는 어떤 의미에서 이 강박성 자책을 정당하다고 생각하는 한편, 바로 이 정당함을 여기에 대한 반박이나 이의 제기로부터 건재할 수 있는 증거라고 생각한다. 강박성 자책이 잘 보여 주고 있듯이, 애도하는 사람에게는 그 사랑하던 사람의 죽음에 책임이 있는 것도 아니고, 죽은 사람에게 실제로 태만했던 것도 아니다. 하지만 그럼에도 불구하고 애도하는 사람의 마음속에는 무엇인가 — 무의식적 소망 같은 것 — 가 남아 있다. 그것이 무엇이냐 하면, 죽음이라고 하는 것이 반드시 불만스러운 것만은 아니었다는 것, 만일에 그럴 만한 힘이 있었다면 그 죽음을 재촉할 수도 있었을 것이라는 무의식적 소망이 그것이다. 그래서 죽음이 현실이 되었을 때, 이러한 무의식적 소망을 꾸짖는 것이 바로 이와 같은 반작용인 것이다. 특정인에 대한 감정적 애착이 강한 대부분의 경우에서 우리는 지극한 사랑의 배후에 무의식적 적의가 숨어 있는 것을 찾아내곤 한다. 이것이야말로 인간의 감정이 지닌 양가성의 고전적인 사례이자 원형인 것이다. 이러한 양가성은 사람에 따라 다소 차이가 있을 뿐 누구나 가지고 있다. 보통의 경우 이 양가성은 우리가 여기에서 검토하고 있는 강박적 자책감을 유발할 정도로 강력한 것은 아니다. 그러나 일단 이 강력한 양가성이 발현될 경우, 사람들이 예상도 하지 못한 가장 사랑하던 사람, 가장 사랑하던 곳과의 관계에서 그 모습을 드러낸다. 원초적인 감정적 양가성의 강력한 발현이야말로 내가 터부에 관한 이 주제와 그토록 자주 비교해 오던 강박 신경증 성향의 특징이라고 할 수 있다.

그렇다면 살아남은 사람은, 갓 세상을 떠난 영혼은 악령이 된다고 믿고, 따라서 터부를 통하여 악령의 적의로부터 자신을 보호할 필요를 느끼게 되는데, 우리는 이제 이 관념의 설명에 필요한 단서를 찾아낸 셈이다. 우리는 정신분석을 통하여 강박 신경증 환자에게는 이 양가성이 강하다는 사실을 발견했다. 이제 원시인들의 감정생활의 특징은 양가성이 강하다는 의미에서 강박 신경증 환자와 비슷하다고 가정해 보자. 그렇다면 이제 우리는 미개인들이 그 고통스러운 사별 이후에 무의식 속에 잠복해 있는 적의에 반응하지 않으면 안 되었던 이유를 이해할 수 있게 된다. 이때 미개인이 보이는 반응이 신경증 환자가 보이는 강박성 자책과 비슷하다는 것은 두말할 나위도 없다. 그러나 무의식 속에서는 고통스럽게도 죽음에 대한 만족으로 느껴지는 동기 노릇을 하는 이 적의가 미개인들 사이에서는 다르게 다루어진다. 그들은 무의식적인 적의로부터 자신을 지키기 위해 이것을 적의의 대상, 즉 고인에게로 전위시킨다. 정상인에게서는 물론, 정신병 환자들에게서도 볼 수 있는 이러한 방어 과정이 바로 〈투사(投射, *Projektion*)〉라고 하는 현상이다. 이로써 살아남은 사람은 사랑하는 고인에게 적의를 느낀 적이 없다고 부인하는 한편, 애도 기간 중에 오히려 고인의 영혼이 적의를 가지고 그 적의를 행사하려 한다는 느낌을 갖는다. 그러나 살아남은 사람은 이러한 투사 행위를 통해 자기방어에 성공하는데도 불구하고, 그 감정적 반응에는 여전히 자기 질책과 회한이라는 감정적 특징이 엿보인다. 그 까닭은, 비록 부분적으로는 적대적인 악마에 대한 자기방어책으로 위장되고 있기는 하지만 그는 여전히 공포에 휩싸여 있는 데다, 자기 방기(自己放棄)와 구속적 제한 조건에 복종해야 하기 때문이다. 여기에서 우리는 다시 한번 터부가 양가적인 감정적 태도를 기초로 성장한다는 것을 확인하게 된다. 그러므로 사자에 대한 터부는, 다른 터부가 그랬듯이 사자에 대한 의식적인 고통과 무의식적인 만족 간의 대립에서 솟아나는 것이다. 귀신이 갖는 것으로 믿어지는 원한 또한 뿌리가 같기 때문에 생전에 고인을 가장 사랑하던 사람이 어느 누구보다도 그 귀신의 원한을 두려워하는 것이다.

이런 의미에서 터부 계율은 신경증 징후와 마찬가지로 서로 상반되는 두 가지 양상을 보인다. 즉 제약의 성격을 지니는 애도의 양상으로 나타나는가 하면, 고인에 대한 자기방어로 위장된 명백한 적의 — 애써 감추고 싶은 — 로 나타나기도 하는 것이다. 우리는 이제 특정 터부는 유혹에 대한 공포에서 생겨난다는 것을 알게 되었다. 고인이 무방비 상태라는 사실은 살아 있는 사람을 고무하여 적의의 고삐를 풀게 하는 동시에, 금제를 통하여 그런 유혹에 대치하게 만드는 것이다.

미개인은 타살과 자연사를 구별하지 못한다고 한 웨스터마크의 주장은 옳은 듯하다. 무의식적 사고의 관점에서 보면 자연사한 사람도 타살당한 사람이다. 사악한 소망의 희생자이기 때문이다.[58] 고인이 된 사랑하던 친척(부모나 형제자매)에 대한 꿈의 기원이나 그 의미를 조사해 본 사람이라면 누구나 꿈꾸는 당사자나 어린이나 미개인이나 사자에 대한 태도는 동일하다는 것을 알게된다. 이것이 바로 감정적 양가성에 바탕을 둔 태도이다.[59]

이 논문의 도입부에서 나는 터부의 핵심은 악령에 대한 공포라는 분트의 의견에 대해 불만을 토로한 바 있다. 그러나 우리는 지금 사자에 대한 터부는 악령으로 변한 고인의 영혼에 대한 공포에서 비롯되었다는 설명을 통하여 그의 의견에 동의하고 있다. 이것은 분명히 모순인 듯하나, 이 모순은 쉽게 해소될 수 있다. 우

58 이 책의 「애니미즘, 주술, 관념의 만능」을 참조할 것 — 원주.
59 『꿈의 해석』의 네 번째 장을 참조할 것.

리가 악령의 존재를 받아들인 것은 사실이다. 그러나 우리가 받아들인 악령은 궁극적인 존재, 심리학적으로 해결 불가능한 존재로 받아들인 것은 아니다. 우리는 악령의 배후를 캐는데 어느 정도 성공을 거두었다. 말하자면 우리는 악령을 살아 있는 사람이 고인에게 품는 악감정의 투사라고 설명하는 데 성공한 것이다.

근거가 충분한 우리의 믿음에 따르면, 산 사람이 고인에게 가지는 이 두 가지 감정(애착과 적의)은 사별의 순간부터 애도를 통하여, 만족을 통하여 동시에 나타난다. 그러니 이 상호 대립되는 두 감정 사이에 갈등이 없을 수가 없다. 그런데 이 두 가지 감정 중 하나인 적의는 전적으로, 혹은 대부분 무의식적인 것이다. 따라서 갈등은 뺄셈하는 형국으로 되지는 않는다. 말하자면 강렬한 감정에서 덜 강렬한 감정을 빼고, 그 나머지를 의식에다 남기는 식으로 되지는 않는다는 것이다. 다시 말해서 현실적으로는 사랑하는 사람으로부터 받은 모욕은 쉽게 용서할 수 있게 되지만, 이 경우는 그런 식으로 되지 않는 것이다. 이 과정은 내가 앞에서 설명했다시피, 정신분석학에서는 〈투사〉라고 알려져 있는 특수한 심리 기제를 통하여 진행된다. 살아 있는 사람으로서는 까맣게 알지 못하고, 또 알고 싶지도 않은 적의는 내부 지각에서 외부 세계로 튕겨 나온다. 따라서 당사자에게서 떨어져 나와 누군가 다른 대상에게로 옮겨 간다. 살아 있는 사람들이, 고인이 죽어 없어지게 된 것을 기뻐한다는 것은 사실이 아니다. 그들은 고인의 죽음을 슬퍼한다. 그러나 참으로 이상하게도 〈고인〉은 이미 사악한 악령이 되어 살아 있는 사람들을 불행에 빠뜨리고, 죽일 기회를 엿보는 존재가 되어 있다. 그렇다면 살아 있는 사람들로서는 이 악령으로부터 자위책을 강구할 필요가 생긴다. 이로써 살아 있는 사람들은 내부로부터의 강압에서는 놓여난다. 그러나 실제로는 놓여나는 것이 아니라, 이 강압을 외부로부터의 강압으로 대치한 것에 지나지 않는다.

고인을 악의에 찬 적으로 만들어 버리는 이러한 투사 과정에, 고인에 대한 원한으로 기억되고 느껴질 만한 구체적인 적대 행위의 근거가 있을 수 있다는 가능성을 무시할 수는 없다. 아무리 가까웠던 인간관계라도 고인의 가혹한 처사, 고인의 권력욕, 부당한 처사 같은 것이 어떤 부정적인 배경을 이룰 가능성은 있다. 그러나 이것은 그리 간단한 문제가 아니다. 부정적인 배경이라는 이 하나만으로는, 자기방어의 일환으로 고인을 악령으로 만들어 버리는 사태를 설명할 수는 없다. 고인의 약점이 살아 있는 사람의 적의를 유발한다는 설명이 부분적으로 가능하기는 하다. 그러나 살아 있는 사람이 자발적으로 그것을 적의로 발전시키지 않는 한 이런 식으로는 되지 않는다. 게다가 고인과 사별하는 순간은 고인에 대한 불만을 정당화하기에는 매우 부적절한 순간이기도 하다. 따라서 이런 것을 결정하는 요인은 반드시 〈무의식적〉 적의에 있었을 것이라는 결론을 내릴 수밖에 없다. 가까웠던 친척, 사랑했던 친척에 대한 이러한 적대적 감정의 흐름은 그의 생전에도 살아 있는 사람의 마음속에 잠복해 있었을 수도 있다. 말하자면 그런 것이 잠복해 있다는 사실이 직접적으로든 간접적으로든 의식의 표면으로 떠오르지 않았을 수도 있다는 것이다. 하지만 고인이 죽는 순간에 이런 것이 더 이상 무의식 속에 잠복하지 못하고 떠오름으로써 첨예한 갈등을 빚어낸다. 그러니까 사랑의 감정이 최고조에 이른 데서 오는 애도의 감정이 한편으로는 잠재해 있던 적의를 분출시키는 수단인 동시에, 다른 한편으로는 일종의 만족감 같은 것이 드러나지 않도록 하는 수단인 것이다. 이런 과정을 통하여 투사라는 메커니즘을 통한 무의식적 적대감의 억압과, 악령으로부터 해코지를 당할지도 모른다는 공포를 표현하는 의례가 생겨난다. 그러다 애도와 함께 시간이 흐르면 이 양자의 갈등은 점차 무디어지고, 사자에 대한 터부도 약화되다가 결국은 망각에 묻혀 버리는 것이다.

4

지금까지 우리는 시사하는 바가 풍부한 사자에 대한 터부의 기틀을 설명해 왔다. 하지만 일반적인 의미에서의 터부에 대한 이해를 증진시키는 데 도움이 될 몇 마디를 빠뜨릴 수 없다.

사자에 대한 터부의 사례에 등장하는, 악령에 대한 무의식적 적의의 투사는 원시인들의 정신 형성에 대단히 큰 영향을 미친 일련의 과정 가운데 한 가지에 지나지 않는다. 우리가 검토해 본 사례에서 투사는 감정적 갈등의 해소를 그 목적으로 삼는가 하면, 신경증에 이르는 무수한 심적 상황에서도 같은 방식으로 작용한다. 그러나 투사는 자기방어를 목적으로 생겨난 것은 아니다. 투사는 갈등이 없는 곳에서도 이루어지는 것이다. 내적 지각의 외적 투사는, 가령 우리의 감각 지각이 구성되는 원초적 기제이다. 따라서 투사는 우리의 외적인 세계가 취하는 형태를 결정하는 데 큰 역할을 하는 정상적인 기제인 것이다. 조건의 성질이 충분히 확인된 것은 아니지만, 어떤 조건하에서 감정과 사고 과정에 대한 내적 지각은 감각 지각 과정에서와 마찬가지로 외적으로 투사될 수 있다. 투사는 이렇게 해서 결국은 〈내적인〉 세계의 일부로 남기는 하지만, 외적 세계를 형상화하는 데도 이용되는 것이다. 이러한 사실은, 주의력의 기능은 원래 내적 세계를 향한 것이 아니라 외적 세계에서 흘러 들어오는 자극을 향한 것이고, 내적 심리 과정에서는 쾌, 불쾌의 느낌에 대한 정보만 받아들인다는 사실과 발생론적 관계가 있을 듯하다. 내적 심리 과정이 차차 지각의 대상이 되기 시작한 것은 추상적인 사유 언어가 발달한 뒤의 일이었다. 말하자면 언어적 표현의 감각적 잔재가 내적인 과정과 상호 관련되기까지는 지각의 대상이 되지 못했다는 것이다. 이렇게 내적 심리 과정이 지각의 대상이 되기 전에 원시인들은 내적 지각의 외적 투사를 통하여 외부 세계에 대한 이미지를 발전시켜 왔던 것이다. 지금 우리는 보다 강화된 의식적 지각을 통하여 바로 그 이미지를 심리학 속에서 해석하지 않으면 안 되는 것이다.[60]

저희들 자신이 지닌 사악한 충동을 악령에다 투사하는 것은 원시인들이 지니고 있던 〈세계관Weltanschauung〉을 구성하는 체계의 일부에 지나지 않는 것으로, 다음 논문에서 우리가 검토하게 될 〈애니미즘〉이 바로 이것이다. 다음 논문에서는 그 체계의 심리학적 특징을 조사하고, 신경증이 구축하는 것으로 알려진 유사한 체계도 다시 한번 검토하게 될 것이니만치 여기에서는 단지 그런 체계의 원형이 꿈 내용물의, 우리가 말하는 〈2차 가공die sekundäre Bearbeitung〉이라는 것만 지적하기로 한다.[61]

우리는 여기에서, 체계 형성의 발전 단계에서 보면 의식에 의해 판단되는 개개의 행위에는 두 종류, 다시 말해서 조직적 행동과 현실적이지만 무의식적인 행위가 있다는 것을 잊어서는 안 된다.[62]

분트는 『민족 심리학』에서 이렇게 쓰고 있다.

〈세계 전역의 신화에 등장하는 악령은 대개 유해한 행동을 하

---

60 주목을 요하는 이 언급은 『꿈의 해석』에서 명료하게 검토된다.

61 〈2차 가공〉은 『꿈의 해석』의 네 번째 장에 자세하게 논의되어 있다.

62 원시인의 투사 행위에 의한 창조 행위는 창조적인 작가에 의해 이루어진 인격화 작용과 흡사하다. 창조적인 작가는 자기 내부에서 대립하고 있는 충동을 개개의 인물로 인격화하기 때문에 그렇다 — 원주.

는 것으로 그려지는데, 그 때문에 악령은 일반적으로 선한 정령보다 오래된 것으로 생각되고 있다.〉

그렇다면 악령이라는 관념은 대체로 사자와 산 사람의 중요한 관계에서 유래했을 가능성이 아주 크다. 이 관계에 내재하는 양가성은 인류의 발전 단계를 거치면서 그 뿌리로부터 서로 완벽하게 대응하는 두 가지 심리적 구조를 만들어 낸다. 즉 악령과 귀신에 대한 두려움과 조상 숭배가 그것이다.[63] 〈최근에〉 죽은 사람의 영혼만이 악령으로 간주된다는 사실은 죽음에 대한 애도가 악령 신앙 체계의 발생에 가장 큰 영향을 미쳤음을 보여 준다. 죽음에 대한 애도 행위는 하나의 특수한 심적 임무를 수행한다. 그것은 살아 있는 사람의 기억과 희망을 고인으로부터 벗겨 내는 일이다. 이 임무가 수행되면 고통이 줄어드는 동시에, 후회와 자책, 그리고 여기에 수반되는 악령에 대한 공포도 완화된다. 또한 처음에는 악령으로서 공포의 대상 노릇을 하던 고인의 영혼과도 따뜻하게 만날 수 있게 된다. 이로써 이 영혼은 조상의 혼이 되고, 남아 있는 사람들은 이 조상의 혼에 도움을 청하게 된다.

고인과 유족 간의 관계가 시간이 지남에 따라 바뀌는 양상을 관찰하면 그 양가성이 현저하게 약화된다는 것을 알 수 있다. 따라서 웬만큼 시간이 흐르면 고인에 대한 무의식적 적대감(적대감의 흔적은 사라지지 않겠지만)은 특별한 심적 에너지를 소모하지

---

63 귀신에 대한 공포에 시달리는(혹은 어린 시절에 시달린 적이 있는) 신경증 환자의 정신분석 과정에서, 귀신이 사실은 그 환자 부모라는 사실을 밝혀내기는 그리 어렵지 않다. 이와 관련된 논문 중 참조할 만한 것으로는 헤베를린Haeberlin의 「성적 유령(性的幽靈, Sexualgespenster)」(『성 문제』 1912년 2월호)이 있다. 이 논문에서 다루어지고 있는 인물에게 성적 유령은 부모(세상을 떠난)가 아니라 성적인 의미를 지니는 다른 사람이었다 — 원주.

않고도 쉽게 억누를 수 있게 되는 것이다. 말하자면 한때 자기 만족적 증오와 고통스러운 애정이 엎치락뒤치락하던 자리에, 〈고인에 대해서라면, 덕담 아니면 하지도 말라*de mortuis nil nisi bonum*〉는 속담처럼 경건한 모습을 한 상흔 하나가 자리 잡게 되는 것이다. 사랑하던 사람을 잃고부터 세월이 상당히 흐른 뒤까지도 계속해서 강박적 자책으로 괴로워하는 사람들은 신경증 환자들뿐이다. 정신분석을 통해서 드러나는 신경증 환자의 비밀은 바로 감정적 양가성이다. 이러한 애도 형식의 변화 요인이 어디에 있는지, 이러한 변화의 요인은 체질적 차이에서 기인하는 것인지, 아니면 가족 관계의 바람직한 개선에서 기인하는지 여부는 굳이 여기에서 논의할 필요가 없을 듯하다. 그러나 이러한 사례를 통해 우리는 다음과 같은 가설 하나를 상정해 볼 수 있다. 즉 〈미개인이 보이는 심적 충동의 특징은 현대의 문명인이 보이는 것 이상으로 강력한 양가성을 노출한다. 추측컨대 인류가 문명화함에 따라 이 양가성이 점점 약화되는 경향을 보이면서 터부(양가성의 징후이자 갈등하는 두 충동의 타협물인) 또한 점차 약화되는 양상을 보인다는 것이다〉. 그렇다면 이런 충동을 통해 끊임없이 갈등과 터부를 재생시키고 있는 신경증 환자는 고대의 체질을 격세유전의 유산으로 간직하고 있다고 할 수 있다. 문명의 요청에 따라 신경증 환자는 이것을 상호 보정(相互補整)해야 할 필요성을 느끼게 되는데, 바로 이 일이 신경증 환자에게 엄청난 심적 에너지의 소모를 요구하는 것이다.

분트는 터부라는 말이 〈신성한 것〉인 동시에 〈부정한 것〉을 의미하는, 말하자면 이중적인 의미를 가진 것이라고 했는데, 우리는 여기에서 그가 한 이 모호하고 불분명한 진술을 되씹어 볼 필요가 있다. 분트에 따르면, 원래 이 말은 두 가지 의미를 가진 것이 아니라 〈악마적인 것〉, 〈손대서는 안 되는 것〉을 뜻하는 말이었다. 다시 말해서 극단적인 두 개념이 공유하고 있는 중요한 특징을 아울러서 지적하는 말이었다는 것이다. 분트가 덧붙이고 있는 바에 따르면, 극단적인 두 개념이 이러한 특징을 공유하고 있다는 사실이야말로 이 두 가지(〈악마적인 것〉과 〈손대서는 안 될 것〉)가 아우르고 있는 것이 원래는 하나였고, 후대에 이르기까지 오랫동안 분화되지 않고 있었음을 보여 주는 증거라는 것이다.

하지만 우리의 논의는 〈터부〉라는 말이 태초부터 두 가지 의미로 쓰였을 뿐만 아니라, 특정한 종류의 양가성, 그리고 이 양가성에서 비롯되는 모든 것을 나타내는 말로 쓰였다는 결론에 이르지 않을 수가 없다. 다시 말해서 〈터부〉라는 말 자체가 양가적인 단어라는 것이다. 보충해서 설명하자면, 우리는 터부라는 말의 확정적인 의미로 보아 터부 금제 자체를 감정의 양가성이 조성해낸 결과로 이해하지 않으면 안 된다는 것이다(이것은 광범위한 조사연구의 결론이기도 하다). 고대어 연구 결과는 옛날에는 그런 말, 다시 말해서 대립하는 의미를 함축하는 말, 어떤 의미에서는 양가적인 말(〈터부〉라는 단어와 똑같은 의미에서는 아니지만)이 많았다는 것을 보여 준다.[64] 의미가 서로 상반되는 〈원시어〉가 약간의 음운상의 변화를 통해 원시어에서는 통일되어 있던 두 개의 대립적인 의미를 지닌 별개의 언어적 표현을 획득하기에 이른 것이다.

〈터부〉라는 단어는 전혀 다른 운명을 경험했다. 이 말이 지칭하는 양가성의 의미가 약화되면서 말 자체, 혹은 이와 유사한 말이 어휘에서 사라지면서 더 이상 쓰이지 않게 된 것이다. 내가 뒤

---

64 아벨의 『원시 언어의 반대 의미에 관하여Über den Gegensinn der Urworte』에 대한 나의 비평을 참고할 것 — 원주. 프로이트의 「원시어의 반의에 대하여Über den Gegensinn der Urworte」(1910) 참조.

에 다시 확인하게 되기를 바라거니와, 이 개념이 겪은 운명의 배후에는 하나의 명백한 역사적 변화가 숨어 있다. 즉 처음에는 강력한 감정의 양가성을 그 특징으로 하는 지극히 특수한 인간 관계와 밀접한 연관을 맺고 있다가, 차츰 거기에서 그와 유사한 다른 관계로 확산되어 갔던 것이다.

내가 잘못 본 것이 아니라면 터부에 대한 설명은 〈양심Gewissen〉의 본질과 그 발생 연원을 이해하는 데도 도움을 줄 수 있을 듯하다. 개념을 확장시키지 않고도 우리는 터부적 양심이라든지, 터부를 범한 이후의 터부적 죄의식 같은 말을 할 수 있다. 터부적 양심이 무엇이겠는가? 우리가 알고 있는 양심이라는 현상의 가장 오래된 형태이기 쉽다.

그렇다면 〈양심〉은 과연 무엇인가? 언어가 증명하는 바에 따르면, 양심이란 사람이 〈가장 확실하게 알고 있는 것〉 중의 하나다. 많은 언어에서 〈양심〉과 〈의식Bewußtsein〉에 해당하는 단어에는 구분이 거의 없다.[65]

양심이란 우리 내부에서 작동하는, 특정한 원망을 거부하는 내면적 지각이다. 그러나 중요한 것은 이 거부가 다른 어떤 것에 근거하는 것이 아니라, 〈그 자체에 대한 확신〉에 근거하고 있다는 점이다. 이것은 죄의식을 보면 명확해진다. 죄의식이란 특정한 소망을 이루기 위해 우리가 수행한 행위에 대한 내적 유죄 판단의 소산이다. 이 유죄 판단은 논증을 필요로 하지 않는다. 양심이 있는 사람은 마땅히 이 내적 유죄 판단을 정당한 것으로 느끼고,

---

65 가령 두 가지 의미를 두루 지닌 프랑스어 *conscience*가 그렇다. 여기에 해당하는 독일어는 *Gewissen*이다. 이 말은 〈알다〉를 의미하는 *wissen*, 〈의식하다〉를 의미하는 *bewußt*를 어근으로 한다. 이 말은 또 원서의 이 문단과 다음 문단에 실제로 쓰인 〈확실한〉, 〈확실하게 아는〉을 의미하는 *gewiß*의 어근이기도 하다.

특정한 소망을 성취시키기 위해 했던 행동을 자책한다. 그런데 터부에 대한 미개인들의 태도가 바로 이런 특징을 보여 준다. 미개인들에게 터부의 금제는 양심이 발동한 명령이다. 금제의 위반은 무서운 죄의식을 유발하고, 미개인들은 그 기원을 모르면서도 그것을 당연한 일로 여긴다.[66] 양심 또한 감정의 양가성을 토대로, 이 양가성의 지배를 받는 특수한 인간관계에서 발생했을 가능성이 있다. 말하자면 우리가 일찍이 터부와 강박 신경증의 사례에서 검토한 조건, 다시 말해서 상호 대립하는 감정이 무의식적이고, 의식의 강압적인 통제에 따라 이 무의식이 억압당하고 있는 조건에서 발생했을 가능성이 있다는 것이다. 이러한 결론은 신경증의 분석 결과를 놓고 보아도 상당히 일리가 있는 듯하다.

신경증 분석을 통해 우리가 알게 된 것들을 상기해 보자. 강박 신경증 환자가 드러내는 증상 중에 먼저 눈여겨볼 것은, 이들이 놀라울 정도로 양심적이라는 것인데, 이 양심 혹은 양심의 가책은 무의식에 잠복해 있는 유혹에 대한 반작용을 그 증상으로 한다는 것이다. 증상이 심해질 경우, 그들은 죄의식을 고도로 발전시킨다. 조금 심하게 말하자면, 강박 신경증 환자들이 보이는 죄의식의 근원을 더듬어 내지 못하면 추적의 전망은 절망적이라는 〈단언까지〉 할 수 있다. 그러나 이 작업은 개개의 신경증 환자의 사례를 통하여 이루어질 수 있으며, 미개인 사례의 추정을 통해 유사한 결론에 이를 수도 있다.

두 번째로 우리가 눈여겨보아야 할 것은, 죄의식의 대상은 본질적으로 곧 불안의 대상이라는 충격적인 사실이다. 따라서 죄의

---

66 터부의 경우, 터부 금제를 모르고 범했다고 해서 그 죄가 경감되는 것은 아니다. 그리스 신화에서 우리는 이와 유사한 흥미로운 사례를 접할 수 있다. 오이디푸스는 부지불식간에 자기 의도와는 상관없이 패륜의 죄(생부를 죽이고 생모와 잠자리를 하는)를 지은 것이지만, 그렇다고 해서 그 죄가 가벼워지는 것은 아니다—원주.

식이 곧 〈양심의 불안〉이라고 해도 좋을 듯하다. 그러나 불안은 의식되지 않는 근거를 대상으로 하는 심적 상태를 암시한다. 신경증 심리학에서 우리가 익히 보아 왔듯이, 소원 충동이 억압당하면 그 리비도는 불안으로 변모한다. 이러한 사실은 죄의식에도 우리가 알지 못하는 무의식적인 어떤 요소가 있지 않을까 하는 의혹, 그리고 이것이 바로 거부하는 행위의 동기와 관련이 있지 않을까 하는 의혹을 자아낸다. 죄의식에 내재하는 불안의 성격은 바로 이 미지의 요소에 상응한다.[67]

터부라는 것은 주로 금제의 형태로 나타나는 것이므로, 이 터부의 근저에 〈적극적〉인 욕망의 흐름이 존재하는 것은 당연해 보인다. 따라서 이것을 논증하기 위해 신경증 환자의 사례를 근거로 한 장황한 증명은 필요하지 않을 듯하다. 욕망의 대상이 되지 못하는 것은 금제의 대상도 되지 못할 것이기 때문이다. 그렇다면 엄중한 금제의 대상이 지극한 소망의 대상인 것은 두말할 나위도 없다. 일견 그럴듯해 보이는 이 명제를 원시인들에게 대입할 경우, 우리로서는 그들이 왕이나 사제를 죽이는 일에, 근친상간에, 시체 홀대 등등의 일에 강력한 유혹을 느꼈을 것이라는 결론을 내리지 않을 수 없다. 그런데 같은 명제를 우리가 양심의 목소리에 가장 선명하게 반응하는 사례에 적용시킬 경우, 우리는 굉장한 모순에 직면하게 된다. 그 모순이 무엇이냐 하면 이런 것이다. 우리는 이런 금제 ─ 가령 〈살인하지 말라〉는 계명 같은 ─ 를 어기고 싶다는 하등의 유혹도 느낀 바가 없고, 금제 위반은 생각만으로도 끔찍한 일인데, 그러면 이것은 어떻게 된 일이냐는 것이다.

67 양심과 불안의 근원과 본질에 대한 프로이트의 견해는 나중에 쓰인 논문에서 많이 바뀌었다. 「문명 속의 불만」(프로이트 전집 12, 열린책들), 「억압, 증상 그리고 불안」(프로이트 전집 10, 열린책들), 『새로운 정신분석 강의』(프로이트 전집 2, 열린책들)를 참조할 것.

우리가 만일 우리 양심의 단호한 주장을 인정한다면, 이러한 금제 — 터부 및 우리의 도덕적 금제 — 가 불필요해지는 한편으로, 양심이 존재한다는 사실은 설명할 길이 없어지며, 양심과 터부와 신경증 간의 관계도 해명할 길이 없어진다. 다른 말로 하자면, 우리는 정신분석이라는 각도에서 문제에 접근해 보기 이전의 지식 상태로 되돌아가지 않으면 안 되는 것이다.

하지만 보통 사람의 꿈에 대한 정신분석의 결론에 귀를 기울인다고 한번 가정해 보자. 정신분석의 결론에 따르면, 우리들에게는 우리가 상상했던 것 이상으로 다른 사람을 죽이는 일에 대한 유혹이 잠재하고 있다고, 그 유혹은 우리 눈에 보이는 의식이 아니라 무의식에 잠재해 있음에도 불구하고 끊임없이 심적인 효력을 발생시키고 있다고 가정해 보자. 특정 신경증 환자들의 강박적인 의식을 강력한 살인 충동에 대한 안전 장치, 그런 충동에 대한 자기 징벌로 인식하게 되는 경우를 가정해 보자. 이 경우 우리는 금제가 있는 곳에는 욕망이 내재한다는 우리의 명제에 주목하지 않을 수 없게 된다. 이제 우리는 가정하지 않을 수 없다. 우리 내부, 우리 무의식 안에는 살인의 충동이 실재로 잠재하고 있고, 터부나 도덕적 금제는 심리적으로 결코 불필요한 것이 아니며, 오히려 살인 충동에 대한 양가적 태도를 통해 설명이 가능하고 논증이 가능하리라고 가정하지 않으면 안 되는 것이다.

내가 되풀이해서 기본적인 것이라고 강조해 온 이러한 양가적 관계의 특징 중 하나 — 욕망의 적극적인 흐름은 무의식적인 것이라는 사실 — 는 광범위한 상호 관련성에 대한 고려와 설명의 가능성에 대한 전망을 열어 준다. 무의식 속의 심적 과정은 우리가 의식적인 정신생활의 관행을 통해 낯을 익힌 것들과는 전혀 일치하지 않는다. 말하자면 무의식은 의식의 과정에서는 금지되어 있는 엄청난 자유를 누리는 것이다. 무의식적 충동의 발현은 한번 발현된 곳에서 되풀이되는 경우가 거의 없다. 무의식적 충동은 전혀 다른 자리에서 발현하는가 하면, 때로는 전혀 다른 인물이나 다른 관계에까지 그 영향을 미칠 수 있다. 무의식적 충동은 〈전위〉 기제를 통해, 우리의 주목을 끌던 곳에 이르렀을 수도 있다. 그뿐만이 아니다. 무의식적 충동은 무의식적 과정의 특성상 그 형태를 파괴하는 것도 불가능하고, 수정을 가하는 것도 불가능하다. 바로 이 때문에 이 충동은 드러나는 것이 당연해 보이던 아득한 옛날부터 그런 것의 발현 자체가 이질적으로 보일 수밖에 없는 후대의 때와 환경에 이르기까지 그 모습을 드러내는 것이다. 이것은 암시에 지나지 않는다. 그러나 이것을 세밀히 관찰해 보면, 문화 발전에 대한 이해에서 무의식적 충동이 얼마나 중요한 것인가가 어렵지 않게 드러난다.

이 논의의 결론에 이르기 전에, 다음 연구의 길도 닦을 겸 또 한 가지를 지적해 두어야겠다. 나는 터부 금제와 도덕적 금제가 본질적으로는 유사하다는 것을 인정한다. 그러나 이 양자 간에 심리학적 차이가 있다는 것도 부정하지 않는다. 이제 금제는 더 이상 터부의 형태로 나타나지 않는데, 그 까닭은 이렇게밖에는 설명할 수 없다. 금제는 금제에 내재하는 양가성의 지배를 받는데, 이 양가성을 지배하는 상황이 변한 것이다.

터부 문제에 대한 분석적 고찰에서 우리는 강박 신경증과의 증명 가능한 일치점을 그 출발점으로 삼아 왔다. 그러나 터부는 신경증이 아니라 사회적인 형식이다. 따라서 우리는 신경증과 터부 같은 문화적 소산과의 원칙적인 차이가 어디에 있는가를 설명해야 하는 임무에 직면하게 된다.

다시 한번 간단한 사실을 출발점으로 삼아 보기로 한다. 원시인들에게 터부 모독은 당연히 징벌이 따르는 것이었던 만큼 공포의 대상이었다. 그들은 징벌의 형식을 대체로 중병이나 죽음 같은 것으로 믿었다. 이 징벌은 터부 모독에 책임이 있는 사람이라면 누구든 면할 수가 없었다. 그러나 강박 신경증의 경우는 다르다. 강박 신경증 환자들은 금기를 범할 경우 벌을 받는 것은 자신이 아니라 다른 사람이라고 믿는다. 신경증 환자들은 대체로 벌을 받는 대상이 누구인지 말하기를 꺼린다. 그러나 분석 결과, 그 대상은 환자와 지극히 가까운 사람, 혹은 환자가 지극히 아끼는 사람인 경우가 보통이었다. 그렇다면 여기에서 우리는 이렇게 말할 수 있다. 즉 강박 신경증 환자의 행동 양식이 이타적이라면 원시인의 행동 양식은 이기적인 것으로 보인다는 것이다. 터부 금제를 모독할 경우, 그 벌이 위반 당사자에게 자동적으로 떨어지지 않는다면 원시인들 사이에는 하나의 집단적인 감정이 생겨날 법하다. 말하자면 모듬살이의 구성원 모두가 그 터부의 분노로부터 위협을 받게 된다는 감정이 그것이다. 이렇게 되면 그 구성원들은 스스로 팔을 걷고 나서서 당사자에게 유예된 그 벌을 행사하려고 서둘게 된다. 이 연대성의 기제는 설명하기가 어렵지 않다. 여기에서 문제가 되는 것은 전염성이 있는 금제 모독의 전례, 그런 전례에 대한 모방의 유혹이다. 다시 말하자면 터부의 감염성에 대한 불안이다. 만일 한 사람이 억압되어 있는 욕망을 분출시키는 데 성공한다면, 같은 욕망이 모듬살이의 전 구성원들의 욕망에 불을 지를 수 있다는 것이다. 이런 유혹의 불길을 끄려면, 선망의 대상이 되어 있는 터부 위반자로부터 득의만만해하는 구실을 박탈하지 않으면 안 된다. 그런데 이때 그 위반자에게 벌을 집행하는 집행자에게, 속죄의 미명하에 똑같은 분노를 행사할 기회를 제공하는 일이 심심치 않게 일어난다. 실제로 이것은 인류가 공유하는 형법 체계의 바탕이기도 하다. 이러한 형법 체계는 금지된 충동에 대한 유혹은 범법자에게만 있는 것이 아니라, 그것을 처벌하는 모듬살이에도 있을 것이라는 가정을 그 근거로 한다. 바로 이 점에서 정신분석학은 경건한 종교인들이 입버릇처럼 하는 말, 인간은 모두 사악한 죄인이라는 선언의 진정성을 확인하게 한다.

그렇다면 자기 자신이 당할 징벌을 두려워하는 대신, 오로지 사랑하는 사람만 걱정함으로써 신경증 환자가 드러내는 이 뜻밖의 고상한 정신은 어떻게 설명하면 좋을 것인가? 그러나 분석적 연구에 따르면 이러한 심정은 본래적인 것이 아니다. 원래는, 다시 말해서 신경증 초기에는 원시인의 경우가 그렇듯이, 징벌의 위협이 자기 자신을 겨냥하고 있는 것으로 느낀다. 사람이니까 자기 목숨이 위협을 받고 있다는 사실에 대해 공포를 느끼는 것은 당연하다. 그런데 오래지 않아 이 죽음의 공포는 다른 사람, 말하자면 사랑하는 사람의 죽음에 대한 공포로 자리를 옮긴다. 이 과정은 다소 복잡하기는 하지만, 완벽하게 좇는 것도 불가능한 것은 아니다. 금제가 설정된 바탕에는 환자 자신이 사랑하는 누군가에 대한 적의의 충동(그 사람이 죽었으면 하는 소망)이 내재되어 있다. 이 충동은 금제에 억눌리고, 금제는 전위 기제를 통해 사랑하는 사람에게 적대적인 행위가 되는 특정 행동에 합류하는 것으로 나타나게 된다. 이 행동이 실행에 옮겨질 경우 사랑하는 사람에게는 치명적인 위협이 된다. 하지만 이 과정은 여기에서 끝나지 않는다. 사랑하는 사람이 죽었으면 좋겠다는 원래의 〈희망 사항〉은, 어쩌면 그가 죽을지도 모른다는 데서 기인하는 〈공포〉로 그 모습을 바꾼다. 그래서 신경증 환자가 아주 부드러운 이타적인 태도를 드러내는 것은, 그의 내부에 잠재하는 정반대의 잔혹한

이기적 태도를 〈보상〉하는 데 지나지 않는 것이다. 타인을 성적인 행위의 대상으로 삼지 않는데도 불구하고 세심하게 배려하는 감정 습관은 〈사회적〉인 감정 습관이라고 불러도 좋을 듯하다. 그러나 이런 사회적인 감정 습관으로의 후퇴야말로 신경증 환자가 드러내는 기본적인 특징인 것이다. 여기에서 병증이 깊어지면 이 특징은 과보상(過補償)으로 위장하는 것으로 드러나곤 한다.

나는 이 사회적 충동과 인간의 다른 원초적 본능과의 관계에 머무는 대신, 논의를 진행시켜 다른 사례를 통해 신경증 환자가 드러내는 두 번째로 중요한 특징을 지적하고자 한다. 형식상 터부는 신경증 환자가 드러내는 접촉을 기피하는 현상, 즉 〈접촉 공포증〉과 아주 흡사하다. 신경증 환자의 경우 금제는 대부분 〈성적〉인 것의 접촉과 밀접한 관계가 있는데, 정신분석 연구 결과를 통해 일반적으로 잘 알려져 있듯이, 신경증에서 상당 부분 왜곡되고 전위된 본능적인 힘은 성적인 것에서 유래한다. 터부의 경우 금제가 되어 있는 접촉은 성적인 의미에서의 접촉으로는 설명되지 않는다. 대신 공격하고, 통제하고, 확인하는 것을 금지하는 등의 일반적인 의미로 설명되어야 한다. 추장이나 추장과 접촉이 있었던 것에 손을 대어서는 안 되는 금제가 있다면, 이러한 금제는 다른 경우라면 의심스러운 눈초리로 추장을 감시하거나 즉위 직전에 추장을 육체적으로 괴롭히는 따위의 유사한 충동에 대한 금제의 의미를 지니는 것이다. 〈따라서 성적 충동이 사회적 충동보다 우위를 차지하는 것이야말로 신경증의 특징적 요인인 것이다.〉 그러나 사회적 충동은 이기적 요소와 성적 요소의 결합을 통한 특수한 통일체에서 유래한다.

터부와 강박 신경증 간의 이런 단순한 비교를 통해서 우리는 신경증 개개의 형태와 문화유산 간의 관계가 어떤 것인지 알 수 있었고, 또 신경증 심리학 연구가 어떤 점에서 문화 발전의 이해에 중요한 것인지 추론하는 것도 어느 정도 가능했다.

신경증은 한편으로는 예술, 종교, 철학이라는 위대한 사회적 소산과 심오한 일치를 두드러지게 보여 주기도 한다. 그러나 다른 한편으로 신경증은 이런 사회적 소산이 왜곡된 결과로 보이기도 한다. 히스테리는 예술 창조의 캐리커처, 강박 신경증은 종교의 캐리커처, 편집증은 철학 체계의 캐리커처라고도 할 수 있을 것이다. 이러한 편차는 결국, 신경증이 비사회적 산물이라는 것에서 유래한다. 신경증은 집단적인 노력을 통해 사회적으로 성취시켜야 하는 것을 개인적인 수단을 통해 스스로 성취시키고자 한다. 신경증의 충동을 분석해 보면 알 수 있는 일이거니와, 신경증에 결정적인 영향을 미치는 것은 성적인 원동력인 데 비해 여기에 대응하는 문화 소산의 기초를 이루는 것은 이기적 요소와 성적인 요소와의 결합에서 생겨난 사회적 충동이다. 성적 욕망은 자기 보존의 욕구와 같은 방법으로 인간을 결합시킬 수는 없다. 성적 만족은 본질적으로 개인의 사적인 문제인 것이다.

신경증이 지니는 이러한 비사회적 본질은, 불만스러운 현실로부터 쾌적한 환상의 세계로 도피하려는 근원적인 경향에서 유래한다. 이로써 신경증 환자들이 피하려고 하는 대상은 현실 세계를 지배하는 사회와 인간이 만든 제도이다. 현실로부터의 등 돌리기는 인간의 모듬살이로부터의 탈출인 것이다.

애니미즘, 주술, 관념의 만능

1

정신분석학의 관점을 정신과학의 여러 문제에 적용하려는 논문이 피할 수 없는 결점은, 이 두 분야의 독자들에게 제공할 수 있는 자료가 턱없이 부족하다는 점이다. 따라서 이러한 논문의 성격은 단지 자극제 노릇에 머물 수밖에 없고, 전문가들의 연구에 보탬이 될 만한 몇 가지 제안을 하는 데 그치게 된다. 〈애니미즘〉이라고 불리는 이 광대한 영역을 다루는 논문도 이러한 결점에서 자유롭기 어렵다.[1]

좁은 의미에서의 애니미즘은 정령 관념에 대한 이론이고, 넓은 의미에서의 애니미즘은 정신적인 존재 일반에 대한 이론이다. 이것을 나누어 우리가 무생물이라고 생각하는 자연에도 생명이 있다는 이론, 다시 말하자면 물활론*Animatismus*, 동물 숭배*Animal-*

---

1 사용되는 자료를 간략하게 다룰 필요가 있어서 상세한 문헌 제시의 생략은 불가피하다. 대신 애니미즘과 주술에 관한 주장은 허버트 스펜서H. Spencer, J. G. 프레이저, 앤드루 랭, E. B. 타일러, 빌헬름 분트의 유명한 논문을 참고했음을 밝힌다. 필자가 독창적으로 기여한 것이 있다고 해도 그것은 그들의 견해를 선별한 것에 지나지 않는다 — 원주.

ismus, 정령 숭배*Manismus*로 가르기도 한다. 애니미즘이라는 명칭은 과거에는 특정 철학 체계에 사용된 것인데, 오늘날과 같은 의미를 부여한 사람은 E. B. 타일러로 보인다.[2]

이들 명칭이 확립된 동기는 우리에게 알려져 있는, 역사적으로 존재했든 현존하고 있든 원시 제 민족의 주목할 만한 자연관 및 세계관의 인식이다. 이들 제 민족은 세계를 그들에게 호의나 악의를 지닌 무수한 정령이 사는 곳으로 파악한다. 그들은 자연 현상의 원인을 이들 정령이나 악령 탓으로 돌리고, 자연계의 동식물은 물론 무생물까지도 이들에 의해 생명이 부여되는 것이라고 믿었다. 이 원시적 〈자연 철학*Naturphilosophie*〉[3]이 지니는 제3의 (어쩌면 가장 중요한 점인지도 모르겠는데) 믿음은 우리에게 그다지 낯설지 않은데, 그것은 우리가 비록 제한된 수의 영적인 존재들만 믿고 자연 현상을 비인격적인 물리적 힘의 작용을 통해 설명하고 있음에도 불구하고 우리의 믿음도 그런 믿음에서 그리 멀리 떨어진 것이 아니기 때문이다. 그러니까 미개인들은 개개인의 인격에도 유사한 영혼이 자리 잡고 있는 것으로 믿는다. 이들의 믿음에 따르면 개개인 속에 살고 있는 영혼은 그 거처를 떠날수도 있고, 다른 사람의 영혼이 있는 곳으로 이동할 수도 있다. 영혼은 정신 활동의 담당자이며 어느 정도까지는 육신으로부터 독립해 있다. 원래 영혼은 개인과 비슷한 것으로 여겨졌는데, 오랜 발전 과정을 통하여 물질적인 성격이 벗겨지면서 고도로 〈정신화〉[4]한 정도에 이르게 되었다. 권위 있는 많은 논자들은 영혼에

---

2 타일러E. B. Tylor의 『원시 문화*Primitive Culture*』(1891), 분트의 『민족 심리학』 제2권, 「신화와 종교」를 참고할 것 — 원주. 『민속학*Folk-Lore*』(1900) 제2권에 실린 매럿R. R. Marett의 「초기 정령 사상의 종교Pre-Animistic Religion」를 참조.

3 프리드리히 셸링Friedrich Schelling(1775~1854)의 범신론 철학.

4 분트의 『민족 심리학』 제4장 「영혼 관념Die Seelenvorstellungen」 참조.

대한 이러한 관념이 애니미즘 체계의 근원적인 중핵을 이루는 것이고, 〈영〉이라는 것은 독립된 〈혼〉에 상응하는 것이지 다른 것이아니며, 동물·식물·사물의 혼도 인간의 혼에 대한 유추를 통해만들어졌을 것이라는 가설 쪽으로 기우는 경향을 보인다.

그렇다면 미개인들은 어떻게 해서 이 애니미즘 체계의 기초가되는 독특한 2원론적 기본 관점을 확보하게 된 것일까? 그것은 수면(꿈을 포함해서)이나 이와 비슷한 죽음의 제 현상을 관찰하고, 각 개인과 밀접한 관계가 있는 이들 상태를 설명하려는 노력을통해서일 것으로 보인다. 그중에서도 죽음의 문제가 이 이론을성립시키는 출발점이 되었을 가능성이 매우 높다. 미개인들에게생명의 영속 — 불사 — 은 당연한 것이었던 듯 보인다. 죽음이라는 관념은 뒷날 마지못해서 받아들여진 것이었다. 사실 우리들에게도 죽음이라는 것은 내용물이 없는 것, 분명한 내포(內包)가 없는 관념이다. 애니미즘의 근본 이념의 형성에 관한 한 그 밖의 다른 관찰이나 경험, 가령 꿈의 영상이나 그림자 영상, 반사 영상 등에 대한 고찰이나 경험이 담당했을지도 모르는 역할에 관한 논의가 활발했지만 어떤 결론에 이르지는 못했다.[5]

미개인들은 사고의 대상이 될 만한 현상에 직면하고, 여기에대한 반응으로서 영혼 관념을 형성시키고, 이것을 외계의 대상으로 파급시켰을 터인데, 이때 미개인들이 취한 태도는 지극히 자연스러우므로 불가해한 것은 아닌 듯 판단된다. 분트는 위에서말한 애니미즘 관념이 다양한 제 민족 및 모든 시대에 걸쳐 일치해서 나타나고 있다는 사실에 주목하고는 이렇게 단언했다. 즉

5 분트나 허버트 스펜서 외에도 『브리태니커 백과사전』(1911년판)의 해당 항목(애니미즘, 신화 등)을 참조할 것 — 원주. 분트의 『민족 심리학』, 스펜서의 『사회학의원리 The Principles of Sociology』(1893)를 참조할 것.

이러한 관념은 〈신화 시대의 의식으로부터 필연적으로 솟아난 심리적 산물이고, 원시적 애니미즘은 일반적으로 우리의 고찰이 미치는 범위 내에서 인간의 자연적 상태에 대한 정신적 표현으로 보는 것이 좋을 듯하다〉는 것이다.[6] 무생물을 생명체로 파악하는 논리를 정당화하면서 흄은 그의 저서 『종교 발달사』에서 다음과 같이 쓰고 있다.[7]

〈인간에게는 모든 존재를 자기 자신과 같은 것으로 파악하고, 자기 자신이 잘 알고 내심으로 의식하고 있는 모든 성질을 모든 대상에 전위시키는 일반적 경향이 있다.〉

애니미즘은 하나의 사상 체계이다. 애니미즘은 개개의 현상을 설명할 뿐만 아니라, 전체 세계를 하나의 관점에서 파악하는 것을 가능하게 해준다. 앞에서 언급했던 논자들에 따르면, 인류는 세월이 흐름에 따라 사고 체계, 즉 세 가지의 거대한 세계관을 발전시켰는데, 애니미즘(신화)의 세계관, 종교적 세계관, 과학적 세계관이 바로 그것이다. 이 세 가지 세계관 중 가장 먼저 확립된 세계관, 즉 애니미즘의 세계관은 가장 모순되지 않고 세계의 본질을 남김 없이 설명해 주는 세계관일 것이다. 이 인류 최초의 세계관은 이제 〈심리학적〉 이론이 되어 있다. 이 세계관이 미신이라는 형태로 그 가치를 상실했든, 아니면 우리의 언어·신앙·철학의 기초로 살아 있든, 이 세계관이 어느 정도로 오늘날의 우리 삶 속에서 영향력을 발휘하는지를 검토하는 것은 우리의 의도를 벗어나는 일이다. 애니미즘 자체는 종교는 아니지만 뒷날에 발생하는 종교의 전제 조건이 된다고 할 수 있는데, 그것은 이 세 가지 세계관이 단계적으로 연속하고 있다는 사실로도 분명해진다. 그러나

6 분트의 『민족 심리학』 참조 — 원주.
7 E. B. 타일러의 『원시 문화』 참조 — 원주.

신화와 애니미즘의 관계의 세부 사항에 이르면 그 본질적인 점은 해명되지 않은 듯하지만 신화가 애니미즘의 전제 위에 서고 있다는 것은 명백해 보인다.

2

하지만 우리의 정신분석학적 연구는 다른 측면에서 시작된다. 인류가 단지 사변적인 지식욕에서 이 최초의 세계관을 창조했을 것이라고 생각하면 안 된다. 세계를 제 몫으로 통제하겠다는 실질적 필요성이 이런 노력의 중요한 부분을 이루고 있었을 것임에 분명해 보인다. 그러므로 우리는 애니미즘 체계에는 다른 것, 즉 인간, 동물, 사물 — 혹은 이러한 것들의 영 — 을 지배하는 데 필요한 어떤 처방이 있었던 것으로 보인다고 해서 놀랄 필요는 없다. 〈마법 Zauberei〉과 〈주술 Magie〉이라는 이름으로 알려져 있는 이런 처방을 두고 레나크 S. Reinach는 〈애니미즘의 전략〉이라고 부른다.[8] 그러나 나는 위베르 H. Hubert나 모스 M. Mauss[9]처럼 이것을 애니미즘의 기술이라고 부르고 싶다.

마법과 주술의 개념적 구분이 과연 가능할 것인가? 어느 정도 독단적인 언어 관행의 변동을 무시한다면 그것도 가능할 것이다. 마법이라는 것은 본질적으로는 인간을 다루는 것과 같은 조건으로 영을 다루는 기술이다. 말하자면 마술은 영을 달래고, 길들이고, 비위를 맞추고, 위협하고, 그 힘을 빼앗음으로써 인간의 의지에 복종시키는 기술이다. 그러나 주술은 다르다. 주술은 근본적

---

8 『제사, 신화, 종교 Cultes, mythes et religions』(1905~1912).
9 『사회학 연감』 제7권 「마법의 일반적 이론에 대한 초고 Esquisse d'une théorie générale de la magie」(1904).

으로 영과는 무관한 것으로, 이 기술에는 평범한 심리학적 수단이 아닌 특수한 수단이 이용된다. 주술이 애니미즘 기술의 보다 근원적이고, 보다 중요한 부분을 이루는 것은 쉽게 알 수 있다. 영을 다루는 방법 중에 주술적인 방법이 없는 것은 아니지만[10] 자연의 영화(靈化)가 성취되지 않았을 경우에도 주술은 사용되기 때문이다.

주술은 실로 다양한 목적에 쓰여야 한다. 자연 현상을 인간의 의지대로 통제하거나, 개인을 적이나 위험으로부터 지키거나, 개인에게 적의 위해에 필요한 힘을 부여할 수도 있어야 하기 때문이다. 주술적 행위가 전제로 하는 모든 원리 — 주술의 원리라고 하는 편이 좋겠지만 — 는 지극히 기이한 것이기 때문에 논자들에게는 이것을 변별하는 것이 어렵지 않았다. 여기에 부가된 가치 판단을 별도로 한다면, 이 원리를 가장 간결하게 표현한 것은 E. B. 타일러의 언어이다. 타일러에 따르면, 그것은 〈관념적 관련을 현실적 관련으로 착각하는 것〉이다. 그렇다면 두 그룹의 주술적 행위를 실마리로 이 특징을 설명해 보기로 하자.

적을 해치기 위한 주술 중에서도 가장 널리 퍼져 있는 주술의 하나는 일단 임의의 재료로 적과 흡사한 것을 하나 만드는 일이다. 이 경우 얼마나 흡사한가는 문제가 되지 않는다. 따라서 어떤 것이든 적과 비슷한 것이라고 〈지명〉해 버리면 그만이다. 그런데 이 모상(模像)에 해를 가하면 미움의 대상인 본상(本像)에도 같은 효과가 미친다. 그뿐만 아니라 모상의 특정 부위에 해를 입히면 본상의 같은 부위에도 해가 미친다는 것이다. 이런 종류의 주술

10 소음이나 고함 소리로 영을 쫓을 경우 이것은 순전히 마술적인 행위이다. 그 이름을 장악함으로써 영을 통제할 수 있게 된다면 그것은 영에 대한 주술이다 — 원주.

은 개인적인 적의를 나타내는 데 쓰이는 것은 물론, 신을 섬기는 데, 악마와 싸우는 신을 돕는 데도 이용될 수 있다. 프레이저로부터 인용해 보기로 한다.[11]

〈고대 이집트의 태양왕 라Ra는 매일 밤 불타는 서방에 있는 자기 처소로 돌아가면 불구대천의 원수 아페피Apepi가 거느리는 악마 대군의 습격을 받고 힘겨운 싸움을 벌이지 않으면 안 된다. 라는 밤새도록 악령의 무리와 싸우는데, 경우에 따라서는 어둠의 힘이 태양신을 눌러 대낮에도 푸른 이집트 하늘에 검은 구름이 끼기도 한다. 이 태양신을 돕기 위해 테베에 있는 태양신의 신전에서는 매일 다음과 같은 의식이 집전된다. 즉 밀랍으로 흉측한 모습을 한 악어나 겹겹이 똬리 튼 뱀 모습을 한 아페피상을 만들고, 여기에다 초록색 물감으로 악마의 이름을 쓴다. 이렇게 한 다음 사제는 역시 초록색 물감으로 아페피의 모습을 그린 파피루스로 이 모상을 싸서 검은 머리카락으로 동이고는 여기에다 침을 뱉고, 돌칼로 난도질한 다음 땅에다 패대기친다. 이어서 사제는 왼발로 이것을 짓밟고, 특정 식물로 지핀 불에다 이것을 태운다. 이로써 아페피가 처치되면 아페피의 부하인 다른 악마들, 그 악마들의 아비, 어미, 자식들까지도 같은 절차를 통해 처치된다. 이러한 행사에는 특정 주문이 낭송되는데, 이 주문의 낭송은 아침이나 낮이나 저녁에만 낭송되는 것이 아니라, 폭풍이 불거나 호우가 쏟아지거나 하늘에 검은 구름이 낄 때도 되풀이된다. 이런 주문이 낭송되면 악마의 무리는 모상이 당했던 것과 똑같은 고통을 당한 것으로 느낀다. 이로써 악마는 격퇴되고 태양신은 다시 승리의 개가를 올리는 것이다.〉[12]

<hr>

11 프레이저의 『황금 가지』 제2부 「주술」 참조 — 원주.
12 성서가 살아 있는 것의 상은 어떤 것이든 만들지 못하게 한 것은 조형 미술을

근거가 비슷한 무수한 주술 중에서 두 가지만 더 예를 들어 보기로 하자. 미개 민족 사이에서 상당히 중요한 역할을 하던 주술인데, 그 일부는 고도의 발전 단계에 있는 신화나 제사에도 남아 있다. 그것이 무엇이냐 하면 비나 풍작을 부르는 의례다. 이런 의례는 비가 내리는 모습을 흉내 내거나 구름이나 폭풍을 모방함으로써 주술적인 방법으로 비를 부르는 행사로 이루어진다. 이것은 흡사 〈비놀이〉를 하는 것처럼 보인다. 〈가령 일본의 아이누족의 경우, 한 무리는 채를 이용해서 비를 뿌리고, 다른 무리는 배 모양의 쟁반에다 돛과 노를 달고 이것을 끌고는 마을이나 논밭 주위를 걸음으로써 비를 기원하는 것이다.〉[13]

또 대지의 풍요는 인간이 대지에서 성교하는 시늉을 하는 주술적인 방법을 통해 확보되기도 한다. 가령(열거하자면 무수하지만 그중에서 하나만 소개하면) 자바의 많은 지방에서는 벼의 개화기가 가까워져 오면 농민들은 남녀를 불문하고 밤중에 논으로 나가 성교함으로써 벼에 풍요의 본을 보인다.[14] 여기에 견주어 그들의 사회에서 엄하게 금지되어 있는 근친상간은 흉작이나 흉년를 초래하는 것으로 믿고 엄중하게 경계했다.[15]

특정한 소극적인 규정(주술적 경고)도 이 첫 번째 그룹에 포함시켜야 할 듯하다.

〈아이야크족 부락의 주민들 일부가 멧돼지 사냥을 나가면 뒤

원칙적으로 배제하자는 뜻에서 생긴 것이 아니라, 주술(히브리 종교가 엄금해 온)로부터 그 연장을 빼앗아 버리자는 뜻에서 생긴 것이다. 프레이저의 『황금 가지』 제2부 「주술」 참조 — 원주.

13 배첼러 J. Batchelor의 『아이누족과 민간 신앙 The Ainu and their Folk-Lore』에서 프레이저가 「주술」에 인용한 부분 참조.

14 프레이저의 『황금 가지』 제2부 「터부와 영혼의 위기」 참조 — 원주. 프레이저가 빌컨 G. A. Wilken의 「인디아 제도 민족의 애니미즘 Het Animisme bij de volken van den Indischen Archipel」(1884)에서 인용했다.

15 소포클레스의 『오이디푸스왕』에 이런 풍습의 잔영이 엿보인다 — 원주.

에 남은 주민들은 사냥꾼들이 돌아올 때까지 기름이나 물에는 손을 대지 않는다. 이렇게 근신하고 있지 않으면 사냥꾼들 손이 미끄러워지고, 따라서 사냥감은 그들의 손을 빠져나가고 만다.〉[16]

〈길리야크Gilyak족 사냥꾼들이 숲속에서 짐승을 쫓고 있을 때면 집에 있는 아이들은 나무나 모래에다 그림을 그려서는 안 된다. 그림을 그리면 밀림 속의 오솔길이 그 그림에 그려진 선처럼 뒤엉켜서 사냥꾼들은 길을 잃게 되고, 따라서 집으로 돌아오지 못한다.〉[17]

주술의 작용에 대한 다른 사례에서 확인할 수 있거니와, 이런 예에서도 거리라는 것은 별문제가 되지 않는다. 말하자면 텔레파시가 당연시되고 있는 것인데, 이러한 주술의 특성을 이해하기는 우리에게도 그리 어려운 일은 아니다.

위에 예증한 사례에서 주술의 작용 요소가 무엇인지 자명해진다. 그것은 주술적 행위와 기대되는 결과 사이의 〈유사함〉이다. 바로 이런 뜻에서 프레이저는 이러한 주술을 〈모방 주술imitative Magie〉 혹은 〈유감 주술(類感呪術, homöopathische Magie)〉이라고 부르고 있다. 가령 내가 비 내리기를 바란다면 비처럼 보이게 하거나, 비 오는 것을 연상시키는 행위를 해보이면 되는 것이다. 보다 발전된 문화권에서는 이 같은 기우 주술 대신에 행렬을 지어 사원으로 기도하러 가거나 사원에 있는 사제들에게 비 빌어 주기를 청하게 된다. 그보다 더 발전된 문화권에서는 이러한 종교적 기술까지도 포기하고 대기에다 모종의 손을 써서 비를 내리게 할 것이다.

16　프레이저의 『황금 가지』 제1부 「주술」 — 원주. 로스H. L. Roth의 『사라왁과 영국령 북보르네오의 원주민The Natives of Sarawak and British North Borneo』(1896)에서 프레이저가 인용한 것을 재인용했다.

17　프레이저의 『황금 가지』 제1부 「주술」 — 원주. 프레이저는 라베P. Labbé의 『러시아의 유형지 사할린Un bagne russe, l'île de Sakhaline』에서 인용했다.

두 번째 그룹에 속하는 주술적 행위에서 유사성이라는 원칙은 문제되지 않는다. 대신에 다음 사례에서 분명해지는 원칙이 작용한다. 적에게 해를 입히는 데는 다른 방법이 쓰일 수도 있다. 적의 머리카락, 손발톱, 적이 버린 물건, 혹은 옷가지의 일부라도 좋다. 이런 것을 손에 넣고 여기에 해를 가한다. 그러면 본인을 손에 넣고 해를 가하는 것과 마찬가지가 된다. 말하자면 물건에 해를 가하면 주인에게 가한 것과 마찬가지가 된다는 것이다. 미개인들의 사고방식에 따르면, 이름은 인격의 본질적 구성 요소의 하나다. 따라서 사람이나 영의 이름을 알면 그 이름의 임자를 지배하는 힘을 획득하는 것도 가능하다. 터부에 관한 논문에서 자주 언급되는, 미개인들이 이름에 놀라울 정도로 신중하다는 사실은 이런 사정에서 유래한다. 이런 사례에서는 유연성(類緣性)이 유사성의 자리를 차지한다.

미개인들의 식인 습관도 이것과 맞먹는 꽤 고상한 동기에서 출발한다. 말하자면 먹는다는 행위를 통해 특정인의 육체 일부를 흡수하고, 이로써 그 사람의 특질을 자기 것으로 만든다는 것이다. 바로 여기에서 특수한 상황하에서의 식사에 대한 배려와 제약이 생겨난다. 가령 임산부는 특정한 동물의 고기를 기피한다. 그것은 그 동물이 지닌 바람직하지 못한 성질, 가령 겁쟁이 기질 같은 것이 태아에게 전해질지도 모르기 때문이다. 주술적인 작용은 두 사물의 관련이 이미 해제되어 있든, 그 관련이 단 한 번의 중요한 접촉을 통해 생긴 것에 지나지 않든 아무 상관이 없다. 가령 어떤 상처와 상처의 직접적 원인이 된 무기를 잇는 주술적인 유대에 대한 신앙만 해도 수천 년은 변함없이 지속되어 온 믿음의 체계다. 가령 멜라네시아인은 자기에게 상처를 입힌 활을 손에 넣으면 상처의 염증을 가라앉히기 위해 그 활을 서늘한 곳에다 보관할 것이다. 활이 적의 수중에 들어갔을 경우, 적은 반드시 그 활을 불 가까이 둠으로써 그 활에 상처를 입은 상대의 염증을 도지게 하거나 몹시 고통스럽게 만들 것이다.[18] 플리니우스는 이렇게 주장한다.[19]

〈만일 타인에게 상처 입힌 것을 후회하거든, 그 상처를 입힌 자기 손에 침을 뱉으면 상처 입은 사람의 고통이 덜어질 것이다.〉 프랜시스 베이컨[20]도 상처를 낸 무기에 기름을 바르면 그 상처가 낫는다는, 당시 일반에 통용되던 속신(俗信)을 언급하고 있다. 영국의 농부들은 오늘날에도 낫에 상처를 입으면 상처가 곪지 않도록 하기 위해 그 낫을 정성 들여 깨끗하게 닦아 둔다고 한다. 영국의 한 지방 주간지 보도에 따르면, 1902년 6월 노위치 지방에 사는 마틸다 헨리 부인은 우연히 못에 발뒤꿈치를 찔리자 진찰을 받기는커녕 양말도 벗지 않은 채 딸에게 그 못에 기름칠을 잘 해두도록 했다고 하는데, 그렇게 하면 아무 일도 없으리라고 믿던 이 부인은 치료에 소홀한 결과 며칠 뒤에는 파상풍으로 목숨을 잃었다고 한다.[21]

이 두 번째 그룹에 속하는 사례는 프레이저가 〈모방 주술〉과 구별해서 〈감염 주술 kontagiöse Magie〉이라고 부른 것이 무엇인가를 설명해 준다. 이러한 사례에서 중요한 의미가 있어 보이는 것은 유사점이 아니라 공간적 관련성이다. 결국 〈상상에 의한〉 근접성, 다시 말하자면 근접해 있는 존재에 대한 회상이다. 그러나 유

18　코드링턴의 저서 『멜라네시아족』의 내용을 프레이저가 『황금 가지』 제1부 「주술」에서 인용했다.
19　『박물지 Sylva Sylvarum』 27권, 제7장 참조.
20　『박물지』 참조.
21　프레이저의 『황금 가지』 제1부 「주술」 참조 — 원주.

사와 근접은 관념 연합 현상의 2대 원칙이기 때문에, 주술 규정이 불합리한 것은 두 관념의 연합이 지배적인 데서 기인하는 것으로 설명해야 할 듯하다. 앞에서 인용한 주술의 성격에 관한 타일러의 말, 즉 〈관념적 관련을 현실적 관련으로 착각하기〉라든지, 이와 거의 동일한 프레이저의 말, 즉 〈사람들은 자기 관념의 질서를 자연의 질서로 오해하기 때문에 자기가 가지고 있는 혹은 가지고 있는 것으로 보이는 사고에 대한 지배가 거기에 대응하는 사물에 대한 지배를 허용한다고 생각해 왔다〉는 것은 상당히 적절한 설명이었던 듯 보인다.

우리는 주술에 관한 이 명백한 설명이 많은 논자들에게는 불만스러운 것으로 비난받고 있다는 사실에 놀라게 된다.[22] 그러나 좀 더 따져 보면 이러한 비난은 일리가 있어 보인다. 말하자면 주술의 관념 연합설은 단지 주술이 취하는 메커니즘을 설명하는 것일 뿐이지 주술의 본질, 즉 주술이 자연법칙을 심리학적 법칙으로 대치한다는 잘못을 설명하지는 못한다. 여기에는 역동적인 요인에 대한 설명이 빠져 있는 것이다. 프레이저 이론의 비판자들은 그 요인을 찾아내는 도상에서 길을 잃고 있지만, 오히려 주술의 관념 연합설을 확장하고 심화시키면 주술에 대한 만족스러운 설명에 이르는 것도 가능하다.

먼저 비교적 단순하기는 하지만 꽤 중요한 모방 주술의 사례를 고찰해 보기로 하자. 프레이저에 따르면[23] 감염 주술이 통상 모방 주술을 전제로 하는 것에 비해 모방 주술은 단독으로 수행된다. 그런데 주술이 수행되는 동기를 밝히는 일은 그리 어렵지 않다. 무엇인가? 바로 인간의 원망(願望)이다. 우리는 단지, 미개인이

---

22 『브리태니커 백과사전』에 토머스가 쓴 〈주술〉 항목 참조 — 원주.
23 프레이저의 『황금 가지』 제1부 「주술」 참조 — 원주.

저희 원망의 힘에 굉장한 신뢰를 기울이고 있었다는 것만 인정하면 된다. 결국 미개인들이 주술적 방법을 통하여 수행하는 것은 모두 그들이 그런 것을 바라기 때문이라는 것이다. 따라서 처음에는 그들의 원망만이 강조된다.

이와 유사한 정신적 조건에 놓여 있지만 아직은 자율적으로 행동할 수 없는 아이들을 상정하여 나는 다른 논문에서 다음과 같은 가설을 피력한 적이 있다. 즉 아이들은 자신의 감각 기관에 원심적 자극을 가하고 이로써 만족스러운 상황을 만들어 냄으로써 자기 원망을 환각적으로 충족시킨다는 것이다.[24] 그러나 성년의 미개인은 다른 방법을 취한다. 미개인의 원망에는 자율적인 충동, 즉 의지가 관련되어 있다. 이 의지(나중에 이 의지는 원망을 충족시키기 위해서라면 지구의 외모를 바꾸는 것도 마다하지 않을 것이다)는 지금으로서는 만족을 나타내는 데만 기울어지기 때문에, 만족은 이른바 자율적 환각을 통해서만 경험된다. 이 같은 원망 충족의 표현은 아이들의 놀이에 비교할 수 있다. 아이들에게 놀이는 원망 충족의 순수하게 감각적인 기술 같은 것이다. 아이들이나 미개인들이 놀이나 모방적인 표현만으로 만족한다고 해도 그것은 우리가 알고 있는 의미에서의 겸손의 표시도 아니고, 저희들이 현실적으로 무력하다는 것을 깨닫는 데서 오는 체념의 표현도 아니다. 그것은 그들의 원망, 즉 원망에 의존하는 의지나 의지가 개척해 낸 길을 과대평가한 데서 오는 명백한 결과인 것이다. 세월이 흐름에 따라 심리적 강세는 주술적 행위의 〈동기〉에서 그 행위의 〈수단〉으로, 말하자면 행위 그 자체로 이행하는 것이다(이 수단을 통하여 미개인들은 저희들의 심적 행위가 과대평가되고 있음을 깨닫는다고 하는 것이 아마 정확할 것이다). 이렇게 볼

24 「정신적 기능의 두 가지 원칙」(프로이트 전집 11, 열린책들) 참조 ─ 원주.

때, 바라는 것과 비슷한 것이라는 뜻에서 그러한 원망이 실현되도록 강제하는 행위야말로 주술적인 행위이지 다른 것이 아니라는 생각이 든다. 실상을 객관적으로 증명할 기회는 애니미즘의 사고 단계에서는 불가능하다. 그러나 그 뒷 단계에서, 말하자면 이러한 절차가 수행되는 과정이라도 회의라고 하는 심리적 현상을 억압의 경향으로 표현할 수 있는 단계에 이르면 가능해진다. 이로써 사람들은 영에 대한 믿음이 없으면 영을 부르는 주문도 유효하지 않으며, 경건한 마음이 없으면 기도의 마력도 허사가 된다는 것을 알게 된다.[25]

근접성 관념 연합을 통해 감염 주술 체계의 구성이 가능하다는 사실은 우리에게, 원망과 의지의 중요성은 바로 여기에서 의지에 따른 심리적 행위에 이르기까지 확산된다는 것을 보여 준다. 따라서 이 과정에서는 정신적인 모든 과정이 과대평가된다. 그런데 이런 과대평가는 세상에 대한 태도, 즉 현실과 사유의 관계에 대한 우리 지식에 비추어 볼 때 사유에 대한 과대평가이므로 충격적일 수밖에 없다. 여기에 이르면 사물은 그 사물에 대한 관념에 견주어 후퇴한다. 따라서 관념에서 일어나는 일은 사물에도 일어나지 않으면 안 된다. 말하자면 관념 상호의 관계는 사물 사이에도 전제되는 것이다. 사고는 거리라는 것을 알지 못한다. 공간적으로 아무리 멀리 떨어져 있어도, 그리고 시간적으로 아무리 멀리 떨어져 있어도 단 한 번의 의식 작용으로 연결시킬 수 있는 것이므로, 주술적 세계도 텔레파시를 통해 공간 거리를 뛰어넘고 과거의 상황도 현재의 상황인 듯이 다루어지는 것이다. 애니미즘

25 『햄릿』의 제3막 3장에 나오는 왕의 대사를 참고할 것.
〈내 말은 허공으로 사라져도 내 생각은 땅 밑으로 가라앉는다.
생각 없는 말은 하늘에 사무치지 못하는 것을〉— 원주.

시대의 경우 내적 세계의 영상은 세계의 다른 영상 — 〈우리〉가 인식하고 있는 것으로 믿는 세계의 영상 — 을 말살시킬 수밖에 없는 것이다.

여기에서 관념 연합의 두 원리 — 유사와 근접 — 는 하나가 되고, 〈접촉〉이라고 하는 보다 고차원적인 통일에 이른다는 것을 강조해 둘 필요가 있을 듯하다. 근접성 관념 연합은 직접적인 의미에서의 접촉이며, 유사성 관념 연합은 비유적인 의미에서의 접촉이다. 우리가 아직은 그 정체를 파악하지 못한 심리 현상에서의 동일성은 두 종류의 결합에 대한 동일한 술어가 보증한다. 접촉이라는 술어는 터부의 분석에서 확인된 개념과 동일한 폭을 지닌다.

이제 요약해 보면 이렇다. 주술, 즉 애니미즘적 사고 방법을 지배하는 원리는 〈관념의 만능〉 원리라고 할 수 있다.

3

내가 이 〈관념의 만능〉이라는 술어를 차용한 것은, 강박 관념에 시달리다가 정신분석 치료를 받고 회복된 유능하고 분별력 있는 한 지적인 사람을 통해서다. 이 사람은 자신을 비롯해 유사한 고통을 겪고 있는 사람들을 괴롭히는 것으로 보이는 기묘하고 무서운 사건의 근거를 설명하기 위해 이런 말을 만들었던 것이다.[26] 그는 어떤 사람을 생각하면 주문으로 그 사람을 불러내기라도 한 것처럼 그 사람을 만나게 되곤 했다. 오래 만나지 못했던 지인의 안부가 궁금해지기라도 하는 날에는 어김없이 그 사람이 죽었다는 부고를 받곤 했다. 그에게는 흡사 그 사람으로부터의 메시지가 텔레파시를 통해 전해진 것 같아 보였다. 별 심각한 의도가 있

26 「쥐 인간 — 강박 신경증에 관하여」 참조 — 원주.

었던 것이 아님에도 불구하고 타인에게 저주를 퍼부을 경우 그는
그 사람이 그 직후에 죽을 것이며, 자신은 이로써 책임을 져야 할
것이라고 믿곤 했다. 그는 치료를 받을 동안 자신에게 이런 일이
자주 일어나는 까닭에 대해 어떻게 해서 그런 착각을 하게 되는
것인지, 그리고 자신의 미신적인 기대를 강화하기 위해 그 자신
이 어떻게 가담하게 되는지 나에게 자세히 설명해 주곤 했다.[27]
강박 신경증 환자들은 대다수가 뛰어난 판단력의 소유자들인데
도 불구하고 이 같은 미신적 경향을 보인다.

관념의 만능성은 강박 신경증 환자의 경우에서 가장 명백하게
드러나는데, 그것은 이런 식의 원시적 사고방식의 결과가 의식에
가장 가까이 접근해 있기 때문이다. 하지만 우리는 이것이 강박
신경증의 가장 두드러진 특징이라고 오해해서는 안 된다. 분석적
연구에 따르면 다른 신경증에서도 같은 것이 발견되기 때문이다.
어떤 신경증에서든 징후를 형성하는 기준은 체험의 현실이 아닌
사고의 현실인 것이다. 신경증 환자는 특수한 세계를 살고 있는
데, 내가 다른 논문[28]에서 썼듯이 거기에서는 〈신경증 화폐〉밖에
는 통용되지 않는다. 다시 말하자면 치열한 사고의 결과, 열정적
인 관념화의 대상만이 중요하지 그것이 바깥의 현실과 일치하는
지 일치하지 않는지는 그다지 중요한 것이 아니다. 히스테리 환
자가 발작 중에 되풀이하는 것, 그리고 결국은 그 증상으로 고착
화시키는 것은 환상 속에서 했던 체험이다. 물론 이러한 환상적
체험이 실제의 사건이나 실제의 사건에 바탕을 둔 체험으로 환원

27　우리는 우리가 〈판단하는 한〉 관념의 만능과 애니미즘 사유 양식의 일반적 현
상을 포기하고 있었음에도 불구하고, 이런 일반적 현상을 뒷받침하는 듯한 인상에 대
하여 〈기분 나쁜 것〉이라는 성격을 부여하는 것으로 보인다 — 원주. 프로이트의 「두
려운 낯섦」(프로이트 전집 14, 열린책들) 참조.
28　「정신적 기능의 두 가지 원칙」 참조.

되기도 한다. 신경증 환자의 죄의식을 두고 실제의 사건에 그 바탕을 두고 있다고 생각한다면 이것은 오해다. 신경증 환자는 실제로 어린 시절부터 다른 사람에게 가장 사려 깊은 사람으로 사회에 대해서는 점잖은 가장으로 처신해 왔는데도 불구하고, 연쇄 살인을 저지른 사람이 느낄 법한 죄의식에 빠지는 경우도 있다. 그러나 이런 죄책감조차도 전혀 근거가 없는 것은 아니다. 이런 죄책감의 씨앗이 된 것은 그가 주위 사람들에 대해 무의식적으로 품어 왔던 강렬하고도 빈번한 죽음-원망인 것이다. 우리가 고려하고 있는 것이 의도적인 행위가 아니라 무의식적인 사고라고 하더라도 그의 죄의식이 전혀 근거 없는 것은 아니다. 이러한 관념의 만능, 즉 현실보다 정신적 현상을 과대평가하는 증상은 신경증 환자의 정신생활과 거기에서 파생하는 사고 체계에서 무제한적 영향력을 발휘한다. 이런 사람은 정신분석 치료를 통하여 그의 내부에 있는 무의식을 의식할 수 있게 해도 그는 사유의 자유 자체가 죄악이 아니라는 것을 믿지 않을 것이며, 따라서 사악한 생각의 표현 자체가 그 성취인 것으로 오해하고는 자신의 사악한 원망을 표현하는 것을 두려워할 것이다. 신경증 환자들의 일상생활이 되어 있는 이런 미신과 마찬가지로, 이러한 행동 양식은 신경증 환자야말로 생각만으로 외부 세계를 변화시킬 수 있다고 믿는 미개인들과 얼마나 흡사한가를 우리에게 보여 준다.

이 같은 신경증 환자의 초기 강박 행위는 원래 그 성격상 주술적이다. 이들의 강박 행위는 그 자체가 마술은 아니다. 그러나 적어도 부적과 같은 액막이로서 대체로 신경증의 시초가 되는 재앙에 대한 기대를 차단하는 데 쓰이기도 한다. 나는 이 비밀의 장막을 헤치고 들어갈 때마다 그 재앙에 대한 기대라고 하는 것의 내용물이 바로 죽음이라는 것을 발견하곤 한다. 쇼펜하우어에 따르면 죽음의 문제는 모든 철학의 입구를 지키는 수문장인 것이다. 우리가 이미 살펴본 것처럼 애니미즘의 본질인 영혼과 악령에 대한 믿음은 죽음이 인간에게 준 인상에 기원을 두고 있다. 이 최초의 강박 행동 혹은 방어 행동이 유사한 원리를 따르고 있는지, 아니면 그것과는 대조되는 원리를 따르고 있는지 판정하기는 쉽지 않다. 왜냐하면 이런 행동은 신경증의 조건하에서는 대수롭지 않는 것, 즉 그것 자체와는 아무 상관도 없는 행동으로 전위되면서 엉뚱하게 왜곡되어 나타나기 때문이다.[29] 그런데 강박 신경증의 방어 방식에 대응하는 것이 바로 마법의 주문이다. 하지만 강박 행위가 발전하는 궤적을 추적하는 일은, 강박 행위가 되도록이면 성적인 것(사악한 원망에 대한 주술적 방어)에서 떨어지려는 것에서 출발해서, 금지된 성행위의 대체 수단과 거기에 가장 가까이 닿아 있는 모방 수단의 모색으로 끝난다는 것에 주목하면 어느 정도 가능하다.

앞에서 언급한 인간이 지니는 세계관의 발전 과정, 즉 애니미즘 단계에서 종교적 단계로 이어지고, 다시 이것이 과학적 단계로 교체되는 과정을 받아들인다면 이들 각 단계를 통하여 〈관념의 만능〉의 운명을 추적하는 것도 불가능한 일은 아니다. 애니미즘의 단계에서 인간은 〈스스로〉가 만능인 존재라고 생각했다. 그리고 종교적 단계에서는 이것을 신에게 돌렸다. 그러나 그렇다고 해서 그 만능성을 완전히 단념한 것은 아니었다. 인간 스스로가 바라는 바에 따라 갖가지 영향력을 행사하여 신들을 좌지우지할 수 있는 권리를 보유한다고 믿었기 때문이다. 과학적 세계관에

---

29 이 보잘것없는 행동에 대한 이 이상의 동기는 이후에 논의될 것이다 — 원주. 〈쥐 인간〉의 증례 참조.

이르면 여기에서는 인간의 만능성을 생각할 여지가 없다. 이 단계에 이르면 인간은 자신이 얼마나 초라한 존재인가를 인정하고, 죽음이나 이와 유사한 자연적 필연을 체념 비슷한 마음가짐으로 복종하기 때문이다. 하지만 현실의 법칙을 고려에 넣는, 인간 정신이 지니는 힘에 대한 신뢰에는 원시적 만능 신앙의 파편이 잔존하고 있다.

성숙한 성인에서 유아기의 초기 형태에 이르기까지 개인의 리비도 경향의 발전 과정을 거슬러 추적하면 하나의 중요한 특징이 발견된다. 이것은 내가 「성욕에 관한 세 편의 에세이」에서 지적한 바 있기도 하다. 그것은 성적 충동의 표시가 처음부터 그 주체에 의해 인식되는 것은 아니지만, 그렇다고 해서 외부의 대상을 향하고 있는 것도 아니라는 것이다. 성욕이 지니는 개개의 충동 인자가 서로 독립적으로 쾌락의 획득을 겨냥하고, 자기 육체를 통해 만족을 얻으려고 한다. 이 단계를 〈자가 성애Autoerotismus〉라고 하는데, 여기에 이어지는 것이 바로 대상 선택의 단계다.

후속 연구를 통해 밝혀진 바에 따르면 이 두 단계 사이에 제3의 새로운 단계가 삽입되든지, 경우에 따라서는 자가 성애가 편리에 따라, 아니 필연적으로 두 단계로 나뉘거나 한다. 이 중간 단계에서는 그 이전까지는 분리되어 있던 성 충동이 하나의 통일체를 이루고 대상을 찾게 된다. 그러나 그 대상은 외적인 것, 개인과는 연고가 없는 것이 아니라 그 시기에 구성되는 자기 자신의 자아이다. 뒤에 검토하게 될 이러한 상태의 병리학적 고착을 염두에 두고, 우리는 이 새로운 단계를 〈자기애Narziβmus〉의 단계라고 명명했다. 이 단계에서 사람은 자기에게 사랑에 빠진 듯이 행동한다. 자아 충동과 리비도적 충동은 우리의 분석학에서는 분리가 불가능하다.

이때까지 분리되어 있던 성적 충동이 하나의 통일체를 이루고 자아를 그 대상으로 삼기에 이른 이 자기애 단계의 성격 규정은 아직은 불가능하지만, 자기애 체계가 완전하게 포기되지 않는다는 것은 의심할 여지가 없을 듯하다. 인간은 리비도를 위한 외적 대상을 찾아낸 뒤로도 어느 정도는 전과 다름없이 자기애 상태를 유지한다. 인간이 기도하는 〈대상 리비도 집중Objektbesetzung〉은 말하자면 자아에 잔류하는 리비도의 방출인데, 이것은 다시 리비도 속으로 환원될 수 있다. 심리학에서는 정신병의 기준적 전형으로 주목을 요하는 편애라는 상태는 자기애의 수준에 견준다면 리비도 방출의 최고 단계에 상응하는 것이다.[30]

우리가 살펴본 것처럼, 미개인과 신경증 환자는 심리 작용을 높게 평가 — 우리 눈으로 보면 〈과도하게〉 — 하는 경향을 보인다. 이러한 태도는 자기애와도 관계가 있고, 사실 이러한 경향은 자기애의 본질로 간주되는 것이기도 하다. 미개인의 경우 사고 과정은 여전히 성욕화되어 있다고 할 수 있는데, 바로 이것이 미개인들이 지니는 관념의 만능성에 대한 믿음, 세계를 통제할 수 있는 가능성에 대한 확고부동한 믿음의 빌미가 되는 한편, 우주에서 인간이 차지하는 위치가 어디쯤인가에 대한 지극히 쉬운 경험에 접근하지 못하는 까닭이 되기도 한다. 신경증 환자들은 체질적으로 미개인들의 이런 경향을 상당 부분 가지는 한편으로, 내부에서 일어나는 성적 충동의 억압을 통하여 사유 과정을 다시 성욕화하는 경향을 보이기까지 한다. 사고의 리비도과잉 집중이 본래적인 것이든, 아니면 퇴행에 의해 생산된 것이든 이로 인한 심리적 결과는 동일하다. 즉 지적인 자기애, 관념의 만능이 그 심리적 부산물인 것이다.[31]

30 「나르시시즘 서론」(프로이트 전집 11, 열린책들) 참조.

미개인들에게서 발견되는 관념의 만능을 믿는 경향을 두고 그
들이 자기애에 빠져 있는 증거로 파악해도 좋다면, 인간의 세계
관 발달 과정을 개인의 리비도 발달 과정과 비교해 보는 일도 가
능할 것이다. 이렇게 비교해 본다면 시간적으로도 그 내용물로도
애니미즘 단계는 자기애 단계에 대응하고, 종교적 단계는 양친과
의 결합 욕구를 그 특징으로 하는 대상 발견의 단계에 대응하며,
과학적인 단계는 쾌락 원칙을 단념하고 현실에 적응해 나가면서
외계에서 그 대상을 찾는 한 인간의 성숙 단계에 완전히 대응한
다고 볼 수 있다.[32]

우리 문화에서는 오로지 한 부문에서만 관념의 만능성이 용인
되는데, 그 부문이 바로 예술이다. 오로지 예술 부문에서만 욕망
의 충동에 쫓기는 한 인간이 그 원망이 충족된 것과 유사한 것을
성취시키고, 이러한 유희가 예술적인 환상을 통하여 현실과 똑같
은 감정적 파장을 일으킬 수 있는 것이다. 사람들은 이것을 〈예술
의 마술〉이라고 부르며 예술가를 마법사에 견주기도 한다. 그러
나 이러한 비교는 비교 자체가 요구하는 것 이상의 의미를 지닌
다. 예술가는 〈예술을 위한 예술〉로 그 예술을 시작한 것이 아니
다. 예술가는 오늘날에는 대부분 소멸해 버린 인류의 모든 경향
에 봉사한 것이다. 이러한 경향의 하나로 우리는 주술적인 의도
를 지닌 경향을 상상해 볼 수 있는 것이다.[33]

31 〈일종의 유아론(唯我論) 혹은 유심론Berkeleianism(술리 교수가 유아들에게서
발견하고 이렇게 명명했다)의 작용이 미개인들로 하여금 죽음을 사실로 인정하지 않
게 한다는 것은, 이 문제에 대한 논자들에게는 거의 하나의 공리가 되어 있다.〉(매럿
의 「초기 정령 사상의 종교」) — 원주.

32 여기에서는 유아의 본래적 자기애가 유아의 성격 발달을 이해하는 기준이
되며, 이 자기애는 유아가 원시적으로 열등하다는 가정을 부정하는 것이라는 점만 지
적해 두기로 한다 — 원주. 아들러A. Adler의 『실생활과 신경증에서 나타나는 정신적
양성체Der psychische Hermaphroditismus im Leben und in der Neurose』(1910)와 프로이트의
「정신분석 운동의 역사」(프로이트 전집 15, 열린책들) 참조.

4

인간이 성취한 최초의 세계관 — 애니미즘 세계관 — 은 따라서 심리적 세계관이었다. 이 세계관의 기초를 마련하는 데 과학은 필요하지 않았다. 과학이라는 것은 사람들이 자기네들은 세계를 알지 못하고 있다는 것을 깨닫고, 알지 못하므로 그것을 알기위한 방법을 찾아야 한다는 깨달음을 얻었을 때 비로소 등장했기때문이다. 그러나 미개인들에게 애니미즘은 자연적인 것, 의심할필요도 없는 지극히 당연한 것이었다. 그러니까 인간은 세계의 얼개를 저희가 느끼는 것과 똑같은 것으로 알고 있었던 셈이다. 이로써 우리는 미개인들이 저희들 정신의 구조 상태를 그대로 외계에 적용시켰다[34]고 보아도 무방하다. 따라서 우리는 애니미즘이 사물의 본질에 대해 가르치는 바를 거꾸로 인간의 정신에 적용시켜 보아도 좋을 것이다.

애니미즘의 기술, 곧 주술은 현실 세계의 사물에 정신생활의 법칙을 강제하려는 의도를 가장 명료하게, 그리고 가장 순수하게 보여 주는 것이다. 주술이 이런 역할을 맡고 있을 즈음 영혼은 한편으로는 주술적 처치의 대상이 되었을 뿐, 아직 어떤 역할이 맡

33 레나크의 「예술과 주술L'art et le magie」을 참조할 것. 레나크의 견해에 따르면, 프랑스의 동굴에 암각화와 그림을 남긴 원시 예술가들이 그런 것을 새기거나 그린 것은 〈기쁘게 하기 위해서〉가 아니라 〈저주하기 위해서〉이다. 그의 설명에 따르면, 이러한 그림들이 동굴의 가장 어두운 곳 혹은 가장 접근하기 어려운 곳에 그려진 까닭이나 그림에서 무서운 맹수가 제외되고 있는 것은 바로 이 때문이라는 것이다. 그의 설명은 이렇게 계속된다. 〈현대인들은 위대한 예술가의 붓이나 끌의 마술, 그리고 종종 예술의 마술에 대해 허풍을 떤다. 그러나 마술의 본래 의미, 곧 한 인간의 의지가 다른 의지또는 다른 사람에 가해지는 신비스러운 힘이라는 의미에서 볼 때 이런 표현은 당치 않다. 하지만 우리가 알고 있는 바에 따르면, 이러한 표현이 진실했던 때가 있었다. 적어도 예술가들의 의견에 따르면 그렇다〉— 원주.
34 내적 자각이라고 불리는 것을 통해 인식하게 되었다는 뜻이다 — 원주.

겨진 것은 아니었다. 따라서 주술의 전제는 애니미즘의 중핵을 이루는 영혼설보다도 더 근원적이고 오래된 것일 수밖에 없다. 우리의 정신분석학적 고찰은 이 점에서 애니미즘에 선행하는 〈전(前) 애니미즘 단계〉를 가정한 R. R. 매럿[35]의 이론과 일치한다. 이 전 애니미즘 단계의 특징은, 존재하는 모든 것에는 생명이 깃들어 있다는 가설인 〈애니마티즘 *Animatismus*〉이라는 명칭에 잘 나타나 있다. 전 애니미즘에 대해서 경험이 말해 주는 바는 거의 없다. 영혼 관념을 갖지 않은 민족은 아직 본 적이 없기 때문이다.[36]

주술은 관념에 만능성을 부여하고 있는 데 비해 애니미즘은 이 만능의 일부를 영혼에 귀속시킴으로써 종교 형성의 길로 들어서게 되었다. 그렇다면 이런 의문이 솟는다. 미개인들로 하여금 처음으로 이렇게 엄청난 것을 포기하게 만든 것은 무엇인가? 미개인들이 계속해서 주술적 기술에 의지했던 것으로 보아, 저희들의 전제가 틀린 것으로 보았기 때문은 아닌 듯하다.

다른 논문에서도 지적했듯이 영과 악마는 인간의 감정적 충동의 투영에 지나지 않는다.[37] 미개인들은 자신의 감정적 표상을 인격화하고, 이것을 세상에 풀어놓고는 내적 정신 현상을 자기 외부에서 재발견했던 것이다. 말하자면 총명한 편집증 환자 슈레버가 제 손으로 만들어 낸 〈신의 빛살 *Gottesstrahlen*〉[38]의 운명 속에서 저 자신의 리비도의 구속과 해방이 반영되고 있는 것을 발견한

35 「초기 정령 사상의 종교」참조 ─ 원주.
36 분트의 『민족 심리학』 참조 ─ 원주.
37 나는 이 초기적인 자기애 단계에는 리비도적 자극원에서 생긴 표상과, 다른 근원에서 비롯된 표상이 서로 일일이 구별하기 어려운 상태로 뭉뚱그려져 있었을 것이라고 생각한다 ─ 원주.
38 슈레버 D. P. Schreber의 『신경증 환자의 회상』(1903)과 「편집증 환자 슈레버 ─ 자서전적 기록에 의한 정신분석」(프로이트 전집 9, 열린책들) 참조 ─ 원주.

것과 마찬가지이다.

앞에서와 마찬가지로[39] 여기에서도 정신 현상을 외부로 투사하려는 경향이 어디에서 유래하는가 하는 문제는 피하고 싶다. 하지만 투사를 통하여 심리적 위안이라는 이점이 있을 때는 이러한 경향이 두드러진다는 가정을 해도 좋을 듯하다. 관념의 만능을 목표로 하는 갖가지 충동이 서로 갈등하는 경우 투사는 확실히 그 투사의 주체에게는 이로울 수밖에 없다. 그것은 모든 충동이 다 관념의 만능이 될 수는 없기 때문이다. 편집증 상태의 병리적 증상은 정신생활에서 생겨나는 이 같은 갈등을 처리하기 위해 실제로 투사라고 하는 메커니즘을 이용하는 것이다. 그런데 이 같은 갈등의 전형적인 사례는 한 쌍의 상호 대립하는 쌍방 사이에서 보이는 것이 보통이다. 말하자면 양가적인 태도인데, 이것은 가까운 친지가 세상을 떠났을 때 그 죽음을 애도하는 사람의 입장을 설명할 때 자세하게 분석한 바 있다. 이 같은 사례는 투사상(像)을 창조하는 동기의 설명에 특히 잘 어울릴 것으로 보인다. 우리의 의견은 여기에서 다시 한번 악령을 모든 영 중에서 가장 먼저 생긴 것으로 가정하고, 죽음이 생존자에게 부여하는 인상으로부터 영혼 관념의 발생을 도출하는 다른 학자들의 의견과 일치한다. 단 하나 다른 점이 있다면, 그것은 〈우리〉가 주력하는 연구는 죽음이 생존자에게 부과하는 〈지적〉 문제가 아니라 죽음이라는 상태에 의해 생존자가 빠지는 〈감정적〉 갈등의 문제라는 점이다.

이 인류 최초의 이론적 업적 — 영의 창조 — 은 따라서 인류가 자신에게 부과한 최초의 윤리적 제약, 즉 터부의 규정과 동일한 근원에서 비롯되었을 것이다. 그러나 발생의 근원이 동일하므로 성립의 시기도 동일할 것이라고 단정해서는 안 된다. 인류가 저

39 앞에 인용한 슈레버에 대한 나의 논문을 참조할 것 — 원주.

희 입장을 반성하게 되고, 저희들이 지닌 것으로 믿던 관념의 만능성의 일부를 영에게 양도함으로써 행위의 자유 일부를 희생시킨 것이지만, 실제로 사자에 대한 생존자의 입장에서 본다면 이러한 문화적 창조는 인간의 자기애에 역행하는 〈아난케Ananke (필연, 운명)〉에 대한 최초의 인정이었던 셈이다. 미개인은 죽음을 부정하는 것으로 보이는 그 태도를 통해 죽음의 엄청난 힘에 굴복한 것이다.

우리의 전제를 조금 더 밀고 나가 본다면, 영혼의 투영에 의한 창조물에 반영되고 재생산되는 본질적인 부분이 우리 심리 구조의 어디에 있는가 하는 의문을 제기해 볼 수 있다. 이 경우, 원시적 영혼 관념은 후세의 비물질적인 영혼 관념과는 멀어졌다고 해도 본질적으로는 동일한 것이라고 할 수 있다. 말하자면 인간과 사물은 이원적인 것이고, 기왕에 알려진 속성과 그 변형은 이 이원성을 구성하는 두 부분에 배분되어 있다는 것이다. 허버트 스펜서의 표현[40]에 따르면, 이 본질적 〈이원성〉은 우리가 흔히 가르는 육체와 정신의 이원성과 동일한 것이다. 우리가 발광한 사람이나 실신한 사람을 가리킬 때 쓰는 〈제정신이 아니다〉라든지, 〈제정신이 돌아왔다〉고 할 때 바로 이 이원성을 언어로 표현하고 있는 것이다.[41]
우리가 미개인과 다름없이 무엇인가를 외적인 현실에 투사할 때 일어나는 일은 다음과 같다. 우리가 투사하는 것은 어떤 사물이 감각 및 의식에 부여하고 있는 것, 즉 눈앞에 있는 상태의 인식이지 다른 것이 아니다. 그런데 이 상태 옆에는 또 하나의 상태가

40 스펜서의 『사회학 원리』 ― 원주.
41 스펜서의 같은 책 ― 원주.

있는데, 이 상태에서 사물은 〈잠재적〉일 수도 있고 잠재적인 상태에서 부상할 수도 있다. 요컨대 우리는 이로써 지각과 기억의 공존, 보다 일반적으로 말하자면 〈무의식적〉 정신 현상과 〈의식적〉 정신 현상의 존재를 두루 인정하고 있는 것이다. 이렇게도 말할 수 있다.[42] 사람이나 사물의 〈영〉이란 결국 그것이 지각되지 못하는 경우에도 기억이나 상상을 통해 되살아나는 능력이라고.

그런데 오늘날의 과학이 의식적 정신 활동과 무의식적 정신 활동에 긋고 있는 금은 〈혼〉에 대한 미개인의 관념에서나 현대인의 관념에서나, 그 〈혼〉과 그 밖의 것을 가르는 경계선으로 보기 어려운 것은 물론이다. 현대인의 혼보다는 애니미즘의 혼이 쌍방의 특징을 더 잘 아우르고 있다고 볼 수 있다. 애니미즘의 혼이 지닌 덧없음, 그 민첩함, 육체를 떠나는 능력, 지속적으로든 일시적으로든 다른 육체를 점유하는 능력, 이것이야말로 의식의 본질을 떠올리게 하는 특징인데도 불구하고 인격적 현상의 배후에 숨어 있는 그 자체만으로 우리는 무의식을 떠올린다. 불변성과 불멸성은 더 이상 의식적인 현상에 귀속되지 못한다. 우리는 무의식을 정신 활동의 진정한 용기(容器)로 간주한다.

나는 앞에서 애니미즘은 하나의 사고 체계이며, 최초의 완전한 세계관의 이론이라고 말한 바 있다. 이제부터는 이러한 체계를 정신분석적으로 해석하고, 거기에서 모종의 결론을 이끌어 내고자 한다. 우리가 하고 있는 나날의 경험은 이 〈체계〉의 중요한 특질을 끊임없이 보여 준다. 우리는 한밤중에 꿈을 꾸고, 낮에는 그

42 1912년 심리 연구 협회 회보에 발표되었던 정신분석에서 말하는 〈무의식〉이라는 용어를 사용한 나의 짧은 논문을 참조할 것 — 원주. 프로이트의 「정신분석에서의 무의식에 관한 노트」(프로이트 전집 11, 열린책들)를 참조할 것.

꿈을 해석하는 방법을 생각한다. 꿈이라고 하는 것은 혼란스럽고 뒤죽박죽인데, 꿈을 두고 이렇게 말한다고 해서 꿈의 성격을 부정하는 것은 아니다. 그러나 그렇게 뒤죽박죽인데도 불구하고 꿈은 어떤 경험에 의한 인상의 순서를 모방하고, 어떤 사건으로부터 다른 사건을 도출하며, 경험 내용의 일부를 다른 내용과 연관시키기도 한다. 꿈은 이런 것을 성취시키는 데 대체로 성공을 거두는 것처럼 보이지만, 구성상의 불합리한 점이나 빈틈이 하나도 없을 정도로 완벽할 정도의 성공을 거두는 예는 거의 없다. 꿈의 내용이 산만하고 불규칙해도 우리가 꿈을 이해하는 데는 이런 것들이 그다지 중요하지 않다는 것을 알고 있다. 꿈에서 본질적인 것은 꿈-사고인데 여기에는 의미와 연관, 그리고 나름의 질서가 있다. 그러나 꿈-사고의 질서라는 것은 의식적인 몽상에서처럼 그 내용을 그대로 기억해 낼 수 있는 그런 질서는 아니다. 의식적인 몽상의 경우 꿈-사고 간의 상호 관련성은 방기되어 완전히 소실되거나, 꿈에 등장한 내용물과의 새로운 관련성 안에서 대체되기도 한다. 꿈의 요소가 응축되어 있는 경우가 아니면 다소의 차이는 있을망정 이전의 배열과는 무관하게 순서의 새로운 배열이 이루어지는 것이 보통이다. 결론적으로 말하자면, 꿈의 작용에 의해 꿈-사고의 소재에서 생겨나는 것은 전혀 새로운 영향, 이른바 〈2차 가공〉의 영향을 받는다는 것이다. 이 가공이 의도하는 것은 꿈 작용의 결과로서 생겨난 무관련성과 무의미성은 새로운 〈의미〉 부여를 위해 배제하려고 하는 것이다. 2차 가공이 노리는 이 새로운 의미는 꿈-사고의 의미는 아니다.

꿈 작용의 소산에 대한 2차적 가공은 어떤 체계와 본질의 요구에 따라 가공하는지 알아볼 수 있는 좋은 본보기가 된다. 우리 내부에 있는 지적 기능은 지각이나 사고의 소재가 모두 통일되고,

상호 연관을 가지며, 해석하기 쉽게 할 것을 요구한다. 특별한 상황에서 수미일관된 관련성을 확보하지 못할 경우에는 가짜를 하나 만들어 내는 것도 망설이지 않는다. 우리는 이런 식으로 형성된 체계가 꿈에서뿐만 아니라 공포증이나 강박 사고나 갖가지 망상의 증상에서도 관찰된다는 것을 알고 있다. 체계 형성은 망상장애(편집증)에서 가장 잘 관찰되지만, 다른 정신 신경증에서 발생하는 체계 형성도 결코 간과해서는 안 된다. 우리는 이 모든 사례에서 심적 소재의 재배열은 새로운 목적을 겨냥하는 데서 이루어진다는 것, 체계의 관점에서만 이해될 수 있는 것으로 보일 때는 그 재배열의 양상이 극단적이라는 것을 잘 알고 있다. 이 경우 체계 형성의 최상의 특징이 되는 것은 체계의 성과는 모두 적어도 두 가지 동기를 드러낸다는 점이다. 그 하나는 체계의 전제로부터의 동기(따라서 때에 따라서는 망상적인 것)이고, 또 하나는 감추어져 있는 동기인데, 이것이야말로 현실적인 동기로 우리가 인정해야 하는 동기인 것이다.

한 신경증 환자의 예를 통해 이것을 설명해 보자. 나는 터부에 대한 논문에서 마오리족의 터부와 일치되는 것으로 보이는 강박 금제를 지닌 한 여성 환자를 다룬 바 있다. 이 부인의 신경증은 남편을 향한 것이었다. 신경증은 남편이 죽었으면 하는 무의식적 원망을 억누를 때 절정에 이르렀다. 그 부인이 지닌 명백하게 체계적인 공포증은 죽음 일반에 대한 이야기까지 두루 미치고 있었다. 그러나 남편은 이런 공포증의 전면에 나타나는 법이 없었고, 또 의식적 우려의 대상이 된 적도 없었다. 어느 날의 일이다. 남편은 부인에게 무디어진 면도칼을 특정 가게로 가지고 가서 갈아 오라고 했다. 부인은 막연한 불안에 시달리면서 가게로 갔지만, 가게만 기웃거리다가 집으로 돌아와 남편에게 그 면도칼을 아예 없애 줄 것을 부탁했다. 남편이 말한 그 가게 근처에서 장례용품을 파는 가게를 보았기 때문이었다. 남편의 부탁을 들어주지 못한 부인은 남편에게 그 면도칼만 보면 어쩔 수 없이 죽음을 떠올리게 된다고 말했다. 이것이 바로 그 부인이 금제를 설정한 〈체계적인〉 이유다. 우리는 이 부인이 면도칼 가는 가게 옆에서 장례용품 파는 가게를 보지 않았더라도 면도칼에 대한 금제를 집 안으로 들여왔을 것이라고 확신한다. 부인이 가게로 가는 길에 영구차나 상복 입은 사람이나 조화를 들고 가는 사람을 만났어도 결과는 마찬가지였을 것이다. 금제를 떠올리게 할 만한 조건의 그물이 아주 광범위하게 쳐져 있었으니, 어쨌든 수확이 없지는 않았을 것이다. 문제는 그 부인이 그물을 당기느냐 당기지 않느냐에 달려 있다. 경우가 달랐다면 부인은 금제의 조건을 실행에 옮기지 않았을 것이라고, 날씨가 너무 좋아서 그냥 왔다고 설명했을 것이라고 우리는 확언할 수 있다. 그렇다면 그 면도칼에 부인이 금제를 건 진정한 이유는 무엇일까? 우리는 이 부인이 면도칼을 기피한 원인을 짐작할 수 있는데, 남편이 새로 갈아 온 면도칼로 자기 목을 벨지도 모른다는 상상에서 오는 쾌감에 대한 저항이었던 것은 더 말할 나위도 없다.

행동 장애(보행 장애, 혹은 광장 공포증 따위)도 일단 그 징후가 무의식적 원망을 촉발하고, 거기에 대한 저항을 대신할 만한 것을 불러일으키는 선까지 고양되면 조금 전의 경우와 똑같이 완벽하고 정밀하게 작동한다. 그 밖의 다른 무의식적 공상이나 유력한 회상이 환자의 내부에 있으면 그 공상이나 회상이 무엇이 되었든 앞에 소개한 것과 똑같은 길을 따라 쇄도하면서 징후로 나타나고, 일단 그 길이 열리면 행동 장애의 틀 안에서 새롭고도 적절한 배열로 자리 잡는다. 따라서 기본 전제를 통해서 (가령)

광장 공포증 같은 장애의 복잡한 징후의 구조나 그 개개의 요소를 이해하려고 드는 것은 실로 헛되고 어리석은 일이다. 징후의 상호 관련성이 철저하고 정밀해 보여도 그것은 〈외관상〉으로만 그러하기 때문에 그렇다. 정밀하게 관찰하면, 꿈의 외관이 그러하듯이 이런 징후의 구조도 철저하지 못하고 지극히 변덕스럽다는 것을 알 수 있다. 이러한 종류의 체계적인 공포증이 지니는 개개의 요소는 보행 장애와는 아무 관계도 없는 결정 요소에 그 동기가 숨어 있는 법이다. 바로 이 때문에 공포증은 사람에 따라 지극히 다양하고 상호 모순되는 양상을 보이는 것이다.

이제 우리가 다루고 있던 애니미즘 체계로 되돌아가기로 하자. 〈다른〉 심리학적 체계에서 얻은 통찰로 우리는 이런 결론을 내릴 수 있다. 미개인에게 특정 관습이나 규정이 있는 까닭은 〈미신〉 때문이 아니며, 미신이라는 존재가 그 숨은 이유를 찾아내야 하는 우리의 의무를 면제하는 것은 아니라는 점이다. 애니미즘 체계의 지배하에서는 개개의 규정과 개개의 활동이 오늘날 우리가 〈미신적〉라고 부르는 체계적인 바탕 위에서 이루어지는 것은 불가피하다. 〈미신〉 — 〈불안〉, 〈꿈〉, 〈악령〉처럼 — 은 정신분석학 연구의 영향하에 무너진 잠정적인 심리학적 개념 중 하나에 지나지 않는다. 진정한 이해를 가로막는 담장처럼 서 있는 이 구조물의 배후로 뚫고 들어가면, 미개인의 정신생활과 문화 수준이 거기에 걸맞는 평가를 아직 얻지 못하고 있다는 것은 명백해진다.

본능의 억압을 우리가 도달한 문화 수준의 척도로 삼는다면, 비록 미신적인 바탕 때문에 부당하게 과소평가되어 왔지만 애니미즘의 체계하에서도 진보와 발전이 있었다는 것을 인정해야 한다. 미개 종족의 전사가 전장으로 나가기 전에 최고의 순결과 청정의 의례를 치른다는 말을 들으면, 우리는 〈그들이 오물을 처분하는 것은 전사의 인격의 일부인 오물이 적의 손으로 넘어가 주술적인 방법으로 이용될까 봐 겁이 나서)[43] 그렇다고 설명하고 싶어 한다. 그들의 절제에 대해서도 우리는 이와 비슷한 미신적인 이유를 그 동기로 추정하려고 한다. 그럼에도 불구하고 본능적 충동을 방기한 사실은 여전히 남는데, 이것을 어떻게 설명할 것인가? 그 미개 종족의 전사는 여느 때 같으면 엄하게 금지되어 있는 잔혹하고 적대적인 충동의 충족감을 맛보려 하고 있기 때문에, 거기에 대한 반대급부로 이러한 제약을 자기 몸에다 부과하는 것이라고 생각하면 훨씬 이해하기 쉬워진다. 어렵고 책임 있는 중대사를 수행하는 동안에 당사자가 성적 제약을 지켜야 하는 것과 마찬가지 경우이다.[44] 가령 이런 금제의 근거가 얼마간은 주술과 맥락을 같이한다고 볼 수 있지만, 충동에 대한 만족을 포기함으로써 더 큰 힘을 확보한다는 기본적 관념이 그 기저에 있다는 것은 명백하다. 또 금제가 지니는 위생상의 근거도 그 주술성의 합리화와 함께 과소평가될 수 없다. 미개 종족 남자들이 사냥이나 고기잡이나 전쟁 혹은 귀중한 식물의 채집에 나가면, 그들의 아내들은 집 안에서 여러 가지 억압적인 금제를 따라야 한다. 미개인들은 이러한 금제 덕분에 먼 곳까지 이를 힘이 생기고, 원정에 성공할 수 있도록 그 금제 준수가 공감적으로 작용한다고 생각하기 때문이다. 그러나 이렇게 멀리까지 작용하는 힘이란 고향을 떠난 사람들의 고향을 기리는 마음, 혹은 동경의 마음이지 다른 것이 아니다. 그리고 이러한 표현의 배후에는 감시를 받지 않는 아내들의 동정에 대해 남자들이 완전히 마음을 놓을 때 비로소 일에 최선을 다할 수 있다는 뛰어난 심리적 통찰이 숨어 있음

43 프레이저의 『황금 가지』 제2부 「터부와 영혼의 위기」 참조 — 원주.
44 프레이저의 앞의 책 참조 — 원주.

을 추리하기는 그리 어렵지 않다. 아내의 부정이 책임 있는 일을 하러 나간 남편의 노력을 수포로 돌리는 경우가 있다는 것은 다른 기회에 주술적 동기는 별도로 하고 문제 삼을 수 있을 것이다.

미개인 여자가 생리 중에 지켜야 하는 무수한 터부 규정은 피에 대한 공포가 그 동기가 된다. 그러나 그 공포는 실제로 근거 있는 공포일 것이다. 그러나 이 피에 대한 공포가 미적, 위생적 의도에 이바지할 가능성을 배제해서는 안 된다. 물론 이러한 의도는 대개의 경우 주술적인 동기에 가려져 있기는 하다.

이렇게 설명을 시도하면, 우리가 현대의 미개인에게서 그들에게 도무지 있을 성싶지 않은 미묘한 정신 활동까지 기대한다고 비난할 것이다. 그러나 애니미즘 단계에 있는 이들 제 민족의 심리는 아이들의 심리와 비슷하다. 우리는 성인이 제대로 이해하지 못하는, 따라서 그 풍부한 의미나 미묘한 성질을 중요하게 생각하지 않고, 아이들의 심리를 과소평가하고 있다고 생각한다.

나는 지금까지 설명된 적이 없는, 이 일군의 터부 규정을 검토해 보고자 한다. 이런 일군의 규정이야말로 정신분석학자의 눈에 익은 설명을 가능하게 하기 때문이다. 많은 미개인의 경우, 예리한 무기나 날이 잘 드는 도구를 집 안에 두는 것은 금제가 되어 있다. 프레이저는, 칼은 날이 위로 향하게 놓아두는 것이 아니라는 독일 속담을 인용하고 있다.[45] 신이나 천사가 거기에 다칠 수도 있기 때문이란다. 이 터부는 예리한 무기가 무의식적인 나쁜 충동에 의해 사용될지도 모르는 어떤 〈증후 행위〉에 대한 예감에서 나온 경고 같은 것이 아닐까?[46]

---

45 프레이저의 『황금 가지』 제2부 「터부와 영혼의 위기」 참조 — 원주.
46 특히 강박 신경증과 관련된 미신에 대한 논의는 〈쥐 인간〉의 증례를 참조할 것.

유아기, 토테미즘으로의 회귀

정신 작용이나 정신 형성이 통상 대단한 결정력을 가지고 있다는 사실을 밝힌 정신분석학이, 종교라는 복잡한 것까지 단 하나의 근원으로부터 해명하려는 유혹을 두려워할 이유는 없다. 정신분석학은 어차피 일면성을 피할 수 없고, 사실 그 의무로 보아 당연한 일이기도 하다. 따라서 종교의 근원 중 하나를 다룬다고 하더라도 이것이 종교의 유일한 근원이라는 뜻은 아니고, 그 바탕에 작용하는 많은 요소 중 이것이 가장 중요한 것이라고 주장하는 것도 아니다. 여기에서 검토하려고 하는 메커니즘이 종교의 발생에 어떤 상대적 의의를 지니는가는 각 방면의 연구를 종합해 봐야 결정될 수 있다. 그러나 이 같은 연구는 정신분석학자들에게 허용된 수단이나 의도를 저만치 넘어서는 과제다.

1

이 책에 실린 일련의 논문 중 첫 번째 논문에서 우리는 토테미즘의 개념을 알게 되었다. 말하자면 토테미즘이란 오스트레일리아, 아메리카, 아프리카 등지의 어떤 원시 민족의 종교 노릇을 했고, 사회 조직의 기초가 되는 체제라는 것이다. 우리가 아는 한 스코틀랜드인 매클레넌이 1869년, 과거 및 현대의 다양한 사회에서 드러내 보이고 있는 무수한 풍습이나 습관은 토테미즘 시대의 유물로 이해되어야 한다는 가설을 발표하자, 그때까지만 해도 단지 진기한 풍습으로만 생각되던 토테미즘의 제 현상이 일반의 흥미를 끌게 되었다. 그 뒤로 과학은 토테미즘의 이러한 의의를 충분히 인식하게 되었다. 이 문제에 관한 최신 논문의 하나인 W. 분트의 『민족 심리학 요설Elemente der Völkerpsychologie』(1912)의 한 절을 인용해 보겠다.

〈이 모든 사실로 미루어 보아 토테미즘 문화는 어느 지역에서든 후대 발전의 전(前) 단계를 이루는 것이며, 원시 민족의 상태와 영웅 및 신들의 시대를 잇는 과도기였다는 상당히 개연성이 큰 결론을 내릴 수 있다.〉

이 논문의 목적을 달성하기 위해서는 토테미즘의 성격을 심도 있게 다루어 보아야겠다. 곧 밝혀질 테지만 몇 가지 이유에서 나는 우선 레나크의 설명을 소개하기로 한다. 레나크는 1900년에 토테미즘 종교 문답집이라고 할 수 있는, 12개 조에 달하는 다음과 같은 〈토테미즘 법전Code du totémisme〉을 기초한 바 있다.[1]

(1) 특정 종류의 동물은 죽이거나 먹어서는 안 된다. 사람들은 그 종류에 속하는 동물은 사육하거나 보호한다.

(2) 그 동물이 우연히 죽었을 경우, 종족의 일원이 죽은 것과 마찬가지로 애도를 표하고 매장한다.

(3) 식용 금지는 때로는 특정 동물의 몸 일부에 국한되기도 한다.

(4) 그렇게 아끼던 동물이지만 필요에 쫓겨 부득이하게 죽여

---

1 『과학 평론』(1900년 10월호). 그리고 네 권에 이르는 저서 『제사, 신화, 종교』에 재수록되었다 — 원주.

야 할 경우에는 그 동물에게 용서를 구하고 터부 위반, 즉 살생한 죄를 갖가지 변명이나 핑계를 통해 완화시킨다.

(5) 동물이 제물로 바쳐질 때는 그 죽음을 슬퍼한다.

(6) 의식이라든지 종교 의례를 집행할 때는 특정 동물의 가죽을 걸친다. 토테미즘이 존속하는 경우, 그 동물은 토템 동물이 된다.

(7) 종족 및 개인은 동물의 이름, 다시 말해서 토템 동물의 이름을 자기 이름으로 한다.

(8) 많은 종족이 동물의 모습을 문장으로 사용하고, 무기도 이 문장으로 장식한다. 남자는 그 동물의 모습을 몸에 그리거나 문신으로 새긴다.

(9) 무섭고 위험한 동물이 토템이 되어 있을 경우, 그 이름을 따서 붙인 종족에게는 그 동물이 해를 끼치지 않는다.

(10) 토템 동물은 그 종족에 속하는 자를 수호하고 위험을 경고해 준다.

(11) 토템 동물은 저희들에게 충실한 사람들의 미래를 예언하고 지도자 노릇도 한다.

(12) 한 토템 종족 구성원은 저희들이 토템 동물과 공통의 조상이라는 띠로 연결되어 있다고 믿는다.

레나크가 토테미즘 체계가 지닌 기왕의 전모를 떠올리는 데 필요한 징후나 흔적까지 모두 기억해서 소개하고 있다는 것을 고려에 넣을 때, 비로소 우리는 이 토테미즘 교리 문답서를 제대로 평가할 수 있다. 문제에 대한 저자의 독특한 태도는 토테미즘의 본질적 특징의 일부를 소홀히 다루고 있는 데서 나타난다. 곧 드러나게 되겠지만 그는 토테미즘 교리 문답서의 두 가지 요점을 하나는 뒤로 밀어 버리고, 다른 하나는 완전히 빠뜨림으로써 간과하고 있다.

토테미즘의 성격 파악에 필요한 올바른 인식에 도달하기 위해서는 또 한 저자에게 주목할 필요가 있다. 그는 이 문제에 관한 네 권의 논문을 썼는데, 이들 논문은 토테미즘의 성격에 관한 사례를 빠뜨리지 않고 수집한 것은 물론, 이로써 제기된 문제를 철저하게 논급하고 있기도 하다. 이 사람은 바로『토테미즘과 족외혼속』의 저자 J. G. 프레이저이다. 정신분석학 연구 성과가 그가 도달한 결론에서 멀리 비켜 갈지라도 그가 베푼 은혜와 교시에 대해 고마워하는 우리의 마음은 변하지 않을 것이다.[2] 프레이저는 이 주제에 관한 그의 첫 번째 논문에서 이렇게 쓰고 있다.[3]

〈토템은 하나의 물체인데, 미개인은 저희들과 이 물체에 종속하는 모든 것 사이에 특수한 관계가 있다고 믿기 때문에 이것을

[2] 먼저 독자에게. 이 분야에서 확증을 얻기가 얼마나 어려운지를 먼저 일러두는 편이 좋을 듯하다. 우선 사례를 관찰하고 수집하는 사람들과, 이것을 음미하고 논구하는 사람들은 동일하지 않다. 전자는 여행자나 선교사이고, 후자는 자기 연구 대상을 한 번도 보지 못했을 수도 있는 학자다. 미개인과의 의사소통도 용이하지 않을뿐더러 모든 관찰자가 미개인의 언어에 정통한 것도 아니다. 그래서 통역자의 도움을 빌리는 경우도 있겠지만, 때로는 엉터리 영어를 보조어로 써서 질문 상대와 이야기를 하지 않으면 안 되는 경우도 있다. 미개인들은 저희 문화의 내밀한 것은 입 밖에 잘 내지 않고, 상대가 이방인일 경우 저희들과 몇 년 함께 지내지 않으면 속내를 잘 드러내지 않는다. 그들은 갖가지 동기에서 틀린 정보를 흘리거나 애매한 설명을 하는 경우도 있다. 잊지 말아야 할 것은, 이런 원시 제 민족은 신생 민족이 아니라 원래 문명이 진보한 민족과 같은 정도로 오래된 민족일 수도 있다는 점, 또 그들이 그 원시적 관념이나 제도를 오로지 우리들에게 들려주기 위해 발전도 왜곡도 하지 않은 채 고스란히 보존하고 있는 것으로 기대해서도 안 된다는 점이다. 그렇다기보다는 오히려 미개인이야말로 모든 면에서 근본적인 변화를 거쳤을 것이라고 보아야 한다. 따라서 화석 같은 그들의 현재 상태나 의견에 어떤 원시적 과거가 남아 있는지, 어느 부분이 과거의 왜곡인지, 어떤 것이 과거가 변화한 흔적인지 꼼꼼하게 검토하지 않으면 안 된다. 그래서 학자들 사이에서는 원시 문화 특징의 어느 부분이 본원적인 것이냐, 어떤 것이 후세의 2차적 형태로 보아야 하느냐는 문제를 두고 논쟁이 벌어지기도 한다. 따라서 원시적 상태를 확정하는 것은 이미 구성의 문제이다. 결국 미개 민족의 사고 양식 속으로 뛰어드는 일은 용이한 일이 아닌 것이다. 우리는 아이들을 대할 때 그렇듯이 미개인을 대할 때도 오해하거나, 그들의 행동이나 감정을 우리 자신의 정신 상태로 해석하기 쉬운 경향을 보인다 — 원주.

[3] 『토테미즘과 족외혼속』제1권에 재수록된「토테미즘」참조 — 원주.

미신적으로 존경한다. 인간과 이 토템의 관계는 호혜적인 것이어서 토템이 인간을 보호한다면 인간은 갖가지 방법으로 거기에 존경하는 뜻을 드러내야 한다. 가령 토템이 동물이면 죽이지 말 것이며, 토템이 식물이면 베거나 채집하지 말아야 하는 것이다. 토템과 주물(呪物)의 차이는 토템이 주물 같은 개개의 물체가 아니라, 늘 하나의 종(種)이라는 점이다. 토템은 어떤 종류의 동물일 경우가 많은데, 드물게는 무생물일 경우도 있고 더 드물게는 인공적인 창조물일 경우도 있다……〉

〈토템은 적어도 세 종류로 나눌 수 있다.

(1) **종족 토템**. 종족 전체에 속하는 것으로 세습적이어서 한 세대에서 다음 세대로 계승된다.

(2) **성별 토템**. 한 종족의 남성 전체 혹은 여성 전체에 속하되, 성이 다르면 토템에서 제외된다.

(3) **개인 토템**. 개인에게 특유한 것으로서 자손에게는 전해지지 않는다.〉

제2, 제3의 토템은 그 중요성으로 보아 종족의 토템과는 비교가 되지 못한다. 이것은 비교적 뒤에 성립된 것이어서 토템의 본질상 그다지 큰 의미가 부여되지 않은 듯하다.

〈종족 토템은 남녀의 집단 숭배 대상이다. 이 집단은 토템의 이름을 취하여 저의 이름으로 삼고, 각 구성원은 같은 조상에게서 태어난 혈족이라고 생각하며, 상호의 공동 의무와 토템에 대한 믿음으로 굳게 결속되어 있다.

토테미즘은 종교 조직인 동시에 사회 조직이기도 하다. 종교적 측면에서 토테미즘은 인간과 그 토템 간의 상호 존중과 보호이며, 사회적 측면에서 부족 상호 간 그리고 타 종족에 대한 연대 책임 관계로 이루어져 있다. 이 양면은 뒷날에 이르러 상호 분리되는 경향을 보인다. 그런데 때때로 종교 조직은 사라지고 사회 조직만 남는 경우가 있다. 한편, 토테미즘 위에 선 사회 조직이 소멸한 나라에서 종교 속에 토테미즘의 자취가 남아 있는 경우가 있다. 토테미즘의 이러한 양면성이 근원적으로 서로 어떻게 연결되어 있었는가를 규명하기는 쉬운 일이 아닌데, 그 근원이라는 것이 우리에게는 알려져 있지 않기 때문이다. 그러나 토테미즘의 양면이 처음에는 불가분의 관계였다는 것은 분명해 보인다. 바꾸어 말하면 시대를 거슬러 올라감에 따라 특정 종족에 속하는 자는 자신을 자기 토템과 동일시했고, 토템에 대한 자신의 태도나 종족 구성원에 대한 태도를 구별하지 않았으리라는 것이다.〉

프레이저는 종교 체계로서의 토테미즘을 상세하게 기술하기에 앞서, 한 토템 종족은 같은 토템 종족 구성원을 부르되 그 토템의 이름으로 불렀으며, 〈실제로 저희들은 그 토템으로부터 나온 자손이라고 믿었다〉고 주장한다. 그들이 토템 동물을 사냥하지도 죽이지도 먹지도 않고, 그 토템이 동물이 아닐 경우에는 토템을 다른 용도에 쓰지 않는 것은 바로 이런 신앙 체계 때문이라는 것이다. 더욱이 토템을 죽이거나 먹는 것은 금기인 것은 물론, 때로는 손을 대거나 보는 것조차 금기에 속한다. 많은 경우 토템은 그 본명으로 불러서는 안 되는 것이기도 하다. 토템을 지키기 위한 터부 규정을 범하면 그 징벌은 자동적이었는데, 중병 아니면 죽음이다.[4] 종족의 구성원들은 토템 동물의 견본을 사육하기도 하고, 우리를 만들어 가두기도 한다.[5] 토템 동물이 죽으면 그 종족 구성원들은 그 죽음을 조상(弔喪)하고 사람을 매장한다. 부득이

4 이 논문의 앞 부분을 참조할 것 — 원주.
5 오늘날 로마의 카피톨리누스 언덕 계단에 놓인 우리 안에 든 암녹대, 베른의 굴에 갇혀 있는 곰이 좋은 예다 — 원주.

토템 동물을 죽여야 할 경우에는 정해진 절차에 따라 사죄 의례와 속죄 의례를 베풀어 주어야 한다.

종족의 구성원들은 그 토템으로부터 보호와 배려를 기대한다. 토템이 위험한 동물(맹수이거나 독사)일 경우에도 구성원들은 토템은 저희들을 해치지 않을 것이라고 가정한다. 이 기대가 어긋나는 경우, 상처 입은 자는 무리에서 쫓겨난다. 프레이저의 견해에 따르면, 구성원들에게 토템의 뜻은 곧 신의 뜻이다. 그래서 친자 확인 같은 일도 토템의 결정에 맡겨진다. 토템은 병을 낫게 하고, 종족에게 전조를 보여 주기도 하고, 재액(災厄)을 경고하기도 한다. 토템이 어떤 집 앞이나 근처에 나타났다는 것은 주인이 죽는다는 뜻이다. 그러니까 토템은 자기 피붙이를 데리러 온 셈인 것이다.[6]

종족의 구성원들은 중요한 상황이 발생할 때마다 토템과의 근친 관계를 강조한다. 가령 토템과 비슷한 외양을 차리거나, 토템 동물의 가죽을 몸에 두르거나, 그 모습을 문신으로 새기는 식이다. 출산, 성년식, 매장 따위의 의식이 베풀어질 때는 행동과 말을 통하여 늘 이 토템과 하나라는 것을 강조한다. 종족 전원이 토템으로 변장하고 토템의 몸놀림을 흉내 냄으로써 주술적, 종교적 의미가 담긴 춤을 추기도 한다. 마지막 차례는 토템 동물을 의례적으로 죽이는 의식이 따른다.[7]

토테미즘의 사회적 측면은 엄격하게 지켜지는 규정과 광범위한 제약을 통해 나타난다. 같은 토템 종족 구성원은 서로 형제자매 간이며, 서로 돕고 지킬 의무를 진다. 부족 구성원이 다른 부족

---

6 많은 귀족 가문의 〈백부인(白婦人)〉의 경우처럼 — 원주.
7 프레이저의 『토테미즘과 족외혼속』과 앞서 내가 이야기한 희생에 대한 논의 참조 — 원주.

의 손에 죽음을 당할 경우, 살해자의 부족 전체가 이 일의 책임을 진다. 살해당한 자의 부족 전원에게도 그가 흘린 피의 보상을 요구할 연대 책임이 지워진다. 토템에 의한 결합은 우리가 말하는 가족적 결합보다 훨씬 더 견고하다. 하지만 이것은 가족 결합과 같은 것은 아니다. 토템은 보통 모계를 통해 계승되는 것으로, 부계 계승은 일체 허용되지 않았다.

여기에 대응하는 터부 제약은 같은 토템 구성원끼리의 결혼은 허용되지 않을 뿐만 아니라, 서로 성적으로 교섭할 수도 없다는 것이다. 이것이 바로 토테미즘과 관련된 저 악명 높고도 신비스러운 족외혼속(族外婚俗)이다. 이 족외혼속에 관해서는 이미 이 책의 첫 논문에서 상세하게 다루었으므로, 여기에서는 그것이 극단적인 근친상간 기피에서 기인했다는 것, 집단 내 결혼에서 근친상간을 피하기 위한 안전판이었다는 것, 처음에는 〈젊은이들〉의 근친상간을 경계하기 위한 것이었지만 이것이 발전해서 뒤에는 연장자들에 대해서도 근친상간의 저지 수단이 되었다는 것만 지적해 두고자 한다.

토테미즘에 대한 프레이저의 지적(이 주제에 관한 문헌들 중 가장 오래된 것 가운데 하나)에 나는 최근에 나온 문헌의 요약을 하나 보태고자 한다. 『민족 심리학 요설』에서 분트는 이렇게 쓰고 있다.

〈토템 동물은 해당 집단의 조상인 동물로 간주된다. 따라서 《토템》은 한편으로는 집단의 이름인 동시에 다른 한편으로는 혈통의 이름이다. 혈통의 이름이라는 뜻에서 동시에 이 이름은 신화적 의미를 지닌다. 그러나 이렇게 다양한 개념은 상호 작용을 일으킨다. 말하자면 의미가 약화되어 토템의 이름이 그 종족의 이름이 되어 버리는 경우가 있는가 하면, 혈통의 개념 혹은 토템의 제의적 의미가 전면에 부각되는 경우도 있다……〉

토템 개념은 종족의 구성 및 종족의 조직에 결정적인 영향을 미치며, 그 구성 및 조직은 어떤 관습적 기준을 따르게 된다.

〈……이 기준 자체와, 이 기준이 원시 부족 구성원의 신앙과 감정에서 차지하는 확고한 자리는 토템 동물이 단지 그 부족 구성에서 집단의 이름으로만 드러나는 것이 아니라, 그 동물이 실제로 그 부족의 실제 조상으로 간주되는 것과 관련이 있다……. 그리고 이 동물 조상이 숭배를 받고 있는 것도 이것과 관계가 있다……. 일정한 의례나 의례적 제사를 별도로 한다면, 이 동물 숭배는 주로 토템 동물에 대한 태도로 나타난다. 말하자면 개개의 동물뿐만 아니라 같은 종류의 동물 모두가 어느 정도 신격화한 동물이 되며, 토템 부족은 토템 동물의 고기를 먹을 수 없거나 특정한 상황하에서만 허용되는 것이다. 이것과 양립할 수 없는 것은 아니지만, 의미심장한 반대 현상이 바로 그 특정한 경우 토템의 고기를 먹는 것 자체가 일종의 의례를 구성한다는 것이다……〉

〈……그러나 이 토테미즘적 종족 체계의 가장 중요한 사회적 측면은, 이것이 부족 상호 간의 교섭을 규정하는 일정한 관습의 기준과 연관이 있다는 점이다. 이 기준 가운데서 가장 중요한 것이 결혼에 관한 기준이다. 그래서 이 종족 체계는 토테미즘 시대에 처음 나타난 매우 중요한 현상, 즉 족외혼속과 밀접한 관계가 있는 것이다.〉

뒤에 발전하기도 하고 약화하기도 하는 양상을 고려에 넣지 않고 토테미즘의 근원적인 본질을 파악하자면, 그 본질적 특징은 이렇게 말할 수 있다. 〈원래 모든 토템은 동물이었고, 모든 동물은 서로 다른 개개 부족의 조상이었다. 토템은 모계를 통해서만 계승되었다. 토템을 죽이는 것을 금하는 금제가 있었다〉(원시적인 상황에서는 먹는 것이나 죽이는 것이나 마찬가지였지만, 먹는 것도 금하는 금제가 있었다). 〈같은 토템에 속하는 부족은 서로 성적인 교섭이 금지되어 있었다.〉[8]

우리는 여기에서 레나크가 제시한 〈토테미즘 법전〉에는 중요한 터부의 하나, 즉 족외혼속이 전혀 언급되어 있지 않고 두 번째로 중요한 터부의 전제인 토템 동물의 기원에 대해서는 피상적으로만 언급되어 있다는 데 충격을 받게 된다. 하지만 그럼에도 불구하고 레나크(이 문제의 해명에 관한 한 매우 값진 기여를 한)의 서술을 선택한 것은, 우리가 지금부터 다룰 저자들의 의견 차이에 대비하도록 하기 위함이다.

2

토테미즘이 모든 문화권이 두루 보이는 발전 단계의 하나라는 견해가 논파되기 어려워짐에 따라 토테미즘을 이해하고 그 본질의 수수께끼를 규명하고 싶다는 욕구는 그만큼 더 절실해졌다.

8 이 말은 프레이저가 쓴 이 주제에 관한 논문 「토테미즘의 기원」에서 내린 토테미즘에 대한 결론과 일치한다. 그의 결론은 다음과 같다. 〈이같이 토테미즘은 일반적으로 종교 및 사회 쌍방의 원시적 조직으로 다루어져 왔다. 종교 조직으로서의 토테미즘은 미개인과 그 토테미즘의 신비적 결합을 아우르고, 사회 조직으로서의 토테미즘은 동일한 토템의 남녀 상호 간의 관계 및 다른 토템 집단의 구성원에 대한 관계를 아우르고 있다. 그리고 조직의 양면에 대응하여 토테미즘의 중요한 두 기준, 즉 규범이 성립된다. 그 하나는 자기 토템의 동물이나 토템 식물은 죽이거나 먹어서는 안 된다는 규칙, 다른 하나는 같은 토템 여자와는 혼인 및 동서(同棲)해서는 안 된다는 규칙이다.〉 프레이저는 이어서 다음과 같은 주장을 통하여 토테미즘 논의의 핵심을 우리에게 보여 준다. 〈이 양면(종교적 및 사회적)이 일찍이 공존하고 있었는지 여부, 본질적으로 무관한 것인지 여부야말로 지금까지 갖가지 해답이 내려져 온 문제인 것이다〉— 원주.

토테미즘과 관련된 모든 것이 수수께끼이지만 결정적인 문제는 토템 혈통의 유래, 족외혼속(및 족외혼속으로 대표되는 근친상간 터부)의 동기, 그리고 토템 조직과 근친상간 금지 양자 간의 관계의 문제이다. 토테미즘의 이해는 역사적인 동시에 심리적이어야 한다. 그리고 어떤 조건을 바탕으로 이 독특한 제도가 발전했는지, 이 제도는 어떤 정신적 요구를 표현해 왔는지 여기에 대답하지 않으면 안 된다.

독자들은 이러한 문제에 대한 해답의 모색이 얼마나 서로 다른 관점에서 시도되었는지, 여기에 대한 전문가들의 의견이 서로 얼마나 큰 차이를 보여 왔는지 알면 놀랄 것이다. 토테미즘과 족외혼속에 관한 일반의 주장은 모두 의문의 여지가 있다고 해도 좋을 것이다. 1887년에 출판된 프레이저의 한 논문으로부터 발췌한 앞의 인용문조차도 이 글을 쓰는 나 자신의 지나친 선호도를 표현한 것이라는 비판을 면하기 어렵고, 프레이저가 그 뒤 이 문제에 관한 자신의 의견을 몇 차례 바꾸었던 것으로 보아 오늘날에는 그 자신도 여기에 이의를 제기하고 있는 것으로 보인다.[9]

토테미즘과 족외혼속이라는 이 두 관례의 기원에 접근할 수만 있다면, 이 두 제도의 근원적인 본질을 이해하는 것도 어느 정도 가능할 것이다. 그러나 이 문제를 제대로 판단하기 위해서는, 미개인들조차도 이들 제도의 최초의 형태나 그 발생 조건을 그대로 유지하고 있지 않으므로 우리의 불완전한 관찰을 보충하기 위해

9　프레이저는 자신의 의견을 바꾸면서 다음과 같은 멋진 구절을 덧붙이고 있다. 〈나는 이렇게 어려운 여러 가지 문제를 두고 나의 결론이 최종적인 것이라고 주장할 만큼 어리석지는 않다. 나는 여러 차례 의견을 바꾸어 왔지만 앞으로도 새로운 증거가 나타나면 다시 번복할 결심이다. 왜냐하면 모름지기 솔직한 연구자라면 자신이 딛고 선 땅의 색깔에 맞추어 몸 색깔을 바꾸는 카멜레온처럼 그렇게 색깔을 바꾸어야 하기 때문이다〉(『토테미즘과 족외혼속』) ─ 원주.

서는 가설에라도 의지하지 않으면 안 된다는 앤드루 랭의 말을 잊지 말아야 한다.[10] 하지만 심리학자들의 판단에 따르면, 거기에 제출된 설명의 시도는 처음부터 적절하지 못해 보인다. 왜냐하면 그런 설명의 시도가 너무나 합리적이고, 설명의 대상이 지니는 감정적 성격이 전혀 무시되고 있기 때문이다. 그뿐만 아니라 관찰을 통해서는 확증될 수 없는 전제를 그 바탕으로 하는 것도 있는가 하면, 다른 해설에 쓰여야 하는 자료에 의지하는 경우도 있다. 다양한 견해를 반박하는 일은, 일반적으로 말하자면 그다지 어렵지 않다. 저자들이란 원래 자신의 이론을 세울 때보다는 서로 비판할 때 더 강한 법이다. 논점의 대부분에 대한 최종 결론은 〈증거 불충분non liquet〉이다. 그러므로 이 문제에 관한 최근의 논문들(그 대부분이 여기에서는 검토되지 않지만)이 토템 문제의 일반적인 해명을 불가능한 일로 보고, 이것을 거부하는 듯한 움직임을 보이고 있는 것도 그리 놀라운 일은 아니다(가령 골든와이저[11]가 그렇다). 나는 여기에다 상반되는 가설을 소개하되 그 연대순은 무시하려고 했다.

(1) 토테미즘의 기원

토테미즘의 발생 문제는 다음과 같이 공식화할 수 있다. 즉 미개인은 어떻게 자기(그리고 자기 종족)를 동물, 식물, 무생물의 이름으로 부르게 되었는가 하는 것이다.[12] 스코틀랜드인 매클레

---

10 〈토테미즘의 기원은 그 성격상 우리의 역사적 검토나 실험 능력의 범위를 벗어나는 것이기 때문에, 우리는 이 문제에 관해서는 추측에라도 의지해야 한다.〉〈어디에서든 우리가 완전히 《원시적인》 인간과 생성 중인 토템 조직을 만난다는 것은 불가능하다〉(앤드루 랭, 『토템의 비밀The Secret of the Totem』, 1905).
11 골든와이저A. Goldenweiser의 「토테미즘 연구」(1910) 참조 — 원주.
12 처음에는 동물의 이름으로만 불렸을 것이다 — 원주.

넌은 토테미즘과 족외혼속을 처음으로 학문의 대상으로 삼은 사람이지만,[13] 토테미즘의 발생에 관한 견해는 발표한 적이 없다. A.랭은[14] 오랜 기간 동안 토테미즘이 문신의 풍습으로부터 도출했다고 생각했다. 지금까지 발표된 토테미즘의 기원에 관한 학설을 나는 (a) 명목론적 학설, (b) 사회학적 학설, (c) 심리학적 학설 등 세 부류로 나누고자 한다.

(a) 명목론적 학설

이 학설에 대한 나의 언급은, 내가 왜 이런 표제 아래 이런 학설을 묶었는지 그 까닭을 설명해 줄 것이다.

페루 잉카족의 후예인 가르실라소 데 라 베가Garcilaso de la Vega는 17세기에 잉카족의 역사서를 쓴 사람인데, 그는 일찍이 토테미즘 현상으로 알려지고 있던 것의 기원을, 이름을 통한 상호 구별이라는 종족적 욕구에서 구하고 있다.[15] 이와 동일한 견해는 그로부터 몇백 년 뒤, 킨A.K.Keane의 인종학 저서[16]에도 나타난다. 킨의 견해에 따르면 토템은 개인, 가족, 종족이 자기 및 자기가 속한 그룹을 다른 사람 및 다른 사람이 속한 그룹과 구별하기 위한 〈문장(紋章, *Wappenabzeichen*)〉에서 생겨난 것이다.[17]

막스-뮐러Max-Müller도 같은 견해를 다음과 같이 밝히고 있다. 〈토템은 처음에는 씨족의 문장이었다가 다음에는 씨족 명이 되었고, 그다음에는 씨족의 조상 이름이 되었다가 마지막으로 그

---

13 주요 저술에는 『미개인의 결혼*Primitive Marriage*』(1865), 「동물과 식물 숭배 The Worship of Animals and Plants」(1869~1870) 등이 있다 — 원주.

14 『토템의 비밀』 참조 — 원주.

15 『토템의 비밀』 참조 — 원주.

16 『사람, 과거와 현재*Man, Past and Present*』(1899) 참조.

17 랭이 『토템의 비밀』에서 킨의 논문을 인용했다 — 원주.

씨족이 섬기는 것의 이름이 되었다.)[18] 피클러J. Pikler도 뒷날 이렇게 썼다. 〈인류는 공동체와 개인을 위해 기록을 통하여 고정시킬 영속적인 명칭을 필요로 했다……. 이와 같이 토테미즘은 종교적 필요 때문이 아니라 인류의 일상생활의 평범한 필요에서 생겨난 것이다. 따라서 토테미즘의 핵심, 즉《명명법(命名法)》은 원시적 기록 기술에서 발생한 것이다. 토템의 성격에는 쉽게 쓸 수 있는 상형문자의 성격도 포함되어 있다. 그런데도 불구하고 미개인들은 저희들에게 동물의 이름이 붙어 있는 것에서, 저희들이 그 동물과 혈연 관계에 있다는 관념을 발전시켰다.)[19]

허버트 스펜서도 토테미즘의 발생에 결정적인 의미를 지니는 것은 명명법이라고 주장했다.[20] 스펜서의 설명에 따르면 개개인은 그 특성에 알맞는 동물의 이름으로 불렸는데, 이 이름은 처음에는 그 개인의 경칭이나 별명이었다가 자손에게로 전해졌다는 것이다. 그는 미개인의 언어가 원래 불명확하고 애매한 것이어서, 후세의 자손들은 저희들이 동물의 이름으로 불리는 것을 알고 나서 그 동물과 혈연 관계에 있는 증거라고 생각하게 되었다고 주장한다. 결국 토테미즘은 잘못 전해진, 말하자면 오해에서 비롯된 조상 숭배의 결과라는 것이다.

에이브버리 경(이전 이름인 존 러벅 경으로 더 널리 알려진 사람이지만)은 토테미즘의 기원에 대해 오해의 측면은 강조하지 않지만, 이와 비슷한 주장을 하고 있다. 동물 숭배를 설명하려고 할

18 막스-뮐러의 『신화학 논문집*Contribution to the Science of Mythology*』(1897)에서 A.랭이 『토템의 비밀』에 인용한 부분 — 원주.
19 피클러와 소믈로F. Somlo의 저술. 두 저자는 자기들이 시도한 설명의 특징을 〈유물론적 역사 이론에 대한 기여〉라고 부르는데, 이는 적절해 보인다 — 원주. 피클러와 소믈로의 『토테미즘의 기원 *Der Ursprung des Totemismus*』(1900).
20 허버트 스펜서의 「동물 숭배의 기원The Origin of Animal Worship」(1870)과 『사회학 원리』(1893) — 원주.

때 우리는, 인간의 이름은 동물의 이름으로부터 차용한 경우가 많다는 것을 잊어서는 안 된다는 것이다. 그러니까 〈곰〉 혹은 〈사자〉라고 불리는 사람의 자식들이나 추종자들이 그 이름을 종족의 이름으로 삼는 것은 당연한 일인데, 바로 이런 일을 통해 그 동물 자체가 처음에는 〈관심의 대상, 이어서 존경의 대상, 나아가서는 숭배의 대상이 된다〉는 것이다.[21]

토템 이름을 개인의 이름으로 귀속시키는 것에 반대하여 반박의 여지가 없는(혹은 없어 보이는) 의견을 제시하고 있는 사람이 바로 피슨이다.[22] 그는 오스트레일리아 원주민의 경우를 들어, 토템이란 〈집단의 표지이지 개인의 표지는 아닌 것〉이라고 주장한다. 그러나 그런 것이 아니고 토템이라는 것이 설사 개인의 이름이었다고 하더라도 이것이 자손에게 전해질 수는 없다. 토템은 원래 모계를 통해 전승되는 것이기 때문이다.

지금까지 소개한 학설이 불완전한 것은 분명하다. 이들 학설은, 가령 미개인들이 동물의 이름을 종족명으로 사용했다는 사실을 설명하고 있기는 하지만, 이러한 명명이 미개인들에게 어떤 의미를 지니는 것인지, 말하자면 토템의 체계와 어떤 관계가 있는 것인지는 전혀 설명하지 못한다. 이러한 학설 중에서 가장 주목할 만한 것은 앤드루 랭이 자신의 저서[23]에서 전개하고 있는 이론이다. 이 이론 역시 명명을 문제의 핵심으로 삼고 있지만 두 개의 흥미있는 심리적 요소를 다룸으로써 토테미즘 수수께끼의 최종적 해결을 시도하고 있다.

앤드루 랭의 이론은 이렇다. 미개인 부족이 어떻게 해서 동물

---

21 러벅 경의 『문명의 기원』(1870) 참조.
22 피슨과 호위트Howitt가 공저한 『카밀라로이와 쿠르나이』의 내용을 랭이 『토템의 비밀』에서 인용함 — 원주.
23 『사회의 기원Social Origin』(1903), 『토템의 비밀』(1905) — 원주.

이름을 가지게 되었는가는 아무래도 좋다. 그들은 어느 날 문득, 자기들이 그런 이름을 갖고 있다는 것을 의식하지만, 그 이름이 어디에서 왔는지는 그들 역시 설명하지 못한다. 말하자면 〈그 이름의 기원은 잊혀진 것〉으로 가정하는 것이다. 이렇게 되면 그들은 사고를 통하여 그 기원에 대한 여러 가지 사실을 알게 될 것이다. 더구나 이름의 중요성을 확신하고 있을 터이므로 필연적으로 토테미즘의 조직에 내포되어 있는 모든 관념에 이르게 되는 것이다. 이름은 미개인들에게(오늘날의 미개인이나 우리 시대의 아이들도 마찬가지다)[24] 우리가 생각하듯이 대수롭지 않거나 인습적인 것이 아닌 의미심장하고도 본질적인 것이다. 한 사람의 이름은 그가 지닌 인격의 중요한 구성 요소, 혹은 그가 지닌 혼의 덩어리의 일부인 것이다. 동물과 이름이 같다는 사실은 미개인들로 하여금 그들의 인격과 그 동물 사이에 신비스럽고도 의미심장한 관계가 있다는 생각을 하게 했음에 분명하다. 그 관계가 혈연 관계가 아니고 무슨 관계일 수 있겠는가? 그리고 이름이 같다는 사실을 통해 혈연 관계가 가정되면 혈족 터부의 직접적인 결과로서 족외혼속을 비롯한 모든 토템 규정이 여기에서부터 생겨난 것이다. 랭의 설명은 이렇게 계속된다.

〈족외혼속을 포함한 토테미즘의 규정이나 관습을 발생시키는 데 필요한 것은 세 가지뿐이다. 즉 기원이 불분명한 종족의 동물명, 동물이 되었든 인간이 되었든 같은 이름을 지닌 한 무리 사이의 초월적 관계에 대한 믿음, 그리고 피의 미신에 대한 믿음이 그것이다.〉[25] 랭의 설명은 두 부분으로 나뉜다. 첫 번째 부분은 토테미즘 체계를 사람이 동물의 이름을 가졌다는 사실에서 생기는 심

24 앞서 논의한 내용을 참조할 것 ─ 원주.
25 랭의 『토템의 비밀』참조 ─ 원주.

리학적 필연성(명명의 유래가 잊혀졌다는 사실을 전제로 하는) 으로 보는 것이다. 두 번째 부분은 바로 이 이름의 실제 기원을 해 명하는 노력에 바쳐지는데, 뒤에 밝혀지겠지만 이 두 번째 이론 은 첫 번째 이론과는 그 성격이 판이하다.

두 번째 부분은 내가 〈명목론〉이라고 부른 다른 학설과 본질적 으로는 다르지 않다. 이 이론에 따르면 개개의 종족이 이름을 갖 게 된 것은 서로를 구별할 필요 때문이었다는 것이다. 말하자면 이 과정에서 개개의 종족은 다른 종족이 부여한 이름에 만족하게 되었다는 것인데, 이 〈외부로부터의 명명〉이 랭이 구성한 이론의 특징을 이룬다. 이렇게 해서 생긴 이름이 바로 동물로부터 차용한 것이라는 사실은 별로 중요하지 않다. 따라서 미개인들에게는 그 런 이름을 모욕이나 조롱으로 받아들일 이유가 없는 것이다. 참 고 삼아 랭은, 외부 사람들에 의해 원래 조롱하는 뜻으로 지어진 이름이 후대에는 전혀 그런 흔적이 없이 기꺼이 받아들여진 사례 (가령 〈레 괴Les Gueux〉, 〈휘그Whigs〉, 〈토리Tories〉 등)[26]를 들고 있 다. 이런 이름의 발생은 세월이 흐르면서 잊혀진다는 가설이 랭 의 이론의 두 번째 부분과 첫 번째 부분의 연결 고리인 것이다.

(b) 사회학적 학설

후대의 제사나 풍습에 남아 있는 토테미즘 체계의 잔재를 추적 하는 데 성과를 올린 학자 S. 레나크는 처음부터 토테미즘이 토템 동물에서 유래한다는 주장을 별로 대수롭게 여기지 않았다. 그는 토테미즘을 〈사회적 본능의 확장une hypertrophie de l'instinct social〉

---

26 Les Gueux는 16세기 네덜란드의 반란군으로 〈비렁뱅이들〉이라는 뜻이다. 3세기 동안 스스럼없이 사용되었지만 보수당원을 지칭하는 Tories는 원래 17세기 아일랜드의 노상 강도들을, 진보당원을 지칭하는 Whigs는 원래 스코틀랜드 폭도들을 뜻하는 부정적인 말이었다.

이라고 생각하고, 실제로 이런 이론을 서슴없이 전개한 사람이기
도 하다.[27] 뒤르켐E. Durkheim이 최근에 펴낸 저서[28]도 비슷한 견
해로 일관하고 있는 것 같다. 그의 견해에 따르면 토템은 이런 종
족들의 사회적 종교를 대표하는 것이다. 토템은 원래 숭배의 대
상인 공동 사회 자체를 상징하고 있다는 것이다.

  사회적 충동이야말로 토템 체계 형성의 보다 정확한 기초가 되
었다는 것을 실증하고 싶어 한 학자들도 있다. 가령 하돈A. C.
Haddon[29] 같은 학자는 원시 시대 미개인들은 모두 처음에는 특정
한 종류의 동물이나 식물을 먹고 살다가 이 식품을 거래하거나
물물 교환을 통하여 다른 부족에게도 전파했을 것이라고 가정한
다. 그렇다면 저희들에게 그토록 중요한 역할을 하던 동물을 제
공한 부족은 다른 부족에게 바로 그 동물의 이름으로 알려지는
것이 당연하다. 그렇다면 이 동물을 받아들인 부족 사이에서는
그 동물에 대한 특별한 친근감, 일종의 관심 같은 것이 생겨날 것
임에 틀림없는데, 이 친근감이나 관심은 인간의 욕구 중에서도
가장 기본적이고도 절실한 심리적 동기, 즉 배고픔에 근거하는
것이다.

  모든 토템 학설 중에서 가장 〈합리적〉인 이 토템 학설에 겨누
어진 반론은, 그 같은 식생활 상태는 어떤 미개인 공동체에서도
발견된 적이 없고, 따라서 존재한 적도 없는 상태가 아니겠느냐
는 것이다. 미개인은 잡식성이고, 조건이 열악할수록 잡식의 정
도는 더욱 심하다. 따라서 이 같은 배타적 상식(常食)의 대상이 토

  27 레나크의 『제사, 신화, 종교』 참조 — 원주.
  28 『종교 생활의 기본 형태: 오스트레일리아의 토템 체계Les formes élémentaires de
la vie religieuse: Le système totémique en Australie』(1912) — 원주.
  29 『대영 협회 제72회 회합 보고서』에 실린 하돈의 「인류학 부문 주재 연설」
(1902). 프레이저가 『토테미즘과 족외혼속』에서 인용 — 원주.

템에 대한 거의 종교적인 태도로 발전하여 그렇게 좋아하던 식품을 완전히 끊어 버리는 정도에 이르기는 쉽지 않다.

프레이저가 각기 다른 시기에 토테미즘의 발생에 대해서 세운 세 가지 이론 중 첫 번째 이론은 심리학적 이론인데, 이것에 대해서는 다른 데서 검토하게 될 것이다. 우리가 지금 관심을 기울이고 있는 그의 두 번째 이론은 중앙 오스트레일리아 원주민에 관한 두 연구자의 중요한 저서의 영향을 받은 것이다.

스펜서와 길런은[30] 아룬타Arunta국(國)으로 알려진 일대를 구성하는 일군의 종족에게서 발견되는 일련의 독특한 제도, 관습, 신앙을 기술하고 있는데, 프레이저는 이 독특한 점이야말로 원시적 상태의 특성으로 간주되어야 하고, 이를 통해 토테미즘 본래의 진정한 의미가 밝혀질 것이라는 견해에 동의하고 있다.

아룬타 종족(아룬타 국의 일부에 속하는)에서 발견된 독특한 점은 다음과 같다.

1) 아룬타 민족은 토템 씨족으로 구분되지만, 그 토템은 세습적인 것이 아니라 곧 설명하게 될 방식에 따라 개개의 씨족에게 주어진다.

2) 토템 씨족은 족외혼속을 좇지 않지만 결혼의 제약은 토템과는 아무 상관이 없는 고도로 분화·발전된 결혼 계급에 그 바탕을 둔다.

3) 토템 씨족의 기능은 독특한 주술적 절차에 따라 식용 가능한 토템 동물의 증식을 목적으로 하는 의례를 집행하는 데 있다(이 의례를 〈인티키우마Intichiuma〉라고 한다).

4) 아룬타족은 독특한 수태설과 재생설을 믿는다. 말하자면 동일한 토템에 속한 사자의 영혼은 그들이 사는 땅의 특정 장소에

30 볼드윈 스펜서와 길런의 『중앙 오스트레일리아 원주민족』 — 원주.

서 재생하기를 기다리고 있다가 그곳을 지나가는 여성의 육체로 들어간다고 믿는 것이다. 아이가 태어나면 어머니는 자신이 수태했다고 생각하는 땅 이름을 댄다. 이에 따라 아이의 토템이 결정된다. 또 영혼(사자의 영혼이든, 재생하는 자식의 영혼이든)은 모두 그 땅에서 발견되는, 〈추링가churinga〉라고 불리는 독특한 액막이 돌과 밀접한 관계가 있다고 믿는다.

그런데 여기에서 두 가지의 동기가 프레이저로 하여금 아룬타족의 제도를 토테미즘의 가장 오래된 형태로 믿게 한 듯하다. 첫 번째 동기는 아룬타족의 조상은 통상 저희들의 토템을 먹었으며 자기 자신의 토템에 속하는 여자만 결혼의 대상으로 삼았다는 일종의 신화가 존재한다는 점, 두 번째 동기는 그들의 수태설에서는 성행위가 무시되고 있다는 점이다. 임신이 성교의 결과라는 것을 모르는 인간은 현존하는 인간들 중에서도 가장 뒤져 있고 가장 미개한 인간이라고 할 수 있을 것이다.

프레이저는 토테미즘을 평가하기 위해 〈인티키우마〉 의례에 주목하면서, 문득 토템 체계를 전혀 새로운 각도에서 보게 된다. 말하자면 토템 체계를 인간의 가장 자연스러운 욕구를 충족시키기 위한 실제적인 제도로 파악하게 되는 것이다(앞에서 검토한 하돈의 이론을 참고할 것).[31] 이 체계는 단지 대규모로 전개된 〈협동 주술〉의 한 사례에 지나지 않았다. 그러니까 미개인들은 이른바 주술적 생산 조합 및 소비 조합 같은 것을 형성하고 있었던 것이다. 토템 부족에게는 어떤 종류의 식품을 풍부하게 번성하게 할 의무가 있었다. 그 토템이 식용이 아닐 경우, 말하자면 위험한

---

31 프레이저의 『토테미즘과 족외혼속』 제1권. 〈여기에는 애매한 것도 신비스러운 것도 없고, 몇몇 학자들이 인간의 사고가 처음에는 얼마나 초라했던가를 강조하기 위해 곧잘 떠올리는 형이상학적 몽롱함 같은 것도 없다. 그런 형이상학적 몽롱함은 미개인의 단순하고, 감각적이고, 구체적인 사고 양식과는 전혀 무관한 것이다〉— 원주.

동물이거나 비나 바람 같은 자연물일 경우에는 이 자연의 일부를 통제하고 이로 인해 발생할지도 모르는 재난을 막을 의무가 있었다. 따라서 각 부족의 노력은 다른 부족에게도 도움이 되었다. 특정 토템 부족은 자기네 식용 토템을 전혀 먹지 못하거나 극소량만을 먹을 수 있기 때문에 이 귀중한 식용 토템의 나머지는 다른 부족에게 공급할 수 있었다. 그 대신에 특정 토템 부족은 다른 부족으로부터, 그들의 사회적 토템이 됨으로써 풍부하게 남아도는 것을 공급받을 수 있었던 것이다. 인티키우마 의례에서 획득한 이러한 통찰에 의지해서 프레이저는, 우리가 지금까지 토템을 먹어서는 안 된다는 금제에 현혹되어 사태의 가장 중요한 측면, 즉 다른 부족의 수요를 위해 되도록 많은 식용 토템을 조달해야 한다는 명제를 간과해 왔다고 믿는 듯하다.

프레이저는 모든 부족이 처음에는 아무 제약도 받지 않고 저희 토템을 식용해 왔다는 아룬타족의 전설을 받아들였다. 그러나 이렇게 되면 후기의 토테미즘 발전 단계, 즉 스스로 토템의 식용을 단념하고 다른 부족을 위해 토템을 확보하게 되는 단계를 설명할 수 없게 된다. 여기에서 그는, 이러한 제약은 종교적인 외경에서 생긴 것이 아니라, 동물도 저희 동료끼리는 서로 잡아먹지 않는 것에 대한 관찰에서 생긴 것이라고 가정하게 된다. 말하자면 토템을 먹는다는 것은 부족 구성원과 토템을 동일시하는 그들 정체성을 훼손하고, 이로써 그 토템을 통제하는 힘을 상실할 것이라는 깨달음, 혹은 토템을 식용하지 않아야 토템과의 화해를 도모할 수 있다는 깨달음에서 생긴 것으로 가정하게 된다는 것이다. 그러나 프레이저는 이러한 설명에 무리가 있음을 숨기지 않았다.[32] 그는 또 아룬타족의 신화에서 말하는, 동일 토템 부족 내의

32 프레이저의 『토테미즘과 족외혼속』 참조 — 원주.

통혼 풍습이 어떤 과정을 거쳐 족외혼속으로 발전했는지에 대한 설명도 하지 않았다.

인티키우마 의례에 바탕을 둔 프레이저 이론이 옳으냐 그르냐 하는 것은, 아룬타족 제도의 원시적 성격이 인정되느냐 인정되지 않느냐에 달려 있다. 그러나 뒤르켐[33]이나 랭[34]이 제출한 반론에 대항할 수 없을 것으로 보인다. 이들의 주장에 따르면 아룬타족 은 원시적인 종족이라기보다는 오스트레일리아의 모든 종족 중 가장 발달한 종족이고, 따라서 이들의 토테미즘은 토테미즘의 초 기 양상이라기보다는 붕괴 단계를 대표하는 것으로 보인다는 것 이다. 현행 제도와는 반대로 토템을 식용하고 토템 부족 내부의 통혼이 자유로웠다는 의미에서 프레이저에게 깊은 인상을 주었 던 신화는 황금 시대를 그리는 대부분의 신화가 그러하듯이 과거 에 투사된, 갈망으로 인한 환상의 신화였다는 사실로 쉽게 설명 될 수 있을 듯하다.

(c) 심리학적 학설

스펜서와 길런의 관찰을 접하기 전에 구상되었던 프레이저의 첫 심리학적 이론은 〈외적 영혼〉[35]에 대한 신앙에 그 바탕을 둔 것이었다. 이 이론에 따르면 토템이란, 영혼이 자기 존재를 위협 하는 위험으로부터 벗어나 보호받을 수 있는 안전한 피난처의 상 징이다. 미개인들은 자기 영혼을 그 토템에 귀의시키면 자신은 해를 입지 않는 것으로 믿었다. 따라서 미개인들이 저희 영혼의 피난처인 토템에 어떤 해를 입히지 않으려고 했던 것은 당연하다.

33 『사회학 연감』(1898, 1902, 1905 등)에 실린 논문 「토테미즘에 관하여Sur le totémisme」(1902)를 참조할 것 — 원주.
34 『사회의 기원』과 『토템의 비밀』 — 원주.
35 『황금 가지』 제2부 — 원주. 또한 『토테미즘과 족외혼속』도 참조할 것.

그러나 미개인들은 그 토템 동물 중 어느 특정 개체에 그 영혼을 귀의시켜야 하는지 알지 못했기 때문에 그 종류에 속하는 모든 동물에게 삼가는 마음을 기울이는 것은 당연하다.

프레이저 자신은 토테미즘이 영혼에 대한 믿음에서 발생했다는 이론을 포기하고, 스펜서와 길런의 관찰을 알게 된 이후로는 내가 앞에서 검토한 바 있는 사회학적 이론 쪽을 채택했다. 그러나 프레이저는 오래지 않아 토테미즘을 도출한 계기가 너무 〈합리적〉이고, 원시적이라고 하기에는 너무나 복잡한 사회 조직을 전제로 한다는 것을 깨달았다.[36] 이때부터 그는 주술적 공동 사회를 토테미즘의 씨앗이라기보다는 토테미즘의 결실로 보게 된다. 그는 가장 단순한 요소, 즉 이러한 구조들 뒤에 숨겨진 어떤 원시적 미신이 토테미즘의 기원을 밝혀 줄지도 모른다고 생각했다. 그리고 그 근원적 계기를 아룬타족의 기묘한 수태설에서 발견하기에 이른다.

앞에서 소개한 바 있거니와, 아룬타족은 임신이 성행위의 결과라고 생각하지 않는다. 여자는 어머니가 되었다는 것을 자각하는 순간, 사자의 영혼들이 모여 있던 가장 가까운 토템의 중심에서 재생의 순간을 기다리고 있던 영혼 하나가 자기 몸으로 들어왔다고 믿는다. 그러니까 여자는 이 영혼을 아기로 기르게 되며, 아기는 중심에서 대기하고 있던 모든 영혼들의 토템을 자기 토템으로 섬기게 되는 것이다. 그러나 이것은 토템의 존재를 미리 가정하고 있으므로 토테미즘의 발생을 설명하지 못한다. 하지만 한 걸음 물러서서 여자가 어머니가 되었다는 것을 처음으로 느낀 순간

36 〈미개인의 공동 사회가 자연계를 신중하게 분할하거나 구분하고, 각 구역을 주술사들이라고 하는 특별한 집단에 넘겨준 뒤, 이들 집단의 공동 복지를 위해 나름의 주술을 베풀게 하고 주문을 짓게 한 것으로 보기는 어렵다〉(『토테미즘과 족외혼속』 제4권) ─ 원주.

여자가 공상한 사물, 곧 동물이나 식물이나 돌 같은 것이 정말 여자의 몸속으로 들어와 있다가 결국 사람의 형태를 취하여 여자의 몸 밖으로 나간 것으로 곧이곧대로 믿는다고 가정해 보자. 이 경우 한 인간과 토템의 동일시는 그 어머니의 믿음에 의해 실제로 어떤 동기를 확립하게 되며, 다른 토템 명제는 모두(족외혼속을 제외하고) 여기에서 도출될 수 있다. 이렇게 되면 그 사람은 이 동물이나 식물을 자신과 동일시할 터이므로 당연히 먹는 것을 삼가게 될 것이다. 하지만 의례의 방법을 통해 그 토템을 아주 조금씩 먹는 일은 당연히 있을 수 있다. 이로써 토템과의 일체감을 강화시킬 수 있는 것으로 믿기 때문인데, 이것이야말로 토테미즘의 본질이다. 뱅크 제도의 원주민을 관찰한 리버스W. H. R. Rivers의 보고[37]는 이러한 수태설에 바탕을 둔, 인간과 그 토테미즘의 직접적인 일체화 현상을 설명하는 것으로 보인다.

그렇다면 토테미즘의 최종적 원천은 인간이나 동물이 그 종족을 번식시키는 과정에 관한 미개인들의 무지, 특히 수태할 당시 수컷이 맡는 역할에 대한 무지일 수밖에 없다. 이 무지는 생식 행위가 있고부터 아기가 출생하기까지(혹은 태동을 느끼게 되기까지)의 기간이 길기 때문에 생긴 것일 수도 있다. 그렇다면 토테미즘은 남성의 마음에서 태동한 것이기보다는 여성의 마음에서 태동한 것이기 쉽다. 말하자면 〈임신한 여성의 병적 공상벽〉의 소산이라는 것이다. 프레이저의 말에 따르면 이렇다.

〈어머니가 된다는 것을 처음으로 알게 되는 생애의 가장 신비로운 그 순간, 여자의 마음에 떠오른 대상을 자궁 속의 아기와 동

---

37 프레이저의 『토테미즘과 족외혼속』 제2권 — 원주. 프레이저는 리버스의 「폴리네시아와 멜라네시아의 토테미즘Totemism in Polynesia and Melanesia」(1909)을 인용했다.

일시하는 일은 실제로도 있을 수 있다. 이 같은 모성적 공상은 지극히 자연스럽고 또 흔히 볼 수 있는 일반적인 현상인데, 이것이야말로 토테미즘의 뿌리인 것으로 보인다.)[38] 프레이저가 확립한 이 제3의 이론에 대한 가장 주된 반론은 제2의 이론, 즉 사회학적 이론에 대한 반론과 동일하다. 아룬타족은 토테미즘의 발생과는 너무나 멀리 떨어져 있는 종족으로 보인다는 것이 반론의 핵심이다. 아룬타족이 부성(父性)을 인정하지 않는 것은 미개인의 무지에서 기인한 것 같지 않다. 이들에게 부계 상속으로 계승되는 것도 적지 않기 때문이다. 오히려 이들은 조상의 영혼을 숭배하려는 일종의 사고 체계 때문에 부성을 희생시키는 것으로 보인다.[39] 그들은 정령에 의한 처녀 수태의 신화를 일반적인 수태설로 고양시킨 것으로 보인다. 그러나 이것만 보고 그들이 생식 조건에 무지했다고는 볼 수 없는 것이, 그리스도 신화가 발생할 즈음의 고대 민족들도 그들과 다르지 않았기 때문이다.

토테미즘의 기원에 대한 또 다른 학설이 네덜란드의 학자 빌컨 G. A. Wilken[40]에 의해 제출되었다. 바로 토테미즘을 영혼의 윤회설로 설명하는 학설이다. 〈일반적으로 믿어지고 있듯이, 사자의 영혼이 특정 동물 속으로 들어가면 그 동물은 혈족이나 조상이 되는데, 사람들은 이런 동물을 혈족이나 조상으로 믿었다〉는 것이다. 그러나 윤회에 대한 믿음이 토테미즘에서 도출된 것이지, 윤회에 대한 믿음에서 토테미즘이 기원한 것은 아니라고 보는 것이 훨씬 더 그럴듯해 보인다.[41] 토테미즘에 관한 또 하나의 학설

38 『토테미즘과 족외혼속』 제4권 참조 — 원주.
39 〈그 같은 신앙은 미개인과는 거리가 먼 하나의 철학이다〉(랭의『토템의 비밀』) 참조 — 원주.
40 「인디아 제도 민족의 애니미즘」
41 프레이저의『토테미즘과 족외혼속』 제4권 참조 — 원주.

은 미국의 탁월한 인류학자인 프랜츠 보애스Franz Boas와 힐-타우트C. Hill-Tout 등에 의해 제기된다. 이 학설은 토테미즘 신앙을 지닌 아메리카 인디안 종족에 대한 관찰에서 출발하는데 그 요지는, 토템은 원래 조상의 수호신인데 조상은 꿈의 현몽을 통해 이 수호신의 존재를 알게 되어 자손에게 전했다는 것이다. 우리는 이미 토테미즘이 한 개인에게서 발생하여 자손에게 전해진다는 주장이 지니는 난점을 알고 있다. 그러나 이와는 상관없이 오스트레일리아 원주민에 대한 관찰 결과로 보아도 토템이 수호신에서 유래한다는 학설은 근거가 있어 보이지 않는다.[42]

이 심리학적 학설에서 마지막으로 다루게 될 분트의 학설은 다음 두 가지 사실을 그 바탕으로 삼는다. 즉 〈첫째, 처음부터 토템의 대상이었고 그 뒤로도 널리 보급되고 있는 대상은 동물이었다는 점, 둘째, 토템 동물 중에서 가장 오래된 것은 영적 동물이었다는 점〉이다. 영적 동물(새, 뱀, 도마뱀, 생쥐 같은)은 그 빠른 몸놀림이나 하늘을 나는 특성이나, 놀라움이나 경계심을 유발하는 특징을 통하여, 육신을 떠난 영혼의 가장 적절한 피난처로 인식되었다. 말하자면 토템 동물은 기식화(氣息化)한 영혼Hauchseele이 동물로 전화한 것의 후예라는 것이다. 따라서 분트[43]에 따르면 토테미즘은 영혼에 대한 믿음, 다시 말해서 애니미즘과 직접적인 관계를 맺고 있는 것이다.

(2)와 (3), 족외혼속의 기원과 토테미즘의 관계

지금까지 토테미즘에 대한 다양한 학설을 어느 정도 상세하게 소개했지만, 그 학설의 축약이 불가피해서 결과적으로 내용을 손

---

42 프레이저의 『토테미즘과 족외혼속』 참조 — 원주.
43 『민족 심리학 요설』 참조 — 원주.

상한 것은 아닐까 싶어서 한편으로는 두렵기도 하다. 그러나 이어지는 내용에서는 독자들의 편의를 위해 훨씬 더 간략하게 소개하지 않을 수 없다. 토템 종족이 따르고 있는 족외혼속에 대한 논의는, 다루고 있는 자료의 성격상 지극히 복잡하고 산만해서 독자들은 혼란스럽다고 할지도 모르겠다. 그러나 이 논문의 목적에 따라 나로서는 두세 가지 요점을 인용해서 검토하는 데 그치지 않을 수 없다. 따라서 이 문제를 철저하게 추적하고자 하는 독자는 여기에 인용한 자료의 출처인 전문적인 문헌을 참고하기 바란다.

족외혼속의 문제를 다루는 저자들의 태도는 당연히 어떤 토테미즘 이론을 따르고 있는가에 따라 달라진다. 토테미즘 이론 중에는 토테미즘을 족외혼속과는 아무 관계도 없는 것으로 간주하고 이 두 제도를 아예 별개의 것으로 다루는 이론도 있는데, 바로 이 대목에서 두 견해는 서로 대립한다. 말하자면 한 이론은, 족외혼속은 토테미즘 제도의 본질적인 부분이라는 기존의 가정을 수용하는 입장을 취하고, 또 다른 이론은 그 같은 관련이 있다는 것에 일단 의혹을 제기하고 지극히 오래된 문화가 이 두 가지 특징을 고루 갖추고 있는 것은 우연의 일치를 통해 서로 결합된 것에 지나지 않는다는 입장이다. 프레이저는 뒷날의 논문에서 이 후자의 입장을 분명하게 옹호한다. 그는 이렇게 썼다.

〈토테미즘과 족외혼속이라는 이 두 가지 제도는 많은 종족의 경우 상호 교차하고 상호 혼교(混交)하고 있기는 하나, 이것은 우연의 일치에 지나지 않고 그 기원과 본질을 두고 볼 때 서로 다른 것임을 유념하라고 독자들에게 당부하고 싶다.〉[44]

말하자면 그는, 이와 반대되는 견해가 끊임없는 혼란과 오해의 씨앗이 되는 만큼 주의할 것을 경고하고 있는 셈이다.

44 프레이저의 『토테미즘과 족외혼속』 참조 ─ 원주.

그러나 이와는 달리, 족외혼속을 토테미즘이라는 근본적인 관념의 필연적 결과로 이해하는 방안을 강구하는 저자도 있다. 뒤르켐이 바로 이런 저자에 속하는데, 그는 자신의 저서[45]에서 토테미즘과 밀접한 관계를 지닌 터부에는, 토템이 동일한 여성은 성교의 상대로 삼아서는 안 된다는 금제가 있기 마련이라고 상세하게 설명하고 있다. 토템은 인간과 그 혈통이 동일하기 때문에 피의 금제(여성과의 초교[初交]및 생리와 관련된)가 동일 토템에 속하는 여자와의 성교를 금지한다는 것이다.[46] A. 랭은 이 점에서 뒤르켐의 견해에 동의하는 한편, 동족 여성에 대한 금제는 피의 터부가 없어도 생겨난다는 견해까지 피력하고 있다.[47] 랭의 견해에 따르면, 동족 여성에 대한 금제는 토템 나무의 그늘에 앉아서는 안 된다는 지극히 일반적인 터부를 통해서도 생겨날 수 있다는 것이다. 뒤에 다루게 되겠지만, 랭은 족외혼속에는 다른 유래가 있다고 주장하고 있지만 이 두 견해 사이에 어떤 관련성이 있는지 설명하지는 않는다.

이 두 제도 사이의 시대적인 관계에 대해 대부분의 학자들은 토테미즘이 오래된 제도이고 족외혼속은 그 뒤에 생겨난 것이라는 데 의견을 모으고 있다.[48]

족외혼속이 토테미즘과 무관하다고 설명하는 학설 중에서 몇 가지를 소개하고자 한다. 이들 학설은 근친상간 문제에 대해서

45 『사회학 연감』에 실린 「근친상간의 금지와 그 기원La prohibition de l'inceste et ses origines」(1898), 「토테미즘에 대하여」, 「오스트레일리아 사회의 결혼 구조Sur l'organisation matrimoniale des sociétés australiennes」(1905) 참조.
46 프레이저의『토테미즘과 족외혼속』제4권에 실린 뒤르켐의 논고에 대한 비판을 참고할 것 — 원주.
47 『토템의 비밀』참조 — 원주.
48 가령 프레이저는『토테미즘과 족외혼속』제4권에서 다음과 같이 쓰고 있다. 〈토템 부족은 족외혼속과는 구분이 다른 사회 제도이다. 우리에게는 토템 제도가 훨씬 오래된 제도라고 볼 만한 충분한 근거가 있다〉 — 원주.

서로 다른 입장을 보여 주는 학자들의 학설이기도 하다.

매클레넌은 족외혼속은 옛날의 부녀 약탈혼속 같은 관습의 잔재에서 생겨났을 것이라는 기발한 가설을 전개한다.[49] 아득한 옛날에는 다른 종족으로부터 여자를 데려오는 일반적인 관습이 있어서 자기 종족에 속하는 여자와 통혼하는 일은 〈드물다는 이유에서 점진적으로 부적절한 일로 받아들여지게 되었다〉는 것이다. 그는 족외혼속의 동기를 대부분의 계집아이들은 태어나는 즉시 죽여 버리는 관습으로 인한 미개 종족의 처녀 부족 현상에서 찾기도 한다. 우리가 여기에서 실제 사정이 매클레넌의 가설을 뒷받침했는지 여부를 검토할 필요는 없을 것 같다. 우리가 흥미를 느끼는 것은 이 가설을 통해서는 한 종족의 남성들이 무엇 때문에 몇 안 되는 피붙이 여성에게 접근하지 않으려 했는지 그것을 해명할 수 없다는 점이다. 따라서 이 점에서 그는 근친상간 기피 현상을 간과하고 있는 것이다.[50]

이와는 반대로, 족외혼속을 근친상간을 방지하기 위한 제도로 보는 연구자들의 견해가 훨씬 타당해 보인다.[51] 오스트레일리아 원주민의 결혼 제약이 세월이 흐를수록 복잡해져 가는 것을 개관하면, 이러한 제약이 〈신중한 계획〉(프레이저의 표현)에서 비롯된 것이고, 그들은 이로써 목표로 설정한 것을 달성하게 되었다는 모건,[52] 프레이저,[53] 호위트,[54] 그리고 볼드윈 스펜서의 견해를 받아들이지 않을 수 없게 된다. 프레이저의 말을 빌리면, 〈다른 이

---

49 매클레넌의 『미개인의 결혼』참조 — 원주.
50 프레이저의 『토테미즘과 족외혼속』참조 — 원주.
51 이 논문의 첫 번째 장을 참조할 것 — 원주.
52 모건의 『고대 사회』(1877) — 원주.
53 『토테미즘과 족외혼속』참조 — 원주.
54 『동남부 오스트레일리아의 원주민족The Native Tribes of South-East Australia』
(1904).

론으로는 이렇게 복잡한 동시에 이렇게 조직적인 제도를 이토록 소상하게 설명할 수 없다〉.

흥미로운 것은 결혼 구분의 도입을 통해 생겨난 첫 번째 제약이 〈젊은〉 세대의 성적인 자유(형제자매 간의, 아들과 그 어머니 간의 근친상간)에 대한 것이었고, 부녀 간의 근친상간 제약이 생긴 것은 이 제약의 확장 현상에 지나지 않는다는 점이다.

하지만 족외혼에 대한 성적 제약이 신중한 계획을 통해 부과되었다는 사실은, 이 제약이 부과된 동기를 이해하는 데 전혀 도움이 되지 못한다. 그렇다면 족외혼속의 뿌리로 인식되어야 할 근친상간에의 공포를 야기시킨 궁극적인 근원은 무엇인가? 피붙이와의 성관계에 대한 본능적인 혐오감이 존재했다고 설명하는 것 (다시 말해서 근친상간에 대한 혐오감이 〈있었다〉는 사실에 호소하는 것)으로는 미진하다. 그것은 근친상간에 대한 이런 혐오감이 있는데도 불구하고 우리가 살고 있는 오늘날의 사회에서도 근친상간이 드물지 않은 것은 사회적인 경험이 가르쳐 주고 있는 바와 같고, 아직도 근친상간적 결혼 행태가 특권 계급 사람들에게는 하나의 규정처럼 지켜지고 있다는 사례를 역사적 경험이 가르쳐 주고 있기 때문이다.

웨스터마크[55]는 근친상간에 대한 혐오를 다음과 같이 설명하고 있다.

〈어릴 때부터 함께 생활해 온 사람들 간에는 성관계에 대한 선천적인 혐오감이 있는데, 이런 사람들은 혈연 관계인 것이 보통이기 때문에 이 혐오감이 근친상간 기피라는 형태를 취하게 되면서 관습이나 법률을 통하여 표현된 것이 바로 근친상간에 대한

---

55 『도덕 관념의 기원과 발달』 제2권(1906~1908). 여기에서 저자는 자신의 견해에 대한 반론에 응답하고 있다 — 원주.

혐오감이다.〉

엘리스Havelock Ellis는 혐오감이 선천적이라는 데는 이의를 제기하면서도 그 밖의 본질적인 설명에는 대체로 동의하면서 이렇게 쓰고 있다.[56] 〈형제자매, 혹은 어릴 때부터 함께 살아온 남녀 사이에서 성적 결합의 충동이 발현하자마자 바로 실패로 돌아가고 마는 것은, 그 상황 속에 짝짓기 본능을 촉발하는 조건이 없는 데서 오는 부정적인 현상일 뿐이다……. 어린 시절부터 함께 자란 남녀 간에는 시각적, 청각적, 촉각적 자극이 습관 속에서 둔화되고 지극히 평화로운 애정으로 길든 결과 성적 팽창의 원인이 되는, 신경을 흥분시키는 힘을 박탈당하기 때문이다.〉

웨스터마크는, 어린 시절부터 함께 자란 남녀가 성관계에 대해 선천적 기피 현상을 보이는 것은 동종 번식(同種繁殖)이 그 종에 이롭지 못하다는 생물학적 사실의 심리적 표현으로 보는데, 내가 보기에 그의 견해는 주목할 만하다. 앞에서 말한 생물학적 본능이 심리적으로 나타날 때 엉뚱한 방향으로 나타나는 경우는 거의 없다. 말하자면 피붙이(상간의 상대로 삼으면 번식에는 유해한) 대신 이 점에 관한 한 전혀 무해한, 말하자면 주거나 살림을 같이 하는 것에 지나지 않는 사람들에게도 향할 수 있는 것이다. 이 점에서 나는 웨스터마크의 견해에 대한 프레이저의 탁월한 반론을 언급하지 않을 수 없다. 프레이저는 성적 감각이 오늘날에는 주거나 살림을 같이 해온 이성과의 성관계에 전혀 저항을 느끼지 않는데도 불구하고, 웨스터마크가 선천적 기피 심리의 파생 현상이라고 설명하는 근친상간 기피는 오늘날 어떻게 이렇게 강력하게 대두되는지 이해할 수 없다고 반론한 것이다. 프레이저가 제기한 또 하나의 심층적 비판은 터부에 관한 나의 논문의 논지와

---

56   엘리스의 『성 심리의 연구Studies in the Psychology of Sex』(1914).

본질적으로 일치하기 때문에 조금 길기는 하지만 생략하지 않고 그대로 옮겨 보기로 한다.

〈뿌리 깊은 인간의 본능에 대한 반응이 어째서 법에 의해 강화될 필요가 있는지 그 까닭을 설명하기는 쉽지 않다. 사람에게 먹어라, 마셔라, 불에 손을 집어넣어서는 안 된다, 이렇게 규정하는 법은 없다. 인간은 본능에 따라 먹고 마시고, 불에다 손을 넣으면 그 손을 뽑는다. 이것은 이런 본능을 무시할 때 오는 자연의 벌에 대한 두려움 때문이지 법이 내리는 벌에 대한 두려움 때문이 아니다. 법은 인간이 본능 때문에 저지를지도 모르는 것만 금지한다. 자연이 금지하고 벌을 내리는 것을 법이 또 금지하고 벌을 내릴 필요는 없는 것이다. 따라서 우리는 법이 금지하는 것은 많은 사람들이 자연적인 경향에 따라 범하기 쉬운 것이라고 생각해도 좋다. 만일에 그런 경향이 없다면 그 같은 범죄는 생기지 않는다. 만일에 그런 범죄가 생기지 않는다면 그것을 금지할 필요가 있는가? 따라서 근친상간의 법적인 금지에서 근친상간에 대한 선천적 혐오의 존재를 추론할 것이 아니라 자연적 본능이 근친상간을 지향한다고 추론해야 한다. 그리고 법이라는 것이 다른 자연적 충동과 같이 이 충동을 억압하는 것이라면, 그 근거는 자연적 충동의 충족이 사회에 해로운 것으로 결론을 내렸기 때문이라고 추론해야 마땅한 것이다.〉[57] 프레이저의 이 탁월한 논증에 내가 한 가지를 덧붙인다면, 정신분석학의 경험에 따르면 근친상간에 대한 선천적 혐오감 같은 가정은 전적으로 있을 수 없다는 것이다. 반대로 정신분석학의 연구 결과는 젊은이들이 내비치는 최초의 성적 충동은 근친상간의 성격을 지니며, 억압될 경우 나중에 신경증의 동기가 된다고 해도 과언이 아닐 정도로 중요한 역할을 한

---

57 프레이저의 『토테미즘과 족외혼속』 참조 — 원주.

다는 것을 보여 준다.

따라서 근친상간 기피 심리의 원인이 본능에 있다는 견해는 버리지 않으면 안 된다. 근친상간 금지의 유래에 관한 또 하나의 이론은 미개인은 일찍이 근친상간이 가계에 입힐 폐해를 알고 의도적으로 금제를 만들었다는 것이다. 이 이론 역시 많은 지지를 얻고 있기는 하나 앞의 가설에 견주어 하나도 나을 것이 없다. 이 이론에 대한 반대 이론도 만만치 않다.[58] 인류가 가축을 기르면서 동종 번식이 종족의 성질에 미치는 영향을 관찰했을 테지만, 근친상간에 대한 금제는 동물의 가축화보다 그 역사가 훨씬 오래되었을 뿐만 아니라, 오늘날까지도 동종 번식으로 인한 폐해의 여부가 확실하게 증명된 것도 아니고, 더구나 인간의 경우 그 실증은 매우 어려운 실정이다. 게다가 당시의 미개인들에 관해 우리가 알고 있는 사실을 종합할 때, 그 미개인들으로부터 아득한 옛날로 거슬러 올라가는 조상들이 이런 폐해로부터 후세의 자손을 지키려고 했을 것으로는 믿어지지 않는다. 실제로 앞날에 대한 아무 대비도 없이 살았을 그 시대 사람들에게서, 오늘날 우리가 살고 있는 이 문화 시대에도 상상하기 어려운 위생학적·우생학적 고려까지 기대한다는 것은 아무래도 터무니없어 보이는 것이다.[59]

끝으로 한마디 언급해 두어야 할 것은, 한 종족을 약화시키는 요소인 동종 번식의 금지가 실제로 위생적인 동기에서 비롯되었다고 보는 것은 우리 사회에서도 나타나는 근친상간에 대한 뿌리 깊은 혐오를 설명하기에는 부적절한 것으로 보인다는 점이다. 앞

58 뒤르켐의 「근친상간의 금기와 그 기원」참조 — 원주.
59 다윈 C. Darwin은 미개인에 대하여 이렇게 쓰고 있다. 〈그들의 생각이 아득히 먼 훗날 자손에게 닥칠 재앙에까지 미쳤던 것 같지는 않다〉 — 원주. 다윈의 『풍토에 익숙해진 동물과 식물의 변이 The Variation of Animals and Plants under Domestication』 (1875) 제2판 참조.

에서 언급한 바 있거니와,[60] 이 근친상간 기피 심리는 문명인보다는 현존하는 미개 민족 사이에서 더 강하고 활발하게 나타나는 것 같다. 근친상간의 유래를 해명하기 위해서 우리는 다시 한번 사회학적, 생물학적, 심리학적 설명의 가능성 중에서 하나를 선택해야 할 입장에 처해 있다(이런 맥락에서 본다면, 심리학적 동기는 다양한 생물학적인 힘을 상징하는 것으로 간주되어야 할 듯하다). 그러나 검토 결과, 우리는 프레이저가 체념한 결론에 동의하지 않을 수 없다. 우리는 근친상간 기피 심리의 기원에 무지할 뿐만 아니라 어디에 눈을 대고 추론해야 하는지도 모르고 있기 때문이다. 요컨대 수수께끼에 대해서 지금까지 제시된 모든 결론이 만족스럽지 못하다는 것이다.[61]

그러나 나는 이것을 설명하려는 또 하나의 다른 시도를 언급하지 않을 수 없다. 이 시도는 우리가 지금까지 검토해 온 것과는 전혀 다른 종류의 것으로서 아마〈역사적〉인 시도라고 해도 좋을 것이다. 이 시도는 인간의 사회적 원시 상태에 관한 찰스 다윈의 가설을 그 바탕으로 삼는다. 다윈은 고등 영장류의 생활 습관으로부터 추정하여, 인간도 처음에는 작은 무리 혹은 원시군(原始群)[62]으로 살아왔을 것이고, 그중에서도 가장 나이가 많고 힘이 센 남성의 질투 때문에 원시군 내에서의 난교가 방지되었을 것이라고 연역한다.

60 이 논문의 앞 부분을 참조할 것 — 원주.
61 〈이로써 족외혼속의 궁극적인 기원과 근친상간에 대한 법칙(족외혼속은 근친상간을 방지하기 위한 장치이므로)의 문제는 여전히 규명되지 못하고 있는 것이다〉(『토테미즘과 족외혼속』, 제1권) — 원주.
62 프로이트는 제한된 크기의 원시 집단을 나타내기 위하여 앳킨슨J. J. Atkinson이 키클롭스족을 지칭하며 사용했던 〈원시족〉이라는 단어를 이 이후에 계속 사용한다.

〈포유동물의 대부분은 연적(戀敵)과 싸우기 위해 특수한 무기로 무장하고 있는데, 그 질투라는 것에 대해 우리가 알고 있는 것으로 추정해 보아도 자연적인 상태에서 양성의 일반적 혼교가 이루어졌다고 보기는 어렵다는 것이 우리의 결론이다……. 따라서 우리가 시대의 흐름을 거슬러…… 현존하는 인류의 사회적 습관을 바탕으로 추론하건대…… 가장 개연성이 높은 견해는, 인간은 처음에는 작은 무리를 이루고 살되 남자는 그 부양 능력에 따라 여러 명의 아내를 거느리고 살았을 것이며, 남자는 질투라는 무기로써 여자를 다른 남자들로부터 보호했으리라는 것이 가장 확실한 견해로 보인다. 혹은 남자는 고릴라처럼 혼자 아내 여럿을 거느리고 살았는지도 모른다. 그 까닭은 이렇다.《집단은 무리 안에 성년 남자가 하나만 있으면 족하다는 데 동의한다. 젊은이들이 성년이 되면 지배권을 두고 싸움이 벌어지고, 그중에서 가장 힘센 성년 남자 하나가 나머지를 모두 죽이거나 몰아냄으로써 혼자 그 모둠살이의 우두머리가 되는 것이다.》[63] 이런 식으로 추방당해 떠돌던 남성들이 배우자를 맞게 되면, 동일한 가족 내의 지나치게 가까운 친척끼리의 동종 번식은 피하려고 했을 것이다.〉[64]

앳킨슨[65]은, 원시인 무리가 처했던 이러한 상황 때문에 젊은 남자들이 족외혼속을 따르지 않을 수 없었을 것이라는 다윈의 주장을 처음으로 인정한 학자일 것이다. 앳킨슨은 추방당한 사람들이 각기 그와 유사한 무리를 만들 수가 있었는데, 그 무리에서도 우두머리의 질투 때문에 동일한 성관계 금지 규정이 만들어졌으리라고 추정한다. 그리고 세월이 흐름에 따라 바로 이런 상태에서

---

63 『보스턴 자연사 학회지』, 제5권에 실려 있는 새비지Savage 박사의 논문 참고.
64 다윈의『인류의 기원 The Descent of Man』(1871) 참조 — 원주.
65 『원시법(原始法)』 참조 — 원주.

법으로 의식되고 있는 규칙, 즉 〈한 울타리 안에 사는 사람끼리는
성관계를 가져서는 안 된다〉는 규칙이 확립되었으리라는 것이다.
그리고 토테미즘이 성립된 뒤부터 이 규칙은 〈같은 토템 내에서
의 성관계 금지〉라는 형태로 변했으리라는 것이다.

랭[66]은 족외혼속에 대한 이러한 설명을 받아들였다.[67] 그러나
그는 같은 책에서, 족외혼속을 토템 법률의 필연적인 결과였다는
학설(뒤르켐에 의해 제기된)을 옹호한다. 그러나 이 두 견해를 조
화시키기는 쉬운 일이 아니다. 한 견해에 따르면 족외혼속은 토
테미즘 이전에 존재했다고 주장하고, 또 다른 견해는 족외혼속은
토테미즘의 결과라고 주장하고 있기 때문이다.[68]

3

이 막막한 어둠에 한줄기 빛을 던져 주는 것이 바로 정신분석
학적 관찰이다.

어린아이와 동물의 관계는 미개인과 동물의 관계와 아주 흡사

66 『토템의 비밀』 참조 — 원주.
67 『토템의 비밀』 참조.
68 〈족외혼속이, 다윈이 주장하고 있는 것처럼 토템 신앙이 족외혼속을 《신성
한》 관례로 승인하기 전부터 있어 왔다면 우리의 과제는 비교적 쉬워지는 셈이다. 최
초의 실천 규칙은, 질투심이 강한 우두머리가 발표한 《어떤 녀석도 내 울타리 안에 있
는 여자는 건드리지 못한다》는 규칙이었을 것이고, 이때문에 젊은 아들들은 추방되지
않을 수 없었을 것이다. 《세월이 지남에 따라 이 규칙은 하나의 관례가 되어》, 《지역
집단 내에서는 통혼을 금한다》로 굳어졌을 것이다. 가령 지역 집단에 에뮤, 까마귀, 주
머니쥐, 도요새 같은 이름을 가진 집단이 있을 경우, 이 규정은 《동일한 동물을 토템으
로 삼는 집단 내의 통혼은 금한다. 도요새는 도요새와 통혼하지 못한다》가 된다. 그러
나 원시 무리가 족외혼속을 좇지 않았다면 무리에 붙여진 동물, 식물 같은 이름에서
토템 신화와 터부가 발생하는 것과 동시에 그들 역시 족외혼속을 좇게 되었을 것이
다〉(랭의 『토템의 비밀』에서 인용. 강조 부호는 내가 찍은 것임). 그런데 랭은 이 문제
에 대한 마지막 발언(『민속학』, 1911년, 12월호)에서, 〈족외혼속이 일반적인 토템 터
부의 귀결이라는 견해를 포기했다〉고 했다 — 원주.

하다. 장성한 문명인은 자기의 본성을 동물적인 것과는 확연하게 구분하는 오만한 경향을 보이는데, 어린아이는 그런 경향을 드러내지 않는다. 어린아이는 거리낌없이 자기와 동물이 완전히 동등하다는 것을 인정한다. 자기 욕구를 솔직하게 고백한다는 점에서 어린아이는 수수께끼 같은 존재로 보일 터인 성인보다 동물에게 더 친근감을 느낀다.

그러나 드물지 않게, 어린아이와 동물 사이의 이렇게 각별한 관계에 이상한 장애가 생기기도 한다. 어린아이가 어느 날 문득 특정 종류의 동물을 무서워하고, 그 종에 속하는 동물이면 만지는 것은 물론 보는 것까지도 싫어하게 되는 것이다. 이것이 바로 임상적 형태의 〈동물 공포증Tierphobie〉이다. 이 병증은 이 연령층의 정신 신경증 중에서 가장 흔하게 볼 수 있는 것 가운데 하나인 동시에, 이런 종류의 병증이 보이는 가장 초기에 속하는 형태이기도 하다. 이러한 공포증은 그때까지 어린아이가 각별하게 관심을 기울이던 동물에 대해 나타나는 것일 뿐 개체와는 상관이 없다. 도시에 거주하는 어린아이의 경우, 공포의 대상이 되는 동물의 선택 범위는 그리 넓지 않아서 대개의 경우는 말, 개, 고양이 같은 동물, 드물게는 새, 그리고 극히 드물게는 딱정벌레나 나비 같은 아주 작은 동물일 경우도 있다. 어린아이가 그림책에서 보았거나 동화에서 읽었던 동물이, 동물 공포증을 통해 나타나는 이 터무니없는 공포증 대상이 될 수도 있다. 공포증의 대상이 되는 동물이 어린아이에 의해 어떻게 선택되는가를 알아내는 일은 지극히 드문 경우에만 가능하다. 나는 이 자리를 빌려 한 아이의 사례를 전해 준 카를 아브라함Karl Abraham에게 고맙다는 인사를 전하고 싶다. 그 아이는 자기가 말벌을 두려워하는 것은 말벌의 색깔과 무늬가 호랑이를 연상시키기 때문이라고 설명했다는 것이다. 그 어린아이는 여러 가지 경로를 통하여 호랑이야말로 무서운 동물이라는 것을 알고 있었다.[69] 어린아이의 동물 공포증은 연구 가치가 큰 분야인데도 불구하고, 아직은 세심한 분석 연구의 대상이 되지 못하고 있다. 연구가 제대로 진행되지 못하는 것은 분석의 대상이 그 나이의 어린아이들이라는 어려움 때문인 것으로 보인다. 바로 이 때문에 이 병증의 일반적인 의미가 알려져 있다고 할 수도 없거니와, 나 자신도 그 의미에 어떤 통일성을 부여할 수 있을 것 같지도 않다. 그러나 비교적 큰 동물에 대한 공포증의 경우 분석적 접근이 가능했고, 연구자들은 이로써 이 문제의 해명에 다가설 수 있었다. 그런데 이 경우 각 사례에는 하나의 공통점이 있었다. 그것은 접근의 대상이 소년일 경우 공포의 바탕이 되는 것은 아버지인데, 이 아버지에 대한 공포가 동물에 대한 공포로 바뀌었다는 점이다.

정신분석의 경험이 있는 사람이면 누구든, 이 같은 사례를 보면서 비슷한 인상을 받았을 것이다. 하지만 이 문제에 관해 내가 인용할 만한 상세한 문헌은 그리 많지 않다. 이 문헌 부족은 우연한 상황에 지나지 않는다. 따라서 우리의 결론이 산발적인 관찰에 바탕을 둔 것이라고 판단하지는 말아 주기 바란다. 우선 여기에서 뛰어난 혜안으로 어린아이의 신경증을 연구하고 있는 오데사의 불프M. Wulff 박사의 연구 결과를 소개하기로 한다. 아홉 살배기 소년에 대한 사례 연구에서 그는 그 아이가 네 살 때부터 개에 대한 공포증에 시달렸다는 이야기를 들었다. 그는 이렇게 쓰고 있다.

〈이 아이는 길에서 달려가는 개를 보면 울면서 이렇게 외친다.

---

69 이후에 발간된 아브라함의 「정신 신경증에서 나타나는 호기심의 제한과 변환 Über Einschränkungen und Umwandlungen der Schaulust bei den Psychoneuritikern」(1914) 참조.

《개야, 날 물지 말아다오. 얌전하게 굴 테니까.》그런데《얌전하게
굴겠다》는 것은《손장난을 하지 않겠다》, 결국은 자위행위를 하
지 않겠다는 뜻이다. 그러니까 이 아이의 개 공포증은 실제로는
아버지에 대한 공포가 개에 대한 공포증으로 전위한 것에 지나지
않는다. 그러니까 개에게《얌전하게 굴겠다》고 한 것은, 자위행위
를 엄하게 금하는 아버지에게《자위행위를 하지 않겠다》고 한 셈
이다.)[70] 불프 박사는 이런 설명에 다음과 같은 각주를 달고 있는
데, 이 각주의 설명은 나의 견해와 완전히 일치할 뿐만 아니라 그
런 사례가 드물지 않음을 보여 주는 것이기도 하다.

〈이런 종류의 공포증(말, 개, 고양이, 닭을 비롯한 가금류에 대한
공포증)은 내 생각에는 유아기의《야경증(夜驚症, pavor nocturnus)》
만큼이나 흔한 것인데, 분석 결과를 보면 대개 부모 중 어느 한쪽
에 대한 공포가 동물에게로 전위되어 있음을 알 수 있다. 그러나
이 메커니즘이 광범위하게 보고되는 쥐나 들쥐에 대한 공포증에
도 적용될 수 있는지 여부에 대해서는 확언하기 어렵다.〉

나는 최근에 「다섯 살배기 꼬마 한스의 공포증 분석」이라는 논
문을 발표했다. 한 어린아이의 아버지로부터 의뢰받고 했던 분석
의 내용이다. 그 아이에게는 말에 대한 공포증이 있어서 거리로
나가는 것도 거부했다. 아이는 말이 자기 방으로 들어와 깨물지
도 모른다는 형태로 자기 두려움을 나타냈다. 나는 분석을 통해
아이가 자신이 은밀하게 지니고 있는 어떤 소원, 즉 말이 쓰러졌
으면(결국은 죽었으면) 좋겠다는 자기 소망에 대한 벌을 의식하
고 있다는 것을 발견했다. 나는 끈질긴 설득으로 이 아이에게서
아버지에 대한 공포를 제거한 다음에야, 아버지가 없어졌으면(여

70 불프, 「유아 성욕론(幼兒性慾論, Beiträge zur infantilen Sexualität)」(1912)
참조─원주.

행을 떠나 버리거나 죽어 버렸으면) 좋겠다는 자기 소망과 오랫동안 싸워 왔음을 알아낼 수 있었다. 아이의 고백에 따르면, 아버지는 어머니의 사랑을 사이에 둔 아이 자신의 경쟁자였다. 그러니까 아이는 어머니에 대해 움트는 성적인 소망으로 인한 막연한 악의를 아버지에게 겨냥한 것이었다. 따라서 이 아이는 우리가 〈오이디푸스 콤플렉스〉라고 부르는, 남자아이가 양친에게 지니는 전형적인 관계를 드러내고 있었던 것이다. 우리는 이 오이디푸스 콤플렉스를, 신경증 일반의 핵심을 이루는 콤플렉스로 인식하고 있다. 우리가 이 〈꼬마 한스〉의 분석으로부터 새롭게 알게 된 것은 토테미즘에 관한 중요한 사실, 즉 이 같은 조건에서는 아이가 감정의 일부를 아버지로부터 동물로 전위시킨다고 하는 점이다.

정신분석을 통해 이러한 전위를 일으키는 연상의 경로(우연한 경로이면서도 의미심장한 내용물을 지닌)를 추적하는 것은 가능하다. 분석은 그러한 전위의 〈동기〉를 밝히는 것을 가능하게 하기도 한다. 어머니를 둘러싼 삼각관계로부터 생기는 증오는 아이의 정신생활에서 아무 장애물도 만나지 않고 확장될 수는 없는 일이기 때문에, 이 증오는 아버지에 대해 이전부터 품고 있던 사랑하고 찬탄하던 마음과 갈등하지 않을 수 없다. 결국 아이는 적대감과 공포감을 아버지 〈대용〉이 되는 대상에게로 전위시킴으로써 아버지에 대한 양가적 감정에서 생긴 갈등에서 벗어난다. 그러나 전위시켰다고 해서 갈등이 끝나는 것은 아니고, 이로써 애정과 적대감이 확연하게 분리되는 것도 아니다. 오히려 이 갈등은 전위의 대상에게로 옮아가게 되며, 동시에 양가적인 감정도 그 대상에게로 옮아간다. 어린 한스는 말을 〈두려워〉한 것만은 아니다. 그는 경이로워하는 마음과 흥미로워하는 마음의 태도를 가지고 말에게 접근했다. 그러나 불안이 사라지기 시작하면서 그는 자신을 이 무서운 동물과 동일시한다. 그는 말처럼 이리 뛰고 저리 뛰면서 아버지를 깨물었던 것이다.[71] 이 공포증이 해소되는 또 하나의 단계에 이르자, 이 아이는 서슴없이 부모를 다른 동물과 동일시하는 증세를 보였다.[72] 이 아이의 동물 공포증에는 토테미즘의 한 특징이 부정적인 형태로 반복해서 나타난다는 인상을 받았다고 해도 좋다. 그런데 우리는 페렌치S. Ferenczi 덕분에 어린아이에게 나타나는 〈긍정적〉 토테미즘으로 보이는 사례를 관찰할 수 있었다. 페렌치가 보고하고 있는 어린아이 아르파드의 경우, 토테미즘적 관심은 오이디푸스 콤플렉스와 직접적인 연관을 보이는 것이 아니라 이 콤플렉스의 자기애적(自己愛的) 전제, 즉 거세 공포증(去勢恐怖症)에 그 바탕을 두고 있다고 볼 수 있다. 어린 한스의 사례를 주의 깊게 관찰한 사람은 누구나 어린 한스가 커다란 성기의 소유자인 아버지에게 찬탄하는 동시에, 그 아버지를 자기 성기를 위협하는 존재로 두려워하고 있음을 보여 주는 증거를 찾아낼 수 있을 것이다. 오이디푸스 콤플렉스에서든 거세 콤플렉스에서든 아버지는 동일한 역할, 즉 어린아이가 지닌 성적 관심의 무서운 적대자의 역할을 맡는다. 어린아이가 상상하는 그런 성적 관심에 대해 아버지가 내리는 벌은 거세 아니면 그 거세의 대체 형벌이라고 할 수 있는, 눈을 멀게 만드는 벌인 것이다.[73]

어린 아르파드는 두 살 반 때 어느 여름 피서지에서 닭장에다

71 프로이트, 「다섯 살배기 꼬마 한스의 공포증 분석」(프로이트 전집 8, 열린책들) 참조 — 원주.

72 이 아이의 기린 환상 — 원주.

73 오이디푸스 신화에서도 나타나는, 일종의 거세에 해당하는 눈멀게 하기의 대체 행위에 대해서는 『국제 정신분석 의학지』(1913) 제1권에 실린 라이틀러Reitler의 「눈[眼] 상징에 대하여Zur Augensymbolik」, 페렌치의 「눈 상징에 대하여Zur Augensymbolik」, 랑크O. Rank의 「오이디푸스 꿈의 아직 변형되지 않은 형태에 대하여Eine noch nicht beschriebene Form des Ödipus-Traumes」, 에더M. D. Eder의 「눈 꿈Augenträume」을 참고할 것.

오줌을 누려고 했다. 이때 닭이 아르파드를 쪼았거나 아르파드의 고추를 쪼았다. 1년 뒤 다시 같은 곳으로 간 아르파드는 아예 닭이 되어 버린 듯했다. 그가 관심을 가진 곳은 오로지 닭장뿐이었다. 그는 다른 데는 갈 생각도 하지 않을 뿐만 아니라, 인간의 말도 포기하고 오로지 꼬꼬댁거리는 소리만 냈다. 분석이 시작된 뒤(다섯 살 때)에야 말을 하기 시작했지만, 그 아이의 관심과 화제는 오로지 병아리 같은 가금류에만 국한해서 맴돌았다. 그는 새 장난감 이외의 장난감은 거들떠보려 하지 않았고, 노래를 불러도 새 노래가 아니면 부르려고 하지 않았다. 말하자면 자기 토템 동물에 대해 아르파드가 지니는 태도는 지극히 양가적인 것으로, 이 태도에서는 애증이 한 덩어리로 표현되고 있었다. 그가 가장 즐기는 놀이는 닭을 죽이는 놀이였다. 페렌치는 이렇게 쓰고 있다. 〈아르파드에게 닭을 죽이는 놀이는 정기적인 축제와 같은 것이었다. 그는 극도의 흥분 상태가 되어, 죽은 닭을 맴돌면서 몇 시간 동안이나 춤을 추곤 했다.〉[74] 그러는가 하면 그 죽은 닭에 입을 맞추거나 쓰다듬기도 했고, 그동안은 거들떠보지도 않던 장난감 닭을 찾아내어 씻거나 애무하기도 했다. 어린 아르파드는 자기가 하고 있는 기묘한 행위의 의미가 깡그리 감추어지지 않도록 신경을 쓰곤 했다. 때로는 자신의 소망을 토테미즘 언어에서 일상생활 언어로 번역하기도 했다. 〈아빠는 수탉이다.〉 이런 말을 할 때가 있는가 하면, 이럴 때도 있었다. 〈나는 조그맣다. 나는 병아리다. 장차 자라면 닭이 될 거다. 장차 자라면 수탉이 될 거다.〉 어느 때는 〈엄마 스튜를 먹고 싶다〉고도 했다(이것은 닭 스튜의 유추였다). 그는 자기의 자위행위 때문에 거세 위협을 받고 있을 동안은 남을 거세하는 위협도 태연스럽게 했다.

74 페렌치의 「눈 상징에 대하여」 참조.

페렌치에 따르면, 아르파드가 닭장 안에서 벌어지는 일에 흥미를 느끼는 까닭은 그리 어려운 것이 아니다. 즉 〈알을 낳고 병아리를 까고 하는, 암탉과 수탉 사이의 지속적인 성행위〉는, 여느 경우 같으면 실제의 가정생활에 겨누어졌을 성적 호기심이다.

〈나는 아주머니와, 아주머니 언니 동생들과, 내 사촌들과, 식모와 결혼할래요. 아니, 아니, 식모가 아니에요, 우리 엄마와 결혼할래요.〉

아르파드가 한 이웃집 여자에게 이런 말을 했던 것은, 닭의 생활을 모델로 자기 소망을 형상화하고 있었기 때문이다. 이 관찰이 얼마나 가치 있는 것이냐 하는 평가는 나중으로 미루기로 하고, 지금은 토테미즘과 중요한 일치점을 이루는 두 가지 특징만 지적하기로 하자. 그 두 가지 특징은 토템 동물과의 완전한 일치,[75] 그리고 토템 동물에 대한 양가적인 감정 태도이다. 내 생각에 이 관찰이야말로, 다시 말해 남성의 경우 토템 동물을 아버지로 대치하는 것이야말로 토테미즘의 공식으로 볼 수 있게 한다. 그러나 우리가 이로써 새롭거나 대담한 일보 전진을 이룬 것은 아니다. 실제로 미개인들이 벌써 똑같은 말을 하고 있을뿐더러, 토템 체계가 살아 있는 곳에 사는 미개인들이면 모두 토템을 자기네 공동의 조상이며 원초적인 아버지로 인식하고 있다. 우리가 한 일이라고는, 이들의 언어에 무지했던 인류학자들이 뒷전으로 밀어 놓았던 언어를 문자 그대로 해석한 것에 지나지 않는다. 정신분석학은 인류학과는 달리 바로 이 점에 유념하고, 이것을 토테미즘을 해명하는 시도의 출발점으로 삼는다.[76] 토템 동물에 아

75 프레이저에 따르면 이것이 바로 토테미즘을 구성하는 본질적인 것에 해당한다. 토테미즘이 무엇인가? 인간과 토템의 동일화이다(『토테미즘과 족외혼속』 제4권) —원주.

76 오토 랑크 덕분에 나는 한 교양 있는 청년의 개 공포증을 소개할 수 있게 되었

버지를 대입시키는 데서 오는 결과는 특히 주목할 만하다. 만일
에 토템 동물이 아버지라면 토테미즘의 중요한 두 가지 명제, 다
시 말해서 토테미즘의 핵심을 이루는 두 가지 규정 — 토템을 죽
여서는 안 된다는 것과 동일한 토템에 속하는 여성은 성적 목적
으로 삼아서는 안 된다는 규정 — 은 오이디푸스가 범한 두 가지
죄악, 즉 아버지를 죽이고 어머니를 아내로 삼은 죄악과 정확하
게 일치한다. 그리고 이것은 어린아이가 지니는 두 가지 원초적
인 소망과도 일치한다. 이 두 가지 원초적 소망은 충분히 제압하
지 못할 경우 재생하기 마련인데, 이 재생이야말로 모든 정신 신
경증의 핵심이 된다. 만일에 이 일치가 우연의 일치 이상의 의미
를 지닌다면, 태고 시대에 있었을 터인 토테미즘의 발생에 한 줄
기 빛을 던질 수 있을 것이다. 바꾸어 말하면, 토템 체계는 〈어린
한스〉의 동물 공포증이나 〈어린 아르파드〉의 조류 도착(鳥類倒
錯)과 마찬가지로 오이디푸스 콤플렉스의 조건에서 발생한 것일
지도 모른다는 가능성이 열리는 것이다. 바로 이 가능성을 추적
하기 위해 이제부터, 지금까지 거의 다루지 못했던 토템 체계의,
혹은 토템 종교의 특질을 검토해 보기로 한다.

4

1894년에 타계한 윌리엄 로버트슨 스미스William Robertson
Smith는 물리학, 언어학, 성서학, 고고학 연구자로서 다방면에 관
심을 기울인 명석한 자유 사상가였다. 그는 저서 『셈족의 종교』

다. 이 청년이 그런 병으로 고통을 받게 된 경위에 대한 설명은 앞에서 검토한, 아룬타
족의 토템 이야기를 상기시키는 구석이 있다. 그는 아버지로부터, 어머니가 자기를 배
고 있을 때 개를 몹시 두려워했다는 이야기를 들은 적이 있는 것 같다고 말했다.

(1889년에 처음 출판된)에서 이른바 〈토템 향연〉이라는 독특한 의식이 처음부터 토템 제도에 불가결한 요소를 이루고 있다는 가설을 발표했다. 이 가설을 뒷받침하기 위해 당시 그가 이용할 수 있었던 것은 5세기부터 전해지던 향연의 절차를 기록한 문서가 고작이었다. 그러나 그는 고대 셈족 공회 제도(供犧制度)의 분석을 통하여 이 가설의 개연성을 한 단계 더 높이 끌어올릴 수 있었다. 산 제물은 신격(神格)을 전제로 하는 것이기 때문에, 여기에서는 거꾸로 종교적 의례라는 높은 단계에서 토테미즘이라는 낮은 단계로 추론해 나가는 것이다.

이제 로버트슨 스미스의 이 뛰어난 저서에서, 우리에게는 초미의 관심사인 공회 의례의 기원이나 의미에 관한 대목들을 뽑아서 살펴보기로 하겠다. 이렇게 하자면, 더할 나위 없이 매력적인 세부 사항의 생략이나 이 의례의 후기 발전 과정에 대한 무시도 때로는 불가피하다. 이런 발췌문으로는 원저가 안고 있는 서술의 명쾌함이나 서술의 설득력을 독자에게 고스란히 전할 수 없는 점이 유감스럽지만 어쩔 수 없는 일이다.

로버트슨 스미스는 아주 상세하게 제단의 제물이 고대 종교 의례의 본질적인 부분이었다고 설명하고 있다. 제물이라고 하는 것은 모든 종교의 경우 동일한 역할을 하는 것으로 그 제물의 발생은 지극히 일반적인, 그리고 어디에서나 볼 수 있는 동일한 작용의 원인이 된다는 것이다. 그의 견해에 따르면 제물(지성스러운 행위 sacrificium 로서의)은 후대에 와서 이해된 것과 다른 의미를 지니고 있었다. 말하자면 제물은 신의 분을 삭이거나 신의 호의를 빌기 위해 바쳐진 것이 아니었다는 것이다(자기 방기라는 부차적인 의미에서 이 말의 세속적 의미가 비롯되었다). 제물을 드리는 공희제(供犧祭)란 처음에는 〈신성한 존재와 그 숭배자 사이의 사회적 친교 행위〉이지 다른 게 아니었다는 것이다.

제물로 바쳐진 것은 먹고 마실 수 있는 것이었다. 인간은 인간이 먹는 것, 가령 고기, 곡물, 과실, 술, 기름 따위를 신에게 바쳤던 것이다. 다만 고기를 제물로 바칠 경우에는 몇 가지 제한 규정과 예외 규정이 있었다. 제물이 동물일 경우 신은 그 고기를 숭배자들과 나누어 먹지만, 식물일 경우는 송두리째 신의 차지가 된다는 것이다. 동물을 제물로 바치는 관례가 식물의 경우보다 훨씬 오래된 것이고, 아득한 옛날에는 동물만이 제물로 바쳐졌으리라는 것은 의심할 나위가 없다. 식물성 제물은 만물을 바치는 것에서 시작된 것으로서, 대지의 신 및 땅의 신에 대한 공물에 해당하는 것이었다. 그러나 동물성 제물은 농경 시대 이전의 것이었다.

신의 몫으로 정해진 이 제물이 본래는 말 그대로 신의 먹거리로 믿어졌다는 것은 언어에 남아 있는 흔적으로도 확인할 수 있다. 그런데 신의 본질 중에서 차츰 물질성이 희박해짐에 따라 이런 관념은 신을 모욕하는 것으로 간주되었다. 바로 이런 관념에서 멀어짐에 따라 먹거리의 액체 부문만을 신에게 바치게 되었다. 그리고 그 뒤 불이 사용됨에 따라 제물은 제단 위에서 불살라짐으로써 연기 형태로 바쳐졌다. 사람의 먹거리가 조리 과정을 거치게 됨에 따라 신에 바쳐지는 제물도 그러한 신의 본질에 어울리도록 같은 조리 과정을 거쳤다. 마실거리 제물의 실체는, 원래는 제물로 바쳐지는 동물의 피였지만 후일에 이르러서는 포도주로 대체되었다. 그래서 고대인들은 포도주를, 지금은 시인들이 그러듯이 〈포도의 피〉라고 불렀던 것이다.

따라서 불의 사용법이나 농경을 알기 전의, 가장 오래된 형태의 제물 형식은 곧 동물성 제물인데, 이 동물의 피와 고기는 신들과 숭배자들이 나누어 먹었다. 참가자 전원에게 각기 그 몫을 나누어 주는 것, 이것이 이 의례의 본질적인 점이었다.

이러한 공희제야말로 하나의 공적인 의례였고, 부족 전체의 제사였다. 종교는 일반적으로 지역 사회 전체에서 일어나는 사건이었고, 종교상의 의무는 사회적 의무의 하나였다. 어떤 민족의 경우든 공희제에는 축제가 뒤따른다. 따라서 제물이 없는 축제는 없다. 공희 제사(供犧祭祀)는 지역 사회의 구성원들이 개인적 이해를 기꺼이 초월해서 서로 단결함으로써 신과의 일체감을 강조하는 기회가 되었던 것이다.

이 공적인 공희 향연이 지니는 윤리적인 힘은 더불어 먹고 더불어 마시는 의미에 대한 태곳적 관념에 그 바탕을 두는 것이었다. 타인과 더불어 먹고 마신다는 것은 사회 공동체에 대한 상호 의무의 상징이자, 그것을 강화화는 행위이기도 했다. 공희 향연이 〈직접적〉으로 표현하는 것은 신과 그 숭배자들이 한 〈밥상 친구Commensalen〉가 되었다는 점이다. 하지만 이것뿐만이 아니라 다른 모든 관계도 이로써 표현된다. 오늘날까지도 사막에서 살고 있는 아라비아인들은 공동으로 식사하는데, 이것은 공동 식사를 통해 확립되는 연대가 종교를 통해서가 아니라 더불어 먹는 행위 그 자체에서 비롯됨을 증명한다. 아라비아에 사는 유목민인 베두인족과 음식을 한 덩어리라도 함께 먹은 사람, 한 모금의 우유라도 얻어먹은 사람은 그들을 적으로 두려워할 필요도 없을 뿐더러 유사시에는 그들의 보호와 도움을 받을 수 있을 것으로 확신해도 좋다. 하지만 언제까지나 그런 것은 아니다. 엄밀하게 말하면 함께한 먹거리가 체내에 머물 동안만 그렇다고 보아도 좋다. 화합의 끈이라는 것은 이렇게도 현실적인 것으로 믿어지고 있기 때문에, 이것을 강화하고 항구적인 것으로 만들기 위해서는 이런 의례를 반복하지 않으면 안 된다.

그렇다면 이런 결합의 힘이 더불어 식사하는 일을 통해서 생기는 까닭은 어디에 있는 것일까? 아득한 옛날 원시 사회의 경우 무조건적이고 예외 없는 결합의 끈은 오직 하나, 친족 공동체를 잇는 혈연이 있을 뿐이었다. 이 친족 관계의 유대는 실로 완벽한 것이었다.

〈친족이란 육체적 공동체라고 불릴 수 있는 것을 통해 똘똘 뭉쳐진 채 살고 있는 무리를 말한다…… 아랍인의 경우 친족 하나가 살해되면《아무개의 피가 흘렀다》고 하지 않고《우리 피가 흘렀다》고 한다. 히브리족의 경우 혈연을 인정하는 관용구는《나는 너의 뼈이자 살》이다.〉

친족 공동체라고 하면, 공통적인 실체를 공유하고 있다는 뜻이다. 그러므로 친족 공동체가 자기를 낳아 주고 젖을 먹여 길러 준 어머니라는 실체의 일부라는 믿음에 그 뿌리를 두고 있을 뿐만 아니라, 자라서 육신이 거동하기 위해 먹는 음식을 통해 그런 관계가 형성되고 강화된다고 믿어지는 것은 당연하다. 신과 함께 먹는다는 것은, 자신과 신이 동일한 것으로 이루어졌다는 믿음의 표현이다. 그래서 이런 사람들은 타인이라고 생각되는 사람과는 먹거리를 나누는 법이 없었다.

원래 친족끼리의 축제였던 공희 향연은 친족만이 더불어 먹을 수 있다는 규정에 근거한 것이었다. 오늘날의 현대 사회에서는 가족들만 함께 먹는다. 그러나 공희 향연은 가족과 아무런 관계도 없다. 친족 공동체는 가족 단위의 생활보다 역사가 훨씬 오래된 제도이다. 우리가 알고 있는 고대의 가족 개념은 통상 친족에 속하는 이러저러한 구성원들을 아우른다. 남자들은 다른 부족의 여성과 혼인하고, 아이들은 모계 부족을 계승하던 제도였다. 말하자면 남자와 그 가족의 나머지 구성원 사이에는 계통적 친족 관계가 없었던 것이다. 이 같은 가족 관계라면 식사를 함께하기는 불가능하다. 오늘날에도 미개인들은 무리와 떨어진 채 혼자 식사하고는 한다. 토테미즘의 종교적 식사 금기 규정 때문에 그 남자는 아내나 자식들과 함께 식사할 수가 없는 것이다.

이제 제사에 바쳐지는 동물, 즉 공희 동물 쪽으로 눈을 돌려 보자. 앞에서 지적했지만 동물 공희 없는 종족 행사는 없었다. 그뿐만 아니라 이런 의례의 핑계 없이 동물을 도살하는 일도 없었다(이것은 의미심장하다). 사람들은 야생 동물을 먹거나 가축의 젖을 먹는 일에는 하등 양심의 가책을 느끼지 않았으나 종교적인 심려 때문에 사적인 목적으로 가축을 도살할 수는 없었다. 로버트슨 스미스의 말에 따르면, 〈개인이 제물이 될 동물을 도살하는 것은 위법이었고, 도살은 도살의 책임이 친족 구성원에게 고루 나누어질 수 있을 때만 정당화되었다〉는 것은 의심할 여지가 없다는 것이다.

내가 아는 한 미개인에게 이와 비슷한 경우, 즉 친족이 공유하는 피의 신성함에 저촉하는 것과 관련된 경우는 단 하나뿐이다. 개인이 빼앗아서는 안 되는 생명, 친족 전원의 합의와 참가를 통해서만 죽여서 제물로 바칠 수 있는 동물의 생명은 친족 구성원 개개의 생명과 같은 선상에 있는 것이다. 공희 향연의 손님은 모두 공희 동물의 피를 먹어야 한다는 규칙은 제물을 죽임으로써 죄를 범한 친족 구성원에 대한 형벌 집행권은 친족 전체가 나누어져야 한다는 규정과 같은 의미를 지닌다. 바꾸어 말하면, 공희 동물은 친족 구성원과 똑같이 취급된다는 것이다. 그러니까 〈공희 동물을 바치는 친족 무리, 그 제사의 객체인 신, 그리고 공희 동물〉이 모두 한 피붙이라는 것, 즉 같은 친족의 구성원이라는 것이다.

로버트슨 스미스는 풍부한 증거 자료를 열거하면서 공희 동물과 토템 동물은 동일하다고 주장한다. 그의 주장에 따르면 이렇다. 고대 후기에는 두 종류의 제물, 즉 보통 식용이 되기도 하는 가축 제물과, 부정한 것으로 간주되어 식용이 금지되어 있는 예외적인 동물이 있었다. 하지만 연구 결과 다음과 같은 사실이 밝혀진다. 즉 그 부정한 동물이 사실은 신성한 동물이었다는 것, 그 동물이야말로 원래 신들에 대한 제사에서 제물로 바쳐진 동물이었다는 것, 이 동물이야말로 원래 신 그 자체와 동일시되는 동물이었다는 것, 신자들은 이 동물을 제물로 바침으로써 어떻게든 자기네들과 그 동물 그리고 신과의 혈연 관계를 강조하려고 했다는 것이다. 하지만 이 이전으로 돌아가면 보통 제물과 〈신비한〉 제물의 구분이 없어진다. 그러니까 〈모든〉 동물은 다 신성한 것이었고, 그 살은 먹어서는 안 되는 것이었으며, 오로지 친족 모두가 참여하는 제사 때만 먹을 수 있는 것이었다. 따라서 이러한 동물의 도살은 곧 친족 중 하나를 도살하는 행위로 여겨졌으므로, 이런 동물을 도살할 때는 지극히 조심스럽게, 그리고 나머지 구성원들의 원망받이가 되지 않도록 지극히 신중하지 않으면 안 되었다.

동물의 가축화가 진행되고 목축이 도입되면서 태곳적의 순수하고 엄격하던 토테미즘은 종말을 맞이하게 된 것 같다.[77] 그러나 바야흐로 〈목가적〉 풍경이 되어 버린 종교의 경우에도 그 신성함이 가축을 통해서도 떠오를 수 있었다는 사실은 가축 역시 태곳적 토템의 성격을 지니고 있었음을 추론하게 한다. 고전 시대 후기에 이르러서까지도 각지에서 보고되는 바에 따르면, 의례는 공희 사제가 제물을 죽인 뒤에 그 자리에서 도망칠 것을 규정하

77 〈토테미즘이 필연적으로 맞게 되는 가축화 바람(가축화가 가능한 동물에만 해당되는 것이지만)은 토테미즘에는 치명적이었던 것으로 추론할 수 있다〉(제번스F. B. Jevons, 『종교사 서설 *An Introduction to the History of Religion*』 제5판) — 원주.

고 있는데, 이것은 흡사 보복을 피해 그 자리를 피하는 듯한 인상을 준다. 그리스에서는 일반적으로 황소를 죽이는 것을 범죄로 인식하고 있었던 것 같다. 아테네에서 벌어지는 부포니아[78] 축제에서는 제물을 바친 뒤에 형식적인 재판이 열렸다. 이 재판에서는 관계자 모두가 증인으로 참여하고, 결국 살인죄는 도살에 사용된 칼에 전가되어 그에 따라 칼은 바다에 던져지는 것이 보통이었다.

신성한 동물의 생명을 부족 구성원의 생명으로 여기고 보호하는 금지 규정이 있었는데도 불구하고, 때로는 의례적인 집회에서 이런 동물을 죽이고 그 고기와 피를 구성원끼리 나누어 먹는 일도 필요했던 셈이다. 그런데 이러한 짓을 하는 동기야말로 공희 제의의 가장 깊은 의미를 드러내고 있다. 우리가 들은 바에 따르면, 후대에는 함께 식사하는 것, 체내로 들어가는 것이 동일한 물질이라는 것, 이것이 식탁을 함께하는 사람들 사이에서 생겨나는 신성한 결속의 띠가 된다. 그러나 태곳적에는 신성한 제물을 함께 먹기만 해도 이런 의의가 부여되었던 모양이다. 〈공희 동물의 죽음에 신성한 신비로 받아들여졌던 것은,《오직 이런 방법을 통해서만 참여자 상호 간, 그리고 참여자와 신을 결합하는 유대가 이루어질 수 있었기 때문》이다.〉[79]

이 유대는, 공희 동물의 살과 피 속에 있다가 공희 향연을 통하여 모든 참가자들에게 골고루 전해지는 이 동물의 생명이지 다른 것이 아니다. 후세에 이르러 사람들을 한 의무에 결속시키는 〈피의 맹약〉의 토대가 된 것도 바로 이런 관념이다. 혈연 공동체를 글자 그대로 실질적 공동체라고 보는 이러한 사고방식은 공희 향

78 〈황소 죽이기〉라는 뜻이다.
79 스미스의 『셈족의 종교』에서 인용 ─ 원주.

연의 물리적 과정이 때때로 재현되는 필연성을 쉽사리 이해할 수 있게 하는 것이다.

이쯤에서 로버트슨 스미스의 견해를 소개하는 것을 일단 멈추고, 그 견해의 핵심을 간단하게 요약해 보면 이렇다. 사유 재산 관념이 생겨난 것과 때를 같이해서 제물은 인간이 신에게 주는 선물로 간주되면서, 인간으로부터 신에게 전해지는 소유 이전이라는 개념이 생겨났다. 그러나 이 해석은 공희 의례의 특징이 해명되지 못한 채로 끝난다. 태곳적에는 공희 동물 그 자체가 신성한 것이었고, 그 생명은 아무도 다치게 해서는 안 되는 것이었다. 그러나 종족 전체가 참가하여 공범이 될 것을 묵시적으로 약속하고, 또 그 자리에 임재한 신의 목전에서라면 그 동물의 생명을 빼앗을 수도 있었다. 모든 참여자들은 그 신성한 본질을 구성하는 동물의 고기를 나누어 먹음으로써 종족 상호 간의 물리적 동일성, 신과의 물리적 동일성을 확인할 수 있었다. 그러므로 공희제는 성사(聖事)였고, 공희 동물은 바로 그 종족의 일원이었다. 신과 비슷하다는 관념을 새롭게 하고 확고하게 하기 위해서 고대인이 잡아서 먹었던 고대의 토템은 사실상 원시 시대의 신 그 자체였던 것이다.

이러한 공희 제도의 분석을 통해 로버트슨 스미스는, 〈의인화한 신을 숭배하기 이전 시대〉에는 토템을 정기적으로 잡아먹는 일이 토템 종교의 중요한 부분이었다는 결론을 내린다. 그는 이런 토템 향연의 의례는 후대의 공희 기록에도 남아 있다고 주장한다. 성 닐루스는 4세기 말 시나이 사막의 유목민 베두인족의 공희 의례를 이렇게 보고하고 있다. 유목민들은 공희 제물이 될 〈낙타의 다리를 묶어 돌로 만든 조잡한 제단 위에 올려놓는다. 종족의 우두머리는 참가자들에게 노래를 부르면서 제단을 세 바퀴 돌게 한 뒤에 먼저 이 동물에 일격을 가한다……. 그러고는 상처에서 콸콸 흐르는 피를 마신다. 이때부터 참가자들은 칼을 들고 일제히 이 제물에 달려들어, 아직까지도 푸들푸들 살아 움직이는 살점을 잘라 내어 날로 정신없이 먹는다. 이 의례의 시작을 알리는 것은 떠오르는 샛별[80]인데, 이 별이 지고 아침 햇살이 비칠 때가 되면 낙타는 뼈와 살은 물론이고 가죽, 피, 내장에 이르기까지 한 점, 한 방울도 남지 않는다). 다양한 방증 자료로 판단하건대 아득한 옛날 것임에 분명한 이 야만스러운 의례는 개별적인 종족의 습관이 아니라, 뒤에 여러 형태로 변화했을망정 토템 공희제의 보편적인 근원 형식이라는 것이다.

많은 학자들은 토테미즘 단계를 직접 관찰해서 확증할 수 없다는 이유에서, 토템 향연이라는 개념을 중시하지 않으려고 한다. 그러나 로버트슨 스미스는 스스로, 아즈텍족의 인신 공양의 경우처럼 제물의 상징적 의의를 확증하는 듯한 사례를 지적하는가 하면, 토템 향연의 조건을 갖춘 듯한 실례, 가령 아메리카 오우아타 오우아크(오타와)족에 속하는 곰족(熊族)의 곰 공희, 일본 아이누족의 곰 축제까지 검토하고 있다.[81] 프레이저도 최근에 출간한 2부작 대저에서 이와 동일하거나 비슷한 실례를 들어 가면서 상세히 논증하고 있다.[82] 프레이저에 따르면, 대형 맹금류(대머리수리)를 숭상하는 캘리포니아의 한 인디언 종족은 일년에 단 한 차례 엄격한 의례에 따라 이 새를 죽이지만, 그 뒤로는 이 새의 죽음을 애도하고, 그 껍질과 깃털을 영구 보존한다. 뉴멕시코의 주니

---

80 이 의례는 바로 이 별에게 바쳐지는 것이기도 하다 — 원주.
81 이 인용과 앞 부분의 별다른 언급이 없는 인용들은 스미스의 『셈족의 종교』에서 인용한 것이다.
82 『황금 가지』 제5부 「곡물의 영(靈)과 황야의 영 Spirits of the Corn and of the Wild」(1912) 10, 13, 14장 참조 — 원주.

인디언도 저희들에게는 신성한 동물인 거북을 이와 마찬가지로 대한다.

중앙 오스트레일리아 제 부족의 인티키우마 의례에는 로버트슨 스미스의 가설과 맞아떨어지는 특징이 관찰된다. 각 종족은 토템 동물(통상 저희들끼리는 먹는 것이 금지되어 있는)의 증식을 위해 주술적인 의례를 베푸는데, 이들은 의례 도중에 이 동물의 고기를 다른 종족의 손에 들어가기 전에 조금씩 먹어야 한다.[83] 프레이저에 따르면,[84] 평소에는 금지되어 있는데도 불구하고 상징적인 의례에서 조금씩 먹는 사례는 서아프리카 비니족의 매장 의례에서도 발견된다. 따라서 나는 평소에는 금지되어 있는 토템 동물을 제의적으로 죽이고, 그 고기를 먹는 풍습이 토템 종교의 중요한 특징이라는 생각에 관한 한 로버트슨 스미스의 견해에 따를 것을 제안한다.[85]

5

이제 우리가 검토했던 토템 향연의 현장을 떠올리면서, 우리가 다루지는 못했지만 개연성은 없지 않은 몇 가지 양상을 생각해 보자. 우리가 여기에 예로 든 부족은 의례에서 잔혹한 방법으로 토템 동물을 죽이고는 그 피와 뼈와 고기를 날로 먹어 버린다. 이

83 프레이저의 『황금 가지』 제1부 「주술」 참조.
84 프레이저의 『황금 가지』 제2부 「터부와 영혼의 위기」 참조 ― 원주.
85 공희 제물에 관한 이러한 견해에 반대하는 학자들(마리예르L. Marillier, 위베르, 모스 등)이 있다는 것을 모르는 것은 아니지만, 이런 반론 때문에 로버트슨 스미스의 견해가 주는 인상이 본질적으로 감소되는 것은 아니다 ― 원주. 마리예르의 「종교 진화 속의 토테미즘La place du totémisme dans l'évolution religieuse」(1898), 위베르와 모스의 「희생의 본질과 기능에 대한 에세이Essai sur la nature et la fonction du sacrifice」(1899) 참조.

때 부족 구성원들은 토템과 흡사하게 분장하고, 토템과 저희들과의 일체성을 강조하려는 듯이 내는 소리나 취하는 동작을 통해서도 토템 시늉을 한다. 이때 이들에게는 개인에게는 금지되어 있지만 전원이 참가하면 정당화되는 어떤 행위를 하고 있다는 의식이 있다. 이때는 어떤 구성원도 이 도살이나 향연에서 제외될 수 없다. 일단 이 의례적 행위가 끝나면 이들은 살해된 동물을 위해 눈물을 흘리고 애도한다. 죽음을 당한 동물에 대한 애도는 강제적인 것, 보복의 위협에 대한 공포를 통해 강화된 것인데, 그 주된 목적은 로버트슨 스미스가 설명하고 있듯이 도살의 책임을 부인하는 데 있다.[86]

그러나 이 애도가 끝나면 떠들썩한 축제가 벌어지고, 결국 일체의 충동은 해방되고 모든 종류의 만족은 용인된다. 이때부터 우리는 이 제사의 본질을 이해할 수 없게 되어 버린다.

이때의 제사란 용인에 의한 것이라기보다는 명령에 의한 과잉이며, 의식에 의한 금제의 파괴 같아 보인다. 사람들이 저희들에게 부과된 어떤 규정에 따라 기뻐 날뛰는 것이기 때문에 그냥 법석을 떠는 것이 아니다. 이 야단법석이야말로 제사의 본질인 것이다. 결국 축제의 기분은 여느 때는 금지되어 있던 것에서 해방된 데서 온다.

그렇다고는 하지만 이 축제에서 기쁨의 서곡이 된 토템 동물의 죽음에 대한 애도는 대체 무엇을 의미하는 것인가? 부족의 구성원들은 여느 때에는 금지되어 있는 토템을 죽인 뒤 환호작약하는가 하면, 또 이것을 슬퍼하는 까닭은 도대체 무엇인가?

우리가 이미 본 것처럼 부족의 구성원들은 토템을 먹음으로써 저희들을 신성한 존재로 만들고, 토템과의 일체감과 부족 구성원

86 『셈족의 종교』 참조 ─ 원주.

상호 간의 일체감을 강화한다. 토템의 실체는 신성한 생명의 그 릇인데, 그 신성한 생명을 부족 구성원들이 자기 몸속으로 삼켜 버렸다는 사실로부터 이 축제의 기분, 그 기분에서 생기는 모든 행위가 설명될 수 있을 듯하다.

정신분석학은 일찍이, 토템 동물이 현실에서는 아버지의 대역 (代役)이라는 사실을 밝힌 바 있다. 이것은 여느 때는 죽이고 먹 는 것이 금지되어 있는 토템 동물을 특정한 시기에는 죽여서 나 누어 먹고, 그리고는 슬퍼한다는 모순된 사실에서 아버지의 경우 와 일치한다. 오늘날의 어린아이들에게서 자주 나타나는 아버지 콤플렉스의 특징이자, 성인의 삶을 통해서도 지속적으로 나타나 는 감정의 양가적 태도는 아버지의 대역인 토템 동물에게도 해당 된다고 볼 수 있다.

그런데 정신분석학으로부터 얻은 토템 해석을, 토템 향연 그 자체와 인간 사회의 원시 상태에 관한 다윈의 가설에 비추어 검 토해 보면 보다 심층적인 이해의 가능성이 열리는 듯하다. 말하 자면 약간 허황되어 보이기는 하지만, 지금까지는 따로따로 떨어 져 있는 듯하던 몇 가지 현상을 하나로 아우르는 데 필요한 하나 의 가설이 보이는 듯하다는 뜻이다.

다윈의 이른바 원시군설(原始群說)에는 토테미즘의 발단을 해 명할 만한 여지가 없다. 이 원시 무리 이론은 여자들을 독점하고 자식들은 모두 무리에서 쫓아내 버리는 질투심 많은 폭력적인 아 버지를 등장시키고 있을 뿐, 그 이상은 아무것도 해명해 주지 못 한다. 그러나 이러한 원시적 사회 상태는 언제 어디에서도 관찰 의 대상이 된 적이 없다. 우리가 가장 원시적인 조직이라고 부르 는 것(오늘날에도 일부 부족에서 볼 수 있는 것)은 〈남성 결사(男 性結社, *Männerverbände*)〉이다. 이 조직은 동등한 자격을 지닌,

모계 상속제를 포함한 토템 체계의 제약을 인정하는 구성원들로 이루어져 있다. 이 조직의 형태는 다른 조직에서 발전한 것일까? 만일에 다른 조직에서 발전해 온 것이라면 어떤 과정을 거치면서 발전한 것일까?

토템 향연의 축제를 원용할 경우, 우리에게는 이 질문에 대답할 가능성이 열린다. 어느 날 문득[87] 추방당했던 형제들이 힘을 합하여 아버지를 죽이고, 그 고기를 먹어 버림으로써 부군(父群)을 결딴낸다. 말하자면 자군(子群)은 단결함으로써 혼자서는 도저히 불가능하던 일을 성취시키고, 마침내 부군의 결딴을 성사시킨다(문명의 발달로 인한 신무기 개발이 형제들에게 우월감을 고취했는지도 모른다). 그들은 식인종들이었으니, 살해한 아버지의 고기를 먹었을 것임은 두말할 나위도 없다. 폭력적인 원초적 아버지는, 아들 형제들에게는 누구에게든 선망과 공포의 대상이자 전범(典範)이었다. 이들 형제들은 먹는 행위를 통해 아버지와의 일체화를 성취시키고, 각자 아버지가 휘두르던 힘의 일부를 자기 것으로 동화시켰다. 아마도 인류 최초의 제사였을 토템 향연은 이 기억할 만한 범죄 행위의 반복이며 기념 축제였을 것이다. 그리고 이 범죄 행위로부터 사회 조직, 도덕적 제약, 종교 같은 것들이 비롯되었을 것이다.[88] 전제를 도외시하고, 이 결론에 신빙성이

87 오해를 피하기 위해서, 독자에게는 다음 각주의 마지막 문장을 참고할 것을 권한다 — 원주.

88 추방당한 아들들이 단결하여 폭군적인 아버지를 죽인다는 이 모골이 송연한 가설을 앳킨슨은 다윈의 원시군 상태로부터 직접 추론했다는 것을 인정했다. 앳킨슨은 『원시법』에서 이렇게 쓰고 있다. 〈가부장 제도는 아버지가 두려워했어야 할 유일한 대상이었다……. 젊은 형제들은 독신 생활을 강요당하거나 포로로 잡은 여자 하나를 여럿이 공유하는 일처다부적 관계를 맺은 채로 공동생활을 하고 있었다. 이들은 사춘기도 채 지나지 못한 허약한 집단이었지만, 세월이 흐르고 그 힘이 강성해지자 여러 차례의 집단 공격 끝에 결국은 아버지의 목숨과 저희들 몫의 아내를 빼앗을 수 있었다.〉 뉴칼레도니아에서 살면서 원주민 연구에 필요한 절호의 기회를 이용할 수 있었

있다는 것을 확인하기 위해서는 작당한 형제들이 아버지에 대한 모순된 감정에 지배되고 있었다는 점을 생각해 볼 필요가 있다. 이 모순된 감정이라는 것은, 어린아이들이나 신경증 환자에게서 쉽게 볼 수 있는 아버지 콤플렉스의 양가적인 감정 습관이라고 해도 좋다. 이들은 저희들 권력욕과 성욕의 막강한 장애물인 아버지를 한편으로는 원망하면서도, 다른 한편으로는 사랑하고 찬미한다. 그들이 아버지를 제거함으로써 그 증오를 해소하고 그와 동일시하려는 자신들의 소망을 성취시키고 나면, 이때까지 억눌려 있던 애정이 고개를 드는 것이다.[89] 이것은 통상 자책이라는

던 앳킨슨은 다윈이 가정한 원시군의 상태는 야생 소나 말 무리에서도 용이하게 관찰할 수 있는 것으로서 아버지가 살해되는 것은 흔히 있는 일이라고 쓰고 있다. 그는 여기에서 한 걸음 더 나아가, 아버지를 죽인 뒤에는 아버지와의 싸움에서 승리한 아들들 사이에서 격렬한 싸움이 벌어지고, 이 때문에 그 무리는 붕괴하게 된다고 생각한다. 따라서 새로운 사회 조직은 실현되지 못한다면서 그 까닭을 이렇게 설명한다. 〈고립된 폭군인 아버지로부터 권력을 되찾게 되지만, 아버지를 죽인 아들들은 이번에는 골육상잔의 주먹을 다시 쥐게 되는 것이다.〉 정신분석학의 암시를 활용할 기회도 없었고, 로버트슨 스미스의 연구 업적도 접할 수 없었기 때문에 앳킨슨은 원시군에서 다음 사회적 단계, 즉 다수의 남성들이 평화로운 공동생활을 보내게 되는 새로운 단계를 향한 추이를 덜 폭력적인 것으로 파악했다. 그는 어머니의 애정 어린 훈도 덕분에 아들들이 — 처음에는 어린아이들이, 이어서 다른 아이들까지 — 무리에 남아 있는 것이 허용되었다고 믿었다. 추방당하는 대신 무리에 남을 수 있게 된 이 아이들은 아버지의 이런 관용에 보답하는 뜻에서 어머니와 누이들에 대한 욕망을 단념함으로써 아버지의 성적 특권을 인정하게 된다는 것이다. 꽤 주목할 만한 앳킨슨의 가설이지만, 소개는 이 정도로 그치기로 한다. 이 가설은 내가 여기에서 쓰고 있는 본질적인 점에서는 일치하지만, 내가 다른 곳에서 다루는 문제들과는 서로 연관되지 못하기 때문에 나의 생각과는 다르다고 할 수 있다. 이상 내가 위에서 설명한 것에서 보이는 정확성의 결여, 시간적 요소의 생략, 그리고 주제의 압축은 대상의 성질상 유보될 수밖에 없는 것이었다. 이런 소재의 경우 엄밀성을 요구하는 것은 어차피 무의미한 것이고, 확실성을 요구하는 것도 부당할 것으로 보인다 — 원주.

89 이 새로운 감정적 태도의 배후에는, 아버지를 해치는 행위는 그 행위의 주체에게 완벽한 만족감을 안기지 않는다는 사실에 대한 깨달음이 있다. 따라서 어떤 의미에서, 이러한 행위는 하릴없는 것이다. 말하자면 아들 중 어떤 아들도 자신의 원초적인 소망(아버지의 자리에 앉겠다는)을 달성시킬 수 없는 것이다. 그래서 주지하다시피, 성공을 통한 만족감보다는 실패에 대한 도덕적 반작용이 훨씬 효과적으로 작용하는 것이다 — 원주.

형태로 나타난다. 이어서 죄의식이 생겨나는데, 이것은 무리 전체의 집단적 자책과 일치하게 된다. 이로써 죽은 아버지는 살아 있을 때보다 더욱 강력한 아버지가 된다. 이런 일은 오늘날 인간의 운명을 통해서도 흔히 볼 수 있다. 죽은 아버지가 살아 있을 때보다 더 강력한 존재가 되면 아들들은 이전에는 아버지라는 존재가 방해하던 일들을 스스로 금한다. 정신분석학을 통해 우리에게 잘 알려져 있는 〈사후 복종(死後服從, *nachträglicher Gehorsam*)〉[90]이라는 심리 상태가 바로 이것이다. 이제 아들들은 아버지의 대용인 토템의 도살을 삼감으로써 저희들 행위를 철회하고, 그 행위를 통해 얻을 수 있는 과실을 단념하는 것이다. 이로써 그들은 〈자식된 도리에서 오는 죄의식〉으로부터 토테미즘의 두 가지 기본적인 터부를 설정한 것이다. 바로 이 때문에 이 두 가지 터부는 억압된 오이디푸스 콤플렉스의 두 소망과 일치하는 것이다. 따라서 여기에 거슬러 행동하는 자는 두 가지 죄를 범하게 된다. 미개 사회에서 문제가 된 것이 바로 이 두 가지 범죄였던 것이다.[91] 인간이 지켜야 할 도리의 발단이 된 토테미즘의 터부에는 두 가지가 있는데, 이 두 터부는 심리학적 등가물이 아니다. 두 가지 터부 중 첫 번째 터부, 즉 토템 동물을 보호해야 하는 것과 관련된 터부는 전적으로 감정적 동기에 그 바탕을 두고 있다. 말하자면 아버지가 제거되었으므로 원상 복구는 현실적으로 불가능한 것이다. 그러나 또 하나의 터부, 즉 근친상간 금제와 관련된 터부는 하나의 유력한 실제적 근거를 가지고 있다. 성적인 욕구는 남성들을 결합시키는 것이 아니라 분열시킨다. 그래서 형제들은

---

90 사후 복종의 예는 「다섯 살배기 꼬마 한스의 공포증 분석」에서 찾아볼 수 있다.
91 〈살인과 근친상간, 혹은 여기에 상응하는 혈족의 신성한 법 위반, 미개 사회가 범죄로 인정한 것은 이것뿐이었다〉(스미스의 『셈족의 종교』) ─ 원주.

아버지를 극복할 때는 동패가 되었지만, 여자 문제가 대두되면 서로 경쟁자가 되어 버린다. 아들들은 각자 아버지가 그랬던 것처럼 여자들을 독점하려고 한다. 하지만 이렇게 서로 싸우면 조직은 허물어지고 만다. 어느 누구도 아버지처럼 절대적인 강자 노릇을 하지 못하기 때문이다. 따라서 이 아들들이 공존하려면 (물론 무수한 위기를 넘겨야 공존이 가능하겠지만) 근친상간을 금지하는 법을 제정하지 않으면 안 된다. 그러니까 이 근친상간을 금지하는 법을 통하여 저희들이 갈망했던 대상이자, 아버지를 축출하게 된 원인이었던 여자들을 함께 단념하지 않으면 안 된다. 이렇게 하면 그들은 자기네들을 강화시킨 조직(원시군으로부터 추방되어 있을 동안에 생긴 동성애적 감정과 행위를 바탕으로 한 것일지도 모르는)을 구할 수 있는 것이다. 바흐오펜J. Bachofen이 가정한 모권 제도의 싹이 된 것도 바로 이런 상황이었는지도 모른다. 이 모권 제도는 뒷날 가부장적 가족 제도로 바뀌게 되었다.

그런데 토테미즘이 최초의 종교적 시도로 평가되어야 한다는 주장은 두 가지 터부 중 첫 번째, 말하자면 토템 동물의 보호와 관련된 토템에 그 바탕을 두고 있다. 아들들은 토템 동물을 아버지에 대한 당연하고 명백한 대용물로 본다. 그러나 그들이 스스로에게 부과한 그 아버지의 처리 방식은 후회의 감정을 드러내고자 하는 욕구 이상의 어떤 것을 표현한다. 그들은 아버지의 대용인 이 동물과의 관계를 통해 아버지에 대한 강렬한 죄의식을 삭이고, 아버지와 일종의 화해를 시도한다. 그러니까 토템 체계는 그 자체가 아버지와의 계약인 셈이다. 이 계약에서 아버지는 자식들에게, 자식들의 유치한 상상력이 아버지에게 요구할 수 있는 것 — 보호, 배려, 그리고 관용 — 을 약속하는 한편, 그들 편에서는 아버지의 목숨을 존중하겠다고, 친부의 죽음을 초래한 행위를 다시 반복하지 않겠다고 서약하는 것이다. 그뿐만이 아니다. 토테미즘은 자기 합리화의 의도를 담고 있기도 하다. 말하자면 〈아버지가 우리를 대접하되 토템이 우리를 대접하듯이 했다면 우리는 아버지를 죽일 마음을 먹지 않았을 것〉이라는 의미를 담고 있기도 하다는 것이다. 바로 이런 식으로 토테미즘은 사태를 미화하고 토테미즘 성립의 원인이 된 사건의 망각을 가능하게 한다.

이렇게 해서 그 이후 종교의 본질에 결정적인 영향을 미치게 되는 특징이 대두된다. 토테미즘 종교는 아들들의 죄의식에서 생겨난 것이다. 말하자면 이 죄의식을 완화시키고, 그동안 유예되어 왔던 복종을 통하여 아버지와 화해하고자 하는 시도인 것이다. 후대의 종교도 모두 동일한 문제를 해결하려는 시도로 보인다. 물론 종교는 그 종교가 생성된 시기의 문화 상태에 따라, 채택하는 방법에 따라 다르기는 하다. 그러나 모든 종교는 같은 목표에 대한 겨냥인 것이고, 문화의 발단이 되었던 그 사건, 즉 문화 살림이 시작된 이래 단 한 번도 인류를 가만히 내버려 두지 않았던 동일한 대사건에 대한 반응인 것이다.

종교가 충실히 지켜 온 또 하나의 성격도 이미 토테미즘에 나타나 있었다. 양가감정의 긴장은 어떤 장치로도 완화시킬 수 없을 만큼 엄청난 것이다. 어떤 심리적 조건이 이 감정 대립을 해소하기에는 적당하지 않았을 가능성도 있다. 그러나 그럼에도 불구하고 아버지 콤플렉스에 깃들어 있는 양가감정은 토테미즘에는 물론이고, 종교에도 존속하고 있는 것으로 보인다. 토템 종교는 회한의 감정을 드러내고 그 감정에 대한 화해를 시도하고 있을 뿐만 아니라, 아버지에 대한 승리의 기억을 유지하는 역할도 하고 있는 것이다. 바로 이 승리의 만족감에 대한 기억에서 토템 향연이라는 기념제가 비롯되는데, 이 경우 유예된 복종은 실현되지 않는다. 이렇게 해서 삶의 조건이 바뀐 결과, 저희들이 저지른 범죄 행위의 수확(아버지가 지니고 있는 속성의 획득)이 더 이상 유효하지 않게 될 때마다 토템 동물 공희제를 통하여 번번이 아버지 살해의 범죄를 반복하는 일이 의무로 지워지는 것이다. 이제 우리는 〈후대〉 종교의 생성물을 통해 위장되고 교묘하게 변형된 형태이기는 하지만, 자식이 아버지에 대해 반기를 드는 사태를 만나도 놀랄 필요가 없는 것이다.

우리는 지금까지 아버지에 대한 〈애정 어린〉 감정 습관의 발전 상황을 검토해 왔거니와, 이 감정 습관은 종교와 도덕적인 규범 안에서는 회오의 감정으로 변형되어 있다(토테미즘에서는 이런 감정 습관이 별로 두드러져 나타나지는 않는다). 그러나 우리가 간과하지 말아야 하는 것은, 이 승리의 기억을 지배하는 것이 아버지 살해를 야기시킨 충동이었다는 점이다. 그 뒤로 오랜 세월이 흐르도록 전반적인 변혁의 바탕이 되는 사회적인 우애의 감정은 사회 발전에 엄청난 영향력을 행사해 왔다. 이 사회적인 우애의 감정은 혈연의 신성화를 통하여, 말하자면 동일한 부족이 공유하는 생명 연대성의 강조를 통해 나타나곤 했다. 이렇게 상호 생명의 안전을 보장하면서 형제들은 서로를 대접하되, 저희들이 아버지에게 했던 것과 같은 대접은 하지 않기로 선포한 것이다. 이로써 그들은 아버지의 운명이 재현될 가능성을 제거했다. 토템을 죽여서는 안 된다는 종교에 바탕을 둔 금제에는, 형제를 죽여서는 안 된다는 모듬살이에 바탕을 둔 또 하나의 금제가 덧붙여졌다. 그리고 오랜 세월이 지나면서 부족의 구성원 사이에서만 한정되어 있던 이 금제는 간명한 표현을 획득하게 되는데, 이것이 바로 〈살인하지 말라〉는 계명이다. 이때에 이르러서야 비로소 가부장적 씨족이 쇠퇴하고, 혈연을 통하여 서로의 안위를 보장하는 형제애적 씨족이 대두되었다. 이때부터 동일한 범죄에 대한 공모 관계가 사회의 바탕이 되었다. 종교는 죄의식을 바탕으로 성립되었는데, 여기에 자책의 감정이 가세했다. 도덕성은 일부는 사회의 상황, 일부는 사회의 죄의식이 요구하는 참회의 감정에 근거를 두었다.

이렇게 해서 정신분석학은 토테미즘 제도의 새로운 해석에는 반대하고 해묵은 해석을 취하면서, 우리에게 토테미즘과 족외혼 속은 밀접한 관계가 있었으며 이 양자가 동시대에 생긴 제도라고 주장할 것을 요구하는 것이다.

6

도저히 무시할 수 없는 무수한 동인(動因)이 앞을 가로막고 있어서 나는 차마 모든 종교가 토테미즘에서 발단하여 오늘날의 상태에 이르기까지 발전했다고 쓰기가 망설여진다. 그래서 우선, 무늬를 지나면서 그 무늬의 본질을 밝혀 줄 듯한 두 가닥의 실마리만 붙잡고 추적해 보고자 한다. 그 두 개의 실마리는 토템 공희 제물과 부자 관계라는 주제[92]이다.

로버트슨 스미스의 주장에 따르면, 태고의 토템 향연은 공희제의 근본 형식 안에서 반복된다. 이 행위의 의미는 동일하다. 즉 향연의 공동 참가를 통한 자기 신성화(自己神聖化)인 것이다. 이 경우 참가자들에게는 죄의식도 없지 않은데, 이 죄의식은 참가자들의 연대 책임을 확인하지 않으면 해소되지 않는다. 여기에 새로

---

92 부분적으로 나오는 관점이 다른 융 C. G. Jung의 연구, 「리비도의 형태와 상징 Wandlungen und Symbole der Libido」(1912)을 참고하기 바란다 — 원주.

덧붙여지는 것이 종족의 신인데, 공희제는 이 신이 그 자리에 임재해 있다는 것을 전제로 한다. 이 신은 그 부족 구성원과 함께 제물을 흠향하는데, 사람들은 이 제물의 음복(飮福)을 통해 이 신과의 동일화를 성취하는 것이다. 그렇다면 신은 자기에게는 생소한 이 상황으로 어떻게 합류하게 되는가?

어찌어찌하는 사이에(어디서부터인지는 잘 모르겠지만) 신이라는 관념이 떠오르고 이것이 종교 생활을 지배하게 되었으며, 존속하고 싶어 하는 다른 모든 사상(事象)이 그렇듯이 토템 향연도 새로운 제도와 연관을 맺지 않을 수가 없었다는 대답이 나올 수도 있다. 그러나 개개인에 대한 정신분석학 연구가 특별히 강조해서 주장하는 바에 따르면, 개개인이 상상하는 신의 모습은 아버지의 모습으로 형성되고, 신과의 개인적 관계는 육친과의 관계를 따르게 되며, 바로 이 관계 안에서 동요하고 변화하는 것이므로 신이라는 관념의 바탕을 이루는 것은 찬양의 대상인 아버지이지 다른 게 아니라는 것이다. 정신분석학은 우리에게, 신자들이 신을 아버지라고 부르는 것이 토테미즘의 경우 토템 숭배자들이 토템을 자기네 선조라고 여기는 것과 똑같이 볼 것을 권고한다. 정신분석학이 어느 정도 주목해도 좋은 학문이라면, 정신분석학이 밝히지 못하는 신의 기원이나 의의는 별도로 한다고 치더라도 신이라는 관념에 아버지가 관여하고 있다는 지적만은 중요한 대목이라고 하지 않을 수 없다. 그런데 이 경우, 원시적 공희제에서는 이 아버지가 두 차례 겹쳐서 나타난다. 한 번은 신으로서, 그리고 또 한 번은 토템 제물로서 나타나는 것이다. 여기에서 우리는 정신분석학적 해명이 다양성이 부족하다는 것을 승인하면서도 어떻게 그런 일이 가능한지, 그리고 거기에 어떤 의미가 있는지 검토해 보지 않을 수 없다.

잘 알려져 있다시피, 신과 신성한 동물(토템 또는 공희 동물) 사이에는 다음과 같은 복합적인 관계가 있다.

(1) 신에게는 통상 그 신에게만 신성한 한 종류(때로는 여러 종류)의 동물이 있다.

(2) 특별하게 신성한 공희제일 경우(가령 〈비의적(秘儀的)〉 공희제 같은), 제물이 되는 동물은 바로 그 신에게 신성한 동물이다.[93]

(3) 토테미즘의 시대로부터 오랜 세월이 흐르면 신은 특정 동물의 모습으로 섬겨지기도 한다(관점을 바꾸면, 동물이 신으로 섬겨지기도 한다).

(4) 신화에서 신은 종종 동물로 변신하는데, 대부분의 경우 그 신에게 신성한 동물로 변신한다.

따라서 신 자체가 처음에는 토템 동물이었다가 종교적 감정의 후기 단계에서 신으로 발전했을 것이라는 가정은 설득력이 있어 보인다. 그러나 토템 그 자체가 아버지를 대체하는 동물이었다는 것을 생각하면 더 이상의 논의는 필요하지 않다. 토템이 〈최초의〉 아버지 대용물의 형식이라면, 신은 바로 아버지의 형상을 회복한 아버지의 대용물이 되는 것이기 때문이다. 모든 종교 조직의 근원인 〈아버지에의 동경〉에서 이러한 창조가 가능했다는 것은, 시대의 경과와 함께 아버지와의(혹은 동물에 대한) 관계에 본질적인 변화가 일어났기 때문이다.

이 같은 변화는 동물로부터의 심리적 거리감이 시작되는 것이라든지, 동물이 가축화하면서 토테미즘이 해체되어 가는 과정을 거론하지 않더라도 쉽게 추측할 수 있다. 아버지가 제거됨으로써 생기는 상황 속에는 시간이 경과함에 따라 아버지에의 동경이 나날이 새로워지지 않을 수 없는 인자가 포함되어 있다. 아버지를

93 로버트슨 스미스의 『셈족의 종교』 참조 — 원주.

죽이기 위해 단결했던 형제들의 속마음에는 아버지와 같은 존재가 되고 싶다는 소망이 자리 잡는다. 형제들 개개인으로 하여금 아버지를 죽인다는 하나의 목적 아래 함께 뭉치게 했던 것은 그 아버지를 닮고 싶다는 소망이었다. 그리고 토템 향연에서 아버지의 대용물이 되는 토템 동물의 일부를 먹는 것은 이러한 소망의 표현이었다. 그러나 이러한 소망은 형제 부족에 속하는 그 사회 구성원들의 압력 때문에 성취되지 못한다. 이로써 어떤 형제들도 아버지의 절대적인 권력을 장악하지 못하게 되는 것은 물론 장악할 꿈도 꾸지 못하게 된다. 이로부터 오랜 세월이 흐르면, 형제들로 하여금 아버지를 살해하지 않을 수 없게 했던 아버지에 대한 분노는 누그러지고, 오히려 아버지에 대한 동경이 증폭된다. 이와 함께 일찍이 투쟁의 대상이었던 원초적인 아버지상의 절대 권력과 그 무구속성(無拘束性) 및 아버지 자체에 스스로 복종하고자 하는 한 관념적 이상의 태동이 가능해진다. 이렇게 되면, 문화의 기층 구조가 철저한 변모를 겪게 됨에 따라 종족 구성원 개개인 본래의 민주적 평등은 기대할 수 없게 된다. 여기에서 한 특정인에 대한 숭배에 바탕을 두고 신들을 창조함으로써 아버지 관념을 부활시키는 경향이 나타나게 된다. 인간이 신이 되고 신이 죽을 수 있다는 관념이 우리 현대인들이 보기에는 충격적인 어불성설에 속하지만, 고전 고대의 상상력에 따르면 이것은 조금도 이상한 일이 못 된다.[94] 바로 이렇게 함으로써 저희 종족의 유래를 설명하려는 시도는, 그 이전에 횡행하던 토템과의 계약 행위에 견

[94] 〈우리 현대인에게는 인간과 신 사이에 건널 수 없는 심연이 가로놓여 있는 것 같아서 이러한 모방 행위는 신에 대한 모독으로 받아들여지겠지만, 고대인의 경우는 그렇지 않았다. 고대인의 생각에 따르면 신들과 인간은 동족이었다. 그래서 많은 가족이 저희들을 신의 자손으로 생각했다. 고대인들에게 인간의 신격화는 근대 가톨릭 성자의 성인화 과정처럼 조금도 이상한 일이 아니었다〉(프레이저의 『황금 가지』) — 원주.

주면 훨씬 진지한 속죄의 시도였다.

이 발전 과정의 어느 단계에서, 일반적으로 부성신(父性神)에 선행하는 것으로 보이는 모성신(母性神)의 지위가 어느 자리에 위치하는지 나는 설명할 수 없다. 그러나 확실해 보이는 것은 아버지에 대한 관계의 변화는 종교의 영역에 한정되지 않고, 당연한 것이지만 아버지의 제거가 영향을 입게 되는 인간 생활의 다른 측면, 즉 사회 조직에까지 그 영향을 미쳤으리라는 것이다. 부성신의 설정과 함께 아버지를 잃은 사회는 점차 가부장적 질서를 지닌 사회로 이행해 갔다. 가족은 이전에 존재하던 원시군의 복원이었고, 이에 따라 아버지가 그전에 지니고 있던 권력의 대부분은 그대로 아버지에게 되돌려졌다. 말하자면 다시 아버지가 존재하게 된 셈이지만, 그렇다고 해서 형제 부족의 공적이 사라져버린 것도 아니었다. 더구나 새로운 가족의 아버지와 원시군을 이끌던 절대적 전제 군주 형태의 조상은 같은 것이 아니었기 때문에 종교적 욕구는 그대로 지속될 수 있었다. 말하자면 아버지에 대한 끊임없는 동경은 그대로 유지될 수 있었던 것이다.

따라서 종족신 앞에 바쳐지는 공희제의 경우, 아버지는 사실상 이중적으로 등장한다. 즉 한 번은 신으로서, 또 한 번은 토템 공희 동물로 등장하는 것이다. 그러나 이 상황에 대한 이해를 시도할 때 우리가 주의해야 할 것이 있다. 이 상황을 표면적으로 파악하여 알레고리로 번역하거나, 이렇게 함으로써 그 역사적 성층(成層)을 잊어버려서는 안 된다는 점이다. 아버지가 이중으로 등장한다는 것은 시대적으로 교차하는 이 장면이 지닌 두 가지 의미에 상응한다. 여기에서 아버지에 대한 양가적 태도가 구체적으로 표현되는가 하면, 적대자였던 아버지에 대한 아들의 애정 어린 감정도 드러나고 있는 것이다. 아버지를 굴복시키는 장면, 즉 아버지에게는 가장 굴욕적인 것일 터인 이 장면이 여기에서는 아버지가 거두는 최고의 승리를 나타내는 소재가 된다. 공희제가 지니는 일반적인 의미는, 바로 이 공희제가 아버지에게 자식들이 안긴 치욕의 기억을 지속시키는 동시에 아버지에게 가해졌던 그 치욕을 보상하는 데 있는 것이다.

세월이 흐르면서 동물은 그 신성(神性)을 상실하고 공희제는 토템 축제와 연관을 잃어버리게 된다. 공희 제물은 신에 대한 단순한 공물에 지나지 않게 되고, 신을 위해 자신을 방기하는 행위의 표상이 되는 것이다. 이와 함께 신 자신은 인간을 아득히 초월하게 되기 때문에 인간은 중개자 없이는 신과 교섭할 수 없게 된다. 이 중개자가 바로 사제다. 이와 동시에 신과 동등한 왕이 출현하면서 가부장 제도를 국가 제도로 이행시키게 되는 사회 질서의 변화가 온다. 한 차례 폐위의 운명을 겪고 복귀한 아버지의 복수는 가혹한 것이었다고 할 수밖에 없다. 그 까닭은 권위의 지배가 바야흐로 그 정점에 이르렀을 것이기 때문이다. 한편, 굴복한 아들들은 저희들의 죄의식을 가볍게 하기 위해 이 새로운 관계를 이용한다. 이제 공희제는 오늘날 그렇듯이 그들 책임의 한계를 벗어난다. 신 자신이 공희제를 요구하고 명령하게 된 것이다. 신인 자신에게 신성한 동물, 즉 사실은 신 자신인 그 동물을 자기 손으로 죽이는 신화는 이 단계에 속한다. 이것은 초기 사회에서 자행되었고 후일 죄의식의 발단이 되었던 저 중대한 범행의 완전한 부정(否定)인 것이다. 그러나 이 공희제 묘사에는 너무나 명백한 부차적인 의미가 있다. 이 묘사는 보다 고등한 신 관념을 통하여 아버지 대용이 되던 제물을 제공해야 하는 책임을 벗어날 수 있었던 것에 대한 만족감을 드러낸다. 이 장면에 대한 피상적이고 비유적인 해석은 정신분석학의 해석과 일치한다. 비유적 해석에

234

따르면, 신은 이로써 자신이 본성으로 지니고 있던 동물적인 측면을 극복하게 된다는 것이다.[95] 가부장적 권위가 회복된 이 시대에는 아버지 콤플렉스에 속해 있던 적대적 충동이 침묵하고 있다고 생각하면 그것은 오해다. 신과 왕이라고 하는 아버지의 새로운 두 대체 권위가 지배하는 최초의 단계에서, 종교에 특징적으로 남아 있는 양가성이 가장 활발하게 나타나는 것만 보아도 알 수 있다.

프레이저는 대저 『황금 가지』에서, 신의 역할을 맡고 있던 라틴 종족의 초기 왕들은 특정 축제 때 엄숙하게 처형되었을 것으로 추정하고 있다. 신을 제물로 하는 공희제(이 변형이 바로 자기희생이다)는 셈족 종교의 중요한 특징을 이루고 있었던 것으로 보인다. 세계 각지에서 보고되는 인신 공양 의례도 희생자는 신의 대리자로서 최후를 맞았음을 분명하게 보여 준다. 그리고 이 인신 공양 의례는 살아 있는 인간 대신 생명이 없는 모형(인형)을 이용하는 형식으로 후대에까지 전해진다. 유감스럽게도 나는 이것을 공희 동물의 경우처럼 상세하게 논할 수가 없는데, 이 의인화한 제물은 아득한 고대에 통용되던 제물 형식의 의의를 밝혀 주는 것으로 보인다. 이 의인화한 제물의 공희 행위는 그 행위의 대상이 항상 동일하다는 사실, 곧 그 행위의 대상이 오늘날에는 신, 다시 말해서 아버지로 섬겨지고 있다는 사실을 놀라울 정도로 솔직하게 드러내고 있다. 그렇다면 동물 공희와 인신 공양의

95 주지하다시피 신화에서 자주 볼 수 있는, 한 신들의 세대가 다른 세대에 의해 극복된다는 것은 한 종교 체계가 다른 종교 체계로 대체되는 역사적 사건을 의미한다. 이러한 이행은 다른 종족에게 정복당하는 데서 올 수도 있고, 심리적 발전 단계에서 올 수도 있다. 후자일 경우 신화는 질베러H. Silberer의 이른바 〈기능적 현상〉과 흡사하다. 융은 「리비도의 형태와 상징」에서 동물을 죽이는 신은 리비도의 상징이라고 주장하면서, 지금까지 쓰이고 있던 것과는 다른 리비도 개념을 전제하는데, 내게는 문제가 없어 보이지 않는다—원주.

관계에 대한 문제는 바로 여기에서 아주 간단한 문제가 된다. 본래의 동물 공희는 인신 공양, 즉 의례적인 아버지 살해의 대용이었다는 것이다. 그리고 아버지의 대체물이 다시 인간의 모습을 취하게 되었을 때 동물 공희는 또다시 인신 공양으로 그 모습을 바꾼 것이다.

이렇게 해서 저 최초의 대(大)공희 행위에 대한 기억은 아무리 잊으려고 해도 잊을 수 없는 사건이 된다. 바로 이 때문에 사람들이 공희 행위에 이르게 된 동기에서 멀리 떨어지고 싶어 하던 바로 그 순간이야말로, 이 행위는 신 공희제의 형식으로 고스란히 반복되지 않을 수 없는 것이다. 합리화의 길을 걸어온 종교 사상의 어떤 발전이 이러한 회귀를 가능하게 했느냐 하는 문제를 여기에서 확대 검토할 필요는 없을 것 같다. 우리처럼 공희제의 기원을 인류 태고의 역사적 사건에서 찾지 않는 로버트슨 스미스는 고대 셈족이 신의 죽음을 애도해서 베푸는 제사 의식을 〈신화적 비극의 기념제〉[96]로 해석했다. 그의 주장은 이렇다.

〈이때의 애도는 자발적인 관심에서 우러나온 것이 아니라 강제적인 것, 즉 신의 분노에 대한 두려움을 통해 강요된 것이다. 그리고 애도에 참가하는 사람들의 목적은《신의 죽음에 책임이 없다고 주장하는 것》이었다. 이러한 것들은 이미 우리가《아테네의 황소 잡기 의례》같은 신인 동형적 공희 제물의 검토를 통해 다룬 바 있다.〉[97] 우리가 생각하기에는 이 〈당대적 해석〉이 옳아 보인다. 따라서 우리는 문제의 상황을 통해 이 의례에 참가한 사람의 감정 태도가 적절하게 설명되었다고 생각한다. 그렇다면 그 이후의 계속적인 종교의 발전 과정에서도, 아들의 죄의식과 아들의

96 로버트슨 스미스의 『셈족의 종교』 참조.
97 『셈족의 종교』 참조 —원주.

반항이라는 이 두 요소는 결코 소멸되지 않았다고 가정해 보자. 이 종교 문제를 해결하려는 어떠한 시도, 즉 이 대립하는 두 요소를 화해시키려는 시도도 성공을 거두지 못하는데, 이것은 역사적 사건이나 문화의 변천이나 내적인 심리 변화 등의 종합적 영향하에 있었기 때문이다.

아버지-신의 지위를 차지하려는 아들의 노력은 훨씬 노골화한다. 농경이 시작되자 가부장적 가족 중에서 아들의 위치가 훨씬 중요해진 것이다. 아들은 대담하게도 근친상간적 리비도의 표출을 시도한다. 어머니 대지를 경작함으로써 근친상간적 리비도를 상징적으로 만족시킬 수 있었기 때문이다. 이어서 아티스Attis, 아도니스Adonis, 탐무즈Tammuz 같은 신들이나 식물령(植物靈)이 생겨나고, 이와 동시에 모성신의 총애를 받고 아버지에게 반항하여 어머니와 근친상간하는 젊은 신들이 생겨난다. 하지만 죄의식은 이런 신들이 창조되어도 진정될 기미가 보이지 않는다. 그래서 신화에서 이런 신들은 모성신의 젊은 애인이 되어 요절하거나, 거세의 벌을 받거나, 부성신의 분노에 의해 동물로 전신(轉身)하는 것이다. 말하자면 아도니스는 아프로디테의 성수(聖獸)인 멧돼지에게 죽음을 당하고, 키벨레의 애인 아티스는 거세와 함께 죽음을 당하는 것이다.[98] 이런 신들의 죽음에 대한 애도와, 그들

98 거세 불안은 오늘날의 젊은 신경증 환자들에게서 볼 수 있는, 아버지와의 관계를 방해하는 요인 중에서 가장 중요한 역할을 한다. 페렌치의 탁월한 통찰을 통해 우리는 한 소년이 자기 성기를 쪼는 동물을 자신의 토템으로 삼는 과정을 알게 되었다. 오늘날의 아이들도 의례적 할례 이야기를 들으면 이것을 거세와 같은 것으로 생각하는 경향이 있다. 어린아이들의 이러한 태도를 민족 심리학적 관점에서 검토한 일은 아직 없는 것으로 나는 알고 있다. 아득한 옛날의 경우, 그리고 미개 민족의 경우, 할례는 당연히 우리가 알고 있는 의미에 맞게 성인식과 함께 시행되었다. 그러다가 부차적인 발전 과정을 겪으면서 유아기로 앞당겨지게 되었다. 미개인의 경우 할례는 삭발이나 발치(拔齒)와 함께 시행되거나 후자로 대체되곤 했는데, 이런 사정을 전혀 모르는 오늘날의 어린아이들이 삭발과 발치를 거세와 같은 것으로 보고 불안한 반응을 보이

의 부활에 대한 환희는 다른 아들-신에 대한 종교 의례에 합류하면서 영속적으로 전해지게 된 것이다.

고대 세계에 처음으로 등장하면서 기독교는 미트라스Mithras 종교라는 경쟁 종교를 만나게 되었다. 한동안 어느 신이 승리할 것인지 알 수 없는 상태가 계속되었다. 후광에 둘러싸인 찬란한 모습으로 등장했음에도 불구하고, 이 페르시아의 젊은 신은 우리에게 생소한 존재로 남아 있다. 우리는 황소를 죽임으로써 자기 아버지를 공희 제물로 바치고, 이로써 형제들이 나누어 져야 했던 복잡한 죄의식의 허물을 벗겨 주었다는 묘사를 통해 미트라스를 알고 있다. 죄의식의 짐을 더는 길에는 하나가 더 있는데, 이것이 바로 그리스도가 걸어간 길이다. 그리스도는 이 길을 걸음으로써 자기 생명을 제물로 바치고, 이로써 동포들을 원죄에서 구속(救贖)했던 것이다.

원죄 교리는 오르페우스교에서 유래한다. 오르페우스교는 고대 그리스 비교(祕敎)의 한 부분을 이루고 있다가 고대 그리스 철학의 여러 유파 속으로 묻어 들어온 종교다.[99] 인간은 젊은 디오니소스 자그레우스를 토막 살인한 티탄족(거인족)의 후예였기 때문에 이 범죄의 짐을 나누어 지고 있어야 한다는 것이다. 아낙시만드로스Anaximandros의 한 단편에 따르면, 세계의 통일은 이 태고의 범죄 행위에 의해 파괴되고, 이때부터 태어나는 모든 것은 이 벌을 나누어 지지 않으면 안 된다는 것이다.[100] 거인족의 행위가 보여 주는 도당을 지어 토막 살인을 한다는 특징은 성 니루스가 기록하고 있는 토템 공희제를 연상시킨다. 이 밖에도 무수

는 것은 참으로 흥미 있는 일이라고 하지 않을 수 없다―원주.

99 레나크의 『제사, 신화, 종교』 참조―원주.

100 레나크의 『제사, 신화, 종교』에 나오는 「일종의 도덕 이전의 죄과에 대하여」 참조―원주.

한 고대 신화의 경우, 가령 오르페우스도 이와 비슷한 형식으로 죽음을 당한다. 여기에서 우리가 주목해야 하는 것은 죽음을 당하는 신이 왜 〈젊은〉 신이냐 하는 것이다.

기독교의 경우, 인간의 원죄란 의심할 나위도 없이 아버지인 신에게 지은 죄다. 그런데 그리스도는 스스로 목숨을 제물로 바침으로써 인간을 원죄의 압박으로부터 구제한다. 그렇다면 인간의 원죄는 무엇인가? 우리는 인간의 원죄가 살해 행위였다는 결론을 내리지 않을 수 없다. 인간의 감정에 깊이 뿌리내리고 있는 탈리온[동태복수법(同態復讐法)]에 따르면, 살인죄는 다른 생명을 제물로 바칠 때만 화해가 가능하다. 그러니까 자기희생의 바탕에는 살인죄가 깔려 있었다고 보아야 한다.[101] 만일에 이런 인신 공양을 통해 하느님 아버지와의 화해가 가능해진다면, 속죄해야 하는 죄는 아버지 살해죄일 수밖에 없는 것이다.

따라서 인류는 기독교를 통하여 원시 시대에 지은 죄를 적나라하게 인정하는 셈이다. 왜 그런가 하면 기독교는 아들 되는 그리스도의 그 죄에 어울리는 자기희생을 통하여 신과 화해하고 있기 때문이다. 아들은 대체로 여자들 때문에 아버지를 반역하게 되는데, 이 자기희생은 여자들을 전적으로 포기하는 행위이기 때문에 아버지와의 화해는 거의 완벽해진다. 그러나 바로 이 순간에 양가적 감정이라는 심리적 운명이 권리를 요구하고 나선다. 아버지에게 최대한으로 보상하고 화해하는 바로 그 순간, 아들은 아버지에 〈대항한다〉는 그 소망을 달성한다. 아들은 아버지와 함께, 아니 아버지를 대신해서 신이 되는 것이다. 이렇게 되면 아들의 종교는 아버지의 종교와 교대(交代)한다. 그리고 이 교대의 표상

101 오늘날의 신경증 환자들을 괴롭히는 자살 충동은, 다른 사람이 죽었으면 하고 바란 것에 대한 자책의 결과인 경우가 많다 — 원주.

으로 그 이전의 토템 향연이 성찬식으로 부활한다. 이제 이 대목에 이르면 동포들은 아들의 고기나 피 — 아버지의 고기나 피가 아니다 — 를 향수하고, 이 향수를 통해서 신성을 성취한 아들과 하나가 되는 것이다.

우리는 오랜 시대를 거쳐 오면서 토템 향연과 공희 동물, 신인 동형 제물, 기독교 성찬식은 동일한 것임을 확인하는 동시에, 이 모든 축제의 이면에는 인간을 괴롭혀 오면서도 한편으로는 자부심을 안겼을 법한 어떤 범죄의 잔영이 남아 있음을 확인할 수 있었다. 그러나 기독교의 성찬식은 본질적으로 아버지를 다시 축출하는 것으로 이루어져 있다. 말하자면 그 범죄 행위의 반복인 것이다. 우리는 여기에서 프레이저의 다음 주장이 얼마나 일리 있는 것인가를 다시 한번 확인하게 된다.

〈기독교의 성찬식은 기독교보다 훨씬 오래된 종교의 성찬을 저희들 속으로 흡수한 것임에 분명하다.〉[102]

7

아들 형제들이 원초적 아버지를 제거한 것과 같은 사건은 인류의 역사에 지우기 어려운 흔적을 남긴 것임에 분명하다. 이 사건은 인류의 기억에 떠오르지 않으면 떠오르지 않을수록 그만큼 많은 대상 형식을 통하여 오히려 그것을 떠올리지 않을 수 없었을 것이다.[103] 신화를 뒤지면 이런 사례를 찾아내기는 어렵지 않을

102   프레이저의 『황금 가지』 중 「신을 먹는 풍습」. 이 문헌을 정독한 독자는 기독교 성찬식의 시원이 토템 향연에 있다는 주장이 나의 주장이 아니라는 것을 인정할 것이다 — 원주.
103   셰익스피어의 『폭풍우』에 나오는 에어리얼의 노래.
     다섯 길 깊이에 그대의 아버지가 누워 있다

테지만 그런 유혹을 물리치고 방향을 바꾸어, 오르페우스의 죽음에 관한 더할 나위 없이 유익한 논문에서 살로몽 레나크가 제시하는 암시를 좇기로 한다.[104]

그리스 예술의 역사에는 로버트슨 스미스가 주장하는 토템 향연의 장면과 놀랄 만큼 유사하면서도 이에 못지않게 심각한 차이점을 보여 주는 정경이 있다. 다른 정경이 아니라 아주 오래된 그리스 비극 중의 한 장면이다. 같은 옷차림의 한 무리의 사람들이 한 사람을 둘러싸고 있다. 무리는 그 한 사람의 일거수일투족에 의존한다. 이들은 합창단과 주연 배우이다. 주연 배우는 이 한 사람뿐이다. 뒤에 장면이 바뀌면서 상대역이나 주역의 분신 노릇을 하는 제2, 제3의 배우가 등장하지만, 주역의 성격과 합창대와의 관계에는 아무 변화도 없다. 비극의 주인공은 고뇌하지 않으면 안 되는데, 오늘날까지도 이것은 비극의 정수이다. 그가 고뇌해야 하는 것은 〈비극적 죄과〉라고 알려진 짐을 지고 있어야 하기 때문이다. 이 죄과의 근거를 찾아내는 일은 간단하지 않다. 우리 일상생활의 관점에서 보면 그것은 전혀 죄과가 아닐 수도 있기 때문이다. 대체로 보면 그 죄과는 신 혹은 인간의 권위에 대한 반역이다. 합창대는 주인공에 대한 연민의 감정을 가지고 그를 둘러싸고는 달래고, 그만 슬퍼하도록 만류하고, 그 슬픔을 진정시키려고 하지만, 주인공이 당연히 그런 벌에 상응하는 죄를 지었다는 사실을 알고는 함께 애통해한다.

> 뼈는 산호가 되고
> 눈은 이제 진주
> 이제 누가 그 몸을 상하게 하랴
> 바다가 그 몸을 바꿀 뿐,
> 풍요롭고도 기이한 것으로 — 원주.

104 이 책에서 자주 인용했던 그의 논문 『제사, 신화, 종교』 중에 나오는 「오르페우스의 죽음」 참조 — 원주.

하지만 이 비극의 주인공은 왜 고뇌하지 않으면 안 되는가? 〈비극적 죄과〉라고 하는 것은 대체 무엇인가? 나는 간단한 대답을 제시함으로써 이 논의를 짤막하게 끝내고자 한다. 고뇌하지 않으면 안 되는 까닭은 그가 원초적 아버지, 여기에서 반복되고 있는 저 태곳적 대(大)비극의 주인공이기 때문에 고뇌하지 않으면 안 되는 것이다. 그가 지은 〈비극적 죄과〉라는 것은 합창대원들을 그 죄로부터 사면시키기 위해서 자기가 대신 져야 하는 바로 그 죄과이다. 무대의 정경은 그런 고뇌를 표현하는 목적에 알맞게 왜곡된(세련된 위선의 산물이라고 해도 좋을 것이다) 역사상의 장면에서 빌려 온 것이다. 옛날 실제의 사건이 일어났을 때 주인공을 괴롭힌 것은 바로 그 합창대원들이었지만, 지금 무대 위에서는 합창대원들이 주인공에게 공감하고 동정하고 있다. 따라서 주인공이 고뇌하고 있는 것은 주인공 자신이 책임질 일이지 합창대가 책임질 일은 아니다. 그에게 전가된 죄과, 즉 위대한 권위에 대한 불손한 도전은 현실에서는 합창대원 개개인, 다시 말해 형제들이 진 죄과다. 여기에서 비극의 주인공은 본의는 아니지만 합창대의 구원자가 되어 있다.

그리스 비극에서 목양신(牧羊神) 디오니소스의 고뇌와, 디오니소스를 따르면서 디오니소스를 저희들과 동일시했던 양들이 애통해하는 장면은 상당히 중요한 상연 내용이었다. 그런데 이런 내용이 한동안 사라졌다가 중세의 그리스도 수난극(受難劇)으로 부활하는데, 이제 그 까닭이 손에 잡힐 듯하다.

상당히 간략하게 검토해 온 이 연구를 마무리 지으면서 나는 종교, 도덕, 사회, 예술의 기원이 오이디푸스 콤플렉스에 집중되어 있다는 주장을 결론으로 삼고자 한다. 지금까지 우리가 알고 있는 바에 따르면, 이 콤플렉스가 모든 신경증의 핵심을 이룬다고 하는 정신분석학 결론과 완전히 일치한다. 민족 심리학적 제 문제도 아버지와의 관계가 어떤 상황에 있는가 하는 단 하나의 구체적인 관점에서 해결되리라는 전망이, 내게는 대단히 놀라운 전망으로 보인다. 어쩌면 다른 심리학적 문제조차도 이 맥락 안에서 해명될지도 모르겠다. 나는 기회가 있을 때마다 본래적 의미에서의 감정의 양가성, 즉 동일한 대상에 대한 애증의 병존은 문화 형식의 중요한 바탕을 이룬다고 지적해 왔다. 그러나 이 감정의 양가성의 유래에 대해서는 아무것도 알지 못한다. 우리 감정생활의 근본적인 현상이라는 가정이 가능하기는 하다. 하지만 내가 보기에 또 하나의 가정이 더 검토할 가치가 있어 보인다. 또 하나의 가정이란, 감정의 양가성은 우리의 감정생활 어디에서 유래한 것이 아니라 인류가 지니고 있던 아버지 콤플렉스[105]라는 맥락을 통하여 인류가 획득한 것이 아니겠느냐는 것이다. 개인에 대한 오늘날의 정신분석에서도 가장 강력한 감정의 양가성은 아버지 콤플렉스를 통하여 나타나는 것으로 드러나고 있다.[106]

그런데 이 논문을 마무리하기에 앞서 지적해 두어야 할 것이 하나 있다. 그것은 나의 논의가 하나의 포괄적인 연관에 이르는 고도의 집약을 달성할 수 있었지만 전제의 불확실성이나 결론의

105 혹은 양친 콤플렉스─원주.
106 하도 자주 오해를 받아 와서 다음과 같은 것을 분명하게 강조해 두는 것도 무익하지는 않을 것 같다. 즉 여기에서 서술하는 결론은 아버지 콤플렉스에서 나타나는 제 현상의 복잡한 성질을 잊고 있는 것은 아니라는 것, 또 이 결론은 종교, 도덕, 사회의 이미 알려져 있거나 알려져 있지 않은 원천에 하나의 새로운 요소, 즉 정신분석학의 요청을 고려함으로써 생기는 요소를 덧붙이는 것에 지나지 않는다는 것이다. 이 설명을 하나의 전체로 종합하는 일은 다른 사람의 과제로 넘기지 않으면 안 되겠다. 이렇게 종합이 이루어질 경우, 이 새로운 견해가 중심적 역할을 하게 되리라는 것은 이 견해의 본질을 통해서 잘 드러난다. 다만 이 견해가 그런 의의를 획득하기 위해서는 만만치 않은 감정적인 극복이 선행되어야 할 것이다─원주.

난점은 감추지 못하고 있다는 점이다. 이미 많은 독자들은 눈치 채고 있겠지만, 나는 이 두 가지 중에서 결론의 난점만을 검토해 보고자 한다.

첫째, 내가 이 논문의 도처에서 개인의 정신생활에서 생기는 것 같은 정신 과정이 집단 심리에서도 일어난다는 가정을 바탕으로 삼고 있다는 것을 모르는 독자는 없을 것이다. 특히 나는 어떤 행위 때문에 생긴 죄의식은 수천 년에 걸쳐 존속하고, 이 때문에 이런 행위를 전혀 알지 못하는 세대의 경우에도 계속해서 작용한 다고 가정했다. 나는 또 아버지로부터 학대받은 아들들의 세대에 생긴 감정 과정이 아버지의 제거를 통해 그 같은 학대에서 해방 된 새로운 세대에게도 계속해서 작용한다고 가정했다. 물론 심각한 난점이 있는 것은 나도 인정한다. 이런 전제를 피하고도 설명 하는 방법이 있다면 마땅히 그 편에 이점이 있을 것이다.

그러나 좀 더 검토해 보면, 이렇게 대담한 사고방식을 취하는 책임은 나만 져야 하는 게 아닌 것으로 드러난다. 개개의 집단 심리를 가정하지 않고는 민족 심리학 일반은 존재할 수 없다. 집단 심리가 무엇인가? 한 개인이 죽어도 이것이 정신 행동의 중단을 의미하는 것이 아니라는 주장을 가능케 하는 것이 바로 집단 심리가 존재한다는 가정이다. 만일에 한 세대의 심리적 과정이 다음 세대로 이어지는 것이 아니라면, 각 세대는 그 세대에 합당한 삶에 대한 태도를 새롭게 확립해야 하는 것이라면 이 영역에는 어떤 진보도 발전도 있을 수 없다. 바로 여기에서 두 가지 새로운 문제가 대두된다. 즉 세대 간의 심리적 연속성은 어느 정도까지 믿을 수 있느냐는 문제, 대체 어떤 수단을 통해 한 세대는 그 심리 상태를 다음 세대에게 전하느냐 하는 문제이다. 나는 이 문제가 이미 충분하게 해명되어 있다든지, 누구나 쉽게 생각해 낼 수 있는 직접적인 전달이나 전통을 통하여 그 요구를 충족시킨다고는 주장하지 않겠다. 일반적으로 민족 심리학은 여기에서 요구하는 연속성이 차례로 나타나는 다음 세대의 정신생활에 어떻게 전해지느냐는 문제에 대한 것은 별로 문제 삼지 않는다. 심리적 소질의 계승을 통하여 이루어지는 것처럼 보이지만, 이 심리적 소질이라는 것은 깨어서 모종의 활동을 하기 위해서 개인 생활 속에 어떤 동인이 있어야 한다. 다음과 같은 시인의 말도 바로 이런 뜻이 아닐까 싶다.

너의 조상으로부터 계승된 것, 그것을 그대가 소유하자면 나아가 획득해야 하지 않겠는가.[107]

더구나 심리적 충동이 어떤 흔적도 남기지 않을 정도로 완벽하게 억압될 수 있다는 가정을 인정해야 한다면 문제는 한층 더 복잡해진다. 하지만 심리적 충동은 그렇게 완벽하게 억압될 수 있는 것이 아니다. 아무리 강력하게 억압해도 왜곡된 보상 활동 및 거기에 대한 반작용의 여지까지 억압할 수는 없다. 그렇다면 어떤 세대든 비교적 중요한 정신 과정은 다음 세대에서 완전히 그 모습을 감추고 있을 수 없다고 해도 좋을 것이다. 정신분석학의 가르침에 따르면, 인간은 누구에게든 무의식적 정신 활동 속에 타인의 반응을 해석할 수 있는 장치, 즉 타인이 감정의 흐름을 표현할 때 왜곡시키는 것을 바로잡을 수 있는 장치가 있다. 태곳적 조상과 맺은 근원적 관계의 흔적이 남아 있는 풍습, 의식, 제도를 다음 세대는 무의식적으로 이해하는 방법을 통해 그 감정 유산을

---

107 괴테의 『파우스트』 제1부에서. *Was du ererbt von deinen Vätern hast, / Erwirb es, um es zu besitzen.*

고스란히 받아들이는 데 성공하고 있는지도 모른다.

이번에는 정신분석학의 진영에서 제기될 수 있는 또 하나의 난점이 있다. 우리는 원시 사회 최초의 도덕률이나 도덕적 제약을 어떤 행위에 대한 반작용, 다시 말해서 그 행위자에게 〈범죄〉의 개념이 부여되는 어떤 행위로 해석했다. 이런 짓을 저지른 사람들은 그런 행위를 자책하고, 그런 행위는 무리에게 득이 되지 않는 만큼 되풀이하지 않겠다고 결심했다. 그런데 이 창조적 형태의 죄의식은 아직까지도 우리에게 남아 있다. 우리는 이러한 죄의식이 신경증 환자들의 비사교적인 태도에서 그대로 작용하는 것을 확인하곤 한다. 이들은 계속해서 새로운 도덕규범과 제약을 지속적으로 만들어 냄으로써 이것을 기왕에 저질러진 범죄의 예방 수단으로, 새로운 범죄 행위에 대한 경계 수단으로 삼는다.[108] 그러나 만일 이들 신경증 환자들로부터 그러한 반응을 야기시킨 행위를 찾아내려고 한다면 실망하고 말 것이다. 그들에게 있는 것은 행위가 아니라, 사악한 목적을 겨냥하고 있기는 하나 행동으로는 옮겨지지 못한 충동과 감정일 뿐이다. 신경증 환자의 죄의식 배후에 있는 것은 〈심리적〉 현실이지 〈실제적〉 현실은 아니다. 신경증의 특징은 심리적 현실이 실제적 현실에 선행한다는 것이다. 우리가 현실에 반응하듯이 그들은 사유에 대해 심각하게 반응한다.

원시인들도 신경증 환자와 사정이 비슷한 것은 아닐까? 원시인들이 저희들의 심리적 행동을 과대평가한 것은 그들의 자기애적 조직의 부분적인 현상일 것이라는 우리의 믿음은 타당하다.[109] 그렇다면 아버지에 대한 적의의 단순한 〈충동〉이나 아버지를 죽여서 먹는다는 〈공상적 소망〉은 그 도덕적 반작용을 통하여 토테

---

108 이 논문의 두 번째 장을 참조할 것 ─ 원주.
109 이 논문의 세 번째 장을 참조할 것 ─ 원주.

미즘과 터부를 창조하기에는 충분한 것이 아닐까? 이로써 우리는 우리가 그렇게 자랑해 마지않는 문화유산의 기원을, 우리 감정 습관에는 어울리지 않는 저 무서운 범죄 행위로부터 도출해야 한다는 필연성을 피할 도리가 없다. 이 경우에도 저 발단에서부터 오늘날에 이르기까지의 인과 관계는 어떤 손상도 입지 않는다. 정신적 현실은 이 모든 결과의 무게를 감당할 수 있을 만큼 의미심장한 것이기 때문이다. 바로 여기에서, 가부장적 무리라는 형태에서 형제 무리라는 형태로 사회 변화가 실제로 있었다는 반론이 제기될 수도 있다. 이것은 강력한 논거이기는 하나 결정적인 것은 아니다. 이 변화는 폭력에 의지하는 정도가 낮은 방법을 통해 야기되었을지도 모르지만, 도덕적 반작용을 일으킬 수 있는 조건은 충분히 갖추고 있었기 때문이다. 원초적 아버지의 압박을 감지하는 한, 그 아버지에 대해 적의를 품는 것은 당연한 일이다. 그리고 이 적의에 대한 후회는 다른 시기를 기다리지 않으면 안 된다. 아버지에 대한 양가적 관계로부터 도출된 것, 즉 터부나 공희제 규정도 극도로 심각하고 완벽하게 현실적이지 않느냐는 제2의 반론도 제기될 수 있겠지만, 이것 역시 논거가 부족하다. 강박 신경증 환자의 의례나 억제도 이와 비슷한 경향을 보이지만, 이것은 심리적 현실, 즉 의도에 바탕을 두고 있는 것이지 실행을 전제로 한 것이 아니다. 현실 세계의 물질적 가치에 파묻힌 채 머리로만 생각하고 바라는 것을 과소평가해서 물질적 가치가 넘쳐나는 현실 세계의 잣대를 원시인들과 신경증 환자들이 사는, 저 내면적으로 풍부한 세계에 그대로 적용하지 않도록 주의해야 한다.

이제 우리에게 쉽지 않은 결단을 내려야 할 때가 왔다. 하지만 먼저, 다른 사람에게는 근본적인 것으로 보일 수 있는 구분도 우리가 판단하는 한 문제의 핵심에는 적용되지 못한다는 고백부터 해두어야겠다. 만일 미개인의 원망과 충동이 사실로서 완전한 가치를 가진 것이라면, 우리는 우리 척도로 이러한 견해를 수정할 것이 아니라 이해심을 기울이면서 거기에 따라가려고 노력하는 것이 우리의 책무이다. 그러고 나서 우리에게 이런 의문을 품게 했던 신경증 사례를 주도면밀하게 검토해 보기로 하자. 오늘날 과도한 도덕적 압박을 받고 있는 강박 신경증 환자가 〈심리적〉 현실로부터 저희들을 방어하면서 단지 심리적으로 〈느껴진〉 충동 때문에 자기를 벌하고 있다면 이것은 정확하지 않다. 여기에는 〈역사적〉 현실도 일부 가세하고 있는 것이다.[110] 이러한 사람들은 어린 시절부터 순수하고도 단순한 이런 종류의 사악한 충동에 사로잡혀 있으면서, 그 무력하기 짝이 없는 어린 시절에도 사정이 허락하면 그런 것들을 실행에 옮기곤 했다. 이렇게 착하기 짝이 없는 사람들도 유아기에는 악동 시절이 있었던 것이다. 다시 말해서 뒷날의 도덕 과잉 시대의 전조, 전제로서 그때와는 반대되는 단계가 있었다는 것이다. 따라서 앞의 예에서 심리적 현실이 처음에는 실제적 현실과 일치했다고 가정하면(심리적 현실이 형성되어 있었다는 사실 자체는 의심할 나위도 없지만), 다시 말해서 미개인들이 모든 정황으로 미루어 보아 저희들 의도에 부합한다고 판단되는 대로 실제로 〈행동〉했다고 가정하면, 미개인과 신경증 환자의 유사점은 확연하게 드러날 것이다.

미개인을 판단할 때, 신경증 환자와의 유사성이 너무 깊은 영향을 끼쳐서는 안 된다. 이 양자 사이에는 차이가 있는데, 우리는 이 차이에 유념하지 않으면 안 된다. 사고와 행동을 확실하게 구분하는 〈우리〉와 달리, 미개인과 신경증 환자에게는 그런 구분이

---

110 현실과 진리의 다양한 형태가 프로이트의 후기 논문에서 되풀이해서 검토된다. 특히 「인간 모세와 유일신교」의 세 번째 소론을 참고할 것.

존재하지 않는다는 것은 분명해 보인다. 하지만 미개인과는 달리 신경증 환자의 경우 그 행동은 〈저지된다〉. 그에게 사고는 행위의 완벽한 대용물인 것이다. 그러나 미개인들은 〈어떤 저지도 받지 않고〉 사고를 곧장 행동으로 옮긴다. 다시 말해서 미개인에게는 행동이 사고의 대용물인 것이다. 따라서 다음과 같은 판정이 절대 확실한 것이라고 주장하지는 않겠지만, 우리 앞에 놓인 이 사례의 경우에는 이렇게 말해도 좋을 듯하다.

태초에 행동이 있었다.[111]

---

111 *Im Anfang war die Tat.* 괴테의 『파우스트』 제1부. 「집단 심리학과 자아 분석」(프로이트 전집 12, 열린책들), 「어느 환상의 미래」(프로이트 전집 12, 열린책들), 「인간 모세와 유일신교」 참조.

불의 입수와 지배

Zur Gewinnung des Feuers(1932[1931])

　프로메테우스 신화 검토의 핵심을 이루는 불과 방뇨의 관계는 프로이트에게는 오래전부터 친숙하던 주제였다. 이 주제는 〈도라〉의 사례에 등장하는 첫 번째 꿈 분석의 열쇠 노릇을 하는데, 뒷날 「늑대 인간」에서 다시 제기된다. 두 경우 모두 야뇨증 주제가 등장하는데, 이 주제가 이 소론에서는 또 하나의 중심적인 실마리로 성기가 담당하는 물리적·심리적 기능 사이의 관계를 연결시킨다. 이 주제 역시 〈도라〉에 대한 분석에도 등장한다.

　그는 야뇨증과 자위행위의 등가성을 시대와 관계없이 줄기차게 주장했다. 가령 〈도라〉에 대한 분석, 「성욕에 관한 세 편의 에세이」, 「히스테리 발작에 관하여」, 그 뒤에 쓰인 「오이디푸스 콤플렉스의 소멸」, 「성의 해부학적 차이에 따른 몇 가지 심리적 결과」에도 등장한다.

　성격 형성 분야에서의 또 하나의 요도 에로티시즘은 이 논문의 주제를 더 깊이 논의한 「문명 속의 불만」에 등장하지만, 막상 이 논문에는 등장하지 않는다. 요도 에로티시즘과 공명심은 「성격과 항문 성애」에서 처음으로 검토되지만, 이와 아주 유사한 위세와 과대망상증의 관계는『꿈의 해석』에서 두 차례 등장한다. 이 책 후반부에는 오줌을 이용한 소화(消化)도 부수적으로 다루어진다. 공명심과의 관계는 뒤의 두어 대목에서 암시되지만, 비교적 긴 언급은 이 소론 직후에 발표된『새로운 정신분석 강의』에 처음으로 선보인다.

이 논문은 1932년『이마고』제18권 1호에 처음 실렸으며,『전집』제16권(1950)에도 실렸다. 영어 번역본은 1932년 잭슨E. B. Jackson이 번역하여 "The Acquisition of Fire"라는 제목으로『계간 정신분석Psychoanalytic Quarterly』제1권에 실렸으며, 1932년 리비어Joan Riviere가 번역하여 "The Acquisition of Power over Fire"라는 제목으로『국제 정신분석 저널International Journal of Psycho-Analysis』제13권 4호에 발표되었다. 또『논문집』제5권(1950),『표준판 전집』제22권(1964)에도 실렸다.

불의 입수와 지배

    논문 「문명 속의 불만」의 각주에서 나는, 원시 민족의 불의 지배권 획득에 대하여 정신분석학적 자료를 바탕으로 추측할 수 있는 것들을 지엽적으로나마 언급한 바 있다. 그런데 알브레히트 셰퍼Albrecht Schaeffer의 반론[1]과, 에를렌마이어Erlenmeyer의 논문[2]에서, 〈재[3]에다 오줌을 누는 것〉을 금하는 몽고인의 금제에 대한 놀라운 언급을 접하고는 다시 이 주제를 다루게 된 것이다.

    불을 지배하기 위해서는 사람들이 우선 오줌 줄기로 그 불을 끄고 싶다는 동성애적 쾌락을 우선 단념하는 것을 전제로 한다는

1 「인간과 불Der Mensch und das Feuer」(1930) 참조 — 원주.
2 에를렌마이어의 원고 「불의 지배에 관한 프로이트의 가설에 대한 주의Notiz zur Freudschen Hypothese über die Zähmungädes Feuers」(1932)는 프로이트의 글이 발표되기 직전 『이마고』에 처음으로 게재되었다.
3 여기에서 재는 뜨거운 재, 아직도 불씨가 들어 있는 재를 말하는 것이지 불이 완전히 꺼져서 식어 버린 재를 뜻하는 것은 아니다. 로렌츠E. Lorenz에 의해 제기된 반론(「혼돈과 의식Chaos und Ritus」)은, 인간이 언제든 마음만 먹으면 손재주로 불을 일으킬 수 있다는 것을 발견하게 되는 것과 더불어 인간의 불의 정복이 시작되었다는 가정을 근거로 한 것이다. 이 반론에 반하여 헤르니크J. Härnik 박사는 나에게 라슈Richard Lasch 박사의 논문(게오르크 부샨 전집 『그림 민족학Illustrierte Völkerkunde』[1922])에 나오는 내용을 읽어 볼 것을 권했다. 라슈 박사는 이 책에서 이렇게 쓰고 있다. 〈불을 《간수하는》 기술은 불을 《일으키는》 기술에 선행하는 것임이 분명하다. 여기에는 믿을 만한 근거가 있다. 오늘날의 안다만 제도의 피그미족과 비슷한 원주민은 불을 보관할 줄은 알아도, 불을 일으키는 방법은 조상 대대로 알고 있지 못했다〉— 원주.

나의 가설은 프로메테우스에 대한 그리스 신화의 해석을 통해서도 확인된다. 우리가 사실로부터 신화로의 이행 과정에서 당연히 예기되는 왜곡이라는 현상을 염두에 둔다면 그렇다는 말이다. 이러한 왜곡은 거의 매일같이 우리가 환자의 꿈에서 그동안 억압 상태에 있었지만 사실은 지극히 의미심장한 유아기의 체험을 재구성할 때마다 그 존재를 확인하는 것과 같은 종류의 것이다. 나는 상징적 방법을 통한 드러남과 정반대되는 것으로의 전화(轉化)가 바로 이 왜곡의 메커니즘이라고 생각한다. 하지만 나는 이런 식으로 우리 신화 〈전부〉를 해명하려고 들지는 않겠다. 그 까닭은 당초에 실제로 있었던 사건과는 별개로 뒷날에 다른 사건들이 그 진짜 사건의 내용물에 덧칠을 했을 것이기 때문이다. 하지만 분석적 해석의 대상이 될 만한 요소는 모두 지극히 두드러지고 또 중요해 보인다. 말하자면 프로메테우스가 불을 운반하는 방법, 그가 한 행동의 성격(범죄 행위, 도둑질, 신들로부터의 횡령), 그가 받은 벌의 의미 같은 것들이 바로 이런 요소이다.

신화에 따르면, 당시에 이미 신(神)[4]에 속해 있었고, 원래는 조물주이자 인간의 창조자이기도 했던 티탄(거신족[巨神族])의 문화 영웅 프로메테우스는 인간에 불을 가져다주었다. 말하자면 신들의 불을 훔쳐 그 불씨를 속이 빈 회향나무 대롱에 넣어 가져다준 것이다. 우리가 만일 꿈을 분석하고 있다면, 속이 비어 있다는 점이 유난히 강조되는 데서 약간 망설이기는 하겠지만, 대체로 우리에게는 그렇게 생긴 회향나무 대롱은 남자의 성기를 상징한다고 해석하는 경향이 있다. 하지만 이 성기 대롱이 불의 저장과 무슨 상관이 있다는 말인가? 아무래도 연관이 있어 보이지 않는

<hr>

4 후일의 헤라클레스는 반신(半神)이었다. 테세우스는 머리에서 발끝까지 인간이었다 — 원주.

다. 하지만 도착(倒錯) 관계라고 하는 꿈의 과정을 검토해 보면 반드시 그렇지도 않다. 도착 관계라는 것은 꿈에서는 흔히 볼 수 있는, 정반대되는 것으로의 방향 전환, 관계의 전도(顚倒) 같은 현상인데, 꿈의 진정한 의미를 찾아내는 데 방해가 되는 것도 바로 이런 현상 때문이다. 남자가 성기 대롱 안에 넣고 다니는 것은 불이 아니다. 불은커녕 불을 〈끄는〉 수단이다. 말하자면 오줌 줄기라고 하는 물인 것이다. 그런데 불과 물의 관계는 성큼 우리에게 익숙한 풍부한 분석 자료로 연결된다.

불의 입수 자체는 곧 범죄 행위였다. 불의 입수는 도둑질 혹은 강도질을 통해서 가능했다. 불에 대한 지배권을 획득하는 것과 관련된 전설에 거의 빠짐없이 등장하는 특징이다. 이러한 특징은 엄청나게 멀리 떨어져 있고, 따라서 엄청나게 서로 다른 민족의 전설에도 등장하는 특징인 것이지, 그리스의 〈불의 운반자〉 프로메테우스 신화에만 등장하는 것은 아니다. 그런데 바로 여기에 인류에 의한 기억 왜곡의 본질이 존재한다. 하지만 왜 불의 입수는 범죄 행위와 불가분의 관련을 맺고 있는 것일까? 이 범죄 행위를 통해 다치거나 속은 자는 누구인가? 헤시오도스Hesiodos가 전하는 프로메테우스 신화는 바로 그 답을 던져 준다. 불과 직접적인 관련이 있는 것은 아니지만 이 이야기에서 프로메테우스는 신들에게 제물을 바치는데, 이때 인간으로 하여금 제우스를 속이게 한다.[5] 그러니까 속은 것은 신들이다. 근친상간의 사례[6]를 통해서

5 〈분분하던 사람들의 의견이 신들에게 제물을 바치고 그 제물을 신들과 나누어 먹자는 쪽으로 모이게 되었다. 그런데 이때 논란이 있었다. 제물의 어느 부분이 신들의 몫이고, 어느 부분이 인간의 몫이 되어야 하느냐는 것이었다. 사람들은 이 논란의 판정을 프로메테우스에게 맡겼다. 프로메테우스는 황소를 한 마리 잡고는 이것을 고기와 내장과 뼈로 각각 나누었다. 그러고는 뼈에다 굳기름을 덮고 이것을 가죽으로 싸서 고깃덩어리로 보이게 하고는, 살코기는 사람들과 나누어 먹었다. 제우스는 자기 몫으로 넘어온 맛있게 보이는 고깃덩어리를 풀어 본 뒤에야 뼈밖에 없는 것을 보고는 그

도 볼 수 있듯이, 인간에게 허용되어 있지 않은 욕망의 충족도 신화의 신들에게 허용되어 있다. 분석 용어를 써서 말해 보자면, 충동 생활(말하자면 〈이드〉)이란 불 끄기를 포기할 때 속아 넘어가는 신이다. 전설에 따르면 인간의 욕망은 신들의 특권으로 변모한다. 그러나 전설에 등장하는 신은 초자아(超自我)의 특성 같은 것은 가지고 있지 않다. 그러니까 여전히 더할 나위 없이 충동적인 삶의 상징인 것이다.

정반대되는 것으로의 전화는 〈불의 운반자〉의 처벌이라고 하는, 전설이 지니는 제3의 특징 속에서 가장 기본적인 형태로 나타난다. 프로메테우스는 암벽에 사슬로 묶인다. 독수리는 날이면 날마다 날아와 그의 간을 파먹는다. 다른 민족의 불 전설에서도 새는 중요한 역할을 한다. 따라서 이것은 아주 본질적인 것과 어떤 관련이 있음을 시사하지만, 나는 이 대목에서는 이것을 해석하지 않겠다. 하지만 벌을 받는 부위로 간이 선택된 까닭을 설명하는 대목에 이르면, 우리에게는 확신이 생긴다. 고대인들은 간을 모든 정열과 욕망이 들어앉은 자리라고 생각했다. 따라서 프로메테우스가 받고 있는 종류의 벌은 충동에 사로잡힌 채 죄를 범한 성범죄자에 대한 벌이었다. 그래서 간을 파먹히고 있었던 것이다. 그러나 이 〈불의 운반자〉에게는 정반대되는 진술도 가능하다. 즉 그는 본능을 체념함으로써 그런 체념이 문화의 발달에 얼마나 유익한 것인지, 얼마나 필요불가결한 것인지를 보여 준 영웅이기도 하다. 그렇다면 전설은 왜 문화에 유익한 행위를 벌 받아야 마땅한 범죄 행위로 다루고 있는 것일까? 전설 자체가 상당히 왜곡되어 있어서 불의 지배권을 획득한 것이 본능의 단념을 전제로 한

제야 속은 것을 알고 불같이 화를 냈다〉(헤시오도스의 『신통기(神統紀, *Theogonia*)』).
　6　「강박적인 행동과 종교 관습」을 참고할 것.

것인지 짐작하기가 쉽지 않다. 그러나 이 문화 영웅이 본능에 쫓기는 인간에게 증오의 감정을 불러일으켰다는 것은 분명해 보인다. 이것은 우리가 알고 있는 것, 기대하고 있는 것과도 일치한다. 잘 알려져 있다시피, 본능을 단념하라는 요구와 이러한 요구를 강화하는 행위는 적의와 공격성을 야기시킨다. 이 적의와 공격성은 정신 발달사의 후기에 이르러서야 죄의식으로 변모한다.

불에 관련된 신화로서의 프로메테우스 신화는 상당히 모호한데, 이것을 더욱 모호하게 만드는 것이 바로 원시인들은 불을 사랑의 정열에 대한 상징(리비도의 상징)으로 믿는다는 점이다. 불에서 느껴지는 온기는 성적 흥분 상태를 동반하는 감정적 동요를 야기한다. 게다가 불꽃의 움직임은 발기한 남근을 상기시킨다. 불꽃이 신화적 의미에서 남근이 되는 것은 이제 의심할 나위가 없어 보인다. 로마의 왕 세르비우스 툴리우스Servius Tullius의 가계(家系)에 대한 전설에서도 우리는 이것을 확인할 수 있다.[7]

〈모든 것을 삼켜 버리는 사랑의 불꽃〉 혹은 〈낼름거리는 불길〉(이로써 불길을 혀에다 비교한다)이라고 말할 때, 우리의 상상력이 미치는 곳은 원시 시대 우리 조상들의 상상력이 미치는 곳에서 그리 멀지 않다. 불의 지배에 대하여 우리가 연역적으로 추론한 가정의 하나는, 오줌을 누어 불을 끈다는 것은 원시인들에게는 타인의 성기와 환락의 경쟁을 벌인다는 의미를 지닌다는 것이다.

이러한 상징의 동일화 과정에서 신화 속으로는 순수하게 공상적인 다른 요소가 흘러 들어오는데, 이러한 요소는 기왕에 신화

---

7 〈세르비우스 툴리우스의 어머니 오크리시아는 타르퀴니우스 왕가의 하녀였다. 어느 날 오크리시아가 여느 때와 다름없이 왕실의 벽난로 앞에서 상에다 과자와 포도주를 차리고 있는데, 불길 속에서 남근 모양의 불길이 불쑥 혀를 내밀었다……. 오크리시아는 불의 신 혹은 불의 영(靈)에 의해 회임하고, 달이 차자 세르비우스 툴리우스를 낳았다〉(프레이저의 『황금 가지』).

를 구성하고 있던 역사적인 요소와 그 속에서 뒤섞이는 듯하다. 만일 간이 정열이 자리하는 곳이라면, 상징적으로 보아 간의 의미는 불의 의미와 같을 것이라는 주장에 저항하기 어려울 듯하다. 만일 그렇다면 독수리가 파먹을 때마다 재생되는 프로메테우스의 간은, 매일같이 충족시켜도 그다음 날이면 다시 차오르는 성적 욕망일 것이다. 그렇다면 간을 파먹는 새는 남근의 의미를 지니는 듯하다. 이것은 주지하다시피, 신화나 꿈, 고대로부터 전승되는 관용어나 조형적 표현으로 보아도 그리 생소한 것이 아니다.[8] 여기에서 한 걸음 더 나아가면 불사조가 있다. 불사조는 불길에 소진되고도 그때마다 젊음을 되찾고 부활하는 새다. 불사조 역시 저녁 노을 속으로 졌다가 다음 날이면 다시 뜨는 태양을 상징한다기보다는 수축해 있다가 다음 날이면 다시 팽창하는 성기를 상징하고 있는 듯하다.

여기에서 우리는 신화를 창작하는 기능에, 표현 의욕 이외의 어떤 동기도 갖지 못한 채, 육체적인 표현은 물론이고 일반적으로는 잘 알려져 있지도 않은 흥미 위주의 심적 과정까지 모호한 형태로(놀이라도 하듯이) 표현하는 작업을 맡겨도 괜찮으냐는 의문을 제기해도 좋을 것이다. 우리가 신화의 본질을 충분히 파악하지 않고는 여기에 결정적인 대답을 할 수 없을 것이다. 우리는 신화의 본질에 대한 탐색 작업을 끝내지 않아도 우리 앞에 놓인 두 가지 사례(프로메테우스의 간과 불사조)에서, 동일한 내용물과 동일한 목적을 어렵지 않게 찾아낼 수 있다. 이 두 가지 요소는 충족이 끝나고 꺼져 있던 리비도 욕망의 재생을 상징한다. 말하자면 이 두 가지 요소는 이 욕망의 불멸성을 강조하는 것인데, 이때의 이 강조는 필연적인 충동의 체념과 함께 인간의 본능 생

8 『꿈의 해석』 참조.

활을 다루어 온 신화의 역사적 핵심9에 대한 위로에 해당한다. 이것은 충동적인 삶에 상처를 입은 원시인들이 취하는, 일리가 있어 보이는 반작용의 또 다른 부분을 구성한다. 말하자면 범죄자가 벌을 받은 뒤에 원시인이 느끼는 감정은 자기는 아무 해도 입지 않았다는 안도감인 것이다.

정반대되는 대립물로의 전화 현상은 뜻밖에도 외관상 불의 신화와는 아무 상관도 없어 보이는 또 하나의 신화에서 발견된다. 헤라클레스 신화에 등장하는 불꽃같은 무수한 뱀 대가리(그중의 하나가 영생 불사하는 대가리다)를 가진 레르나의 히드라Hydra는 이름 그대로 수룡(水龍)이다. 문화 영웅 헤라클레스는 그 무수한 대가리를 자름으로써 히드라를 죽이려고 한다. 그러나 대가리는 자를 때마다 다시 자라난다. 헤라클레스는 무수한 대가리 중의 하나인 영생 불사하는 대가리를 불로 지지고서야 그 수룡을 제압할 수 있었다. 불에 정복당한 수룡…… 이치에 잘 맞지 않는 것 같다. 그러나 많은 꿈이 그렇듯이, 내용을 반전시키면 이치의 아귀가 맞는다. 이 경우, 히드라는 불길이고 타오르는 대가리는 불꽃이다. 리비도적 본성을 가지고 있다는 것을 증명이라도 하듯이 대가리들은 다시 한번 프로메테우스의 간처럼 재생된다. 말하자면 파괴의 기도가 지나간 뒤에는 재생되고 회복되는 현상을 보이고 있는 것이다. 헤라클레스는 물로써 이 불을 끈다(영생 불사하는 대가리는 남근 그 자체이고, 이것을 제압했다는 것은 거세를 의미한다). 그러나 헤라클레스는 간을 파먹는 새를 쳐죽임으로써 프로메테우스를 구한 해방자이기도 하다. 이래도 이 두 신화 간의 깊은 관계를 의심해야 할 것인가? 마치 한 영웅의 행적이 다른 영웅으로부터 보상받는 것처럼 보인다. 프로메테우스에게

9 「인간 모세와 유일신교」 참조.

는 불을 끄는 것이 금지되어 있었다(몽고인의 금제를 상기할 것).
그러나 헤라클레스는 그 불길의 위험이 임박하면 그것을 꺼도 무
방했다. 그런데 이 제2의 신화는 불을 획득한 동기에 대한 후기
문화 시대의 반응과 일치하는 듯하다. 여기에서 우리는 신화 속
으로 깊이 들어가는 듯한 인상을 받는다. 그러나 확신하기에는
아직 이르다.

이들 신화의 전 영역을 지배하는 불과 물의 대립에 대해 역사
적, 상징적 공상의 요소 이외에도 제3의 요소가 제시된다. 이것은
시인 하이네가 다음과 같이 노래하는 심리학적 요소다.

> 오줌 누는 데 쓰이는 도구로
> 사람은 사람을 만든다.[10]

남성의 생식기는 두 가지 기능을 가진다. 이 두 가지 기능을 아
우르기는 누구에게나 여간 어려운 일이 아니다. 두 가지 기능이
란 방광을 비우는 일과 성기 리비도의 갈망을 좇아서 수행하는
사랑의 행위다. 어린아이들은 아직도 이 두 기능을 통합할 수 있
을 것으로 믿는다. 어린아이들의 주장에 따르면, 아기는 남자가
여자의 몸에다 오줌을 누는 것을 통하여 만들어진다.[11]

그러나 성인들은 물과 불이 양립할 수 없듯이 이 두 기능은 현
실적으로 상호 양립할 수 없다는 것을 알고 있다. 성기가 새에 견
주어질 정도로 흥분 상태가 되면 남자는 불의 뜨거움과 유사한
감각을 경험하게 되는데, 이때 소변을 보는 것은 불가능하다. 반
대로 이 기관이 소변(몸속의 물)을 방출하고 있을 때면, 생식 기

---

10 *Was dem Menschen dient zum Seichen / Damit schafft er Seinesgleichen.*
11 「어린아이의 성 이론에 관하여」(프로이트 전집 7, 열린책들) 참조.

능과 관련된 모든 기능은 꺼져 버린다. 이 두 기능의 대립으로부터 우리는, 남자는 자기 물로써 자기 불을 끈다고 할 수 있다. 신체의 감각과 상태의 도움을 받아 외계를 이해해야 했던 원시인들은, 불길의 움직임이 무엇과 비슷한지 발견하고 그것을 이용했음에 틀림없다.

인간 모세와 유일신교

이집트인 모세
모세가 이집트인이었다면
모세 및 모세의 백성과 유일신교

인간 모세와 유일신교

Der Mann Moses und die monotheistische Religion: Drei
Abhandlungen(1939[1934-38])

프로이트가 〈역사 소설 인간 모세〉라는 제목으로 이 저술의 초
고를 완성한 것은 1934년 여름이었던 것 같다. 그러나 자신이 세
운 논거가 충분한 것인지의 여부에 확신이 서지 않는 데다, 당시
오스트리아 정부를 주도하던 로마 가톨릭 세력의 반응이 두려워
이 책의 출판을 망설였다. 그러던 중 1936년 여름에 그는 이 논문
들을 대대적으로 개작하기에 이르렀고, 전체 논문이 발표된 것은
1938년 그가 영국으로 망명한 뒤였다.

이 저술은 1939년 Verlag Allert de Lange에서 처음 출간되었
고, 『전집Gesammelte Werke』 제16권(1950)에도 실렸다. 영역본은
캐서린 존스Katherine Jones에 의해 Moses and Monotheism이라
는 제목으로 번역되어 1939년 Hogarth Press and Institute of Psy-
cho-Analysis에서 출간되었으며, 제임스 스트레이치James Strachey
가 번역하여 『표준판 전집The Standard Edition of the Complete
Psychological Works of Sigmund Frend』 제23권(1964)에도 실렸다.

이집트인 모세

한 민족이 자신들의 겨레붙이가 가장 자랑스럽게 여기는 사람을, 그 민족에 속하지 않는다고 주장하는 행위는 잘 하는 행위도 못 될뿐더러 함부로 할 행위도 못 된다. 적어도 그 민족에 속한 사람에게는 특히 그렇다. 그러나 우리는 국민적 이득으로 추정되는 것을 위해서 진실을 도외시한다는 비난을 당해서도 안 된다. 더구나 실제 사태의 해명이 우리에게 새로운 지식을 베풀 수 있는 경우에는 특히 그러하다.

유대 민족을 해방시키고, 이들에게 율법을 정해 줌으로써 유대인들의 종교를 일으킨 인간 모세는 아득한 옛날 사람이다. 따라서 우리는 그가 역사적인 실존 인물인가, 아니면 신화의 소산인가 하는 의문에서도 자유롭지 못하다. 만일에 그가 실제 인물이었다면 기원전 13세기, 혹은 기원전 14세기의 인물일 것이다. 우리에게는 유대인의 성서와 기록된 전승을 제외하면 그에 대한 정보가 없는 형편이다. 이 문제에 대한 해명의 결과가 지극히 불확실한데도 불구하고 놀라우리 만치 많은 역사가들은 모세가 실존 인물이라는 견해와, 그가 관련되어 있는 출애굽이 실재 사건이었다는 견해를 선호한다. 이 전제를 받아들이지 않으면 그 뒤의 이스라엘 민족의 역사는 이해할 수 없게 된다는 주장이 설득력 있기는

하다. 실제로 오늘날의 과학은 초기 역사 비판 시대에 견주면 일
반적으로 훨씬 신중하고, 전승의 처리 문제에 훨씬 관대해져 있다.

모세라는 인물에 대하여 가장 먼저 우리의 주의를 끄는 것은
그의 이름이다. 히브리어로 그의 이름은 〈모쉐Mosheh〉다. 여기서
우리는 다음과 같이 물을 수 있다.

〈그 이름의 어원은 무엇이며, 무슨 뜻인가?〉

주지하다시피 「출애굽기」 2장의 이야기는 이 질문에 대한 해
답을 준비하고 있다. 우리가 알기로는, 나일강에서 사내아이를
구한 이집트 공주가 어원학적 이유까지 제시하면서 이름을 짓는
다. 〈물에서 건져 냈다고 해서 모세〉라고 했다는 것이다. 그러나
이 설명은 부적절하기 짝이 없다.

『유대어 사전Jüdisches Lexikon』[1]을 통해 한 학자[2]는 이런 문제
점을 지적한다.

〈모세의 이름이 《물에서 건져진 자》라는 성서의 해석은 통속
적 어원 해석에 지나지 않는다. 우선 《능동태》로만 이루어져 있는
히브리어에 전혀 어울리지 않는다. 《모쉐》라는 말은 《물에서 건
져 내는 자》인 것이다.〉

우리는 두 가지 논거를 통해 이 반론을 지지할 수 있다. 첫째,
이집트 공주가 히브리어에서 나온 이름을 지었을 리가 없다는 것,
둘째, 사내아이가 빠졌다가 건져진 물은 나일강물이 아닐 가능성
이 크다는 점이 그것이다.

그런데 〈모세〉라는 이름은 히브리어에서 나온 말이라는 주장
에 의혹이 제기된 것은 어제오늘 일이 아니다. 그리고 여러 나라
학자들이 내세우는, 〈모세〉라는 이름은 이집트어휘에서 나왔으

---

1 헤를리츠G. Herlitz와 키르슈너B. Kirschner의 저술 — 원주.
2 솔로바이치크M. Soloweitschik의 「『유대어 사전』에 대한 기고」(1930).

리라는 주장 또한 만만치 않다. 이런 주장을 하는 학자들을 일일이 거명하는 대신 비교적 최근에 나온 책 『양심의 새벽The Dawn of Conscience』에서 적절한 구절을 인용해 보기로 하겠다. 이 책의 저자인 브레스티드J. H. Breasted는, 이 방면의 권위 있는 책 『이집트 역사History of Egypt』의 저자이기도 하다.

〈모세의 이름이 이집트어라는 사실에 주목하는 것은 중요하다. 이집트어 《모세》는 《아이》를 뜻하는 말에 지나지 않는다. 말하자면 《아멘-모세》, 《프타흐-모세》라는 이름의 줄임말에 지나지 않는 것이다. 《아멘의 아이》, 《프타흐의 아이》를 뜻하는 《아멘-모세》, 《프타흐-모세》 같은 이름 역시 줄임말이다. 이 말의 본말은 《아몬 (신께서) 아이(를 주셨다)》, 《프타흐 (신께서) 아이(를 주셨다)》는 뜻이다. 《아이》라는 이 줄임말은 곧 길어서 성가신 본명의 대용으로 자리를 잡아 갔다. 모세라는 이름, 즉 《아이》라는 이름이 이집드 유물에 심심치 않게 등장하는 것도 이 때문이나. 모세의 아버지는 아들에게 아몬이라든지 프타흐라는 이집트 신의 이름을 붙였을 것이나, 실제로 불릴 때는 이 신의 이름이 떨어져 나가고 그냥 《모세》라고만 불렸을 것임에 분명하다. (모세의 이름 끝에 달린 s는, 구약 성서가 그리스어로 번역되면서 생긴 것이다. 히브리어에서는, 이 이름이 《모쉐》로 발음되기 때문에 s는 붙지 않는다.)〉[3]

나는 브레스티드의 책에서 이 부분을 글자 그대로 번역, 인용했지만 자세한 부분까지 책임을 질 생각은 없다. 나는 브레스티드가 이집트 왕들의 이름에 자주 등장하는 〈아모세Ahmose〉, 〈토트흐모세Thothmose〉, 〈라모세Ra-mose〉 같은 이름을 열거하는 일을 등한시한 데 조금 놀라고 말았다. 이런 이름들은 정확하게 신

3   브레스티드, 『양심의 새벽』(1934) 참조 — 원주.

들의 이름에서 유래했다.

그런데 〈모세〉라는 이름이 이집트 이름이라고 하는 학자는 이집트 이름을 가진 사람이니 이집트인이었을 것이라는 결론을 내리거나, 아니면 적어도 그럴 가능성을 염두에 둘 것이라고 생각하는 것은 당연하다. 오늘날에는 사람들이 하나의 이름을 갖는 것이 아니라 두 개의 이름(성과 이름)을 가짐에도 불구하고, 이름을 바꾸거나 어떤 상황에 맞추어 이름을 수정하는 일도 없지 않지만, 그런 결론을 내리는 데 망설일 필요가 없다. 따라서 시인 샤미소[4]가 프랑스에서 태어난 사람이고, 나폴레옹 보나파르트는 이탈리아계이며, 벤저민 디즈레일리는 그 이름으로 예상할 수 있듯이 이탈리아계 유대인이라는 것이 증명되어도 우리는 별로 놀라지 않는 것이다. 고대나 원시 시대였다면 이름을 보고 어느 민족에 속하는지 결론을 내릴 수가 있었고, 실제로 이렇게 결론을 내리지 않을 수 없었을 것이다. 그러나 내가 아는 한, 모세의 경우 이런 결론을 내린 역사가는 없다. 심지어 브레스티드같이 모세는 〈이집트인들의 지혜를 모두 배웠을 것〉[5]이라고 추론한 역사가들조차도 어느 한 사람 이런 결론을 내리는 사람이 없었던 것이다.

무엇 때문에 사태가 이렇게 되었는지 확실하게 판단하는 것은 불가능하다. 성서 전승에 대한 경의 때문일 가능성이 있다. 그리고 경우에 따라, 모세를 히브리인이 아닌 다른 민족에 속한다는 상상이 너무 터무니없게 여겨졌기 때문인지도 모른다. 어쨌든 이집트 이름이라는 것을 인정하는 것은 모세의 근본을 판단하는 데

---

4 Adelbert von Chamisso(1781~1838). 자기 그림자를 팔았던 한 사람의 이야기를 그린 『페터 슐레밀의 놀라운 이야기*Peter Schlemihls wundersame Geschichte*』, 슈만에 의해 음악이 붙은 서정적인 시가집 『여자의 사랑과 삶*Frauenliebe und-leben*』의 저자.
5 모세가 이집트인이었을 것이라는 추측이 전혀 없었던 것은 아니다. 그러나 그 이름을 거론하는 사람은 없었다 — 원주.

결정적인데도 불구하고 여기에 대한 검토가 이루어지지 않았다는 점, 여기에서 어떤 결론도 내려진 적이 없다는 점은 분명하다. 이 위대한 인물이 어떤 민족 출신이냐 하는 질문이 중요하다면, 여기에 대한 해답을 마련하기 위해 새로운 자료를 제시할 필요가 있는 것이다.

이 짧은 글이 겨냥하고 있는 것도 바로 이 자료를 제시하는 일이다. 잡지 『이마고』에 이 글이 게재되는 근거는 이것이 정신분석학의 적용을 그 내용으로 하기 때문이다. 이 같은 논거는 정신분석학적 사고에 익숙한 극소수의 사람들, 정신분석학의 성과를 평가하는 사람들에게만 인정받을 수 있을 것이다. 나는 그들에게 이 논거가 의미있는 것으로 보이기를 바라는 동시에, 그렇게 되리라고 믿는다.

1909년, 당시만 하더라도 내 영향권하에 있던 오토 랑크Otto Rank는 나의 제안을 받아들여 『영웅 탄생의 신화Der Mythus von der Geburt des Helden』라는 책을 출간했다.[6]

그 책에서는 다음과 같은 사실을 다루고 있다.

〈유력한 문화 민족은 어느 민족이 되었든…… 태곳적의 저희들 영웅이나 전설적인 왕이나 왕자, 종교의 교조(敎祖), 왕조의 개조(開祖), 제국이나 도시의 건설자, 요컨대 저희들의 민족적 영웅을 시적인 이야기나 전설을 통해 찬미해 왔다. 이들 민족은 이런 인물의 탄생이나 성장기 이야기를 환상적인 필체로 미화한다. 그런데 서로 멀리 떨어져 있고, 따라서 서로 아무 관계도 없는데도 불구하고 각 민족이 보유하고 있는 이야기는 놀라우리만치 비슷한

6 이 저서를 통한 오토 랑크의 자주적 공헌의 가치를 과소평가할 의도가 있는 것은 아니다 ─ 원주.

양상을 보이거나, 부분적으로는 그 한마디 한마디가 서로 일치한다는 것이다. 많은 연구자들은 오래전부터 알려져 있던 이런 현상에 주목해 왔던 것이다.〉

오토 랑크의 주장에 따라 모든 이야기의 본질적인 특징이 강조하는 〈평균 전설〉을 구성해 보면(골턴의 방식7에 따라) 다음과 같은 밑그림이 그려진다.

영웅은 지극히 고귀한 부모의 자식이다. 대개의 경우 왕자인 것이 보통이다.

영웅을 회임(懷妊)하기 전에 부모는 금욕 생활, 오랜 기간의 불임 같은 모진 고초를 겪는다. 부모는 외부의 금제(禁制)나 장애 때문에 은밀하게 교합해서 이 영웅을 회임하는 경우도 있다. 회임해 있을 동안, 혹은 그전에 복중의 자식을 낳지 말라는 예언(신탁이나 현몽을 통한)이 있다. 이 예언은 보통 아들을 낳으면 아버지가 위험에 처할 것이라는 위협의 형태를 취한다.

그 결과 신생아는 아버지 혹은 아버지를 상징하는 인물의 명에 따라 살해당할 위험에 처하거나 유기된다. 신생아를 유기하는 자는 대개의 경우 신생아를 상자 같은 것에 넣어 물 위에 띄워 보내는 것이 보통이다.

그러나 신생아는 동물이나 신분이 비천한 사람(목동 같은)에 의해 구원을 받아 암컷 혹은 비천한 사람의 아내의 젖을 먹고 자란다.

장성하면 이 아이는 천신만고 끝에 자신의 신분이 고귀한 것을 깨닫고 아버지에게 복수한다. 한편, 이 아이는 다른 사람의 인정을 받고, 위업을 달성하고 명성을 얻는다.

이 신화적 탄생이 적용될 역사적인 인물 중에 가장 오래된 인

---

7 프로이트는 영국의 통계학자이자 유전학자인 프랜시스 골턴Francis Galton (1822~1911)의 〈합성 사진법〉을 마음에 두고 있는 듯하다. 『꿈의 해석』 참조.

물은 바빌로니아의 시조인 아가데 왕 사르곤Sargon(기원전 2800년)일 것이다. 사르곤 자신이 읊은 자기 이야기를 여기에 옮겨 보는 것도 재미있을 듯하다.

〈전능한 왕, 아가데의 왕 사르곤이 바로 나로다.《내 어머니는 정결한 제니(祭尼), 내 아버지가 누구인지는 나도 모른다.》내 아버지의 형제는 산속에 살았다. 내가 살던 도시, 유프라테스 강변의 아주피라니에서 제니인 내 어머니는 나를 잉태했다.《어머니는 아무도 모르게 나를 잉태했다. 어머니는 갈대 상자에 나를 넣었다.》그러고는 역청으로 아가리를 막고는《그 상자를 강으로 띄워 보냈다.》그러나 강은 나를 그 물에 빠뜨리지 않았다. 강은 나를 물의 지배자인 아키에게 데려다주었다. 물의 지배자 아키는 온유한지라 나를 강에서 건져 주었다.《물의 지배자 아키는 나를 아들로 삼고 길러 주었다.》물의 지배자 아키는 나를 정원사 자리에 앉혀 주었다. 정원사로 일하고 있을 즈음《여신》이쉬타르께서 나를 사랑하시니 나는 왕이 되어 마흔세 해 동안이나 왕권을 쥐었다.〉

아가데 왕 사르곤을 필두로 시작되는 영웅 이야기에서 우리에게 가장 친숙한 영웅은 모세, 키루스Cyrus, 그리고 로마의 시조 로물루스Romulus다. 그러나 오토 랑크는 이런 이름 외에도 서사시나 전설에 등장하는 무수한 영웅적인 인물을 소개하는데, 이들 영웅에게는 위에서 말한 유년 시대 이야기가 그대로 되풀이되거나 그중의 일부가 중복되곤 한다. 그런 영웅이 바로 오이디푸스, 카르나Karna, 파리스Paris, 텔레포스Telephos, 페르세우스Perseus, 헤라클레스Heracles, 길가메시Gilgamesh, 암피온Amphion, 그리고 제토스Zethos 등이다.[8]

8 카르나는 산스크리트의 서사시 『마하브하라타*Mahabharata*』에 나오는 영웅이며, 길가메시는 바빌로니아의 영웅, 나머지는 그리스 신화의 등장인물들이다.

랑크의 연구 덕분에 신화의 원천과 경향은 이제 우리에게 명백해졌다. 나는 간단한 지적만으로 이것을 설명할 수 있다. 그러니까 영웅은 아버지에게 저항할 용기가 있는 사람, 그리고 결국 통쾌하게 아버지를 극복하는 사람이다. 아이가 아버지의 뜻을 거슬러 태어나고, 아버지의 뜻과는 달리 죽음으로부터 살아난다는 이런 유의 신화는 아버지와 자식의 투쟁을 추적하여 개인의 선사 시대까지 파헤친다. 작은 상자에 넣어진 채 버려진다는 것은 분만의 상징적 묘사에 다름 아니다. 작은 상자는 모태이며 강은 바로 양수(羊水)인 것이다. 양친과 자식의 관계는 무수한 꿈속에서 물에서 끌어내거나 강물에서 구원하는 것으로 나타난다.[9] 민중이 환상을 통하여 탁월한 인물과, 여기에서 다룬 탄생 설화를 연결시킨다면 그것은 그 인물을 영웅으로 승인하고 이로써 영웅의 삶이 전형적인 양식을 충족한 것을 고지하려는 의도가 있었기 때문이다. 그러나 시적인 허구의 원천은 아이들의 〈가족 소설〉이라고 알려진 것이다. 가족 소설에서 아들은 부모, 특히 아버지에 대한 감정적 관계의 변화에 따라 반응한다.[10] 유년기의 아이들은 아버지를 엄청나게 과대평가한다. 이에 따라 꿈이나 동화에 등장하는 왕이나 왕비는 바로 아버지와 어머니를 의미한다. 뒷날 경쟁이 무엇인지 알게 되고, 참인생에 대한 절망을 맛보게 되면 아이들은 부모에게서 이반(離反)하거나 비판적인 태도를 취하게 된다. 신화에 나타나는 두 종류의 가정, 즉 고귀한 가정과 비천한 가정은 따라서 두 가지로 나타나는 아이 자신의 가정이다. 삶의 여러 국면을 경험하면서 아이 앞으로는 이 두 종류의 가정이 나타나는 것이다.

9 『꿈의 해석』 참조.
10 프로이트의 「신경증 환자의 가족 소설」(프로이트 전집 7, 열린책들) 참조.

이 정도의 설명이면, 영웅의 탄생 신화가 광범위하게 분포하는 까닭이나 영웅 신화가 동질성을 보이는 까닭이 어느 정도는 해명된 듯하다. 바로 이런 이유에서 모세의 탄생 설화나 기아 전설(棄兒傳說)의 특수한 위치, 아니 본질적인 점에서는 다른 전설에 모순되는 까닭이 우리의 관심을 환기시키는 것이다.

전설에 따르면 아이의 운명은 두 가정 사이에서 전개되는데, 우선 이 두 가지의 가정 이야기부터 시작하자. 널리 알려져 있다시피 분석적 해석에 따르면 이 두 가정은 한 가정의 두 모습, 그러니까 동일한 가정인데, 이것이 두 가정으로 보이는 것은 시기적으로 구분되어 있기 때문이다. 전설의 전형적인 형식에서 아이가 태어나는 가정은 첫 번째 가정, 즉 귀족 가정으로 대개의 경우 왕가이다. 아이가 자라는 두 번째 가정은 비천한 가정이거나 몰락한 가정이다. 전설 해석의 원점이 추적하는 상황에 부합하는 것은 바로 이 두 번째 가정이다. 단지 오이디푸스의 전설에서만 비천의 구분이 불분명하다. 오이디푸스 전설의 경우, 한 왕가에서 유기된 아이는 다른 왕 부처(夫妻)에 의해 받아들여지기 때문이다. 이 두 가정은 동일한 것이고, 오이디푸스의 경우 전설에도 이 동일성이 암시되어 있는데, 이것은 우연이 아니라고 할 수 있다. 두 가정의 사회적 지위의 차이는 신화 —— 우리가 알다시피 위대한 인물의 영웅적 성격을 강조하기 위해 빚어진 —— 에, 특히 역사적 실존 인물에게 적용될 때 특별한 의미가 되는 부차적인 기능을 부여하기도 한다. 그 까닭은 신화가 영웅을 고귀한 신분으로 인증하는 것은 물론, 그 사회적 지위를 드높이는 데도 이용되기 때문이다. 가령 메디아인들에게 키루스는 이방에서 온 정복자이지만, 여기에다 기아 설화 한 토막을 끼워 넣으면 메디아 왕의 손자로 둔갑하기도 한다. 로물루스의 경우도 마찬가지다. 만일에 로물루스 같은 인물이 실존했다면 그는 출신 성분 미상의 벼락 출세한 모험가였을 것이다. 그러나 전설은 그를 알바 롱가Alba Longa[11] 왕가의 후예이자 그 계승자로 만들었다.

모세의 경우는 판이하게 다르다. 보통 첫 번째 가정은 고귀한 가문인데 그의 경우는 지극히 평범하다. 그는 유대인 레위 지파(支派)의 자손이다. 통상 두 번째 가정은 비천하기 마련인데, 그의 경우는 이 두 번째 가정이 바로 이집트의 왕가다. 공주가 그를 아들 삼아 기른 것이다. 이 전형으로부터의 일탈은 많은 사람들을 어리둥절하게 했다. 에두아르트 마이어Eduard Meyer[12] 및 그와 생각을 같이하는 학자들은, 이 전설은 원래 이런 것이 아니었을 것으로 추정한다. 이들의 주장에 따르면 이렇다. 파라오는 한 예언적인 꿈을 통해, 딸이 아들을 낳으면 파라오 자신과 왕국을 위태롭게 할 것이라는 경고를 받는다. 그래서 파라오는 공주의 몸에서 아이가 태어나자 나일강에다 유기한다.[13] 그러나 이 아이는 유대인의 손에 구원을 받고 그 집의 아들로 자란다는 것이다. 그렇다면 이 전설은 〈민족적인 동기〉(오토 랑크의 표현)[14]에 따라 우리가 알고 있는 형태로 손질이 되었다는 것이다.

그러나 조금만 생각해 보면 다른 전설의 유형에서 일탈하지 않은, 이 같은 모세 전설의 원형은 존재하지 않았다는 것을 알 수 있다. 왜 그런가 하면, 이 전설은 이집트에 기원을 두고 있는 것인 동시에 유대인에 기원을 두고 있는 것이기 때문이다. 이집트 기

---

11 로마보다 3백 년 전에 건설되어 있던 라티움의 수도. 로마의 시조인 쌍둥이 형제 로물루스와 레무스의 탄생지로 알려져 있다.

12 『이스라엘과 그 인접 종족Die Israeliten und ihre Nachbarstämme』(1906).

13 이것은 유대인 역사가 플라비우스 요세푸스Flavius Josephus의 저서에 언급된 것이기도 하다 — 원주.

14 『영웅 탄생의 신화』 참조 — 원주.

원이라는 것은 있을 수가 없다. 모세는 이집트의 영웅이 아니기 때문에 이집트로서는 모세를 미화할 까닭이 없다. 그렇다면 우리로서는 이 전설이 유대인 사이에서 만들어졌다고 추측할 도리밖에 없다. 그러니까 유대인들은 그들의 지도자상에다 우리에게 낯익은 전설의 형식(전형적인 탄생 설화 형식)을 덧입힌 것으로 추측하지 않을 수 없다. 하지만 이런 작업 또한 그 목적과는 어울리지 않는다. 저희들의 위대한 영도자를 외국인으로 만들어 버리는 전설이 그들에게 무슨 소용이 있었을 것인가?

지금 우리가 알고 있는 것과 같은 모세 전설은 그 은밀한 의도를 읽기에는 부족하다. 만일에 모세가 왕가에서 출생한 것이 아니라면 전설은 그를 영웅으로 자리매김할 수 없다. 만일 모세가 처음부터 유대인 아기였다면, 전설은 모세의 사회적 지위를 드높이는 어떤 역할도 한 것이 없게 된다. 이 신화 전체에서 오직 작은 단편 하나만이 눈에 띈다. 그것은 그 아기가 막강한 외부 세력의 면전에서 목숨을 부지했다는 사실이다. (이런 특징은 예수의 유아기 이야기에 그대로 반복되는데, 예수의 이야기에서는 헤롯 왕이 파라오의 역할을 대신한다.) 이로써 우리는 다음과 같이 추측할 수 있다. 즉 이 전설의 소재를 개작한 뒷날의 형편없는 개작자가 저희 영웅 모세에게도 영웅으로 드높이는 데 필요한 전형적인 기아 설화 같은 것을 덧칠했지만, 모세가 처해 있던 특수한 상황 때문에 이것이 모세에게는 적용되지 못한 것이 아닐까 하는 것이다.

우리의 연구는 이 불충분하고, 게다가 불확실한 결론에 만족하지 않으면 안 될 입장이다. 말하자면 우리의 연구는 모세가 과연 이집트인이었는가 하는 문제를 푸는 데 아무 기여도 하지 못한 셈이다. 그러나 기아 전설의 접근 방법에는 또 하나의, 경우에 따라서는 훨씬 희망적인 방법이 있다.

신화의 두 가정이라는 주제로 되돌아가자. 주지하듯이, 분석적 해석의 차원에서는 이 두 가정이 사실 동일하다. 신화의 차원에서만 이 두 가정은 각각 고귀한 가정과 비천한 가정으로 차등화하는 것이다. 그러나 문제가 역사적인 실존 인물일 경우에는 제3의 차원, 즉 실재성이라는 차원이 존재한다. 중요한 것은 무수한 가정 중의 한 가정, 바로 문제의 인물(위대한 인물)이 실제로 태어나고 자란 실재의 가정인 것이다. 나머지는 의도에 따라 신화에 의해 꾸며진 허구이다. 대체로 비천한 가정이 실재의 가정이고, 고귀한 가정은 꾸며진 가정인 것이 보통이다. 그런데 모세 사례의 상황은 달라 보인다. 어쩌면 이것에 대한 새로운 접근 방법이 문제를 명쾌하게 해명할지도 모른다. 그것이 무엇인가 하면, 검토 가능한 모든 사례에서 아기를 유기하는 첫 번째 가정은 꾸며진 것이고, 아기가 받아들여지고 양육되는 두 번째 가정이 실재하는 가정이라는 점이다. 우리가 용기를 가지고 이 주장을 보편적인 진리로 수용해서 모세 전설에 적용시켜 보면 한 가지 사실이 분명해진다는 것을 알 수 있다. 그것은 모세가 이집트인(어쩌면 귀족)인데, 전설이 그를 유대인으로 바꾸어 놓았다는 것이다. 그리고 이것이 우리의 결론이다. 물에다 아기를 유기하는 대목은 이 이야기에서 적절한 자리를 차지하고 있기는 하다. 그러나 새로운 목표에 부응하게 하자면 기아의 의도는 무리할 정도로 왜곡되지 않으면 안 된다. 그래서 기아가 아기의 희생이 아닌, 바로 아기를 구조하는 수단으로 바뀌어 버린 것이다.

이런 종류의 다른 전설로부터 모세 전설이 일탈해 있다는 사실은 그의 개인사가 지닌 특징으로도 추적이 가능하다. 여느 영웅은 삶의 과정에서 비천한 경우를 극복하고 상향 이동하지만, 인간 모세의 영웅적 생애는 고귀한 위치에서 하향 이동했다가 마침내 이스라엘 백성의 수준까지 전락(轉落)하는 것이다.

우리는 모세가 이집트인이라는 추정에 대한 제2의 새로운 논거를 얻을 수 있을 것이라고 기대하면서, 이 간단한 질문을 제기했다. 우리는 그의 이름에 바탕을 둔 첫 번째 논거가 많은 사람들에게 확신을 심어 주는 데 실패한 것을 알았다.[15] 그렇다고 해서, 기아 전설의 분석에 바탕을 둔 이 새로운 논거가 성공을 거둘 것이라고 기대해서는 안 된다. 우리는 틀림없이 이런 반론에 부딪칠 것이다. 전설의 형성과 변형의 상황은 우리가 내린 것과 같은 결론을 정당화시키기에는 너무 모호하다는 것, 모세라는 영웅적인 인물을 둘러싸고 있는 전승(혼란과 모순으로 가득 차 있는 데다, 수 세기에 걸쳐 의도적인 개작과 덧칠이 거듭된)은 그 뒤에 놓여 있는 역사적 진실의 등에다 불을 붙이려는 모든 노력을 좌절시키지 않겠느냐는 것이다. 나는 이런 부정적인 입장을 공유하지 않겠지만, 그렇다고 해서 이것을 반박할 입장에도 있지 않다.

이 이상의 확실성에 접근하지도 못할 주장을, 왜 공표하여 대중의 주목 앞에 노출시키느냐는 질문이 제기될 수도 있을 것이다.

15 마이어는 「모세와 레위 지파Die Mosesagen und die Lewiten」(1905)에서 이렇게 쓰고 있다. 《모세》라는 이름은 이집트 이름일 가능성이 있고, 실로Shiloh의 사제 가문인 《핀카스》는…… 의심할 여지 없는 이집트 가문이다. 그렇다고 해서 이로써 이 가문이 원래 이집트에 그 뿌리를 둔 가문인 것으로 증명된 것은 아니지만, 이집트와 모종의 관련이 있는 것만은 분명하다.) 문제는 어떤 관계인가 하는 것이다 — 원주. 마이어가 작성한 이 글은 이보다 훨씬 긴 이력서 같은 것이다. 문제의 이집트 이름은 여기에서 검토되고 있다. 이 글에 따르면 문제가 되는 것은 〈핀카스Pinchas〉(흠정역 성서에는 〈비느하스Phinehas〉) 가문 출신으로 되어 있는 두 사람인데, 한 사람은 아론의 손자(「출애굽기」 6장 25절), 또 다른 사람은 실로(「사무엘상」 1장 3절)의 사제다. 이 둘은 모두 레위 지파 사람들이다. 실로는 성궤가 예루살렘으로 옮겨지기 전에 잠시 안치되었던 곳이다(「여호수아」 18장 1절).

유감스럽지만 나의 해명도 암시라고 하는 벽을 넘을 수 없다. 그러나 내가 여기에서 검토한 두 가지 논거에 유념하고, 모세가 이집트의 귀족이었다는 가정을 신중하게 수용하면 지극히 흥미롭고 광범위한 전망이 열린다. 나는 너무 터무니없는 것이 아닌 이상 이런 종류의 가설의 도움을 빌리면 모세를 심상치 않은 길로 이끈 동기와 이것과 밀접한 관계가 있는, 모세가 유대인에게 베푼 율법과 종교의 본질과 특수성에 대한 갖가지 근거를 파악할 수 있으리라고 믿는다. 그뿐만 아니라 어쩌면 이로써 유일신교 일반의 기원의 해명에 필요한 소중한 단서를 마련하게 될지도 모른다고 믿는 것이다. 이렇게 중요한 문제 해명의 단서가 정신분석학적 개연성에서 찾아지는 것은 아니다. 모세가 이집트인이라는 것이 역사적으로 근거가 있다고 인정하게 되더라도, 여기에서 파생하는 무수한 가능성은 실재와는 너무나 동떨어진 상상의 산물이라는 비판에 대항하기 위해서는 제2의 확고한 논점이 필요하다. 모세의 생애가 펼쳐졌던 시대가 언제인가, 즉 유대인의 이집트 탈출이 어느 시대에 일어난 사건인가를 객관적으로 증명할 수 있게 된다면, 그때 이 논점의 논거는 충족될 것이다. 그러나 이같은 객관적인 증명은 아직까지 이루어진 바가 없다. 따라서 모세가 이집트인이었다는 통찰에서 파생하는 모든 추론은 언급하지 않는 것이 좋을 듯하다.

모세가 이집트인이었다면

이 정기 간행물[1]에 기고한 지난번 원고[2]에서 나는 유대인의 해방자이자 율법의 제정자인 인간 모세는 유대인이 아니라 이집트인이었다는 가설에 바탕을 둔 새로운 논거의 마련을 시도한 바 있다. 제대로 평가받은 적이 없기는 하지만, 그의 이름이 이집트 어휘에서 나왔다는 주장이 제기된 것은 어제오늘의 일이 아니다. 이런 종류의 주장에다 내가 덧붙인 것은, 모세와 관련된 기아 신화의 분석을 통하여, 모세는 이집트인이었지만 한 민족의 요구에 따라 그를 유대인으로 만들었다는 결론에 이르지 않을 수 없었다는 것이다. 이 논문의 말미에 나는, 모세가 이집트인이었다는 가정으로부터는 광범위한 추론이 가능하지만, 이것은 심리학적 개연성만을 근거로 하는 것일 뿐 객관적인 증명을 한 것이 아니기 때문에, 이런 결론을 공공연하게 지지할 준비는 되어 있지 않다고 썼다. 심리학적으로 얻은 견해가 중요하면 중요할수록, 확실한 근거도 없이 이것 ─ 진흙 토대 위에 세운 청동상 같은 ─ 을 외부 세계의 비판적 공격에 내맡겨서는 안 되겠다는 느낌은 그만큼 더 강렬해진다. 아무리 개연성이 매력적인 것이라고 해도 그

1 『이마고』 제23권(1937) ─ 원주.
2 앞의 논문 「이집트인 모세」를 말한다.

매력 자체가 오류에 대한 방패막이가 되지는 못한다. 한 문제의 각 부분이 모두 조각 맞추기 퍼즐처럼 아귀가 맞는다고 하더라도 우리는 개연성은 진리가 아니며, 진리라고 해서 모두 개연성이 있는 것은 아니라는 점을 알아야 한다. 결국 나는, 저희들 이론이 현실과 얼마나 동떨어져 있는지도 모르는 채 저희 재주 자랑만 좋아하는 스콜라 철학자나 탈무드 학자로 분류되는 것에 별 매력을 느끼지 못한 것이다.

그러나 일찍이 그랬듯이 지금도 망설이면서, 나는 무수한 동기에 쫓겨 지난번에 발표한 논문에다 지금의 속편을 덧붙이기로 결심했다. 다시 한번 지적해 두거니와 이것은 내가 하고 싶은 말의 전부도 아니고, 내 이야기 전체 중 가장 중요한 부분도 아니다.

1

모세가 이집트인이었다고 한다면……. 이 가정에서 도출될 수 있는 것은 해명이 불가능한 또 하나의 새로운 수수께끼다. 한 민족 혹은 부족[3]이 그 동아리에게는 실로 중대한 대사업을 벌일 경우, 그 동아리는 지도자를 세울 터인데 이 지도자를 세우는 방법은 두 가지밖에 없다. 한 사람이 스스로 지도자 자리를 차지하는 방법과, 동아리가 한 사람을 지도자로 선발하는 방법이다. 그러나 귀족 신분의 이집트인 — 왕자였거나, 사제였거나, 고관이었을 가능성이 큰 — 으로 하여금 외국에서 이주해 온 문화적으로 뒤떨어진 이방인 무리의 선두에 서게 하고, 이집트를 버리고 떠난 상황을 추측하기는 쉬운 일이 아니다. 더구나 이집트인들은

3 우리는 이집트를 탈출한 유대인 수가 얼마나 되는지 짐작도 하지 못하고 있다 — 원주.

타국인들을 경멸하는 것으로 익히 알려져 있는 것만 보아도, 그런 이주 형식은 도무지 가능해 보이지 않는다. 나는 바로 이런 점 때문에 모세라는 이름이 이집트어에서 온 것으로 인정하고, 모세가 이집트의 지식 체계를 흡수한 것을 인정하는 역사가들조차도, 모세가 이집트인이었다는 분명한 개연성을 받아들이기를 꺼린다고 나는 생각한다.

이 첫 번째 난문제에 이어 다른 난문제가 꼬리를 문다. 우리가 잊지 말아야 하는 것은 모세는 이집트에 살던 유대인들의 정치 지도자였을 뿐만 아니라 율법의 제정자이자 교육자인가 하면, 그들로 하여금 새로운 종교 신앙을 강제한 사람이었다는 사실이다. 모세가 강제한 종교는 오늘날까지도 〈모세Mosaic교〉라고 불리고 있다. 하지만 한 개인에게 새로운 종교를 창조하는 일이 가능할까? 그리고 한 사람이 타인의 종교에 영향을 미치려면, 먼저 그들을 자기의 종교로 개종시키는 것이 가장 자연스럽지 않을까? 이집트의 유대인들에게 어떤 형태의 종교든 종교가 없지는 않았을 것이다. 이들에게 새로운 종교를 마련해 준 모세가 이집트인이었다면, 우리는 그가 마련한 이 새로운 종교는 이집트 종교였다는 가정을 뿌리칠 수 있을까?

이 개연성을 가로막는 요소가 하나 있다. 그것은 모세를 그 시조로 하는 유대인의 종교와 이집트인의 종교 사이에 첨예한 대립이 있었다는 사실이다. 유대인의 종교는 거대 규모의 엄격한 유일신교다. 이 종교에는 유일한 신이 있을 뿐이다. 그만이 유일하고 전지전능한 신, 접근 불가능한 신인 것이다. 그의 모습에는 사람의 눈이 견디지 못한다. 그는 그와 닮은 어떤 상을 만들어서도 안 되고, 그 이름을 입에 올려서도 안 되는 신이다. 그러나 이집트 종교에는 그 신격(神格)과 기원에 따라 무수한 신들이 있다. 하늘, 땅,

해, 달 같은 위대한 자연력을 의인화한 신도 있고, 〈마트Ma'at〉(진리 혹은 정의) 같은 추상 개념의 신도 있으며, 난쟁이 모습의 〈베스Bes〉같이 희화한 신도 있다. 그러나 그 나라가 무수한 지역으로 분리될 당시까지 기원을 거슬러 꼽아야 하는 대부분의 신들은 동물 모습을 하고 있다. 고래(古來)의 토템 동물로부터 진화를 완료한 것 같지 않은 이런 신들은 모양에서도 뚜렷한 차이가 없고, 맡겨진 역할도 서로 별다르지 않다. 이런 신들을 찬미하는 노래도 거의 비슷비슷하고 때로는 한 신을 다른 신과 혼동하는 사태는 우리를 절망적인 혼란에 빠지게 할 정도이다. 그뿐만이 아니다. 신들의 이름이 서로 합성된 것도 있어서 어떤 이름은 다른 이름의 형용사 노릇을 하는 경우도 있다. 가령 〈신왕조〉가 절정을 구가하던 시절 테베 시가 섬기던 으뜸가는 신은 〈아멘-레〉였는데, 이 이름의 앞자리를 차지하는 신 〈아멘〉은 숫양 머리를 한 이 도시의 신이고, 〈레〉는 〈온〉(태양의 도시 헬리오폴리스)의 수호신인 매의 머리를 한 태양신이다. 마법이나 의례의 집행, 주문이나 액막이 등은 이집트인들이 누리던 일상생활의 내용물인 동시에 이 신들에게 드리는 제사의 내용물이기도 하다.

이 같은 상이점 중의 일부는, 엄격한 유일신교와 자유분방한 다신교의 원칙적인 대비를 통해서도 간단하게 도출될 수 있을 것이다. 다신교는 원시적인 단계에 가까운 데 견주어 일신교는 추상화를 통해 고도로 상승한 단계에 있었던 만큼 영적이고 지적인4 차원이 서로 달라서 생기는 상위점도 얼마든지 있을 수 있다. 바로 이런 요인 때문에 모세교와 이집트 종교의 대립은 의도적인 대립, 고의적으로 첨예화한 대립이었다는 인상을 받을 수도 있다.

4 *Geistig*라는 단어를 〈영적이고 지적인〉으로 번역했다. 이 용어는 이 저술의 뒤쪽에 가면 중요한 의미를 가진다.

가령 모세교는 모든 종류의 마법과 주술을 준엄하게 단죄한 데 견주어 이집트 종교 안에서는 이런 것들이 오히려 풍부하게 촉진되었다. 흙과 돌과 금속으로 신들의 모형 ─ 오늘날의 박물관들은 고마워해야 할 일이겠지만 ─ 을 빚는 이집트인들의 탐욕스러운 미각은, 살아 있는 것이나 상상 속의 물건을 빚어서는 안 되는 엄격한 금제와 첨예하게 대립했다.

그러나 우리가 시도한 설명과는 관계가 없는 또 하나의 차이가 있다. 어떤 민족도, 고대 이집트인만큼 죽음의 존재를 부정하는 데 힘을 쏟고 피안에서의 새 삶을 준비하는 데 정성을 기울인 적이 없다. 따라서 저승 세계의 지배자이자 죽음의 사자신(使者神)인 〈오시리스〉는 이집트 신들 중에서 가장 인기가 있고 일반적으로 가장 널리 인정되는 신인 것이다. 그러나 고대의 유대 종교는 영생 불사 개념을 전적으로 폐기했다. 사후의 삶의 가능성에 대한 언급은 어디에도 등장하지 않는 것이다. 이것은 주목할 만한 현상이다. 그 까닭은, 그 이후 시대의 경험에 따르면 내세의 삶에 대한 믿음은 유일신교와 완벽한 조화를 이루고 있기 때문이다.

모세가 이집트인이었다는 가설이 결실을 맺고 다양한 방향을 조명하게 되는 날이 오는 것이 우리의 희망이다. 그러나 우리가 그 가설에서 이끌어 낸 첫 번째 결론 ─ 모세가 유대인에게 베푼 종교는 모세 자신이 신봉하던 이집트 종교 ─ 은 두 종교의 차이 혹은 두 종교의 상호 모순되는 본질에 대한 우리들의 자각에 일대 혼란을 일으킨다.

2

이집트 종교의 역사상 가장 주목할 만한 사건, 최근에 와서야 일반에 인식되고 평가받기에 이른 한 사건은 우리에게 새로운 개연성의 문을 열어 준다. 모세가 유대 민족에게 베푼 종교는 역시 모세 자신의 종교였을 가능성, 말하자면 〈바로〉 이집트의 종교가 아니었다고 하더라도 이집트 종교의 〈하나〉였을 가능성이 있다는 것이다.

이집트가 처음으로 세계적인 강대국이 된 저 영광스러운 〈18왕조〉 시절인 기원전 1375년, 한 젊은 파라오가 왕위에 올랐다. 처음에는 이 파라오도 전임자인 아버지처럼 아메노피스(6세)라고 불렸지만, 곧 그는 이름을 바꾸었다. 이름만 바꾼 것이 아니었다. 이 왕은 신하인 이집트인들에게 새로운 종교를 강제했다. 이 종교는 수천 년간 계속되어 온 전승, 그들에게 익숙한 생활 습관을 정면으로 거스르는 종교였다. 이 종교는 우리가 아는 한 세계 역사상 최초의 엄격한 유일신교였다. 이 유일신 종교에 대한 믿음과 함께 태동한 것이 종교적 양립 불가능성인데, 이것은 일찍이 고대 세계에서는 생소한 개념이었을 뿐만 아니라, 그 뒤로도 오랫동안 사람들에게 익숙하지 않은 개념이었다. 그러나 아메노피스의 치세는 17년밖에는 계속될 수 없었다. 기원전 1358년, 그가 세상을 떠난 직후 이 새로운 종교는 전멸당하고 이교도 왕에 대한 기억은 사람들의 머릿속에서 지워졌다. 그에 대하여 우리가 알고 있는 지식은 모두, 그가 지어 자기 신에게 봉헌한 새 왕성의 폐허와 그 왕성에 있는 석묘의 명문을 통해서다. 우리는 이 기록을 통하여 많은 것을 알아내게 되는데, 이 왕의 특이한 개성은 실로 주목할 만하다.[5]

새로운 것은 모두, 그 이전 것 안에 준비되어 있다가 전제 조건

5 브레스티드는 이 왕을 〈인류 역사상 최초의 개인〉이라고 부른다 — 원주. 『이집트의 왕』 참조.

이 충족되면 나타나기 마련이다. 이집트 유일신교의 기원은 상당히 확실하게 되짚어 낼 수가 있다.6 상당한 기간 동안, 〈온〉 태양 사원의 사자들 사이에서는, 보편적인 신의 관념을 발전시키고 이 신의 윤리적 측면을 강조하자는 경향이 지배적이었다. 진리, 질서, 정의의 여신인 〈마트〉는 태양신 〈레〉의 딸이었다. 개혁자의 아버지이자 전임자인 아메노피스 3세 치세에 태양신 숭배는 이미 새로운 기세를 획득한 바 있었다. 이 기세는 당시 가장 융성하던 도시 테베의 신 〈아문〉에 대한 정면 도전과 다름이 없었다. 태양신의 유서 깊은 이름인 아텐 혹은 〈아툼〉은 새롭게 강조되기 시작했고, 젊은 왕은 이 〈아텐〉교 운동에 박차를 가했다. 그는 이때 이미 아텐교를 자신이 앞서서 촉진할 대상이 아니라 신봉자가 될 대상으로 파악했던 것이었다.

이즈음부터 이집트의 정치 상황은 이집트 종교에 지속적인 영향력을 행사하기 시작했다. 위대한 정복자 투트호모시스 3세의 군사적인 정복이 연이어 성공을 거두면서 이때 이미 이집트는 세계 제국으로 발돋움해 있었다. 이집트 제국은 남으로는 누비아, 북으로는 팔레스타인, 시리아, 메소포타미아 일부를 아우르고 있었다. 이러한 제국주의는 종교에 보편주의와 일신교로 반영되었다. 파라오의 왕권이 이집트뿐만 아니라 누비아와 시리아까지 미치게 됨에 따라 이집트의 신도 국가적 제약을 벗지 않으면 안 되게 된 것이다. 파라오가 당시 이집트인들에게 알려진 세계의 유일하고 절대적인 통치자였듯이, 이집트의 새로운 신에게도 이러한 신권이 적용되지 않으면 안 되게 된 것이다. 더구나 제국의 국경이 확

---

6   내가 지금부터 쓰는 것은 브레스티드의 『이집트 역사』(1906 및 1934)와 『케임브리지 고대사Cambridge Ancient History』(제2권, 1924)의 해당 부분에 그 바탕을 두고 있다 — 원주.

장됨에 따라 이집트는 외국의 영향 앞에서도 문호가 개방된 셈이었다. 왕궁의 왕비 중에 아시아 출신[7]이 있었던 것으로 보아, 유일신교에 대한 직접적인 영향은 시리아로부터 시작된 것일 수도 있다.

아메노피스 자신은 〈온〉의 태양 숭배를 부정하지 않았다. 석묘에 남아 있는, 어쩌면 그 자신이 지은 것인지도 모르는, 태양신 아텐에게 바치는 두 편의 찬미가에서 그는 이집트 안팎의 살아 있는 모든 것의 창조자, 지배자로서의 태양을 찬미하고 있는데, 그열정은 그로부터 수 세기가 지난 뒤 유대의 신 야훼에게 바쳐진「시편」을 통해서나 겨우 되풀이될 정도다. 그러나 그는 태양 광선의 위력에 대한 이토록 놀라운 과학적 발견에 만족하지 않았다. 그는 여기에서 한 걸음 더 나아갔다. 그는 태양을 물질적 대상으로 숭배하지 않고 빛을 통하여 그 힘을 드러내는 신적인 존재의 상징으로 파악하게 되는 것이다.[8]

그러나 우리가 만일 이 왕을, 그 이전 시대에 이미 존재하던 아텐교의 숭배자이자 보호자에 지나지 않는다고 생각한다면, 이것은 정당한 평가로 부족하다. 왕의 활동은 이보다 더 철저했다. 그는 보편적인 종교 교리를 비로소 유일신교의 교리로 만드는 데

7 아메노피스의 총애하던 아내 네페르티티도 아시아인이었을 가능성이 있다 — 원주.

8 〈그러나 이 새로운 국교의 기원이 태양을 숭배하는 헬리오폴리스에 있기는 했지만, 이 국교는 태양만 숭배하는 것이 아니었다. 태양을 뜻하는 《아톤》은 《신nuter》을 뜻하는 고어(古語)의 자리를 대신해서 차지했고, 신은 물질로서의 태양과 엄격하게 구분되었다〉(브레스티드, 『이집트 역사』). 〈분명한 것은, 이집트 왕이 신격화하고 싶어했던 것은 태양이 스스로를 대지에게 인지(認知)시키고자 하는 위력이었다는 것이다〉(브레스티드, 『양심의 새벽』). 에르만A. Erman이 기술하고 있는 신을 찬미하는 노래에 대한 견해도 이와 유사하다. 〈이 찬미가는 가급적이면 추상적으로, 숭배의 대상이 되어야 하는 것은 천체로서의 태양이 아니라, 이로써 드러나는 그 본질이어야 한다는 글로 이루어져 있다〉(에르만, 『이집트의 종교Die ägyptische Religion』, 1905) — 원주.

없어서는 안 되는 것, 즉 배타성이라는 요인을 도입하기에 이르렀다. 그가 쓴 찬미가에서 그는 공공연히 이렇게 노래한다.

〈오, 유일한 신이시여, 오로지 신이 계실 뿐, 이 세상에 다른 신은 존재하지 않습니다.〉[9]

우리가 잊지 말아야 할 것은 이 새로운 교리를 평가하기 위해서는 그 〈긍정적〉인 내용을 아는 것만으로는 충분하지 못하다는 점이다. 그 〈부정적〉인 측면, 즉 이 교리가 거부하고 있는 측면도 마찬가지로 중요하다는 점이다. 이 새로운 종교가, 제우스의 머리에서 무구 일습(武具―襲)을 갖추고 튀어나온 아테나 여신처럼 순식간에 이 세상에 나타났다고 생각하면 그것은 오산이다. 오히려 이 종교는 아메노피스가 치세할 동안 조금씩 조금씩 힘을 기르면서 그 명쾌함, 일관성, 양립 불가능성의 정도를 높여 왔던 것으로 보인다. 사태가 이렇게 발전함에 따라 왕의 개혁은 〈아문〉 사제들로부터 격렬한 반대에 부딪치기도 했던 것으로 보인다. 아메노피스의 치세 6년째에 이러한 반발은 절정에 이르렀고, 이렇게 되자 왕은 자기 이름을 바꾸었다. 왕의 새 이름에서, 그때까지는 입에 올리는 것이 엄격하게 금지되고 있던 〈아문〉 신의 이름이 지워진 것이다. 이때부터 그는 〈아메노피스〉라는 이름 대신 〈아케나텐Akhenaten〉[10]이라는 이름을 자칭했다. 왕은 자기의 이름에서 자기가 싫어하던 신의 이름을 지우는 데 그치지 않았다. 그는 모든 비석에서, 아버지 아메노피스 3세의 이름에서까지 그 신에 대한 기억을 지웠다. 이름을 바꾼 직후 아케나텐은 〈아문〉 신에게

9 브레스티드, 『이집트 역사』 참조 — 원주.
10 이것은 영어 표기법을 따른다(〈아크헤나톤Akhenaaton〉으로 쓰기도 한다). 왕의 이 새로운 이름은 그 이전 이름과 의미는 똑같다. 독일어 〈고트홀트Gotthold〉나 〈고트프리트Gottfried〉가 여기에 해당한다 — 원주. 독일어로는 〈Ikhnaton〉이라고 표기한다. 또한 고트홀트는 〈신이 영광을 나타내다〉, 고트프리트는 〈신이 보호하다〉라는 뜻이다.

봉헌된 도시 테베를 포기한 후 강 남쪽에 새 왕성을 세우고는 〈아케나텐〉(아텐의 지평선)이라고 명명했다. 이 왕성의 폐허는 오늘날 텔 엘아마르나라고 불린다.[11]

왕에 의한 박해는 〈아문〉에게 가장 가혹했다. 그러나 박해를 받은 신이 〈아문〉뿐만은 아니었다. 온 왕국의 신전은 모조리 폐쇄되고, 신들에 대한 제사는 금지되었으며, 신전의 엄청난 재산은 국고로 환수되었다. 실제로 새 종교에 대한 왕의 열의는, 옛 기념비를 샅샅이 조사하게 하고, 그 기념비에 〈신〉이라는 단어가 복수(複數)로 쓰여 있으면 이것을 제거하는 조처를 취하는 데까지 이르렀다.[12] 아케나텐이 취한 이러한 일련의 조처가 억압되어 있던 사제 계급이나 불만에 사로잡혀 있던 일반 국민들로 하여금 광란적인 복수의 칼을 갈게 한 것은 당연하다. 그러나 이러한 불만의 폭발은 국왕이 세상을 떠난 뒤에야 가능하게 된다. 아텐교는 인기를 얻지 못했다. 이 종교의 신봉은 왕을 둘러싼 측근 왕족에 국한되어 있었던 것으로 보인다. 아케나텐의 최후를 우리로서는 알수 없다. 우리가 가진 자료로는 단명하고 불운했던 그 일문(一門)의 후계자의 일을 어렴풋이 짐작할 수 있을 뿐이다. 그의 사위 투탕크하텐은 그때 이미 테베로 도읍을 옮기고, 아텐의 이름을 〈아문〉으로 대치해야 한다는 주위의 압박에 굴복하지 않을 수 없었다. 여기에 기원전 1350년까지 무정부 상태가 이어지다가 하렘하브 장군이 질서를 회복했다. 찬란하던 18왕조는 무너지고, 누비아와 아시아에 정복해 놓은 땅도 이집트의 그늘에서 사라졌다. 이 우울한 권력의 공백 기간에 이집트의 고대 종교가 다시 정립

11 1887년 바로 이곳에서 역사 연구에 더할 나위 없이 소중한, 이집트 왕들이 아시아의 친구들이나 신하들과 나눈 서한이 발굴되었다 — 원주.
12 브레스티드, 『이집트 역사』 참조 — 원주.

되었다. 아텐교가 폐기되고 아케나텐의 왕성은 파괴와 노략질의 손길에서 벗어나지 못했다. 그런 시절에 아케나텐을 추억하면 그것은 곧 범죄 행위였다.

이제 특수한 목적에 따라 아텐교의 부정적인 특징 중 몇 가지를 강조해 보고자 한다. 첫째 아텐교에서는 신화, 주술, 점술과 관계가 있는 것은 모조리 배제되었다는 점이다.[13] 다음은 태양신의 표현 방법인데, 그전처럼 조그만 피라미드나 매(鷹)의 형태[14]로 표현되는 것이 아니라, 무미건조할 정도는 아니지만 그래도 하나의 원반과 거기에서 발산되어 인간의 손으로 변하는 몇 줄기의 광선으로 소박하게 표현되었다. 아마르나 시대는 예술이 꽃을 피우던 시대였는데도 불구하고 다른 형태의 태양신 — 말하자면 의인화한 아텐상 — 은 발견된 적이 없는 것으로 보아, 앞으로도 발견되지 않을 것이라고 해도 좋을 것이다.[15] 이 시대는 죽음의 신인 〈오시리스〉와, 사자(死者)의 나라가 완전히 침묵하던 시대이기도 했다. 죽음의 신 〈오시리스〉는 찬가를 통해서든 묘비명을 통해서든 이집트인들이 가장 깊은 관심을 보여 온 이 문제를 완전히 무시했던 것이다. 민족 종교와의 대비를 이렇듯 확연하게 보여 주는 것은 다시없을 것으로 보인다.[16]

13 웨이걸Weigall에 따르면 아케나텐은 〈지옥〉에 대해서는 어떤 것도 알려고 하지 않았다. 지옥을 두려워하는 백성들 사이에 무수한 주술적 주문이 나돌고 있었기 때문이었다. 웨이걸은 그 상황을 이렇게 설명하고 있다. 〈아케나텐은 이런 유의 주문은 모조리 불태웠다. 지니[靈魔], 유령, 정령, 괴물, 반신(半神), 악마, 심지어는 오시리스 및 그 동아리에 관한 기록도 발견되는 족족 잿더미가 되었다〉(웨이걸,『아케나텐의 생애와 시대The Life and Times of Akhenaton』, 1923) — 원주.
14 브레스티드의『양심의 새벽』참조.
15 아크헤나톤은 아톤을 두고 어떤 조상(影像)도 만들지 못하게 했다. 왕의 주장에 따르면 진정한 신에게는 형상이 없는데, 그는 평생 이런 생각을 고집했다(웨이걸의 앞의 책 참조) — 원주.
16 〈오시리스나 그의 왕국에 대한 이야기는 더 이상 들려오지 않았다. 오시리스는 완전히 무시당했다. 그는 아케나텐의 어떤 기록에도 언급된 적이 없고, 아마르나

3

나는 여기에서 감히 결론을 한번 내어 보겠다. 그것은 만일 모세가 이집트인이었고, 그가 자기 종교를 유대인에게 전했다면 그 종교는 아케나텐의 종교, 즉 아텐교였다는 것이다.

나는 이미 유대의 종교를 이집트의 민중 종교와 비교하고, 그 대립적인 성격을 검토한 바 있다. 이제는 유대의 종교와 아텐교를 비교해 보겠다. 어쩌면 이 비교를 통해 두 종교가 원래 동일한 것이었음을 증명할 수 있을지도 모르기 때문이다. 이것이 쉬운 일이 아니라는 것은 나도 알고 있다. 〈아문〉교 성직자들이 지니고 있던 복수심이 어찌나 뿌리 깊은 것이었는지, 아텐교에 대한 자료는 거의 남아 있지 않다. 우리가 아는 것이라고는, 출애굽이 있고 나서 8백 년 뒤에 유대교 사제들에 의해 종교 형태로 고정된 최종적인 모습의 모세교뿐이다. 하지만 자료가 이렇게 미비함에도 불구하고 우리의 가설에 유리한 몇 가지 징후를 찾아낼 수 있다면, 우리로서는 그런 징후를 높이 평가하지 않을 수 없을 것이다.

모세교가 다름 아닌 아텐교라는 우리의 가설을 증명할 지름길이 있을 것이다. 신앙의 고백, 선언을 입수할 수만 있다면 그것이 곧 지름길일 것이다. 놀랍게도 이 지름길은 우리와 너무나 가까운 곳에 있다. 주지하다시피, 유대인의 신앙 고백은 다음과 같다. 〈이스라엘아 들어라. 우리의 하느님은 야훼시다. 야훼 한 분뿐이시다.〉[17] 이집트 신의 이름 〈아텐(혹은 아툼)〉이 히브리어〈아도나이〉(주님)와 시리아의 신 〈아도니스〉와 같은 것이 우연이 아니고,

시대의 어떤 묘비명에도 언급된 적이 없다.〉에르만의 『이집트의 종교』를 참조할 것 —원주.

17 〈*Schema Jisroel Adonai Elohenu Adonai Echod*〉(「신명기」6장 4절).

이 두 이름이 태곳적 이름이나 그 의미를 공유하는 것이라면 유대인들의 고백은 다음과 같이 번역될 수 있다. 〈이스라엘아 들어라, 우리의 신 〈아텐(아도나)〉은 한 분뿐인 신이시다.〉 유감스럽게도 나는 이 문제에 답을 내릴 자격을 갖추지 못한 사람이고, 이 문제에 대한 문헌에서도 이 이상의 자료는 별로 찾아내지 못한 사람이다.[18] 그러나 모든 개연성 중에서 이 개연성은 취하기에 너무나 명백하다. 따라서 우리는 다시 한번 신의 이름에 관련된 문제로 되돌아가 보지 않으면 안 되겠다.

이 두 종교의 유사성 및 상이성은 쉽게 발견되지만, 사태가 해명되지 않는다. 이 두 종교는 엄격한 일신교의 모습을 하고 있는데, 우리는 이 두 종교가 공유하는 근본적인 특징을 연역적으로 추적해 볼 필요가 있다. 어떤 의미에서 유대의 유일신교는 이집트의 유일신교보다 훨씬 더 엄격하다. 가령 조형적 묘사 일체를 금지하는 것부터가 그렇다. 가장 본질적인 차이는(신의 이름은 별개로 하고), 유대교는 태양 숭배를 전적으로 배제하고 있는 데 견주어 이집트는 여기에 의존하고 있다는 점이다. 유대교를 이집트의 민중 종교와 비교하면, 원칙적으로 대립되는 점을 별개로 할 경우 이 두 종교의 차이에는 〈고의적〉으로 서로 모순되는 인자가 중요한 역할을 하고 있다는 인상을 받게 된다. 이러한 인상이 만일에 의혹이라면, 이 의혹은 이 비교에서 유대교 자리에다 아텐교(주지하다시피 아케나텐이 민중 종교를 핍박하면서 고의적으로 발전시킨)를 놓아 보면 말끔히 해소된다. 우리는 내세라든

---

18 웨이걸은 『이집트의 종교』 두세 군데에서 다음과 같이 쓰고 있다. 〈지는 태양 《라》의 한 측면인 《아툼》 신은 북시리아에서 광범위하게 숭배되고 있던 《아톤》과 같은 뿌리에서 나온 신인지도 모른다……. 그래서 외국의 여왕이나 그 종자(從者)들은 테베보다는 태양의 도시 헬리오폴리스에 더 마음이 끌렸는지도 모른다〉 — 원주. 웨이걸은 이집트학에서는 아텐과 《아툼》의 이러한 연관성을 수용할 수 없다고 말한다.

지 사후의 삶 같은 개념이 엄격한 유일신교에서는 거의 빠질 수 없는 것인데도 불구하고, 유대교에서는 이런 관념이 전혀 발견되지 않는다는 사실에 놀라게 된다. 그러나 이러한 놀라움 역시 우리가 유대교에서 아텐교로 돌아가, 그런 관념을 거부하는 태도가 아텐교에서 온 것이라는 사실을 알게 되면 말끔히 씻긴다. 아케나텐은 아텐교를 발전시키면서, 죽음의 신 〈오시리스〉를 중요하게 여기는, 다시 말해서 어떤 상계(上界)의 신보다 중요하게 여기는 이집트의 민중 종교와 싸우기 위해서는 그런 관념을 털어 낼 필요를 느꼈을 것이기 때문이다. 유대교와 아텐교가 이처럼 중대한 점에서 일치하고 있는 것은 우리 명제를 보강하는 최초의 유력한 논거가 된다. 논거가 이것뿐만이 아니라는 점은 곧 밝혀질 것이다.

모세가 유대인들에게 이 새로운 종교만을 베푼 것은 아니다. 우리는 그가 유대인에게 할례하는 풍습을 전한 것도, 거의 같은 정도로 단정할 수 있다. 이러한 사실은 우리의 문제 해명에는 결정적으로 중요한 단서가 되지만, 지금까지 이 사실이 정당한 평가를 받아 본 적은 없다. 성경이 이것을 번번이 모순되게 기록하고 있는 것은 사실이다. 성경의 기록에 따르면, 이 할례속(割禮俗)이 시작된 시기는 족장 시대(族長時代)까지 거슬러 올라간다. 말하자면 하느님과 아브라함 사이의 계약의 징표였다는 것이다. 그런데 성경에는 지극히 애매한 표현이 나오기도 한다. 즉 하느님은 거룩한 풍습을 좋지 않는다고 해서 아브라함에게 진노한 나머지 그를 죽이려고 한다. 그러나 미디안 사람인 그의 아내가 재빨리 할례함으로써 하느님의 진노로부터 남편을 구했다.[19] 이것은 앞의 기록과 모순되지만 우리는 여기에 현혹되면 안 된다. 그 까

19 「창세기」 17장 9절 이하와 「출애굽기」 4장 24절 이하.

닭은 곧 밝혀지게 된다. 그런데 한 가지 의문이 생긴다. 유대인들이 이 할례속을 어디에서 배웠는가 하는 것이다. 당연히 이집트일 수밖에 없다. 〈역사의 아버지〉 헤로도토스는 이집트에는 아득한 옛날부터 이 할례속이 뿌리내리고 있었다고 전하는데,[20] 이러한 진술은 미라 및 그 부장품과 묘지 벽화를 통해서도 사실로 확인되었다. 우리가 아는 한 동부 지중해 연안에서는 어떤 민족도 이 할례속을 따른 적이 없다. 셈인, 바빌로니아인, 수메르인은 할례속을 좇지 않았던 것임에 분명하다. 성서에 따르면 가나안 사람들도 마찬가지였다. 말하자면 가나안인들이 할례속을 따르고 있지 않았기 때문에 야곱의 딸과 세겜 왕자 사이에 그런 일이 벌어졌던 것이다.[21] 유대인들이 이집트에서 모세의 종교적인 가르침을 받는 도중에 할례속을 따르게 되었을 가능성은 근거가 없어서 전혀 고려할 가치가 없다. 그렇다면 일단 이 할례속이 이집트에서는 보편적인 민중 풍습이었다는 헤로도토스의 보고를 염두에 두고, 모세가 이집트에서 동족을 해방시켜 다른 나라에서 자주적이고 자신감에 찬 국민으로서의 삶을 살 수 있게 하려 했고,

20 헤로도토스, 『역사』, 제2권 참조.
21 나는 성서에 기록된 것을 마음대로, 그리고 독단적으로 다루고 있다는(말하자면 내 논거에 적절할 때는 논증에 이용하고, 논거에 모순될 때는 서슴없이 거부하고 있다는) 것을 잘 알고 있다. 그뿐만 아니라 이로써 심각한 방법론적 비판에 나 자신을 노출시키고 있으며, 내 논거의 설득력을 약화시키고 있다는 것도 잘 알고 있다. 그러나 편향적인 목적에 따른 왜곡의 영향으로 그 가치가 심각하게 손상된 것으로 믿어지는 자료를 다루려면 이 방법밖에 없다. 뒤에 이러한 왜곡의 숨겨진 동기를 추적할 때, 여기에 합당한 구실이 발견될 수 있었으면 한다. 어떤 경우든 확실한 결론은 불가능하다. 더구나 어떤 학자든 이 주제를 다룰 때는 같은 방법을 취할 수밖에 없으리라는 것이 나의 생각이다 ─ 원주. 야곱의 딸 디나가 세겜 땅 왕자로부터 욕을 보자 야곱의 아들들은 복수를 결심한다. 세겜 왕 하몰이 야곱에게 와서 디나와 왕자를 부부로 맺어 주자고 하자, 야곱은 한 가지 조건을 내건다. 즉 세겜의 남자들이 모두 할례하면 그렇게 하겠다는 것이다. 그러나 세겜의 남자들이 그 말을 좇아 할례하자, 그날 밤 야곱의 아들들은 세겜의 남자들을 몰살한다(『창세기』 34장).

실제로 이것을 성취시킨 게 유대인이었다는 통설을 한번 좇아 보기로 하자. 그렇다면 모세에게, 유대인으로 하여금 고통스러운 풍습을 좇게 함으로써 어떤 의미에서는 유대인들을 이집트인들의 손으로 되돌리는 듯한 짓을 할 필요가 있었을까? 모세에게, 이로써 유대인들의 뇌리에서 이집트에 대한 기억을 되살릴 필요가 있었을까? 그의 목표는 오히려 그 반대가 아니었던가? 그는 속박의 땅 이집트로부터 그의 백성들을 떼어 놓고 백성들로 하여금 〈이집트의 고기 가마〉[22]에 대한 그리움을 극복하게 하려고 하지 않았던가? 그렇다. 우리가 출발점으로 삼았던 가설과, 모세가 유대인이라는 가설은 양립이 불가능하다. 따라서 우리는 대담하게 이런 결론을 내리지 않을 수 없다. 즉 모세가 만일에 유대인에게 새로운 종교뿐만 아니라 할례에 대한 계명까지 주었다면 그는 유대인이 아니라 이집트인이고, 그가 이집트인일 경우 모세교는 이집트 종교일 가능성이 매우 크며, 그 이집트 종교가 민중 종교와 대비되는 것으로 보아, 뒷날 유대교와 주목할 만한 측면에서 일치를 보이는 아텐교였으리라는 것이다.

앞에서 지적한 바와 같이, 모세가 유대인이 아니라 이집트인이었다는 나의 가설이 새로운 수수께끼를 던진다. 유대인에게는 간단하게 이해될 수 있을 만한 그의 행동도 이집트인의 행동이라고 생각하면 도무지 사리에 맞지 않아 보인다. 그러나 우리가 모세를 아케나텐 시절 사람으로 가정하고, 그가 파라오와 접촉이 있던 사람으로 상정하면 이 수수께끼는 사라지면서 우리의 모든 질문에 답이 될 만한 배후의 동기가 밝혀질 가능성이 열린다. 일단

---

22 모세를 따라 이집트에서 나와 씬 광야를 방황할 즈음 백성들은 모세와 아론에게 다음과 같이 불평한다. 〈차라리 이집트 땅에서 야훼의 손에 맞아 죽느니만 못하다. 너희는 거기에서 《고기 가마》 곁에 앉아 빵을 배불리 먹던 우리를 이 광야로 데리고 나와 모조리 굶겨 죽일 작정이냐?〉(「출애굽기」, 16장 3절).

전설이 전하고 있듯이 모세가 신분이 귀하고 지위가 높은 사람, 어쩌면 왕족 중 한 사람이었다는 가정에서 시작해 보자. 그는 야심만만하고 정력적인 자신의 능력을 의식하고 있었을 것임에 분명하다. 그는 백성의 지도자가 되는 상황, 왕국의 통치자가 되는 생각에도 사로잡혀 보았을 것이다. 파라오의 측근에 속했다면 그는 새로운 종교의 숭배자였을 것이고, 그 새로운 종교의 기본적인 사상을 자기 것으로 흡수했을 터이다. 왕이 죽고 새 종교에 대한 민중 종교의 반격이 시작되자, 그는 자신의 희망과 전망이 하루아침에 물거품이 되었다는 것을 알게 된다. 만일에 그가 바라던 것을 포기할 준비가 되어 있지 못한 사람이라면, 이제 그에게 이집트가 줄 수 있는 것은 아무것도 없어진 셈이다. 말하자면 조국을 잃은 것이다. 바로 이 곤경에서 그는 특별한 해법을 발견한다. 몽상가 아케나텐은 국민의 신망을 잃게 되면서 그의 제국은 산산조각이 난다. 새로운 왕국을 건설하고 새로운 백성을 찾아내고, 이 백성에게 이집트인들이 파기한 종교를 숭배하게 하는 계획은, 모세같이 정력적이고 야심만만한 사람에게는 어울리는 것이었으리라. 운명과 싸우고, 아케나텐과 연루됨으로써 입은 손실을 이중으로 보상받기 위해서는 영웅적인 시도가 필요했을 것이다. 어쩌면 그는 당시 변경 지방(고센)의 통치자였는지도 모른다. 그 지방에는 이미 셈족 일파가 정착해 있었다(이들의 정착은 힉소스 시대[23]로 거슬러 올라갈 수도 있다). 그는 이들을 자신의 새 백성으로 선택했다. 모름지기 역사적인 결단이었다.[24] 그는 이 변

___

23 아케나텐보다 2백 년 앞선 혼란했던 시대. 이 당시에는 셈족의 지도자(이른바 〈목자왕(牧者王)〉)가 북이집트를 다스리고 있었다.

24 모세가 고위 관리였다면 그가 유대인의 지도자 노릇을 했을 개연성은 높아진다. 그가 성직자였다면 교조(敎祖)로 등장한 것은 당연해진다. 이 양자를 겸하고 있었다면 그는 자신의 전직(前職)을 계속 유지하고 있었던 셈이다. 왕자였다면 이 양자, 즉

경의 백성과 합의하고 그들의 선두에 서서 〈강한 손〉[25]으로 탈출
을 실현시켰다. 우리는 이 출애굽이 성경의 기록과는 달리 평화
롭게, 추격대가 없는 상황에서 이루어졌을 것으로 짐작한다. 모
세의 권위가 이것을 가능하게 했을 것이고, 당시는 이것을 저지
할 중앙 집권 세력도 없었다.

우리가 구축한 가설에 따르면, 이집트로부터의 대탈출은 기원
전 1358년에서 1350년 사이에 일어난 일이다. 이 시기는 아케나
텐이 사망하고 난 후 하렘하브가 국위를 회복하기 직전에 해당한
다.[26] 이주의 목적지는 오로지 가나안 땅이었을 것이다. 이집트
지배권이 무너진 직후 군대를 방불케 하는 아라메아인들은 그 지
역으로 들어와 정복과 노략질을 일삼음으로써, 힘 있는 민족이면
좋은 땅을 차지할 수 있다는 것을 보여 주었다. 우리가 군대를 방
불케 하는 무리에 대해서 알게 된 것은 1887년 아마르나의 폐허
에서 발굴된 서한을 통해서이다. 이 문서에 따르면 그들은 〈하비
루Habiru〉라고 불렸는데, 이 이름은 경위는 모르겠지만 뒷날 유
대인 침략자, 즉 〈히브리〉가 되었다(이 〈히브리〉에 대해서는 아마
르나의 서한도 언급하고 있지 않다). 가나안, 즉 팔레스타인 남쪽
에도 모세와 함께 이집트를 탈출한 유대인과 친연(親緣) 관계가
있는 종족이 살고 있었다.

변경의 지배자와 성직자를 겸하는 데 훨씬 유리하다. 기아 전설은 믿으면서도, 성경의
내용과는 다소 다른 전승과도 접촉한 것으로 보이는 유대 역사가 플라비우스 요세푸
스(저서 『유대 고대사 *Antiquitates Judaicae*』에서)의 기록에 따르면, 모세는 이디오피아
원정에서 무수하게 승리를 기록한 이집트의 장군이다 — 원주.

25 「출애굽기」 13장 3절, 14절, 16절.

26 우리의 가설에 따르면 출애굽은 대부분의 학자들이 추측하는 것보다 한 세기
쯤 빨라진다. 역사가들은 출애굽이 〈19왕조〉 메란프타흐 치세 중에 이루어졌을 것으
로 본다. 공식적인 역사 기록에서는 공위 시대(空位時代)도 하렘하브의 통치 시대로
들어가는 것으로 여겨지는 것으로 보아, 어쩌면 출애굽은 이보다 훨씬 뒤에 있었던 사
건인지도 모른다 — 원주.

우리가 추정해 낸 대탈출의 동기는, 할례속을 도입한 동기와도 부합한다. 민족이 되었든 개인이 되었든, 태곳적의 도무지 이해할 수 없는 풍습에 대하여 인간이 어떤 태도를 취하는지 우리는 잘 알고 있다. 이런 풍습을 좇지 않는 사람들은 이런 풍습을 이상하게 여기고 어느 정도 두려워한다. 그러나 할례속을 도입한 유대인들은 그것을 큰 자랑으로 여긴다. 그들은 이 풍습을 고상한 것으로 여기고 찬양하는 한편, 이 풍습을 좇지 않는 민족을 부정한 민족으로 여기고 경멸한다. 바로 이 때문에 오늘날까지도 터키인들은 기독교도들을 〈할례하지 않은 개〉라고 부르는 것이다. 우리는 이집트인이었고, 따라서 할례를 했던 모세에게도 이런 태도가 있었을 것이라고 추정할 수 있다. 모세를 따라 모세의 조국을 떠나온 유대인들은, 모세가 떠나온 이집트 왕의 대리자로 모세를 받들었다. 이로써 유대인들은 이집트인에 견주어 열등할 것이 없었다. 모세는 성서에 언급된 대로 그들을 〈거룩한 백성〉[27]으로 만들어 주고자 했다. 그러자면 이집트의 풍습을 도입함으로써 유대인을 이집트인과 동격으로 만들지 않으면 안 되었다. 모세로서는 유대인들이 할례속을 받아들이는 것을 크게 환영하는 입장이었다. 이집트인들이 주변 민족으로부터 스스로를 구별했듯이[28] 할례의

27 「출애굽기」19장 4절. 같은 표현은 「신명기」7장 6절에도 있다.
28 기원전 450년경에 이집트를 여행했던 헤로도토스는 이집트인들의 특징에 대해 많은 것을 기록하고 있는데, 이러한 특징은 뒷날 유대인들이 보여 주는 특징과 놀라울 정도로 유사하다. 그의 기록을 인용해 보자. 〈많은 면에서 이집트인들은 다른 민족에 비해 종교적으로 경건하다. 이들의 풍습도 다른 민족의 풍습과는 구별된다. 이집트인들은 청결을 위해 인류 최초로 할례 풍습을 좇는다. 게다가 이들은 돼지를 기피하는데, 이는 《세트》신이 검은 돼지 모습으로 《호루스》에게 상처를 입힌 사실과 밀접한 관계가 있음에 분명하다. 가장 주목할 만한 것은 이들이 암소를 신성시한다는 것이다. 이들은 암소 고기를 먹지도 않으며 소를 제물로도 쓰지 않는다. 《이시스》여신의 머리에 암소 뿔이 달려 있기 때문이다. 바로 이 때문에 이집트인들은 남녀를 불문하고 그리스인과는 입을 맞추지 않고, 그리스인들이 쓰던 것이면 칼, 쇠꼬챙이, 가마 같은 것은 쓰지 않는 것은 물론, 암소 고기가 아닌 황소 고기라도 그리스인의 칼로 자른 것은

흔적은 유대인이 장차 그들이 합병해야 할 새로운 땅의 이민족들과 뒤섞이는 것을 방지하는 데 효과적일 터이기 때문이었다.

그러나 세월이 흐르면서 유대 전승은 우리가 지금까지 전개해 온 바로 그 결론 때문에 불리한 입장에 처한 듯한 형세를 보였다. 할례속이 모세에 의해 도입된 이집트 풍속이라는 것이 인정되어야 한다면, 모세에 의해 도입된 그들의 종교도 이집트 종교라는 것을 인정해야 하는 입장에 처해진 것이다. 그러나 모세교가 이집트 종교라는 것을 부정하지 않으면 안 되는 이유가 그들에게는 얼마든지 있었다. 따라서 그들은 할례에 대한 실상을 부인하지 않을 수 없게 된 것이다.

4

이 대목에서 나의 가설에 대한 반론이 있음 직하다. 말하자면 모세가 어째서 이집트인이고, 어째서 아케나텐 시대 사람이냐는 것이다. 내가 구축한 가설에 따르면 모세가 이집트인이고 아케나텐 시대 사람이었다는 것은, 당시 그 나라의 정치 상황에서 유대인들을 밖으로 데리고 나오겠다고 한 그의 결심, 그리고 모세가 자기 〈백성〉에게 가르쳤거나 강제했을, 당시 이집트에서는 붕괴한 아텐교에서 추론한 것이다. 나의 가설을 반대하는 사람들의 반론, 즉 물적인 증거도 없이 너무 자신 있게 제시한 가설이 아니

먹지 않는다…… 이들은 자기네들처럼 정결하지도 않고, 신들을 가까이 섬기지도 않는다고 해서 오만하고 편협한 태도로 다른 민족을 멸시한다〉(에르만의 『이집트의 종교』에서 재인용함). 우리는 인도인들도 이와 비슷한 경향을 보인다는 것을 간과해서는 안 된다. 19세기의 유대계 시인 하이네로 하여금 자기의 종교에 대한 불만을 이렇게 털어놓게 한 것은 누구였던가? 〈나일강 골짜기에서 끌어온 역병, 고대 이집트인의 건강하지 못한 종교〉 — 원주. 「개원(開院)하는 함부르크 유대인 병원」에 부치는 시 중에서.

300

겠느냐는 반론이 있음 직하다. 그러나 내 생각에, 이러한 반론은 옳지 않다. 나는 이미 서론에서 의심을 살 인자(因子)는 얼마든지 있다고 강조한 바 있다. 나는 그런 인자를 괄호 밖에다 두고 이 가설을 세웠다. 따라서 그런 인자들을 괄호 〈안〉의 인자와 연결시켜 되풀이해서 검토하는 번거로움은 피하고 싶다.

나 자신의 비판적인 의견 몇 가지를 언급하면서 이 문제의 검토를 계속해 보자. 내 가설의 핵심 — 유대인의 유일신교는 이집트 역사의 유일신교 에피소드에서 유래했다 — 은 무수한 학자들에 의해 언급되고 또 의혹의 표적이 되었다. 그러나 나는 어떤 학자의 반론도, 이집트 종교가 유대 종교에 어떻게 영향을 미치게 되었는가를 설명하지 못하므로 일일이 여기에다 인용하는 수고는 하지 않겠다. 우리의 견해에 따르면 그 영향은 모세라는 인물과 관련이 있는 것이지만, 우리는 여기에다 또 다른 가능성에 대해 언급하지 않을 수 없다. 그것은 아텐교의 공식적 붕괴와 더불어 이집트의 유일신교 전통이 중단된 것으로 보아서는 안 된다는 것이다. 아텐교가 시작된 〈온〉의 성직자들은 종교가 붕괴된 이후에도 잔존했고, 아케나텐의 사후에도 그 공황 상태를 극복하고 몇 세대에 걸쳐 그 관념 체계를 지속시켰는지도 모르는 것이다. 따라서 모세가 아케나텐 시대를 산 인물이 아니고, 또 아케나텐의 개인적인 영향력 아래 있던 인물이 아니었다고 해도, 그가 〈온〉 사제들의 부하나 사제 중 하나였다면 모세가 그런 행동을 취했을 것이라는 추론은 가능하다. 이러한 개연성은 출애굽 사건을 연기시킴으로써, 흔히 역사가들이 주장하는 시점(기원전 13세기)에 가깝게 자리매김할 수도 있다. 그러나 우리에게는 이런 개연성을 보강할 어떤 자료도 없다. 실제로 이 개연성에 무게를 두면 모세가 백성을 이끌고 이집트를 떠나기로 결심한 동기에 대한 우리의 통찰은 더 이상 유효할 수 없게 되고, 이집트의 무정부 상태가 대탈출을 용이하게 했을 것이라는 짐작도 더 이상 적용될 수 없게 된다. 아케나텐에서 이어지는 〈19왕조〉의 왕들은 막강한 정체(政體)를 확립했다. 따라서 이집트 탈출에 유리한 외적 및 내적 조건이 제대로 갖추어졌던 것은 이교왕(異敎王) 아케나텐의 몰락 직후의 시기뿐이었다.

유대인에게는 성경 이외에도 내용이 풍부한 문헌이 있다. 이 문헌에 따르면 수 세기의 세월이 지날 동안 최초의 지도자인 교조(敎祖)의 위대한 인간상을 중심으로 형성된 다양한 전승이나 신화가 있다. 이러한 전승과 신화 중에는 지도자의 인간상에 광채를 더하는 것도 있고 모호하게 만들어 버리는 것도 있다. 산견(散見)되는 이러한 자료 중에는 〈모세 오경(五經)〉에서는 볼 수 없는 아주 귀중한 전승의 파편도 있다. 이런 종류의 자료가 전하는 전설 중에 어린 시절의 모세가 얼마나 야심만만했던가를 보여 주는 전설이 있다. 파라오가 모세를 껴안고 장난 삼아 번쩍 들어 올리자 이 세 살배기 꼬마는 파라오의 왕관을 벗겨 제 머리에 썼고, 왕은 이 일에 매우 놀라 현자(賢者)들과 이 일을 의논했다는 것이다.[29] 다른 자료에는, 그가 이집트의 장군으로서 이디오피아에서 혁혁한 무공을 세웠다는 기록도 나온다. 이와 관련해서, 왕궁의 정신(廷臣)들이나 혹은 파라오의 질시에 위기를 느끼고는 이집트에서 달아났다는 기록도 있다. 성서 자체도 그대로 믿어도 좋을 만한 모세의 특징을 그리고 있다. 성서에 따르면, 모세는 유대인 노동자를 학대하는 잔인한 감독의 행위에 분개한 나머지 그 감독을 잔혹하게 죽여 버리는가 하면, 백성의 배교(背敎)에 화가

29 이 이야기는 약간 다른 형태이기는 하지만 요세푸스의 글에도 등장한다 — 원주. 요세푸스의 『유대 고대사』 참조.

났을 때는 하느님의 산(시나이산)에서 가지고 내려온 율법판을 깨뜨려 버릴 정도로 화를 잘 내고 성질이 급한 사람이었다.[30] 실제로 하느님 자신은 그의 이러한 행위에 벌을 내린 바 있지만, 우리는 그가 어떤 행위 때문에 이런 벌을 받았는지는 알지 못한다.[31] 찬양의 대상인 모세에게 이러한 성격을 부여했을 리 없을 터이니, 이것은 역사적 사실일 가능성이 높다. 유대인들은 처음에는 저희 하느님을 질투가 심하고, 잔혹하고, 무자비하다고 묘사했는데, 이것 역시 모세의 성격에 대한 기억에서 유래할 것이라는 가능성을 배제할 수 없다. 실제로 유대인들을 이집트에서 이끌고 나온 것은 눈에 보이지 않는 하느님이 아니라 바로 인간 모세였기 때문이다.

모세에게 부여한 또 하나의 특징이 우리의 눈길을 끈다. 모세가 〈입이 무거웠다〉는 것이다. 모세에게는 언어 장애가 있었던 것임에 분명하다. 바로 이 때문에 파라오와 담판할 때는 그의 형인 아론의 지원이 필요했을 것이다.[32] 이 역시 역사적 사실이고, 이 위대한 인간의 생생한 모습을 증언하는 데 기여할지도 모른다. 하지만 여기에는 다른 중요한 의미가 있는지도 모른다. 약간 왜곡되어 있기는 하지만, 이것은 모세가 다른 말을 하는 사람이어서, 통역자 없이는 셈족에 속하는 새 이집트인들과는 의사소통을 할 수 없었다는 사실을 상기시킨다. 그렇다면 이것은 모세가 이집트인이었다는 가설의 새로운 뒷받침이 될 만하다.

하지만 이제 우리의 검토는 잠정적인 결론에 이른 듯하다. 모세가 이집트인이라는 사실이 증명이 되었건 되지 않았건, 이제

30 「출애굽기」 2장 11~12절, 32장 19절.
31 모세는 약속의 땅으로 들어가지 못하게 된다(「신명기」 36장 4절). 그 까닭은 바위에게 물을 내리고 명해도 될 터인데도 성질이 급했던 나머지 지팡이로 바위를 내려쳤기 때문이라고 한다(「민수기」 20장 11~12절).
32 「출애굽기」 4장 10절, 14절.

우리는 이 가설에서 더 이상 어떤 결론을 끌어낼 수는 없다. 어떤 역사가든 모세와 이집트 탈출에 관한 성서의 기록은 저희 목적에 맞추어 먼 옛날의 전승을 조금씩 수정한 경건한 창작 이상의 산물이라고 생각하는 사람은 없다. 전승의 원본에 대해서, 우리로서는 알 수 없다. 왜곡의 목적을 알았으면 좋겠지만, 역사적 사실에 무지한 우리로서는 어둠 속을 헤맬 수밖에 다른 도리가 없다. 열 가지 재앙, 홍해 건너기, 시나이산에서의 장엄한 율법 수수(授受) 같은 성서 이야기 중의 백미를 우리 나름으로 재구성할 수는 없지만, 이것 때문에 우리가 난처해할 필요는 없다. 그러나 우리의 주장이 현대의 역사 연구가 내린 냉정한 결론과 모순되는 것으로 드러난다면, 우리는 이것을 무관심하게 다룰 수 없다.

마이어[33]를 대표로 할 만한 현대의 역사가들은 결정적인 점에서 성서 기록에 동의한다. 현대의 역사가들 역시, 후일 이스라엘 백성이 되는 유대 민족이 역사의 어떤 시점에서 이 새로운 종교를 받아들였으리라는 견해를 표명하고 있다는 것이다. 그러나 그들의 관점에 따르면 이 새 종교를 받아들이는 자리는 이집트도 아니고, 시나이반도의 한 산기슭도 아니다. 그들이 말하는 곳은 므리바-카데스라는 지방이다. 이 지방은 팔레스타인 반도 동쪽 끝과 아라비아반도 서쪽 끝 사이에 있는 지대로, 물이 풍부한 오아시스다. 유대인은 이곳에서 야훼 신앙을 받아들이는데, 역사가들의 견해로는 근처에 사는 미디안인이 속해 있던 아라비아 종족으로부터 전래한 종교였을 것이라고 한다. 이 인근의 다른 종족들은 이 신의 신봉자였을 것으로 추정된다는 것이다.

야훼는 화산신(火山神)이었음에 분명하다. 잘 알려져 있다시피 이집트에는 화산이 없고, 시나이반도의 산들 중에도 화산 활동을

33 『이스라엘과 그 인접 종족』 — 원주.

하고 있는 산이 없다. 그러나 아라비아의 서쪽 끝에는 최근까지 활동하고 있었던 것으로 보이는 화산이 있다. 그러니까 이 중의 한 산이 야훼의 고향이었던 시나이-호렙이었을 것이다.[34]

성서 이야기는 여러 가지로 가필(加筆)되어 있음에도 불구하고 마이어는 이 신의 본래 성격을 재구성하고 있다. 마이어가 재구성한 바에 따르면, 야훼는 빛이 두려워 밤중에 배회하는 피에 굶주린 무시무시한 악령이다.[35]

이 종교 성립에서 하느님과 인간의 중재자 노릇을 하는 사람의 이름이 모세다. 그런데 미디안 사제 이드로의 사위였던 이 사람은 양을 치다가 하느님의 부름을 받았다. 그는 또 카데스에서 이드로의 방문을 받았는데, 이드로는 이때 그에게 여러 가지 가르침을 베풀었다.[36]

마이어는 자신이 유대인의 이집트살이 및 이집트인의 파국 이야기가 역사의 핵심이라는 것은 의심해 본 적이 없지만, 스스로 인정하고 있는 사실을 어떻게 자리매김해야 할지,[37] 어떻게 이용해야 할지 모르겠다고 고백했는데, 이것은 일리 있는 말이다. 그가 유대인의 이집트살이를 증명하기 위해 준비하고 있는 것은 할례속(俗)뿐이다. 여기에서 마이어는, 우리가 앞에서 한 논증의 좋은 보강 자료가 될 두 가지 중요한 점을 지적하고 있다. 즉 첫 번째는 여호수아가 유대 백성에게, 〈이집트인들의 수모를 벗기〉[38] 위해서라도 할례를 해야 한다고 명령했다는 것이고, 두 번째는

---

34 성서의 몇 군데에 야훼가 시나이에서 므리바-카데스로 내려왔다는 기록이 있다 ─ 원주. 가령 「출애굽기」 17장 1~7절, 「민수기」 20장 13~14절에는 각각 〈므리바〉, 〈카데스〉라는 지명이 등장한다. 〈시나이〉와 〈호렙〉은 같은 산의 다른 이름으로 쓰인다.

35 마이어의 『이스라엘과 그 인접 종족』 참조 ─ 원주.

36 「출애굽기」 3장 1절, 18장 2~27절.

37 마이어의 『이스라엘과 그 인접 종족』 참조 ─ 원주.

38 「여호수아」 5장 9절.

헤로도토스로부터 인용한 다음과 같은 구절이다.

〈팔레스타인의 페니키아인(의심할 여지도 없이 유대인)과 시리아 신들은 이 풍습을 이집트로부터 도입한 것을 인정한다.〉[39] 그러나 마이어는 모세가 이집트인이라는 견해에는 별로 호의를 보이지 않는다.

〈우리가 알고 있는 모세는 카데스 사제들의 조상이다. 따라서 그는 계보 전설 중의 원시 종교와 관련된 인물이지 역사적인 인물은 아니다. 따라서(전승의 뿌리와 가지를 역사적 사실로 믿는 사람이라면 모르지만) 모세를 역사적인 인물로 다루는 사람 중에는, 모세에게 어떤 역사적 내용물을 부여하고 구체적인 개성으로 묘사하거나 혹은 모세가 이루었을 법한 사업, 말하자면 모세의 역사적 사업 같은 것을 예시하는 사람이 하나도 없다.〉[40] 그럼에도 불구하고 마이어는 모세와 카데스와 미디안의 관계를 끈질기게 주장한다.

〈모세상(像)은 미디안과 사막의 원시 종교 의례의 중심과 밀접한 관계가 있다……. 그렇다면 이 모세상은 카데스(마싸와 므리바)[41]와 밀접한 관계가 있는데, 바로 모세가 미디안 사제의 사위였다는 점이 이러한 사실을 뒷받침한다. 하지만 모세와 출애굽과의 상호 관련성, 그리고 그의 청년 시대 이야기는 부수적인 것이고, 다양한 관련성을 보이면서 전개되는 전설에다 모세를 끼워넣은 결과 생겨난 곁다리 이야기에 지나지 않는다.〉

마이어는 청년 시절의 모세 이야기에 포함된 여러 가지 주제도 뒤에 누락되었을 것이라고 지적한다.

39　마이어의 『이스라엘과 그 인접 종족』 참조 ― 원주.
40　마이어의 같은 책 ― 원주.
41　이 이름은 카데스에 있는 우물 이름이었던 것으로 보인다(「출애굽기」, 17장 7절).

〈미디안의 모세는 더 이상 이집트인도, 파라오의 손자도 아닌 목자(牧者)였을 뿐이다. 바로 이 목자 앞에 야훼가 그 모습을 나타 낸 것이다. 그리고 열 가지 재앙 이야기에도 모세와 이집트의 관 계가 이용되면 효과적일 텐데도 도무지 언급이 없고, 이스라엘의 (갓 태어난) 아기를 죽이라는 명령은 완전히 잊히고 말았다. 대탈 출이나 이집트군의 수몰(水沒) 때도 모세는 아무 역할도 하지 않 는다. 그의 이름은 언급조차 되지 않는다. 유년 시대의 전설을 전 제로 하는 영웅적인 성격은 뒷날의 모세에서는 완전히 탈락해서 보이지 않는다. 그는 오로지 믿음이 깊은 하느님의 사람, 야훼가 초자연적인 힘으로 무장시킨 기적을 행하는 사람일 뿐이다.〉[42]

전승이 수호신으로서의 구리 뱀을 세웠다고 전하는[43] 카데스 와 미디안의 모세는, 우리가 지금까지 검토한 이집트 왕족, 즉 마 법과 주술을 엄격하게 금지하는 저 일신교를 창시한 모세와 전혀 별개의 사람이라는 인상을 부인하기 어렵다. 이집트인 모세와 미 디안의 모세의 차이는, 절대신 아텐과 신들의 산에 사는 악령 야 훼의 차이에 필적하는 것인지도 모른다. 그리고 근세 역사가들의 연구 결과에 어느 정도라도 믿음을 기울인다면 모세가 이집트인 이라는 가설로 피륙을 짜려는 실은 이로써 다시 한번 끊어지고 있다는 것을 인정하지 않으면 안 된다. 이번에는 아무래도 이 실 을 다시 이을 수 없을 듯하다.

5

그런데 뜻밖에도 여기에서 출구가 나타난다. 모세에게서 카데

42   마이어의 『이스라엘과 그 인접 종족』 참조 ― 원주.
43   「민수기」, 21장 9절.

스의 사제를 훨씬 능가하는 인물을 찾아보려는 우리의 노력, 전승이 모세에게 안긴 영광의 광휘를 확인하려는 우리의 노력은 마이어가 어떤 주장을 했든 중단될 수가 없었다.[44] 그런데 1922년 에른스트 젤린Ernst Sellin이 우리의 문제에 결정적인 영향을 미칠 만한 것을 발견했다. 젤린은 예언자 호세아Hosea(기원전 8세기 후반)의 기록에서, 교조 모세가 반항적이고 고집이 센 민중의 폭동에 희생되고 이로써 모세가 세운 종교도 내팽개쳐졌다는 의심할 여지 없는 징후를 발견해 낸 것이다.[45] 하지만 이러한 전승이 나오는 예언서는 호세아의 예언서에 국한되는 것이 아니다. 이 전승은 대부분의 후기 예언서에서 되풀이되는데, 젤린에 따르면 이것이 바로 메시아 도래(到來)를 기대하는 관념의 기초가 된다. 바빌론 유수(幽囚)가 끝나고부터 유대 백성 사이에는 그렇게 치욕스럽게 살해된 사람은 사자의 나라에서 되돌아와 양심의 가책에 사로잡힌 백성(혹은 다른 백성까지도)을 영원한 지복의 왕국으로 이끌 것이라는 희망이 가슴에서 싹트게 된다. 하지만 우리의 관심을 끄는 것은 이러한 민중의 희망과 뒤에 출현하는 종교 교조의 운명과의 관계가 아니다.

부연하거니와 나는 물론 젤린의 예언서 해석이 옳은지 그른지 평론할 입장에 놓여 있지는 않다. 하지만 젤린의 해석이 옳다면, 그가 주목한 전승에는 역사적 신뢰성이 있다고 보아도 좋다. 따라서 그런 것은 손쉽게 창작된 것이 아니다. 이 사건의 동기는 명백하지 않다. 그러나 실제로 일어난 사건이라면, 백성은 그 사건을 한시바삐 잊어버리려 했을 터인데, 이것을 이해하기는 어렵지

---

44 그레스만H. Gressmann, 『모세와 그의 시대: 모세 전설에 대한 주석Mose und seine Zeit: ein Kommenntar zu den Mose-Sagen』 참조.

45 젤린E. Sellin, 『모세와 이스라엘 유대 종교사에 대한 의의Mose und seine Bedeutung für die israelitisch-jüdische Religionsgeschichte』(1922) 참조.

않다. 우리가 이 전승을 세부 사항에 이르기까지 일일이 받아들일 필요는 없다. 젤린의 견해에 따르면, 백성들은 요르단강 동쪽의 시띰에서 모세를 공격한 셈이다. 하지만 곧 알게 되겠지만, 이 지역은 우리의 검토에서 받아들일 수 없는 곳이다.

우리는 젤린으로부터 이집트인 모세는 유대인들에 의해 살해되었고, 그가 가르친 종교는 폐기되었다는 가설을 차용하기로 한다. 이 가설은 역사 연구의 확실한 성과에 모순되지 않으면서도 우리의 베틀을 다시 돌릴 수 있게 해준다. 하지만 우리는 이와는 상관없이, 다른 연구자들로부터 독립된 독자적인 자세로 〈우리 길을〉 걷기로 한다. 이집트로부터의 대탈출이 우리의 출발점이다. 상당수의 유대인들이 모세와 함께 이집트를 떠났을 것이다. 소규모 집단이었으면 대체로 보아 야심적이고 대망을 품은 이 사나이에게 몸을 맡기지 않았을 것이기 때문이다. 이 이민의 무리는 상당한 규모의 인구 집단을 이룰 정도의 세월을 이집트에서 살았을 가능성이 있다. 그러나 대다수의 연구자들은 이집트로부터의 대탈출의 운명을 경험한 것은 뒷날 유대인이 된 종족 중 일부에 지나지 않는다고 가정하는데, 우리도 이 가정을 좇기로 한다. 다른 말로 하자면 이집트에서 돌아온 부족은 뒷날 이집트와 가나안 사이에 있는 지역에서, 상당 기간 동안 그 지역에서 살고 있던 친연 부족들과 합류했으리라는 것이다. 이렇게 합류된 이스라엘 민족은 모든 부족에 공통되는 새로운 종교, 즉 야훼의 종교를 받아들이는데, 마이어에 따르면 이런 일은 카데스에 살던 미디안인의 영향 아래에서 이루어진다. 이 민족이 가나안 침공을 꾀할 만큼 힘을 기른 것은 뒷날의 일이다. 그런데 이 사건의 경위는 요르단강 동쪽 지역에서 있었던 모세 및 모세 종교의 파국과는 일치하지 않는다. 따라서 모세의 파국은 부족의 합류 이전에 있었던 일이었음에 분명하다.

　유대 민족이 구성되는 데는 실로 갖가지 요소가 작용했으리라는 것은 분명하다. 각 부족 상호 간에는 차이가 있기 마련이었을 것이다. 그러나 가장 큰 차이는 과연 이집트살이와 대탈출 이후의 비참한 방랑을 경험했는지 여부에 달려 있었을 것이다. 이 점에 유념하면 우리는 서로 반대되는 두 종류의 부족들이 합류함으로써 한 나라가 태동했으리라고 할 수 있다. 이 부족과 저 부족은 이런 식으로 나라를 이루고 단기간의 정치적인 통일을 이루다가 두 개로 갈라지는데, 이것이 바로 이스라엘 왕국과 유다 왕국이다. 역사는 뒷날 이러한 융합이 와해되고 이전의 분파주의로 되돌아가는 복구 작용을 좋아하는 모양이다. 이런 실례 중에서 가장 인상적인 것이 바로 종교 개혁이다. 이것은 일찍이 로마의 속령(屬領)이었던 게르마니아와 독립해 있던 게르마니아 사이의 경계선에서, 그 경계선이 그어진 지 근 천 년 세월이 흐른 뒤에야 다시 터진 사건이기도 하다. 우리는 유대 민족의 경우 옛 상황의 충실한 재현이라는 것을 증명할 수 없다. 이 시대에 대한 우리의 지식은 실로 불확실해서, 북쪽 왕국으로는 이전부터 그 땅에 살고 있던 사람들이 모여들었고, 남쪽 왕국으로는 이집트에서 돌아온 사람들이 모여들었다는 주장을 승인할 수도 하지 않을 수도 없는 실정이다. 그러나 이 분열이 그 이전의 통합과 무관한 것은 아닌 듯하다. 이집트에서 탈출해 온 사람들은 그 이전부터 그 지역에 살던 사람들에 비해 수적으로는 열세였어도 문화적으로는 훨씬 우세했을 가능성이 있다. 이들은 이 민족이 이때부터 이루게 되는 발전에 막강한 영향력을 행사했을 가능성이 높다. 이들은 이집트에서, 일찍이 이 지역에 살고 있던 사람들이 접해 본 적이 없는 전승을 들여왔을 것이기 때문이다.

어쩌면 이들은 전승보다 훨씬 현실적인 것을 들여왔을 것이다. 유대 선사 시대의 수수께끼 중 가장 위대한 수수께끼는 레위 지파이다. 레위 지파가 이스라엘 12부족의 하나인 레위족에서 파생되었다는 선까지 추적이 가능할 뿐, 어떤 전승도 이 부족이 원래 어디에 살고 있었는지, 정복된 가나안 땅의 어느 정도가 이들에게 할당되었는지는 전혀 언급하고 있지 않다. 이 레위 지파 사람들은 가장 중요한 사제직을 독점하다시피 하고 있었지만, 이들은 사제들과 달랐다. 레위 지파 사람들은 사제도 아니고, 그렇다고 해서 특권 계급에 속하는 사람들도 아니었다. 그런데 모세라는 인물에 대한 우리의 가설이 한 가지 설명을 제시한다. 참으로 믿어지지 않는 것은 이집트인 모세 같은 위대한 인물이 홀로 훌쩍이 이질적인 무리에 합류했다는 점이다. 물론 그에게도 이집트에서부터 데리고 나온 수행원들 — 가장 가까운 추종자, 서기, 집안의 종들 — 이 있었을 것이다. 그런데 바로 이들이 레위 지파 사람들이었다. 모세를 레위 지파 사람이라고 주장하는 전승이야말로 분명한 사실 왜곡의 표본인 듯하다. 전승은 레위 지파가 바로 모세 추종자들이었다고 주장하고 있는데, 이러한 가설을 보강하는 것이 바로 내가 앞에서 언급한 사실, 즉 레위 지파 사람에게만 이집트 이름이 계승되고 있다는 점이다.[46] 짐작컨대 상당수의 모세 추종자들은 모세 자신과 모세가 세운 종교에 대한 대참사를 피해 탈출한 듯하다. 이들은 다음 세대로 내려오면서 수적으로 엄청나게 불어났고, 함께 살고 있던 다른 사람들 속으로 융화하는 동시에 은밀하게 선대(先代)에 대한 충성의 맹세를 지키면서 모세에

46　나의 가설은 초기 유대 문학에 대한 이집트 영향설을 주장한 야후다A. S. Yahuda의 보고와 일치한다. 야후다의 『이집트어와 모세 언어의 관계 *Die Sprache des Pentateuch in ihren Beziehungen zum Ägyptischen*』(1929)를 참조할 것 — 원주.

대한 기억과 그가 세운 교설의 전승을 이어 온 것이다. 야훼 추종자들과 융합할 즈음 이들은 영향력 있는 소수, 문화적으로는 야훼 추종자들보다 훨씬 우월한 소수 노릇을 하게 되었다.

나는 잠정적으로, 모세가 세상을 떠나고부터 카데스에서 새로운 종교가 개종(開宗)되기까지는 몇 세대 혹은 한 세기 정도의 세월이 경과했을 것으로 가정한다. 신(新)이집트인들(나는 이집트에서 온 사람들을 이렇게 불러야 할 듯하다)이 친연 민족과 합류한 것이, 친연 민족이 야훼 종교를 받아들이기 전인지 아니면 후인지 확인할 자료가 나에게는 없다. 아무래도 야훼 종교를 받아들이기 전인 듯하지만, 그렇다고 해서 결론에서 달라질 것은 없다. 카데스에서는 일종의 타협 같은 것이 있었으며, 이 타협에 모세 부족이 관여했으리라는 것은 분명하다.

우리는 여기에서 다시 한번 흡사 표준 화석처럼 우리들에게 여러 차례 도움을 주었던 할례속이라고 하는 증거물을 검토해 보고 싶다. 이 할례속은 야훼 종교에서 의무 조항과 같은 것이었다. 중요한 것은 이 풍속은 이집트와 불가분의 관계를 맺고 있었다는 점이다. 그런데 이 풍속이 야훼 종교의 추종자들에게 수용되었다는 사실은 야훼 종교의 추종자들이 할례속을 신성한 부족임을 증명해 주는 상징적인 풍습이라고 믿고 이것을 단념하지 않으려던 모세 일파, 혹은 그중의 레위 지파와 타협했다는 것을 의미한다. 그러니까 모세 일파는 저희들이 이집트에서부터 믿고 있던 옛 종교를 구하기 위해 이 새로운 신과, 미디안의 사제들이 가르쳐 준 것들을 믿을 준비를 한 것이다. 모세 일파가 양보한 것은 이것뿐만이 아닐 가능성이 있다. 우리는 앞에서, 유대의 의례(儀禮)는 엄격한 제한 규정을 두고 있는데 그중의 하나가 하느님의 이름을 써서는 안 된다는 규정이라는 사실을 언급한 바 있다. 말하자면

〈야훼〉라는 말 대신에 〈아도나이(주님)〉라는 말을 사용해야 하는 것이다. 우리는 이 규정을 우리 문제와 관련시키고 싶다는 유혹을 느끼지만, 이것은 근거 없는 추정에 지나지 않는다. 주지하다시피 신의 이름에 대한 금제는 원시 시대의 보편적인 터부였다. 우리가 이해할 수 없는 것은, 왜 이 터부가 유대 율법에 정확하게 재현되고 있느냐는 것이다. 말하자면 어떤 새로운 동기의 영향 아래서 이런 일이 일어났을 수도 있다는 것이다. 이 금제가 수미일관하게 준수되었으리라고 가정할 필요는 없다. 그 까닭은 신명(神名)을 기념하여 사람의 이름을 짓는 데, 다시 말해서 복합명사를 만드는 데 야훼 신의 이름이 자유롭게 쓰였기 때문이다(가령 요카난Jochanan, 예후Jehu, 여호수아Joshua 같은 이름이 그렇다). 그러나 야훼라는 이름과 관련된 특수한 사정도 있다. 주지하다시피 비판적인 성서 연구자들은 〈모세 육경(六經)〉[47]의 원전에 두 가지가 있다고 추정한다. 이 두 가지 원전이 서로 다른 점은 하나는 야훼의 이름에 〈J〉를 쓰고, 다른 하나는 〈E〉를 쓰고 있다는 것이다. 말하자면 하나는 하느님의 이름을 〈야훼Jahve, Yahweh〉라고 쓰고 있는데, 다른 하나는 〈엘로힘Elohim〉이라고 쓰고 있는 것이다. 〈아도나이〉가 아닌 〈엘로힘〉인 것이다. 우리는 이 방면의 한 권위자가 다음과 같이 지적한 것을 유념할 필요가 있다. 〈서로 다른 이름이 쓰였다는 것은, 원래 이 신들이 서로 달랐음을 보여 주는 증거이다.〉[48]

우리는 할례속이 야훼 종교의 보편적인 풍속이 된 것을 두고, 카데스에서 종교가 창설될 당시에 있었던 타협의 증거로 인정했

47 모세 5경은 「창세기」, 「출애굽기」, 「레위기」, 「민수기」, 「신명기」를 일컫는다. 여기서 말하는 6경은 「여호수아」를 포함시킨 것을 말한다.
48 그레스만의 『모세와 그 시대: 모세 전설에 대한 주석』 참조 — 원주.

다. 우리는 〈J〉와 〈E〉를 통해 당시에 이루어진 타협의 성격을 엿볼 수 있는데, 우리는 이로써 〈J〉와 〈E〉가 공통된 출처(문서를 통해서든 구전을 통해서든)에서 나온 것임을 확인할 수 있다. 〈J〉를 앞세웠든 〈E〉를 앞세웠든 그 공통의 목적은 새로운 신 야훼의 위대성과 그 권능을 과시하자는 것이었다. 모세의 추종자들은 이집트로부터의 대탈출 경험에 상당한 가치를 부여하고 있었기 때문에 이집트 압제로부터의 해방은 야훼의 공로로 돌리고 여기에 감사를 표시할 필요가 있었고, 바로 이 때문에 신의 무서운 권능에 관한 이야기 — 가령 밤에는 불기둥으로 변하는 구름 혹은 연기기둥 이야기, 바다의 바닥을 갈랐다가 다시 메움으로써 추격대를 몰살시킨 거센 바람 이야기[49] — 를 통해 이 위대한 화산신의 위대성을 꾸미지 않으면 안 되었다. 이때 이집트 대탈출과 새 종교 창설은 시기적으로 상당한 거리로 좁혀지게 되었고, 따라서 이 두 사건 사이의 긴 시간적 공백은 무시되었다. 따라서 율법의 탄생도 카데스에서 이루어진 것이 아니라 분화의 조짐을 보이는 하느님의 산기슭에서 이루어지게 되는 것이다. 하지만 이 같은 묘사를 통해 인간 모세에 대한 추억은 상당히 훼손을 당하게 된다. 모세의 추종자들을 이집트에서 해방시킨 것은 인간 모세이지 화산신은 아니었던 것이다. 이 때문에 모세에게는 거기에 합당한 보상을 해야 할 필요성이 생기고 그래서 모세를 카데스 혹은 시나이-호렙으로 옮겨 미디안 사제의 자리에 앉히게 된 것이다. 이 해결책을 통해 또 하나의 절실한 의도를 만족시키게 되는 이야기는 다음에 하게 될 것이다. 이런 식으로 이루어진 상호 협의에 따라 미디안의 산에 살던 야훼는 그 활동 영역을 이집트까지 넓히게 되고, 여기에 대한 보상책으로 모세의 존재 영역과 활동 영역

49 「출애굽기」13장 21절, 14장 21~28절.

은 카데스는 물론이고 요르단강 동쪽 지역까지 넓혀지게 된 것이다. 바로 이 때문에 모세는 뒷날 종교의 개조인 미디안 사람 이드로의 사위와 동일시되고, 이 종교의 개조에 모세라는 이름이 붙게 된 것이다. 이 또 하나의 모세에 관해서 우리는 아무것도 알지 못하는데, 그것은 진짜 모세, 즉 이집트에서 온 모세의 그늘에 가려졌기 때문인 것으로 보인다. 그러나 성서에 나오는 성격 묘사가 서로 모순되고 있다는 것을 감안하면 이야기는 달라진다. 모세는 성질이 급하고 난폭한, 말하자면 고압적인 인물로 묘사되는가 하면,[50] 겸손하고 참을성이 많은 사람으로 그려지기도 한다.[51] 하지만 겸손하고 참을성이 많다는 것은, 무수한 난관을 뚫고 백성을 탈출시킨 이집트의 모세에게는 잘 어울리지 않는다. 따라서 이것은 또 하나의 모세, 즉 미디안 모세에게나 어울리는 성격이었던 것 같다. 우리는 이 두 모세를 다시 한번 구별하여 이집트의 모세는 카데스에 간 적도 없고, 야훼라는 이름을 들은 적도 없는 사람, 미디안의 모세는 이집트 땅을 디딘 적도, 아텐의 이름을 들은 적도 없는 사람으로 가정해 볼 수 있다. 이 두 인물을 하나로 접합시키기 위해서 전승이나 전설은 이집트의 모세를 미디안의 모세에게로 끌어다 붙이는 임무를 맡았던 것 같다. 우리는 이미, 실제로 이런 일이 일어났다는 것을 설명할 근거가 몇 가지 있다는 것을 알고 있다.

---

50 〈모세가 진지에 가까이 이르러 보니, 무리가 수송아지를 둘러싸고 춤을 추고 있었다. 모세는 격분한 나머지 손에 들었던 두 판을 산 밑에 내던져 깨뜨렸다〉(「출애굽기」, 32장 19절).

51 〈모세는 실상 매우 겸손한 사람이었다. 땅 위에 사는 사람 가운데 그만큼 겸손한 사람은 없었다〉(「민수기」, 12장 3절).

6

나는 다시 한번 지나치게 확고한 확신, 부당한 확신에 사로잡힌 채 이스라엘 백성의 상고사(上古史)를 재구성했다는 비난을 당할 준비가 되어 있다. 하지만 나도 더러는 자신의 판단으로부터 이런 비난의 메아리를 듣는 만큼 나는 이런 비난에 별로 상처를 입지는 않을 것이다. 나는 내가 구축한 가설에 약점이 많은 만큼 그 정도의 강점도 갖추고 있다는 것을 알고 있다. 그래서 기왕에 취한 방향으로 이 논의를 진행시킬 가치가 있다는 것이, 이 일에 대한 나의 소신이다.

우리 앞에 놓인 성서의 보고는 참으로 귀하고 가치 있는 역사적 사실의 기록이지만, 이 기록은 어떤 목적을 향한 강력한 의도의 영향 아래 형편없이 왜곡되고, 문학적인 창작의 산물에 의해 지나치게 미화되어 있다. 지금까지의 노력을 통하여 우리는 왜곡의 목적을 추적해 보았다. 이 추적의 결과가 우리 앞에 또 하나의 길을 열어 준다. 우리는 유사한 의도적 목적을 찾아내지 않으면 안 된다. 이러한 목적에 의해 이루어진 왜곡의 진상을 인식할 방법만 찾아낸다면, 그 목적의 배후에 숨어 있는 진상의 파편을 백일하에 드러낼 수 있을 것이다.

이제 「모세 육경」, 즉 「모세 오경」과 「여호수아」의 성립사(成立史)에 대한 비판적 성서 연구가들의 말에 귀를 기울이는 것으로 이 작업을 시작해 보자. 우리의 관심은 오로지 이 「모세 육경」에만 기울어진다.[52] 전거가 되는 기록 중 가장 오래된 기록의 저자는 야훼파 기자(記者) 〈J〉인데, 이 〈J〉는 최근에 이르러 다윗왕과 동시대 사람이었던 사제 에비아타르Ebyatar와 동일시된다.[53]

52 『브리태니커 백과사전』, 제11판(1910), 〈성서〉 항목 참조—원주.

엘로힘파 기자, 즉 〈E〉는 그보다 후세의 사람, 즉 북왕국(北王國)54 사람이었던 듯하지만, 그 시기가 정확하게 어느 정도 떨어져 있는가는 분명하지 않다.55

기원전 722년 북왕국이 붕괴하자 한 유대교 사제는 〈J〉와 〈E〉의 일부씩을 취하고 자신의 견해를 덧붙여 또 하나의 판본을 만들어 낸다. 이 편집본이 말하자면 〈JE〉판이다. 다섯 번째 책인 「신명기」가 여기에 덧붙여진 것은 기원전 7세기의 일이다. 이 판본은 성전에서 완전한 형태로 발굴된 것으로 추정된다. 성전이 파괴될 당시(기원전 596년), 그러니까 바빌론 유수 당시 및 그 직후에는 〈사제 사본(司祭寫本)〉이라고 불리는 수정판이 나왔다. 이어서 기원전 5세기에 결정판이 나온 뒤로는 오늘날까지 본질적으로는 변하지 않고 있다.56

다윗왕 및 그 시대의 역사는 모두 그 시대 사람의 손에 의해 기록되었을 가능성이 높다. 이것은 그야말로 〈역사의 아버지〉 헤로도토스를 5백 년이나 앞서는, 의심할 여지 없는 역사 기록이다. 우리 가설의 연장선상이지만, 이러한 사실은 당시의 이스라엘이

53 아우어바흐E. Auerbach, 『황야와 약속의 땅*Wüste und Gelobtes Land*』(1932) 참조 ─ 원주.

54 2왕조 시대의 북왕국은 이스라엘, 남왕국은 유다였다.

55 1753년 장 아스트뤽Jean Astruc은 성서의 기자를 처음으로 〈야훼파〉와 〈엘로힘파〉로 구별했다 ─ 원주. 장 아스트뤽(1684~1766)은 루이 15세 시절의 프랑스 물리학자이다.

56 역사적으로 확인된 바 있거니와, 유대인의 전형(典型)은 기원전 5세기의 에즈라Ezra와 느헤미야Nehemiah가 시행한 개혁의 결과로 결정되었다. 그러니까 유수 직후, 유대인들에게 우호적이던 페르시아의 지배 아래서 이루어진 일이다. 우리의 계산에 따르면 모세가 등장하고 나서 9백 년이 흐른 시점이다. 이 개혁에서는 민족의 총체적 성별(聖別)을 목표로 제한 규정이 신중하게 다루어지고, 통혼 금지 규정을 통해 주변 민족과의 분리가 실현되었으며, 본래의 법전인 「모세 오경」이 최종적으로 확정되고, 〈사제 사본〉으로 알려져 있던 수정판이 완결되었다. 그러나 이 개혁의 새로운 의도는 전혀 도입하지 않고, 이전의 것들을 수용하고 정착시키는 선에 그친 것으로 보인다 ─ 원주.

이집트의 영향을 강하게 받고 있었다는 것을 감안하면 이해가 쉬워진다.[57] 그런데 그 상고 시대의 이스라엘인들(말하자면 모세의 서기들)의 최초의 문자 발명도 이집트와 무관하지 않았겠느냐는 의혹이 떠오른다.[58] 상고 시대에 대한 보고가 어느 정도까지 기록된 옛 전승 혹은 구비 전승(口碑傳承)에 그 바탕을 둔 것인지, 개개의 경우 사건과 전승으로서의 정착 사이에 어느 정도의 시간적 경과가 있었는가 하는 문제에는 물론 우리의 지식이 미치지 못한다. 그러나 오늘날 우리가 들고 있는 원전(原典)은 그 원전 자체의 운명에 대해서도 충분한 발언을 하는 법이다. 그런데 이 원전의 경우, 상호 대립하는 두 가지의 사실 취급 방법이 원전에다 그 흔적을 남기고 있다. 은밀한 의도에 맞추어 원문을 삭제하고 부풀림으로써 정반대의 내용으로 만들어 버리는 터무니없는 수정 작업의 흔적이 보이는가 하면, 눈앞의 기술 내용들이 일관성이 있다가도 때로는 모순되는데도 불구하고 신에 대한 경건한 태도를 앞세워 고스란히 표현에 반영하는 태도가 원문을 지배하고 있는 것이다. 바로 이 때문에 거의 모든 부분에 탈락, 신경에 거슬리는 반복, 명백한 모순이 보이는데, 이것은 드러내고 싶지 않은 것으로부터 우리의 눈을 가리려는 명백한 증거가 아닐 수 없다. 그 함의(含意)로 보아 원전의 왜곡은 살인과 흡사하다. 어려운 것은 행위의 완료가 아니라 그 흔적 제거인 것이다. 우리는 〈왜곡Enstellung〉이라는 말에서 두 가지 의미를 읽는다. 오늘날에는 물론 이중의 의미로 쓰이지 않지만, 원래 이 단어는 이중적 의미를 요구한다. 이 말은 겉모습을 바꾼다는 의미뿐만 아니라 다른 장소로 이동한

57 야후다의 『이집트어와 모세 언어의 관계』를 참고할 것 — 원주.
58 만일 그들이 신과 관련된 것의 형상화를 금지시키는 금제를 지키고 있었다면, 상형 문자 모양의 그림 문자를 버리는 한편, 새로운 언어 표현을 위한 나름의 문자를 준비한 동기가 있지 않겠느냐는 것이다(아우어바흐, 『황야와 약속의 땅』 참조) — 원주.

다는 의미로도 쓰인다.[59] 따라서 수많은 원전의 왜곡에서 우리는, 비록 그 원전의 일부는 바뀌거나 탈락했음에도 불구하고 이런 왜곡 작업을 통해 무엇을 은폐하고 무엇을 부정하려고 했는가를 읽을 수 있는 것이다. 문제는 이 작업이 쉽지 않다는 데 있다.

우리가 파악하려는 이런 종류의 왜곡의 의도는 문서에 영향을 미치기에 앞서, 먼저 전승에 영향을 미치는 것임에 분명하다. 우리는 이미 그런 의도를 지닌 것으로 보이는 것을 하나 찾아낸 바 있는데, 모르기는 하나 가장 강력한 증거가 되지 않을까 싶다. 카데스에서 새로운 신 야훼를 세우는 대목에서 언급한 바 있지만, 새 신을 세우자면 이 신에게 뭔가 거창한 영광을 돌릴 필요가 있었을 것이다. 아니, 영광을 돌린다기보다는 야훼를 자기네 신으로 설정하고, 그 신을 위한 공간을 만들고, 그 이전의 다른 종교의 흔적을 깡그리 지울 필요가 있었다고 하는 것이 옳을 듯하다. 선주(先住) 민족의 종교에 관한 한 이 작업은 대성공을 거두었던 듯싶다. 선주 민족의 종교에 대해서는 한마디도 더 들을 수 없었기 때문이다. 그런데 이집트에서 돌아온 사람들에게 이것은 간단한 문제가 아니었다. 이들은 대탈출의 신화도, 인간 모세도, 할례속도 빼앗기고 싶지 않았을 것이다. 이들이 이집트에 살았다는 것은 분명한 사실이고, 이집트를 떠나온 것도 분명한 사실이다. 그런데 바야흐로 이집트에 살았던 흔적을 깡그리 버려야 하는 입장에 처한 것이다. 인간 모세의 문제는, 모세를 미디안의 카데스로 이동시키고 야훼 종교의 창설자 야훼의 사제로 융화시키는 형식으로 처리될 수가 없었다. 그러나 이집트살이의 흔적 중에서도 가장 두드러지는 흔적인 할례속만은 보존하지 않으면 안 되었다. 그러나 이것이 이집트 풍습이 명백함에도 불구하고 이집트와는

59 Stelle는 〈장소〉, 〈ent-〉는 상황 변화를 가리키는 접두사이다.

관계가 없는 풍습이라고 강변하려는 노력은 끊임없이 계속되었다. 그런데 진상을 폭로하지 않으면 안 되는 사정에 대한 의도적인 반론으로밖에는 이해할 수 없는 것이 바로 「출애굽기」4장 24~26절에 나오는 수수께끼 같은 대목이다. 성서에 따르면 야훼는 할례속을 무시했다고 해서 모세에게 화를 내고, 모세의 미디안인 아내는 서둘러 아들을 할례함으로써 모세의 목숨을 구한다. 우리는 곧 이 성가신 증거 서류를 무해한 것으로 만들기 위한 다른 장치와도 만나게 된다.

우리는 야훼가 유대인에게는 생소한 새로운 신이었다는 주장을 공개적으로 부정하기 위한 노력의 흔적을 찾을 수 있다는 사실을 통해, 새로운 목적을 겨냥한 의도가 분명하게 드러난다고 추론해서는 안 된다. 그 의도의 형태는 오히려 그전부터 지속된 형태에 지나지 않는다. 바로 이런 목적에서 이 민족의 선조들 — 아브라함, 이삭, 야곱 — 의 전설이 도입되는 것이다. 야훼는 이 선조들이 야훼라는 이름으로는 자신을 섬기지 않았다는 것을 인정하는데도 이들에게, 이미 오래전부터 자신은 이들 선조들의 신이었노라고 언명한다.[60] 그러나 그는 야훼 이전의 신, 선조들의 선조들이 섬기던 신의 이름이 무엇이었는지는 밝히지 않는다.

이제, 할례속이 이집트에서 유래한 것이라는 가설에 결정타를 가할 때가 온 듯하다. 성서에 따르면 야훼는 아브라함에게 요구하여, 자기와 아브라함의 자손 사이에서 맺어지는 약속의 징표로 삼았다고 진술하고 있는 것이다.[61] 하지만 이것은 조잡한 날조에 지나지 않는다. 한 종류의 인간을 다른 인간으로부터 구별하고

---

60 이 새로운 이름의 사용에 어떤 제한이 가해졌던 까닭은, 야훼의 이러한 태도로서는 알 수 없지만, 아무래도 이 언명에 이상한 데가 있는 것은 사실이다 — 원주.

61 「창세기」17장 9~14절.

다른 인간 이상으로 예우하는 것을 명시하는 징표를 선택할 때는 통상 그 다른 인간에게서는 볼 수 없는 것을 선택하는 법이다. 수백만에 이르는 다른 인간들이 같은 방식으로 보여 주고 있는 것을 선택할 리는 없다. 따라서 이집트로 이주한 이스라엘인들은 모든 이집트인을 약속의 형제로, 다시 말해서 야훼 안의 형제들로 인정하지 않을 수 없었을 것이다. 성서의 원전을 창조한 이스라엘인들이 이집트에서 할례속이 유래했다는 것을 몰랐다는 것은 말이 되지 않는다. E. 마이어에 의해 인용된 「여호수아」의 한 구절도 이것을 인정하고 있다.62 그런 이유에서 할례한 거라면 이 구절은 폐기되어야 한다는 것이다.

우리는 종교의 신화적 구조에 논리적 일관성을 지나치게 기대해서는 안 된다. 만일에 이 기대가 지나치면 민중은 이 신의 태도에 당혹감을 느끼지 않을 수 없게 된다. 그 까닭은 신이 선조들과는 상호 의무 조항을 전제 조건으로 계약까지 맺었는데도 불구하고, 몇 세기 동안 이 계약 당사자인 인간에게 아무런 관심도 기울이지 않다가 갑자기 그 자손들에게 나타났기 때문이다. 더욱 당혹스러운 것은 신이 느닷없이 〈선택된 백성〉을 뽑고는 그들을 자신의 백성, 자신은 그들의 신이라고 선포하는 점이다. 나는 이것을 인류의 종교 역사상 초유의 사건이라고 믿는다. 신과 인간은 태초부터 한 덩어리가 되면서 불가분의 관계를 맺는 것이 보통이다. 우리는 이따금씩 사람들이 다른 신을 택한다는 소리는 들어도 신이 다른 백성을 선택한다는 것은 금시초문이다. 하지만 모세와 유대 민족의 관계를 상기하면 이 신과 유대인 사이에 있었

62 〈온 국민이 할례를 받고 난 다음, 천막에서 쉬며 아물기를 기다리고 있는데 야훼께서 여호수아에게 말씀하셨다. 《내가 오늘 너희에게서 이집트인들의 수모를 벗겼다》〉(「여호수아」 5장 8~9절).

던 이 유별난 사건을 좀 더 잘 이해할 수 있을 것이다. 모세는 유대인들에게 고개를 숙이고 그 유대인들을 자기 백성으로 만든 사람이다. 그러니까 유대인들은 모세의 〈선택된 백성〉인 것이다.[63]

족장들이 대두된 것도 다른 의도 때문이었던 것 같다. 원래 족장들은 가나안에 살고 있었는데 이들의 기억은 그 지역의 특수한 지역성과 밀접한 관계가 있다. 이 족장들은 원래 가나안의 영웅들이었거나 지역의 신들이었다가 그 지역으로 이주해 온 이스라엘인들에 의해 상고 시대의 조상이 되었을 가능성이 있다. 말하자면 이 족장들을 등장시킴으로써 자기네들의 토착성을 주장하고 외국으로부터 온 정복자에게 쏠리는 그 지역 사람들의 증오를 완화시킨 듯하다는 것이다. 이런 이스라엘인들이, 야훼 신은 그

63 야훼는 화산신이었음에 분명하다. 이집트 사람들은 이 신을 숭배한 적이 없다. 나는 〈야훼〉라는 이름과, 그와는 다른 신의 이름인 〈유피테르(요비스)Jupiter(Jovis)〉의 어근(語根)과 비슷한 데 놀랐지만, 이렇게 놀란 사람은 나뿐만이 아니다. 〈요카난 Jochanan〉이라는 이름은 히브리어 〈야훼〉의 단축형이 합성된 이름이다. 이 이름은 독일 이름 〈고트홀트Gotthold〉(〈하느님은 자비로우시다〉라는 뜻)와 카르타고 이름 〈한니발〉과 그 의미가 같다. 이 〈요카난〉이라는 이름은 〈요한Johann〉, 〈장Jean〉, 〈후안 Juan〉 등의 형태로 유럽의 기독교 국가에서는 인기 있는 이름이 되었다. 이 이름을 이탈리아식으로는 〈조반니Giovanni〉라고 하고, 요일 중 하나를 조베디Giovedi(목요일)라고 부름으로써 이 양자 사이에 유사성이 있음을 암시한다. 이 상호 유사성은 별 의미가 없는 것이거나 중요한 의미를 지니는 것일 수도 있다. 바로 이 점에서 상당히 광범위하면서도 불확실한 하나의 전망이 우리 앞에 전개된다. 역사 연구가 미치기 어려운 암흑의 세기에는 지중해 동쪽 해안의 여러 나라에서는 화산의 폭발이 빈번했던 듯하고, 이것이 그 지역 주민들에게는 강력한 인상을 주었던 듯싶다. 에반스Evance는 크노소스에 있던 미노스의 궁전이 최종적으로 붕괴된 것은 지진 때문이었을 것이라고 추정한다. 당시의 크레타(대체로 보아 에게해 인근의 모든 국가도 마찬가지인데)에서는 모성신(母性神) 숭배가 성행했다. 모르기는 하지만 보다 강력한 신의 공격에 버틸 수 없을 것이라는 깨달음이 이 모성신을 남성신으로 대체한 요인이었던 것 같다. 그렇다면 화산신이 그 모성신의 자리를 맨 먼저 차지했을 가능성이 있다. 제우스는 늘 〈대지를 흔드는 신〉으로 그려진다. 모성신들의 자리를 남성신들(원래는 모성신의 아들들)이 차지한 것은 바로 이런 암흑 시대였던 것으로 보인다. 한 지역의 모성신이었음에 분명한 팔라스 아테나 여신의 존재가 특히 인상적이다. 아테나는 종교의 변혁 과정에서 제우스의 딸로 그 지위가 격하되면서 어머니마저도 빼앗기게 된다. 그뿐만 아니라 아테나 여신은 늘 처녀신으로 그려지면서 모성신의 반열에서도 제외된다 ― 원주.

들에게 옛날에는 그 조상들이 소유하던 것을 돌려준 것에 지나지 않는다고 선언한 것은 실로 교묘한 말장난이 아닐 수 없다.

이때부터 성서가 취하는 태도 중에 주목할 만한 것은 카데스에 대한 언급을 의도적으로 피한 점이다. 이때부터 이 종교가 성립되는 장소는 영원히 하느님의 산 시나이-호렙으로 고정된다. 이렇게 한 동기를 읽기란 쉬운 일이 아니다. 어쩌면 당시 사람들이 미디안으로부터 영향을 받은 것을 떠올리고 싶지 않았기 때문이었던 듯하다. 그러나 후대의 왜곡, 특히 〈사제 사본 시대〉의 왜곡에는 또 다른 의도가 있다. 이때부터는 성서와 관련된 특정 사건에 대한 보고에다 바람직한 의미를 덧씌울 필요가 없게 된다. 이미 오래전에 의미 부여의 작업이 모두 끝난 상태이기 때문이었다. 그러나 당시에 시행되던 규정이나 제도 — 대체로 모세의 입법에 근거한 — 를 모세 시대로 되돌리는 데는 상당한 주의가 기울여졌다. 이것을 모세 시절로 되돌려야 비로소 그들의 신성함과, 신성함에 의한 구속성(拘束性)이 보장될 터이기 때문이었다. 과거의 모습들이 이런 식으로 위조되기는 했지만, 그 과정에 심리적 자리 맞춤이 없었던 것은 아니다. 오랜 세월이 지나면서(이집트 대탈출에서 에즈라와 느헤미야에 의해 성서 원전이 확정되기까지 약 8백 년이 경과한다) 이러한 처리 방법을 통해 야훼 종교는 원래의 모세 종교와 같은 형태로, 혹은 동일한 형태로 변형되어 갔다.

이것이 바로 유대 종교사가 거둔 본질적인 성과이며, 기념비적인 실체인 것이다.

7

뒷날의 시인, 성직자, 역사가들이 즐겨 다룬 상고 시대의 사건 중에 어떤 인간적 동기에서도 은폐될 수 없는 두드러지는 사건이 하나 있다. 이 사건은 바로 젤린이 예언서의 암시를 통해 발견해 낸 가장 위대한 지도자이자 해방자인 모세의 죽음이다. 젤린의 가설은 허황한 것이 아니다. 이 가설에는 충분한 개연성이 있다. 아케나텐 종교에서 영향을 받은 모세는 종교에 관한 한 당시에 왕이 쓴 것과 다르지 않은 방법을 썼다. 즉 그는 명령하고, 사람들에게 자신의 믿음을 강제했던 것이다.[64]

모세의 교리는 그 스승인 아케나텐의 교리보다 훨씬 더 엄격했을 가능성이 있다. 그는 태양신을 지원 세력으로 삼을 필요도 없었다. 태양신을 섬기는 도시 〈온〉의 종교는 그가 이끌고 있던 이방인들에게는 아무 의미도 없는 것이었다. 아케나텐이 그랬던 것처럼, 모세도 앞서가는 독재자의 앞길에 가로놓인 동일한 운명을 만났다. 모세 휘하의 유대인들에게 그토록 고도로 〈정신적Vergeistigte〉인 종교는 견디기 어려운 것이었다. 그들은 〈18왕조〉의 이집트인들에게 제공되고 있는 것과 동일한 것에는 만족을 구할 수가 없었다. 그 결과 모세 휘하의 유대인들에게도 〈18왕조〉의 이집트인들에게 일어났던 것과 똑같은 일이 일어났다. 즉 압제 상태에서 정신적 궁핍에 시달리던 사람들이 봉기하여 그들에게 강제되어 있던 종교의 짐을 벗어던진 것이다. 그러나 온순한 이집트인들이 운명이 신성한 인물인 저희들의 파라오를 데려갈 때까지 기다렸던 것과는 달리, 야만적인 셈족은 그 운명을 장악하고 저희들의

64 그 당시에 백성들에게 다른 방법으로 영향력을 행사할 가능성은 거의 없었다 —원주.

폭군을 제거해 버린 것이었다.[65]

오늘날 우리 손에 남아 있는 성서 원전이 우리에게 모세의 그런 최후를 예상하지 못하게 한다고 단언할 수는 없다. 모세가 백성을 다스리던 시절의 상황을 설명하고 있는 듯한 〈광야에서 헤매야 한다〉[66]는, 필경 야훼의 명에 따라 잔혹한 징벌의 형태로 진압되기는 하나 모세의 권위에 도전하는 일련의 심각한 폭동이 있었음을 보여 준다. 그런 폭동 중의 하나는 성서가 암시하고 있는 것과는 다른 결과를 야기했을 것이라는 점도 상상하기 어렵지 않다. 새로운 종교에 대한 백성의 변절은 바로 그다음에 하나의 에피소드로 그려져 있다. 황금 송아지 이야기가 그것이다. 이 이야기에서는 교묘한 표현을 통해 율법이 기록되어 있는 석판을 깨뜨리는 일이 모세에게 부과된다(이것은 상징적인 표현으로, 〈그가 율법을 깨뜨렸다〉로 이해되어야 한다). 성서에 따르면 이러한 행위의 동기가 된 것은 모세 자신의 격분이었다.[67] 세월이 흐름에 따라 백성이 모세를 살해한 것을 후회하고 이것을 잊어버리려고 노력하는 시기가 온다. 이런 일이 일어난 때가 바로 카데스에서 두 무리의 백성이 합류했을 무렵인 것으로 보인다. 그러나 이집트로부터의 대탈출 사건을 카데스에서 있었던 종교 창설에 근접하게 하고, 다른 사람(미디안 사제)이 아닌 바로 모세를 그 종교의 개조로 만들기 위해서는 모세 일당의 요구를 만족시키지 않으면 안 되었을 뿐만 아니라, 모세가 폭력에 의해 제거되었다는 심

---

65 주목할 만한 것은, 이집트의 역사가 수천 년에 걸쳐 진행되도록 폭력으로 파라오를 제거하거나 살해했다는 기록을 찾을 수 없다는 것이다. 이것은 아시리아의 역사와 비교할 때 특히 우리를 놀라게 한다. 이것은 물론 이집트의 역사가 전적으로 왕가의 목적에 적합하게 기록되었다는 사실과 무관하지 않다 — 원주.

66 「민수기」 14장 33절.

67 「출애굽기」 32장 19절.

정적으로 불편한 사건은 부정되지 않으면 안 되었다. 모세는 그 전에 목숨을 빼앗기지 않았다고 하더라도 카데스에서 있었던 두 무리의 백성이 합류한 현장에는 참가하지 못했을 것으로 보인다.

이쯤에서 일련의 사건들의 시간적 관계를 해명해 볼 필요가 있을 듯하다. 우리는 이집트로부터의 대탈출을 〈18왕조〉가 몰락한 (기원전 1350년) 이후의 시대로 가정한 바 있다. 이집트의 연대기 기록자들이 대탈출에 이어지는 무정부 상태의 세월을, 무정부 상태가 끝나고 기원전 1315년까지 이어지는 하렘하브 치세에 산입 (算入)하고 있는 것으로 보아 대탈출은 이즈음, 혹은 이보다 조금 뒤에 있었던 사건으로 보인다. 이 연대 확정에 이용되는 또 하나의 실마리는 이시라알(이스라엘)을 쳐부수고 그 백성의 씨를 말린 것을 기념해서 (파라오) 메렌프타(재위, 기원전 1213~1203) 가 세운 석주(石柱)이다. 이 석주에 새겨진 명문(銘文)은 유감스럽게도 믿을 바가 못 되지만, 적어도 당시에 이스라엘 제(諸) 부족이 이미 가나안에 정착해 있었다는 것을 증명할 수 있을 정도는 되는 모양이다.[68] 마이어는 이 석주의 명문을 통하여 메렌프타 가 대탈출 당시의 파라오였다는 주장을 뒤엎을 수 있다는 결론을 얻어 냈다. 그러니까 대탈출은 이 시기에 이미 이루어져 있었으리라는 것이다. 대탈출 당시의 파라오가 누구였는가 하는 것은, 내가 생각하기에는 무의미해 보인다. 대탈출은 파라오 공위 시대 (空位時代)에 이루어진 사건이었던 만큼 당시에는 파라오가 없었던 것이다. 그뿐만 아니라 메렌프타의 석주 발굴도 카데스에서의 이스라엘 제 부족 합류 및 종교의 창설 연대를 밝히는 데 아무런 도움을 주지 못한다. 여기에서 우리가 확실하게 말할 수 있는 것은 이런 일이 일어난 것은, 기원전 1350년에서 1215년 사이였다

68 마이어의 『이스라엘과 그 인접 종족』 참조 — 원주.

는 점이다. 우리는 대탈출이 이 백 년 가까운 세월의 초반부에, 카데스 사건은 그 말기에서 그리 멀리 떨어지지 않은 시기에 있었던 것으로 추정한다. 그러니까 이 두 사건이 백여 년에 가까운 이 세월의 대부분을 채우는 것으로 보인다. 다시 말해서 모세가 살해당한 뒤 귀환자들 사이의 흥분이 가라앉고, 모세의 백성인 레위 지파의 영향력이 카데스 타협의 전제가 될 정도가 되려면 꽤 긴 세월이 필요했을 것이다. 그러기 위해서는 적어도 두 세대, 즉 60년 정도의 세월은 되어야 했을지도 모른다. 따라서 메렌프타의 석주로부터의 추정은 우리가 보기에는 너무 이르다. 그리고 우리가 세운 이 가정은 다른 가정을 근거로 한다는 것을 인식하고 있는 우리로서는, 여기에서의 논의가 우리가 구축한 약점 하나를 드러내고 있다는 것을 인정하지 않을 수 없다. 유감스러운 것은 유대인의 가나안 정착과 관련된 모든 자료는 지극히 모호하고 혼란스럽다는 점이다. 가령 우리가 알 수 있는 것은 〈이스라엘〉 석주가 명시하고 있는 민족의 이름은, 지금 우리가 뒤쫓고 있는 민족, 뒷날 이스라엘 민족으로 합류하게 되는 민족이 아니라는 점이다. 결국 〈하비루(히브리)〉라는 이름도 아마르나 시대부터 다른 곳에서 이 민족의 이름으로 동화된 것에 지나지 않기 때문이다.

어느 시기에 이런 일이 일어났든 두 민족이 공통의 종교를 채택함으로써 하나가 되었다는 사실은 세계사에서 별로 중요하지 않은 하나의 사건일 수밖에 없을 것이다. 새 종교는 앞에서 말한 일련의 사건으로 그 자리를 떠나고 야훼가, 플로베르의 표현처럼 떠나는 신들의 대열에 합류하고[69] 야훼의 백성 가운데 후일 앵글로·색슨족이 그토록 오래 찾아 헤매던 10지파뿐만 아니라 12지파가 송두리째 그 모습을 감추어 버렸는지도 모르는 일이다. 미디

---

69 플로베르의 『성 안트완느의 유혹』.

안의 모세가 새로운 백성 앞에 세웠던 야훼 신은 여러 가지 점으로 보아 탁월한 신은 아니었던 것 같다. 조잡하고, 편협하고, 피에 굶주려 있던 잔인한 신은 추종자들에게 〈젖과 꿀이 흐르는 땅〉[70]을 주기로 약속하고 진작에 그 땅을 차지하고 있던 성읍의 주민을 〈칼로 쳐죽일 것〉[71]을 요구했다. 상당 부분이 수정되었을 터인데도 불구하고 성서의 기록 중에서 야훼가 본래 지니고 있던 포악한 성격을 증언하는 대목이 상당 부분 방치되어 있는 것은 참으로 놀라운 일이 아닐 수 없다. 야훼의 종교가 정말 유일신교였는지, 이 종교가 다른 민족의 신들을 부정했는지도 분명하지 않다. 추측컨대 야훼를 추종하던 백성은 야훼를 외국의 다른 어떤 신보다 막강한 신으로 믿었던 듯하다. 하지만 그럼에도 불구하고, 여기에서 이어지는 일체의 서술은 이 같은 발단으로부터 예상되는 것과는 다른 방향을 취하는데, 그 까닭은 한 가지 사실로서 분명해진다. 그것은 이집트인 모세가 자기 백성의 일부에게 별도로, 고도로 정신화한 신 관념을 가르쳤다는 사실이다. 그가 백성의 일부에게 부여한 신 관념은 세계를 포괄하는 유일한 신, 전능한 동시에 만물을 사랑하는 신, 모든 의례나 마술을 혐오하고 진리와 정의를 인간의 최고 목표로 삼은 신의 관념이었다. 아텐 종교의 윤리적인 측면에 대한 우리의 보고가 완전한 것은 아니지만, 아케나텐이 비명에다 자신을 서술하면서 〈살아 있는 마트(진리와 정의)〉[72]라고 한 것과 무관하지 않을 것이다. 민중은 모세교를 버리고 (오래지 않아) 모세까지 죽였지만 긴 안목으로 보면 대단

---

70 「출애굽기」3장 8절.

71 「신명기」13장 16절.

72 아케나텐에 대한 찬가는 신의 보편성과 유일성을 강조하고 있을 뿐만 아니라, 만물에 대한 애정과 배려를 강조하는 한편, 자연으로부터 기쁨과 아름다움을 누릴 것을 더불어 촉구하고 있다(브레스티드, 『양심의 새벽』) ─ 원주.

한 일은 아니었다. 모세교의 가르침은 〈전승〉으로 남고, 그 영향력은(수 세기에 걸쳐 단계적으로) 모세 자신이 부정하던 것들에 미쳤을 것이기 때문이다. 카데스 사건 이래로 모세가 유대 백성에게 부여한 해방의 공로는 야훼의 손으로 넘어가면서 야훼가 부당한 영예를 안게 되었으나, 야훼는 이 횡령의 값을 호되게 치르지 않으면 안 되었다. 야훼 신은 모세 신의 자리를 차지했지만 모세 신의 그림자는 날이 갈수록 그 세력을 더해 갔고, 오랜 진화 과정을 겪다가 급기야는 잊혀졌던 모세 신의 본성이 야훼라는 존재의 배후에 나타나게 되었기 때문이다. 이스라엘 민족으로 하여금 그토록 잔혹하던 운명의 장난을 극복하게 하고, 오늘까지도 살아남게 한 것이 모세 신의 이념이었다는 것을 과연 누가 부정할 수 있을 것인가?

야훼에 대한 모세 신의 최종적 승리에 레위 지파가 맡았던 역할을 평가하기는 불가능하다. 레위 지파는 카데스의 타협이 성립할 당시, 부하로서 동포로서 섬기던 모세의 존재를 기억해 내고는 그 편을 들었다. 이때부터 수 세기 동안 레위 지파 사람들은 민중으로서 혹은 사제로서 그 세력을 길렀고, 급기야는 의례를 집전하거나 감독하고, 거룩한 문서를 보존하고 저희들의 목적에 맞게 이것을 수정하는 사제 계급의 핵심으로 떠올랐다. 하지만 모든 공희제와 의례의 바탕에 있는 것이 무엇이던가? 모세의 가르침이 무조건적으로 배제했던 마술과 주술이 아니던가? 이러한 인식이 싹트게 되자, 모세로부터 직접 배운 사람은 물론이고 암흑 속에서 조금씩 자라 마침내 위대한 전승, 막강한 전승이 된 모세 가르침의 추종자들 사이에서 한 무리의 사람들이 연이어 나타났다. 바로 지칠 줄 모르고 모세의 옛 가르침, 즉 신은 제사와 의례를 싫어하고 오로지 믿음과, 진리와 정의로운 삶(마트)만을 요구한다고 설교해 온 예언자들이었다. 이 예언자들의 노력은 연이어 성공을 거두었다. 그들이 다시 세운 옛 믿음은 유대교의 영속적인 내용물로 자리를 잡아 나갔다. 비록 시작은 밖에서 온 것, 한 위대한 외국인의 손에서 이루어진 것이지만, 그런 전승을 받들고, 그 전승에 표현을 부여하는 사람을 길러 내는 것은 유대 백성에게도 더할 나위 없이 명예로운 일이었다.

모세가 이집트인이라는 것을 인정하지는 않았지만, 유대 종교사에 대한 모세의 의미를 나와 같은 눈으로 본 다른 전문가들의 비판을 검토하지 않았다면 나는 이렇게 주장하고도 마음을 놓을 수 없었을 것이다. 가령 젤린은 이렇게 쓰고 있다.[73]

〈그러므로 우리는 진정한 모세의 종교 — 그가 설교한 하나의 도덕적인 신에 대한 모세의 믿음 — 가 백성 중의 조그만 집단의 믿음을 근거로 하던 것이라고 가정할 수 있다. 우리는 처음부터 공적인 의례나 사제들의 종교나 민중의 신앙에서 이런 도덕적인 신에 대한 신앙을 만날 수 있으리라고 기대해서는 안 된다. 우리는 모세가 점화한 정신의 불꽃으로부터 도처에서 이러한 불꽃의 섬광을 목격하게 되었다고 생각할 수밖에 없다. 말하자면 모세의 이념은 끈질기게 남아 은밀하게 신앙과 도덕에 영향을 미쳤을 것이며, 이윽고 특수한 체험의 작용 혹은 모세의 정신에 감화를 입은 한 인물의 활약을 통하여 재점화의 과정을 거치면서 민중 속으로 광범위하게 그 영향을 미쳤으리라는 것이다. 고대 이스라엘 종교사는 처음부터 이런 시점을 취하면서 고찰하지 않으면 안 되는 것이다. 만일에 모세교를 재구성하되, 오늘날 우리가 만나고 있는 종교의 선상에서 재구성하거나 연대기에 따라 가나안에서 유대인이 살아 낸 처음 5세기 동안의 민중적 삶 속에서 재구성하

73 젤린의 『모세와 이스라엘 유대 종교사에 대한 의의』 참조 — 원주.

려는 사람은 심각한 방법론적 오류를 범하고 있는 것이다.〉

폴츠P. Volz는 이보다 더 명쾌하게 지적하고 있다.[74] 〈나는 모세가 이룬 위대한 업적이 막연하게, 희미하게밖에는 이해되거나 실현되지 않았을 것이라고 믿는다. 그의 업적은 수 세기를 지나면서 수많은 사람들의 마음속에 스며들었고, 이윽고 위대한 예언자들 사이에 이르러서야 이 고독한 인간의 유업을 이을 유사한 정신을 태동시킨 것이다.〉

이제 내 연구의 결론을 내릴 때가 된 듯하다. 나의 연구는 이집트인 모세라는 인물을 유대 역사에 관련시키는 의도에만 집중되어 왔다. 나의 결론은 간단한 공식을 통해 드러낼 수 있다. 유대인의 역사는 이중성과 밀접한 관계가 있다는 것이다. 하나로 합류하여 나라를 세우는 것도 〈두〉 무리의 백성들이고, 나중에 나라가 분열될 때도 〈두〉 나라로 분열했으며, 성서 원전에 나타나는 신의 이름도 〈두〉 가지다. 그런데 우리는 여기에다 두 가지의 이중성을 덧붙일 수 있다. 첫 번째 종교의 자리를 두 번째 종교가 차지하지만, 그럼에도 불구하고 뒷날에는 이 첫 번째 종교가 두 번째 종교의 배후에서 찬란하게 떠올라 〈두〉 종교가 성립되었다는 것, 이름은 〈모세〉로 동일하지만 개성이 서로 다른 〈두〉 종교의 개조라는 점이 바로 이 두 이중성이다. 이 모든 이중성은 첫 번째 이중성, 즉 민족의 한 부분이 심적 외상(外傷)의 원인이 될 만한 체험을 하는가 하면, 다른 구성 부분은 이 체험에서 제외되었다는 사실의 필연적인 결과인 것이다. 이렇게 설명하는 것 외에도, 달리 주장하거나 설명할 방법이 얼마든지 있을 터이기는 하다. 그러나 우

74 폴츠, 『모세: 이스라엘 종교 기원의 조사에 대한 기여Mose: ein Beitrag zur Untersuchung über die Ursprünge der Israelitischen Religion』(1907) 참조 — 원주.

리의 순수하게 역사적인 연구에 대한 흥미는 이렇게밖에는 정당화될 수 없다. 전승의 본래 의미가 어떤 것인지, 그 독특한 힘은 무엇을 바탕으로 하는지, 세계사에 대한 위대한 개개인의 영향을 부정하는 일이 과연 가능한지, 물질적인 욕구에 그 뿌리를 둔 동기만 인정해서 인간 생활의 다양성을 모독하는 결과를 초래하는 것은 아닌지, 많은 이념, 특히 종교 이념은 어떤 근원에서 나와 인간과 민중을 예속시키는 힘을 발휘하는지, 이러한 모든 문제를 유대사의 특수한 예를 통하여 다루는 것이 매력적인 일임에는 분명하다. 내 연구를 이런 식으로 계속한다면 내가 25년 전 「토템과 터부」에서 쓴 논증에서 실마리를 찾아야 할 것이다. 그러나 나에게 그런 힘이 남아 있는 것 같지는 않다.

모세 및 모세의 백성과 유일신교

제1부
머리말 1
(1938년 3월 이전, 빈)

이제는 밑져 봐야 잃을 것이 거의 없거나 전혀 없는 한 인간의 무모함을 빌려, 충분히 근거가 있는 결의를 다시 한번 번복하고, 『이마고』에 실은 두 편의 논문[1]에 이어, 지금까지 쓰는 것을 참아 왔던 마지막 부분을 더하고자 한다. 나는 세 번째 논문을 쓸 만한 힘이 남아 있지 않다는 말로 두 번째 논문을 끝냈다. 당시에 내가 한 말은 물론, 나이가 들어가면서 창조적인 능력이 약화되었다는 뜻으로 한 말이었다.[2] 그러나 당시 나에게는 머리를 떠나지 않던 또 하나의 장애물이 있었다.

우리는 특별히 주목할 만한 시대를 살고 있다. 참으로 놀라운 것은 진보가 야만과 동맹하고 있다는 점이다. 소비에트 러시아에

---

1 「이집트인 모세」 및 「모세가 이집트인이었다면」을 말한다.
2 나와는 동시대 사람인 버나드 쇼Bernard Shaw는, 사람이 한 3백 년쯤 살아야 비로소 쓸 만한 일을 하나 이룰 수 있을 것이라고 한 바 있으나, 나는 그의 의견에 동의하지 않는다. 삶의 조건에 근본적인 변화가 없으면 오래 산다고 해서 무엇을 이루게 되지는 않을 것이다 — 원주.

서는, 압제에 짓눌려 있는 1억 인구에게 보다 나은 삶의 형식을 부여하자는 노력이 기승을 부리고 있다. 그들은 민중으로부터 종교라는 〈아편〉을 거두어들일 만큼 지각이 없었고, 같은 민중에게 상당량의 성적 자유를 줄 만큼 현명했다. 하지만 그들은 동시에 잔혹하기 이를 데 없는 강제에 민중을 굴복시키고, 그들로부터 사상의 자유를 향한 모든 가능성을 박탈했다. 유사한 폭력 아래서 이탈리아인들은 강압적인 질서와 의무감에 길들여졌다. 우리는 거의 선사적 야만이라고 할 수 있는 상태로의 복귀가 진보적인 이념에 의거하지 않고도 간단하게 이루어지는 독일 민족의 경우를 보고 견디기 어렵던 불안이 오히려 해소되는 듯한 인상을 받는다. 어찌 되었든 세계의 정세가 이 모양이 된 오늘날, 보수적인 민주주의 제국은 문화적 진보의 수호자가 되고, 지금까지 사상의 자유, 진리 의식의 진보를 불구대천의 원수로 삼던 가톨릭교회라는 기관이 기묘하게도 이 문화적 위기의 확산에 강력하게 저항하고 있다.

우리는 지금 여기 이 가톨릭 국가에서, 언제까지 유지될지는 모르지만 어쨌든 교회의 보호를 받으면서 살고 있다. 그러나 이 교회에 의한 보호가 계속되는 한, 우리는 교회의 적의를 야기시킬 수 있는 짓은 망설이지 않을 수 없다. 겁쟁이라서가 아니라 사려가 깊어서 망설이게 되는 것이다. 우리가 섬기기를 거절하는 새로운 적은, 우리가 화해하지 않으면 안 되었던 옛 적보다 훨씬 더 위험하다. 우리가 수행하고 있는 정신분석학 연구는 어쨌든 가톨릭교회로부터 의혹의 눈총을 받은 지 오래다. 나는 이것을 부당하다고 하지는 않겠다. 우리 연구가 진행되어 마침내 종교를 개인의 신경증으로 환원시키는 결론에 이르게 되고, 종교의 막강한 힘을 환자 개인의 신경증적 강박 현상으로 설명하게 되는 날,

우리를 다스리던 힘이 우리에게 적의를 드러내게 되리라는 것도 잘 알고 있다. 우리는 새롭게 발견된 것은 말하지 않으면 안 된다는 것이 아니고, 이미 사반세기 전[3]에 확실히 말할 수 없던 것을 지금 말하고자 하는 것도 아니다. 그러나 이것은 그때 이래로 오랫동안 잊혀 있었을 뿐, 지금 다시 그때 일을 거론함으로써 모든 종교 창설의 기준을 제시할 수 있는 실례를 통해 이를 규명한다면, 불화는 어차피 피할 수 없을 것이다. 어쩌면 이 일은 정신분석을 금지당하는 사태로까지 발전할지도 모른다. 이렇게 난폭한 압제의 수단에 관한 한 가톨릭교회는 낯설지 않을 것이다. 낯설기는커녕 다른 기관이 이런 방법을 쓴다면 가톨릭교회는 특권이 침해당하는 듯한 느낌에 사로잡힐 것이다. 그러나 내가 한평생 다루어 온 이 정신분석학은, 이 학문이 탄생하고 자라 왔던 도시에서 그랬듯이 안전한 피난처를 획득하지 못하고 있는 실정이다.

나는 이러한 또 하나의 장애, 외적인 위험 때문에 모세에 관한 이 연구의 마지막 부분의 공개를 미루어야 할 것이라고 생각하고 있을 뿐만 아니라 미루어야 한다는 것을 알고 있다. 이러한 불안이 나 자신에 대한 과대평가 때문에 생기는 것은 아니냐는 질문을 제기해 보기도 했다. 말하자면 모세와 유일신교의 발생에 관하여 쓰고 있는 나에게 관계 기관이 전혀 무관심할 터인데도 내가 공연히 이러는 것이 아닌가 싶었던 적도 있다. 하지만 나에게는 이것을 판단할 자신이 없다. 악의와 선정주의가 이 시대의 판단 앞에 놓인 나 자신의 무명(無名)을 벌충해 줄 가능성이 있어 보이기도 한다. 따라서 나는 이것을 발표하지 않을 생각이다. 하지만 발표하지 않는다고 해서 쓰지 않는 것은 아니다. 나는 이미

3 「토템과 터부」를 쓸 당시.

2년 전에 일단 손을 댄 적이 있으므로 이것을 손질하여 앞서 발표한 두 논문 뒤에 붙이기만 하면 된다. 이렇게 되면 이 논문은 위험을 각오하지 않고도 한번 빛을 보게 될 때까지, 혹은 나와 유사한 견해를 가지고 유사한 결론에 도달한 사람이 〈그 암흑 시대에도 나와 같은 생각을 한 사람이 있구나〉라고 할 때까지 누군가의 손에 은밀하게 감추어져 있게 될지도 모르겠다.

머리말 2
(1938년 6월, 런던)

모세라는 인물과 관련된 이 연구가 진행되는 동안 나를 짓누르던 몇 가지 특별히 곤란한 일(내부적인 의혹과 외부적인 장애) 때문에 나는 결론에 해당하는 이 세 번째 논문에, 서로 모순되는 동시에 서로를 상쇄하는 두 개의 서로 다른 머리말을 쓰게 되었다. 이 두 개의 머리말이 쓰이는 짧은 기간 동안 저자의 상황에 근본적인 변화가 있었다. 첫 번째 머리말을 쓰고 있을 즈음 나는 가톨릭교회의 비호를 받으면서 살고 있었는데, 그 당시에 이 논문을 출판하면 교회의 비호를 잃고 오스트리아에 있는 내 정신분석학 연구의 동료나 제자들에게 연구 금지령이 내려지는 것은 아닐까 두려웠다. 그런데 독일이 침공해 오면서 가톨릭교회는, 성경의 용어로 말하자면 〈상한 갈대〉인 것으로 드러났다. 바야흐로 나의 학문적인 사상뿐만 아니라 내가 속한 〈인종〉으로 봐서도 박해받기는 시간 문제인 것 같아서, 나는 많은 친구들과 함께 어린 시절부터 자그만치 78년을 살던 고향 도시를 떠났다.

나는 아름답고 자유롭고 너그러운 영국에서 따뜻한 환영을 받았다. 나는 지금 환영받는 손님으로 이곳에서 살고 있다. 이제는 나를 짓누르던 것에서 벗어나, 다시 한번 내가 바라는 대로 혹은 나에게 주어진 의무에 따라 말하고 쓸 수 있게 된(정확하게 쓰자면 말은 거의 다 했으니까 〈생각할 수 있게〉 된) 것에 안도한다. 이제 나는 감히 내 논문의 마지막 부분을 대중에게 공표하려고 한다.

이제 외부적 장애는 사라졌거나 적어도 두려울 것이 없어진 셈이다. 여기에 도착한 뒤 몇 주일 동안 나는 나의 도착을 기뻐하는 수많은 친구들로부터, 내가 여기에서 자유와 평화를 누리게 되었다는 것에 만족을 나타내고 싶어 하는 모르는 사람들과 연고가 없는 사람들로부터 무수한 격려의 편지를 받았다. 이러한 편지뿐만 아니라 이방인으로서는 놀라지 않을 수 없는 특별한 종류의 편지도 받았는데, 그것은 내 혼의 구원에 관심을 기울이고, 나에게 그리스도의 길을 제시하며, 이스라엘의 미래에 관하여 나를 계몽하는 편지였다. 이런 식의 편지를 보내 준 선량한 분들은 나에 대해서 잘 알지 못한다. 그러나 모세에 대한 이 논문이 발표되고, 나의 새로운 동포의 언어로 번역되면, 나는 많은 사람들이 나에 대해 기울여 준 연민의 상당 부분을 상실하게 될 것을 예상한다.

다음은 〈내적〉인 곤란인데, 정치적인 상황 변화나 내 거주지의 변경은 아무것도 바꾸어 놓을 수 없다. 전과 다름없이 나는 내가 쓰고 있는 이 논문 앞에서 불확실성에 시달린다. 저자와 작품 사이에는 일체성과 연대 의식이 있어야 하는데, 나에게는 그것이 없다. 결론이 사실인가 아닌가에 대한 확신이 결여되어 있는 것은 아니다. 나는 사반세기 전인 1912년 「토템과 터부」를 쓸 당시에 이미 확신을 얻은 바 있고, 그 이래로 확신은 점점 확고해지고 있다. 그 시절 이후 나는 종교 현상이라는 것은 우리에게 낯익은 개인의 신경증 증상을 기준으로 하는 — 인류 가족의 태곳적 역사 속의 잊혀진 중요한 사건의 반복으로 이해해야 마땅한 — 것이고, 종교 현상이 강박적 성격을 지니는 것은 바로 이 같은 기원에서 유래하는 것이며, 따라서 그 역사적 진실의 내용에 바탕을 둔 인간에게 깊은 영향을 미칠 수밖에 없다는 것을 의심한 적이 없다. 나의 불확실성은 유대 일신교에 대하여 여기에서 선택한 예에 대한 지금까지의 명제를 증명하는 데 성공하고 있느냐고 물을 때 시작된다. 인간 모세를 출발점으로 하는 이 책을 비판적으로 본다면, 흡사 발끝으로 균형을 잡는 춤꾼같이 여겨진다. 내가 만일 기아 전설의 분석적 해석에 입각하고, 거기에서 모세의 최후에 대한 젤린의 추정에까지 이르지 못했다면, 이 논문은 시작되지 않은 것만도 못할 것이다. 어쨌든 나는 다시 한번 뛰어들 수밖에 없다.

1. 역사적 전제[4]

우리의 관심을 끄는 일련의 사건의 역사적 배경을 우선 한번 검토해 보기로 하자. 〈18왕조〉의 정복전을 통하여 이집트는 세계적인 제국이 되었다. 새로운 제국주의 이념은 국민 전체는 아니라고 하더라도, 적어도 정신적으로 활동적인 상위 계급의 종교 관념의 발전에 그대로 반영되어 있다. 아시아로부터 유래한 어떤 충동을 통해 강화된 것이겠지만, 〈온〉(태양의 도시 헬리오폴리스)을 근거지로 하는 태양신의 사제들의 영향 아래 보편적인 신 아텐의 관념이 태동했다. 이것은 더 이상 한 나라 한 민족에만 국한될 수 없는 신 관념이었다. 이윽고 젊은 파라오 아메노피스 4세

4 나는 모세에 대한 순수한 역사학적 연구인 나의 두 번째 논문을 요약하는 것으로 이 글을 시작하려고 한다. 이 결론은 심리학적 연구의 전제이기도 하고, 이 연구의 출발점이자 귀착점이기도 하다. 따라서 이 결론 자체를 여기에서 다시 비판하지는 않겠다—원주.

가 왕좌에 올랐다. 그는 아텐 신 이념을 전개하고 발전시키는 것 외에 다른 일에는 아무 관심도 없는 파라오였다. 그는 아텐교를 국교로 드높였고, 그를 통하여 이 보편적인 신은 〈유일〉신이 되었다. 이때부터 다른 신에 대한 이야기는 모두 사기이자 거짓이었다. 그는 놀라우리만치 단호한 태도로 일체의 주술적인 사고방식을 거부했다. 심지어는 이집트인들에게 그토록 중요하던 사후의 삶에 대한 환상도 거부했다. 놀랍게도 후세의 과학적 발전을 예감하기라도 한 듯이 그는 태양 광선의 에너지를 이 지상의 모든 생명의 근원으로 인식하고, 신의 권능의 상징으로 이 태양을 숭배했다. 그는 창조의 환희와, 〈마트(진리와 정의)〉에 대한 자신의 기여를 뽐냈다.

이것이 인류 역사상 유일신교 최초의 단계이자 가장 순수한 단계일 것이다. 이 발전 단계의 역사적, 심리적 제 조건의 검토와 통찰은 더할 나위 없이 중요하다. 하지만 주의해야 할 것은, 이 아텐교에 대해 우리에게 전해지는 정보는 너무나 적다는 점이다. 아케나텐, 즉 아메노피스의 허약한 후계자가 들어섰을 때는 선대(先代)에서 이루어진 것은 모조리 붕괴되어 버렸기 때문이었다. 아케나텐으로부터 압제를 받던 성직자들은 아케나텐의 추억에 혹독한 복수를 했다. 아텐교는 폐기되고, 독신자(瀆神者)로 낙인 찍힌 파라오의 도읍은 철저하게 파괴되고 약탈당했다. 기원전 1350년, 〈18왕조〉는 멸망했다. 한동안 무정부 상태가 계속되다가 이집트는 하렘하브 장군에 의해 안정을 되찾았다. 하렘하브 장군은 기원전 1315년까지 이집트를 다스렸다. 아케나텐의 종교 개혁은 일장춘몽으로 끝나는 것 같았다.

역사적으로 확인할 수 있는 것은 여기까지다. 여기에서부터 우리가 세운 가설의 속편이 이어진다. 아케나텐의 측근 중에 〈투트모시스〉(당시에는 흔한 이름이었다)5라는 이름을 가진 사람이 있었다. 이 이름은 후반이 〈에모세emose〉라는 것을 제외하면 별로 중요하지 않다. 이 사람은 지위도 높았고 아텐교의 열렬한 신도이기도 했지만, 명상적이었던 왕에 견주어 열정적이고 격정적이었다. 이런 사람에게 아케나텐 왕의 죽음과 아텐교의 붕괴는 삶에 대한 희망의 벼랑 끝이었다. 변경 지역의 통치자였을지도 모르는 이 사람은, 몇 세대 전에 그 지역으로 흘러 들어와 있던 셈족과 접촉했다. 절망과 고독에 빠져 있던 그는 이 이방인들에게로 돌아서서 그들에게서 자신의 상실감을 보상받고자 했다. 그는 이 이방인들을 자기 백성으로 삼고 그들에게 자기 이상을 가르치고자 했다. 그는 추종자들을 거느리고 이 이방인들과 함께 이집트 땅을 떠나온 다음 할례를 징표로 이들을 신성한 족속으로 만들고 율법을 베푸는 한편, 당시 이집트에서는 완전히 폐기된 아텐교의 교리를 받아들이게 했다. 이 인간 모세가 자기 백성인 유대인에게 베푼 가르침은 그의 원주인이자 스승인 아케나텐의 가르침보다 훨씬 엄격했을지도 모른다. 어쩌면 그는 아케나텐이 섬기던 〈온〉의 태양신에 대한 믿음을 버렸는지도 모른다.

우리는 유대인의 이집트 대탈출을 기원전 1350년 이후의 공위 시대(空位時代)에 일어났던 사건으로 보아야 한다. 이때부터 이 유대인이 가나안 땅 점령을 완료하기까지는 시대적으로 불분명하다. 현대의 역사 연구는 성서의 기술이 누락시킨, 혹은 성서가 고의적으로 창작해 넣은 이 암흑 시대로부터 두 가지 사실을 이끌어 냈다. 첫 번째 사실은 젤린이 발견한 것으로서, 성서의 기록

5 가령 텔 엘 아마르나에서 발굴된 작업실의 주인인 조각가 이름도 투트모시스였다─원주.

을 통해서도 드러나듯이 고집이 세고 율법의 제정자인 지도자에게 몹시 반항적이었던 유대인들은 어느 날 이 지도자에게 반기를 들고는 그를 죽이고, 일찍이 이집트인들이 그랬듯이 자기네들에게 강제되던 아텐교를 폐기했다는 것이다. 그리고 마이어가 증언하고 있는 두 번째 사실은, 이집트에서 탈출한 이들 유대인은 아라비아계 미디안인의 영향을 받고는 팔레스타인, 시나이반도, 아라비아 사이에 위치한 물이 풍부한 카데스에서 친연 관계가 있는 다른 부족과 합류하고 화산신 야훼를 섬기는 새로운 종교를 창설했다는 것이다. 이들이 정복자로서 가나안으로 쳐들어간 것은 그 직후의 일이라는 것이다.

이 두 사건의 시간적 관련성이나 이집트로부터 대탈출과의 관계는 매우 불확실하다. 가장 비근한 역사적 실마리가 되는 것이(기원전 1215년까지 재위한) 파라오 메렌프타의 석주이다. 이 석주는 시리아와 팔레스타인의 피정복 민족 중에 〈이스라엘〉 민족이 포함되어 있었다고 증언한다. 우리가 이 석주의 연대를 〈최종 시점terminus ad quem〉으로 본다면 대탈출부터 이러한 일련의 사건이 일어난 시기는 약 한 세기(기원전 1350년부터 기원전 1215년까지)에 해당한다. 그러나 이스라엘이라는 이름은 우리가 추적하고 있는 족속과는 아무 관계도 없는 족속일 수도 있고, 사실이 그렇다면 우리가 일련의 사건이 일어난 것으로 추정하는 기간은 훨씬 더 길어진다. 뒷날의 유대 백성이 가나안에 정착하게 된 것은 기습 공격으로 이루어진 것이었다기보다는 오랜 기간에 걸친 파상 공격의 결과였던 것으로 추정할 수도 있다. 메렌프타 석주가 강제하는 제약에서 벗어날 수만 있다면 우리는 카데스에서 두 백성이 합류하게 되기까지 모세의 시대[6]를 한 세대(30년), 혹은 두

6 이것은 성서에 나오는, 40년 동안 광야에서 방황했다는 기사와도 일치한다 ―

세대로 집약시킬 수가 있다. 카데스에서 합류하고부터 가나안으로 침입하기까지의 기간은 짧을 필요가 있다.[7]

우리의 논지는 반대로, 이 기간을 길게 잡는 데 관심을 기울이는 것에 반하여, 앞의 논문에서 지적했듯이 유대 전승은 이집트 대탈출에서부터 카데스에서의 종교 창설까지의 기간을 짧게 잡을 근거를 제공한다.

그러나 이 모든 것은 아직은 이야기이고, 우리의 모자라는 역사적 지식의 간극을 메꾸려는 시도에 지나지 않으며, 『이마고』에 발표한 나의 두 번째 논문의 부연일 뿐이다. 우리가 관심을 기울이는 것은, 유대인의 반란이 좌절시킨 모세의 종교와 그 종교 교리의 운명이다. 기원전 1천 년에 쓰였지만 그 이전의 기록을 토대로 한 것임에 분명한 야훼파 사제들의 기록에서, 우리는 카데스에서의 합류와 종교 창설은 당시까지만 해도 구분이 뚜렷하던 두 무리의 타협에 의해 이루어졌다는 사실을 알게 되었다. 이 두 무리 중 한 무리의 관심은 오로지 야훼 신이 지니고 있는 생소하고 이국적인 분위기를 일신시키고 반대편의 백성들에게 숭배를 요구하는 데 쏠려 있었고, 다른 한편의 관심은 오로지 야훼 신 때문에 이집트로부터의 해방과 위대한 지도자인 인간 모세에 대한 소중한 추억이 희생되지 않도록 하는 데 쏠리고 있었다. 이 두 번째 무리는 실제로 해방 사실과 인간 모세를 새로운 선사의 기록으로 끌어들이고, 모세교의 외적 표적인 할례속을 그대로 유지하며, 경우에 따라서는 새로운 신 야훼의 이름을 사용할 때마다 모종의 제약을 가하는 데 성공을 거두었다. 앞에서도 언급한 바 있지만,

원주.「민수기」 14장 33절.
7 따라서 우리는 기원전 1350년(혹은 1340년)에서 1320년까지(혹은 1310년)를 모세의 시대, 1360년 혹은 이보다 조금 뒤를 카데스 합류, 메렌프타 석주를 기원전 1215년으로 잡아야 할 것 같다—원주.

이러한 주장을 한 사람들은 모세 추종자들의 후손들, 즉 레위 지파 사람들이다. 이들은 몇 세기 전에 저희들과는 동시대인이자 동국인(同國人)들로부터 분리되어 모세에 대한 기억을 살아 있는 삶의 기억으로 유지하고 있었다. 우리가 보기에 야훼파 사제와 후일에 그 경쟁 상대로 대두된 엘로힘파 사제의 시적이고 현란한 묘사는, 후세 사람들이 알지 못하도록 모세교의 특성이나 이 위대한 인간 모세가 폭력에 희생된 사건을 비롯한 옛날의 사건을 묘석(墓石)으로 눌러 영원히 잠재우려는 묘비명을 방불케 한다. 이 사건의 경과에 대한 우리의 추리가 옳다면 고개를 갸웃거릴 일이 없다. 이렇게 된다면 이 사건은 유대의 민족사에서 모세 에피소드의 결정적 결말을 의미하게 될지도 모른다.

그런데 주목할 만한 것은, 이것이 결정적 결말이 아니라는 사실이다. 말하자면 이 민족이 한 모세 체험의 강한 영향의 흔적이 후일에 모습을 드러내는가 하면, 몇 세기가 경과한 뒤에도 현실 속에서 나타나고 있는 것이다. 야훼 신의 성격은 인근의 민족신이나 부족신들의 성격과 크게 달랐던 것 같지는 않다. 유대인들이 주변 민족과 싸웠듯이 야훼 또한 주변의 신들과 싸웠던 것은 사실이다. 그러나 당시 야훼를 섬긴 사람들이 가나안이나 모압이나 아말렉족의 존재를 부정하지 않았듯이, 그들이 섬기는 신들을 부정했을 것이라고 가정할 수는 없다.

아케나텐과 함께 타오르던 유일신교 관념은 다시 한번 그 빛을 잃고 오랜 세월이 흐르도록 어둠 속에 묻혀 있었다. 나일강의 제1폭포 바로 밑에 있는 엘레판틴섬에서 출토된 유물은 우리에게 놀라운 정보를 제공한다. 말하자면 유대 군대의 식민지가 수 세기 동안이나 거기에 있었다는 것인데, 더욱 놀라운 점은 이들의 신전에 있는 주신(主神) 야후Yahu 옆에는 두 여성 신이 있고, 그중

하나의 이름이 아나트 야후Anat-Yahu였다는 것이다. 이 유대인들이 모국과 단절되어 있었고, 따라서 모국에서 진행되던 종교 발전에 가담하지 못했던 것은 사실이다. 예루살렘에서 발전한 새로운 전례 규칙(典禮規則)을 이 유대인들에게 전한 것은 페르시아의 지배 권력(기원전 5세기)이었다.[8]

이 시대 이전으로 거슬러 올라가면 야훼 신은 모세 신과 닮은 데가 없었을 것이라고 볼 수 있다. 아텐 신은 지상의 대리인 — 더 정확하게 말하자면 원형(原型) — 이었던 파라오 아케나텐이나 마찬가지로 평화주의자였다. 아케나텐은 선조들 수중에서 성립된 제국이 붕괴되고 있는 것을 수수방관했다. 따라서 힘으로 새로운 땅을 장악하려는 백성에게는 아텐보다는 야훼가 훨씬 적절한 신으로 보였을 것임은 의심할 나위도 없다. 찬양받아 마땅한 모세 신의 미덕이 원시 시대의 단순한 대중의 이해에 미치기에는 어림도 없는 것이었다.

앞에서 지적했다시피 — 이 문제에 관한 한 다행히도 나의 의견은 다른 학자들의 주장과 일치하지만 — 유대 종교 발전의 중심축은 세월이 흐르면서 야훼 신이 그 특징을 잃고 모세의 신, 아텐과 닮아 가는 과정이다. 언뜻 보면 중요해 보이는 차이가 남아 있는 것은 사실이다. 그러나 이것은 쉽게 해명이 가능한 차이에 지나지 않는다.

이집트에서 아텐은 자신의 소유가 확보되는 행복한 시절에는 주도적인 신이었다. 제국이 붕괴하기 시작한 시대에도 아텐의 추종자들은 제국이 운명으로부터 눈길을 돌리고 계속해서 그의 창조력을 찬양하며 그 기쁨을 노래했다. 유대인은 일련의 가혹한 시련과 고통스러운 사건을 체험해야 할 운명을 타고난 족속이었

8　아우어바흐, 『황야와 약속의 땅』 제2권 참조 — 원주.

다. 이들의 신은 날이 갈수록 엄격해지고, 무자비해지고, 음험해지지 않을 수 없었다. 유대인의 신은 보편적인 신의 특징을 그대로 유지하면서 모든 나라와 모든 백성을 두루 다스렸다. 그러나 유대인이 바로 이 신에 의해 선택된 민족이 되고, 유대인들이 이 신에 대한 특수한 의무를 완수해야 특별한 보상을 받는다는 부수적인 관념이 추가되었다는 것은, 이 신이 곧 이집트인에게서 유대인에게로 넘어왔다는 것을 증명한다. 이 족속에게 불행한 운명의 서글픈 경험을 앞두고 전능한 신의 총애에 대한 믿음과 화해하기는 쉬운 일이 아니었을 것이다. 그러나 그들은 확신의 흔들림에 몸을 맡기지 않았다. 그들은 신에 대한 의혹을 떨쳐 버리기 위해 저희들에게 가하는 죄의식을 강화했다. 그들은 어쩌면 신심 있는 사람들이 오늘날까지도 그러듯이, 결국은 모든 것을 〈불가사의한 신의 섭리〉로 돌려 버렸는지도 모르는 일이다. 아시리아인, 바빌로니아인, 페르시아인 같은 난폭한 침략자들이 차례로 유대인들을 짓밟고 학대했는데, 유대인들은 이것을 신의 뜻이라고 생각하지 않았다고 하더라도 이들 사악한 원수들이 일어섰다가도 결국은 하나씩 사라지는 것에서 신의 힘을 인정하게 되었을지도 모른다.

세 가지 중요한 점에서 결국 유대인의 신은 그 이전의 모세 신으로 돌아간다. 첫째 이 신이 유일신으로 인정되면서 그 옆에는 어떤 신도 세울 수 없게 된다는 점에서 그렇다. 아케나텐의 유일신 관념은 당시 모든 백성이 진지하게 받아들이던 것이었다. 백성들은 이 관념을 거의 전폭적으로 받아들여 그들의 정신적인 삶 *Geistesleben*의 주된 내용물로 삼고, 다른 것에는 전혀 관심을 기울이지 않았다. 이 백성과, 백성 사이에서 지배적인 위치를 점유하고 있던 사제 계급은 일신교 신앙에서는 하나가 되었다. 그러나 사제들은 신을 섬기는 의례를 강화하는 데 모든 활동을 집중하게 되면서, 신에 대한 모세의 두 가지 교리에 생명을 부여하려는 백성들의 강렬한 희망에 역행하는 입장에 처하게 되었다. 예언자들은 신이 의례와 공희제를 배격하고 오로지 신 자신에 대한 믿음과, 진실과 정의의 삶만을 요구한다고 끈질기게 주장했다. 예언자들이 광야에서 소박한 삶과 생명의 신성함을 찬양하면서, 이들은 결국 모세의 이상이라는 영향권 안으로 합류하게 되었다.

이 시점에서 유대인의 신 관념의 최종적 국면에 모세의 영향을 고려에 넣는 것이 필요한가, 여러 세기가 지나도록 문화생활을 하는 도중 외부의 영향 없이 자발적인 발전을 통해 고도의 정신성 Geistigkeit을 획득한 것으로 보면 충분하지 않겠느냐는 의문이 제기될 법하다. 이 의문을 풀 수 있다면, 우리가 제기한 황당한 수수께끼도 저절로 풀릴 법하다. 이 문제에 관한 한 두 가지 설명이 가능하다. 그리스인 — 비할 데 없이 재능이 있는 민족임에 분명한 — 의 경우 상황은 똑같았는데도 불구하고, 유일신교를 지향하는 대신 다신 종교(多神宗敎)로의 이완을 통하여 이것을 철학적 사유 체계의 단서로 삼았다. 주지하다시피 이집트에서의 유일신교는 제국주의의 부산물로 성장했다. 말하자면 신은 광대한 세계제국의 절대적인 통치자였던 파라오를 그대로 반영하는 존재였던 것이다. 유대인의 경우, 정치 상황이 지극히 불리해서 배타적인 민족신의 이념에서 보편적 세계 지배자 이념으로 전개시킬 수가 없었다. 바로 그 때문에 이 힘도 없는 조무래기 국가의 국민이 오만하게도 위대한 주님의 총애를 받는 백성이라고 주장하지 않았을 것인가? 유대인이 신봉하는 유일신교의 유래에 관한 문제는 아직 해명되지 않은 채 남아 있다. 어쩌면 우리는 유대인이 종교적으로 천재적인 재질을 지닌 특별한 백성이라는 평범한 답으로 만족해야 할지도 모른다. 천재란 원래 불가해하고 무책임한 개념 이다. 따라서 다른 설명 수단이 모두 실패로 돌아갈 때까지는 섣 불리 설명을 시도해서는 안 될 듯하다.[9] 여기에 덧붙여서 또 한 가 지 주목할 만한 것이 있다. 그것은 유대인의 옛 기록과 역사 기술 이 더할 나위 없이 단호하게 — 여기에서는 서로 모순되는 일도 없다 — 유일신의 관념은 모세에 의해 유대 백성에게 전해졌다고 단언하고 있다는 점이다. 이 확언의 신빙성에 이의를 제기하는 것이 있다면, 우리가 사용하고 있는 원전에 대한 사제들의 수정 본이 지나치게 많은 것을 모세에게 그 연원을 돌리고 있다는 사 실이다. 전례 규칙 같은 제도는 뒷날에 성립되는 것이 분명한데 도 불구하고, 여기에 권위를 부여하려는 명백한 의도로 모세의 계명에서 유래한다고 주장하는 것도 여기에 속한다. 이러한 주장 은 우리에게 의혹의 여지를 제공하기는 하지만, 이의를 제기할 정도에는 미치지 못한다. 은밀한 동기에서 이런 식으로 과장된 것으로 보이기 때문이다. 사제들은 이런 모사를 통해 자기네들이 살던 시대와 모세가 살던 아득한 옛날 사이에 연속성을 부여하려 는 듯하다. 말하자면 이로써 우리가 지금까지 묘사해 온 유대 종 교사의 충격적인 사건, 다시 말해서 율법의 제정자 모세와 후일 의 유대교 사이에 간극이 있다는 주장 — 처음에는 야훼 숭배를 통해서 메워졌다가 뒤에는 미봉책을 통해 서서히 그 흔적이 사라 진 — 을 폐기시키기 위함인 듯하다는 것이다. 무수한 증거를 통 해 입증된 바, 성서 원전에 대한 손질이 있었다는 것은 역사적으

9 윌리엄 셰익스피어라는 주목할 만한 인물에 대해서도 똑같은 말을 할 수 있다 — 원주. 프로이트는 셰익스피어를 옥스퍼드 백작 에드워드 드 베어의 필명으로 보 았다.

로 의심할 나위가 없는데도 불구하고, 사제들의 주장은 가능한 모든 수단을 동원함으로써 이 일련의 사건에 대한 가능성을 차단한다. 사제들이 수정을 통하여 새로운 신 야훼를 이스라엘 선조들의 신으로 세우는 것도 이와 유사한 의도적 왜곡의 산물이다. 〈사제 사본〉이 드러내고 있는 동기를 고려에 넣으면 모세 자신이 실제로 유대인에게 유일신교 관념을 부여했다는 확신에서 오는 우리의 믿음은 지탱하기 어렵게 된다. 우리는 모세가 이 관념을 어디에서 받아들였는지 알기 때문에 유일신교 관념이 모세에게서 유래했다고 자신 있게 말할 수 있다. 그러나 유대 사제들은 이 사실을 알지 못했다.

유대교의 내력을 이집트 유일신교까지 소급해서 우리가 얻는 것이 무엇이냐고 묻는 사람도 있을 수 있다. 이런 질문은 우리의 연구에 도움이 되지 않을뿐더러 유일신교라는 종교 이념의 발상을 아는 일에 아무 기여도 하지 못한다. 우리가 의문을 제기하는 목적은 조사하는 데 있지 이익을 얻는 데 있는 것이 아니다. 사건의 경위에 대한 실제의 경과를 알게 되면, 배움을 통하여 무엇인가를 얻을 수 있을지도 모르겠다.

2. 잠재기와 구비 전승

따라서 우리는 주술적으로 유효한 의례를 거부하고 그의 이름을 통한 윤리적 요구를 강조하는 태도는 물론, 유일신의 이념까지 모두가 실제로는 모세의 교리라는 것을 확신하고 있다. 단지 이런 모세 교리는 처음에는 어떤 주목도 받지 못하다가 오랜 세월이 흐른 뒤에야 그 영향력을 드러내고, 급기야 영구적인 교리로 정착된 것들이다. 그렇다면 이런 종류의, 그 실효성이 연기되는 사태를 어떻게 설명할 것이며, 이와 유사한 현상을 어디에서 찾을 수 있는 것일까?

잠깐만 생각해 보아도 우리가 다양한 분야에서 이런 현상을 만나는 것은 별로 진기한 일이 아니다. 실제로 이런 현상은 갖가지 모습을 띠고 나타나지만, 그 현상을 알아보는 것도 별로 어려운 일이 아니다. 가령 다윈의 진화론 같은, 새로운 과학적 학설의 역사를 예로 들어 보자. 이 학설은 처음 수십 년간은 거칠게 거부당했고, 격렬한 반론에 부딪혔다. 그러나 이 학설은 한 세대가 채 지나지 않아 진리를 향해 내디딘 큰 걸음으로 인정받게 되기에 이르렀다. 다윈 자신은 웨스트민스터 대성당에 묻히는 명예를 얻었을 뿐만 아니라, 기념비까지 추존되는 영광을 누렸다. 다윈의 진화론 같은 정도의 수수께끼는 풀고 말고 할 것도 없다. 새로운 진리는 감정적 저항을 일깨운다. 이 때문에 생기는 논쟁에서는 이 인기 없는 이론을 지지하는 증거는 논파당하고, 의견 대립은 상당한 세월이 흐르도록 계속된다. 이 이론에는 처음부터 추종자와 반대자가 있다. 추종자의 수와 비중은 점점 늘어나다가, 이윽고 일정한 시점이 되면 우세한 지점을 점령한다. 대립이 계속될 동안은 대립을 야기시킨 문제가 무엇인가는 잊히는 법이 없다. 우리는 이러한 일련의 사태가 상당한 기간 동안 계속되어도 별로 놀라지 않는다. 그런데도 우리는 우리가 관심을 가지고 있는 이 일이 집단 심리학의 과정을 되풀이한다는 사실은 제대로 인식하지 못한다.

이런 과정에 정확하게 대응하는 현상을, 개인의 정신생활이라는 유사한 현상에서 찾아내기는 어렵지 않다. 어떤 사람이 자기에게 전혀 새로운 것을 배우게 되는 경우를 상상해 보자. 그는 어느 정도 확실한 증거를 통해 이것을 진리로 인정하지 않으면 안 된다. 그러나 이 새로운 것에 대한 인정은, 그가 바라던 것과 모순된다는 것을 알게 되는 순간부터 그에게 소중하던 몇 가지 확신에 충격을 준다. 이때부터 이 사람은 새로운 것을 인정하기를 주저하면서 이 새로운 것에 던져지는 의혹을 합리화할 구실을 찾는다. 그래도 안 될 때에 이르러서야 이 사람은 이렇게 말하면서 마침내 그것을 수긍한다.

〈받아들이기 어렵고, 믿어야 한다는 것이 괴롭지만 사실이라는 데야 어쩌랴.〉

우리가 여기에서 알 수 있는 것은, 자아의 지적 작업이 강력한 정서적 반응과 함께 제출되는 항의를 극복하는 데는 다소 시간이 걸린다는 점이다. 이 사례와 우리가 다루고 이해하려는 사례 사이의 유사성이 별로 두드러지지 않기는 하다.

다음에 다루는 예는, 우리가 여기에서 문제로 거론하는 것과는 공통점이 훨씬 적어 보이지만 일단 한번 다루어 보기로 하자. 어떤 사람이 무서운 사고, 가령 열차 충돌 같은 사고를 체험한 장소에서 무사히 빠져나간다고 가정하자. 이 사람은 몇 주일이 지나면 그때의 충격, 격동 같은 것이 그 원인이 되었다고밖에는 볼 수 없는 일련의 심각한 심적, 운동 신경성 증후를 보이게 된다. 이 사람은 이로써 〈외상성(外傷性) 신경증〉 환자가 되는 것이다. 사람이 이런 식으로 신경증을 얻을 수 있다는 것은 이해하기 어려운 — 다시 말해 새로운 — 사실이다. 사고가 일어난 시점부터 증후가 처음으로 나타나기까지의 기간은, 전염병 병리학 용어에 따르면 〈잠복 기간Inkubationszeit〉에 해당한다. 가만히 생각해 보면, 두 사례 — 외상성 신경증 문제와 유대의 유일신교의 문제 — 사이에는 기본적인 차이에도 불구하고 하나의 공통점, 말하자면 〈잠재기〉라고 할 수 있는 특징이 발견된다는 것은 놀라운 일이다. 확실성이 상당히 높은 우리의 가설에 따르면, 유대교의 역사에는 모세의 종교로부터 탈퇴하고 나서 상당한 기간 동안 의례를 경시하고 윤리를 강조하는 유일신교 이념의 흔적은 전혀 나타나지 않는다. 바로 이 때문에 우리는 특별한 심리적 상황을 이용하면 우리 문제 해결을 마무리 지을 가능성이 열릴 수도 있다고 생각하는 것이다.

우리는 이미 후일 유대인이라고 불리는 두 무리의 백성이 한자리에 모여 새로운 종교를 받아들이게 될 당시 카데스에서 있었던 일을 되풀이해서 언급한 바 있다. 이 두 무리의 백성 중 한 무리, 즉 이집트에 산 적이 있는 백성, 따라서 대탈출과 인간 모세에 대한 추억이 강렬하고 생생했던 무리는 태고에 대한 보고에 이런 기억을 포함시켜 줄 것을 요구했다. 이들은 경우에 따라 모세를 잘 알고 있는 사람들의 후손에 해당하는 사람들도 있었을 것이고, 여전히 이집트에 살고 있다고 생각해서 이집트 이름을 그대로 가진 사람도 있었을 것이다. 이들에게는 그들의 지도자이자 율법의 제정자인 모세의 운명에 대한 기억을 억압하려는 동기도 충분히 있었다. 이와 반대편에 서 있던 무리의 목적은 새로운 신에게 영광을 돌리고, 이 신이 외래 신(外來神)이라는 것을 부정하는 것이었다. 그러니까 이 두 무리가 보인 관심 중 공통되는 것은, 옛날에 다른 종교를 섬겼다는 사실과 그 종교의 내용물의 성격을 저희 기억으로부터 지우는 일이었다. 이렇게 해서 최초의 타협이 이루어졌고, 이 타협은 곧 기록에 남게 되었으리라는 것이다. 이집트에서 나온 사람들에게는 기록의 수단과 함께 그들의 역사를 기록하려는 소망도 있었을 것이다. 그러나 이것은 역사의 기록이 확고부동한 진실성을 보증한다는 인식이 생기기 오래전의 일이었다. 당시 문서 변조라는 개념은 보편화되어 있지 않았을 것이나,

당시 사람들의 필요와 목적에 따라 오고 간 대화를 저희들에게 유리하도록 짜맞추었을 것으로 보면 큰 무리가 없을 것이다. 이런 사정 때문에 같은 자료라도 문서로 정착된 것과 구두로 전달된 것(바로 〈구비 전승〉) 사이에는 차이가 날 수 있었을 것이다. 우리는 기록된 문서에서는 누락되거나 변조된 것들이 구비 전승에는 고스란히 보존되어 있는 사례를 무수히 본다. 구비 전승은 역사적인 기록의 보완인 동시에 이와는 모순되는 것이기도 하다. 구비 전승은 왜곡 의도의 영향에 좌우되는 일도 비교적 적을 뿐만 아니라, 경우에 따라 어떤 부분은 그 영향권에서 완전히 제외되는데, 이 때문에 문서로 정착된 기록보다도 진실성이 더 클 수도 있다. 그러나 구비 전승에도 약점은 있다. 구비 전승은 문서보다 불안정하고 불확실하며, 한 세대에서 다음 세대로 구두로 전해지는 것이어서 이렇게 전해질 때마다 내용이 변하거나 달라질 수 있다는 약점이 있다. 이 같은 전승은 다양한 종류의 운명에 처할 수 있다. 우리가 여기에서 예상하는 것은 구비 전승이 문서에 의해 훼손되고, 문서로부터 홀로 설 수 없으며, 세월이 흐름에 따라 점점 희미해지다 마침내 망각의 강 건너편으로 사라지는 사태이다. 그러나 모든 구비 전승이 다 이런 운명을 맞이하는 것은 아니다. 구비 전승 중에는 마침내 문서로 정착되는 것도 있는가 하면, 전혀 다른 길을 걷는 것도 있다. 구비 전승이 직면하는, 이와는 다른 운명에 대해 지금부터 검토해 보기로 하자.

우리가 지금부터 다루려고 하는 유대 종교사의 잠복 현상은, 공식 역사가들이라고 불리는 사람들의 의도에 따라 폐기되었어야 마땅한 사실과 이념들이 실제로는 사라지지 않은 채로 남아 있는 현상으로 설명될 수 있을 듯하다. 실제로 우리가 젤린의 증언을 통하여 확인했듯이 구비 전승 중에는 모세의 최후에 대한 구비 전승, 다시 말해 공식적인 자료와는 모순되고 진실과는 거리가 먼 전승이 있다. 이와 같은 우리의 가정은, 당시 다수를 차지하고 있던 사람들에게는 받아들여질 수 없어서 모세(모세교의 내용물)처럼 사라져 버렸을 것들에도 그대로 적용시켜 볼 수 있다.

그러나 이 대목에서 우리가 직면하게 되는 주목할 만한 상황은 이러한 구비 전승이 시간이 흐름에 따라 희미해져 가기는커녕 세월이 흐름에 따라 점점 그 모습을 선명하게 드러내다가 드디어 수정된 공식 기록으로 침윤하고, 결국 사람들의 사상과 행동에 결정적인 영향을 미칠 정도의 막강한 힘을 행사한다는 사실이다. 구비 전승의 이러한 용출을 가능하게 하는 결정적인 인자가 무엇인지 우리는 아직 알지 못한다.

그러나 이러한 현상이 우리의 새로운 주목을 요구할 정도로 두드러지는 것은 사실이다. 우리가 풀어야 할 문제는 바로 이런 현상 속에 포함되어 있다. 유대인들은 모세가 이집트에서 가지고 나온 아텐교를 폐기하고 인근 지역 민족이 믿고 있던 바알림(지방신[地方神])과 별다를 것이 없는 새로운 신을 경배하기에 이르렀다. 뒷날 역사가들의 온갖 의도적인 노력도 이 부끄러운 사실을 은폐하는 데는 성공하지 못했다. 하지만 그렇다고 해서 모세의 종교가 흔적도 없이 사라진 것은 아니었다. 모세 종교에 대한 기억의 일부는, 애매한 전승이나 왜곡된 전승의 형태로 계속해서 사람들의 뇌리에 잠복해 있었다. 이 아득한 옛날의 전승은 끊임없이 공식적인 기록에(배후에서이기는 하지만) 작용해 오면서 사람들의 마음속에서 그 힘을 키워 나가다가, 마침내 야훼를 모세의 신으로 바꾸는 데 성공을 거두게 된다. 말하자면 모세가 도입했지만 여러 세기 전에 폐기된 모세교로 거듭나는 데 성공을 하게 되는 것이다. 어떠한 사건이 망각의 강에 가라앉아 있다가 사람들의 정신생활에 막강한 영향을 행사하는 사례가 우리에게 는 생소하다. 그러나 바로 이곳이 우리로서는 알아봐야 기분이 좋을 리 없는 집단 심리학의 영역이다. 영역이 다소 다르기는 하 지만, 이와 유사한 현상을 지금부터 찾아보기로 한다. 그런 예를 찾기는 그리 어렵지 않을 것으로 보인다.

유대인들이 모세교로 회귀할 준비를 하고 있던 시기는, 그리스 민족이 엄청난 민족 전설과 영웅 신화의 보고를 찾아낸 시기이기 도 하다. 호메로스의 서사시 두 편이 쓰인 것은 대략 기원전 9세 기나 8세기로 믿어진다. 호메로스의 서사시는 바로 민족 전설이 나 영웅 신화에서 건져 올린 것이다. 우리는 오늘날의 심리학적 통찰을 통해 그리스 유적을 발굴해 낸 슐리만이나 에반스 이전에 이미 호메로스나 아티카의 위대한 극작가들이 걸작으로 빚어낸 전설의 소재를 그리스인들은 도대체 어디에서 건져 올렸을까, 하 는 의문을 제기하게 된다. 이런 의문에 대한 대답은 이렇다. 이들 은 선사 시대에 화려한 문명과 문화적 번영의 시대를 체험했지만, 이 문명과 문화는 역사적 파국과 함께 소멸되고 애매한 구비 전 승만 이러한 전설 속에 남아 있었다는 것이다. 오늘날의 고고학 적 연구를 통해 이러한 사실은 상당 부분 실증되고 있지만, 당시 이런 것을 가정한 사람이 있었다면 너무 시대를 앞서가는 주장으 로 들렸을 것이다. 오늘날의 고고학자들은 인상적인 미노아뮈케 나이 문화의 유물을 발굴했다. 기원전 1250년에 이미 그리스 본 토에서 종언을 고했던 문화의 흔적이었다. 그 후의 그리스 역사 가들이 남긴 문헌에는 이 문화의 존재를 지적하는 문장은 거의 없다. 다만 크레타인들이 제해권을 장악한 시대가 있었다는 언급, 미노스 왕과 그 궁성 라비린토스[迷宮]의 이름이 남아 있었을 뿐이다. 이것이 전부인데, 결국 시인들의 영감에 불을 지핀 구비 전승을 제외하면 남은 것은 아무것도 없었던 셈이다.

다른 민족(독일인, 인도인, 핀Finn인)의 서사시도 이제 세상에 알려지게 되었다. 이들의 서사시도 그리스 서사시와 동일한 성립 조건을 가정해도 좋은지 여부에 관한 연구는 문학사가들의 과제로 남겨 두기로 한다. 그러나 나는 그 연구 성과는 긍정적일 것으로 믿는다. 내가 생각하는 구비 전승의 결정 인자는 이런 것이다. 선사 시대의 한 단편은 바로 다음 시대에는 더 풍부한 내용으로 보다 중요하고, 화려하고, 대부분의 경우 영웅적인 모습으로 나타나지만, 곧 이러한 내용은 아득한 옛일로 현장에서 후퇴했다가 그다음 세대에는 애매하고 불완전한 구비 전승으로 전해진다는 것이다. 놀라운 것은 예술 형식으로서의 서사시 구조는 그다음 시대에 마모되어 버린다는 사실이다. 이것은 경우에 따라 서사시의 결정 요인이 더 이상 유효하지 않게 된다는 사실로도 설명할 수 있다. 이로써 해묵은 기억은 사라지고, 그다음에 이어지는 사건에 역사적 기록이 구비 전승의 자리를 대신한다. 아무리 위대한 영웅의 행적이라도 우리 시대의 행적은 서사시인의 영감을 자극하지 못한다. 심지어는 알렉산드로스 대왕도 자신의 호메로스를 찾지 못한 것을 한탄해야 하는 것이다.

아득한 과거는 사람의 상상력을 자극하는 엄청난, 때로는 이상한 매력이 있다. 사람들은 현실의 환경에 만족하지 못할 때마다 (이것은 자주 있는 일이다) 과거로 돌아가, 영원히 소멸될 줄 모르는 황금 시대에 대한 꿈을 진실로 증명해 내고 싶다는 희망에 사로잡히곤 한다.[10] 어쩌면 인간은 아직도 유년 시대의 마력에 사

10 매콜리Macaulay가 『고대 로마의 노래 Lays of Ancient Rome』를 쓴 것도 바로 이런 상황에서였다. 매콜리는 자신의 입장을 동시대의 정쟁(政爭)에 식상한 음유시인의

로잡혀 있는지도 모른다. 이것은 유년 시대야말로 그들에게 공정
하다고 할 수 없는 기억이 재생시키는 지복(至福)의 시절이기 때
문이다.

과거의 자리에 남겨진 것이 구비 전승이라고 불리는 불완전하
고 희미한 기억뿐이라고 해도 이 여백은 적어도 예술가에게는 무
한히 매력적이다. 이 자리가 여백일 경우 예술가는 자유롭게, 상
상력이 요구하는 대로 이 기억의 여백을 채우고, 자기 의도에 따
라 원하는 대로 그 시대를 그릴 수 있기 때문이다. 심지어 구비 전
승이 모호하면 모호할수록 시인에게는 그만큼 유용해진다고까지
말할 수 있다. 따라서 우리는 창조적인 문학에 대하여 전승이 지
니는 중요성에 놀랄 필요는 없다. 바로 이 서사시 제약의 유사성
때문에 우리는 유대인들에게 야훼 숭배를 모세교로 지향하게 한
것은 바로 모세에 관한 구비 전승이었다는 이상한 가설을 받아들
이게 되는 것이다. 하지만 이 두 경우는 현격하게 다르다. 그리스
인들의 경우는 결과가 서사시이지만 유대인의 경우는 종교인 것
이다. 종교는 구비 전승의 영향권 아래서 서사시와는 비교도 안
될 정도로 충실하게 재생산되는 것이라고 나는 생각한다. 바로
이런 점 때문에 우리의 문제는 아직 완전히 해명된 것이 아닌 셈
인데, 이를 해명하기 위해서는 보다 적절하게 대응하는, 이와 유
사한 현상을 찾아야 할 것으로 보인다.

3. 유사 현상

유대인의 종교사에서 발견된 일련의 주목할 만한 사례에 대한

자리에다 놓고는, 사람들에게 선조들의 희생 정신이나 통일이나 애국심에 대한 노래
를 들려준다 —원주.

356

오직 한 가지 만족스러운 유사 현상은 이와는 거리가 상당히 떨어진 분야에서 발견된다. 하지만 이 유사 현상은 완벽하고, 어떤 의미에서는 거의 동일해 보일 정도이다. 거기에서도 잠복 현상, 설명을 요하는 불가사의한 여러 현상, 잠복의 인자로서 세월이 지남에 따라 잊히는 옛 체험 같은 것이 발견된다. 그뿐만 아니라 여기에서는 논리적인 사고의 압박과 함께 정신을 강제하는 강박의 특성도 엿보인다. 이것은 서사시의 형성 과정에서는 볼 수 없던 현상들이다.

이 유사 현상은 정신 병리학에서, 인간의 신경증 발생 과정에서 드러난다. 말하자면 종교 현상은 집단 심리학의 대상이 되는 데 견주어, 이 유사 현상은 개인 심리학 분야에서 발견되는 것이다. 곧 알게 되겠지만, 이 유사 현상은 우리가 처음에 생각하는 것 이상으로 놀라운 것이 아니다. 실제로 이 유사 현상은 원래 우리가 다루고 있던 종교 현상의 요구에 따라 등장한 공리(公理) 같아 보일 정도다.

우리는 이전에 체험한 것인데도 불구하고 뒤에는 잊혀 버리는 것, 신경증의 병인(病因)으로 우리가 중요한 의미를 부여하는 인상의 흔적을 〈심적 외상Trauma〉이라고 부른다. 일반적으로 신경증의 병인을 모두 심적 외상으로 볼 수 있느냐는 문제는 잠시 논외로 하자. 이 문제에 대한 가장 두드러지는 반론은, 신경증에 걸린 환자라고 해서 모두 심적 외상의 흔적을 드러내는 것은 아니라는 반론일 것이다. 한 걸음 물러서서 우리가 분석해야 하는 것은, 모든 사람들에게 동일한 영향을 미치는 경험이나 요구에 대한 반응이기는 하나, 이것이 정상적인 다른 사람에 의해 분석되고 처리될 때는 유별난 반응, 비정상적 반응으로밖에는 취급되지 못한다는 것을 인정할 필요가 있다. 이것을 설명하기 위해 유전적, 체질적인 소질 이외의 어떤 것도 이용할 수 없을 경우 우리는, 신경증은 외적인 원인을 통해 얻어진 것이 아니라 내적인 원인을 통해 발생하고 발전했다고 말하고 싶은 유혹을 느끼곤 한다.

하지만 이와 관련해서 두 가지가 강조되어야 한다. 첫째는, 신경증의 발생 원인은 어떤 경우든 아주 오래된 유년기에 각인된 인상까지 거슬러 올라가지 않으면 안 된다는 것이고,[11] 둘째는, 그 작용이 틀림없이 정상적으로는 처리될 수 없는, 하나 혹은 여러 개의 강한 유년 시절의 인상을 그 원인으로 하고 있고, 그 원인이 없었더라면 신경증에 걸리지도 않았다고 판단할 수 있으므로 〈심적 외상〉이라는 병증이 분명히 존재한다는 점이다. 우리가 추적하는 유사 현상은 심적 외상성의 병증에 한정시켜야 한다고 해도, 우리의 목적은 이것으로도 충분히 달성될 수 있을 듯 보인다. 그렇게 하더라도 우리가 추구하는 유사 현상과 심적 외상 사이의 간극은 상호 소통이 불가능해 보이지는 않는다. 병인으로서 이 양자의 조건을 하나의 해석으로 통일하는 것도 가능하다. 이것은 〈심적 외상성〉을 어떻게 정의하느냐에 달려 있다. 만일 우리가 경험이 심적 외상의 형질을 획득하는 것은 양적인 요인에 의한다고 가정한다면(다시 말해서, 체험이 이상한 병리적 반응을 보이는 것은 요구의 과잉 때문이라고 가정한다면), 우리는 어떤 체질을 지닌 사람에게는 심적 외상으로 작용해도 다른 체질을 지닌 사람에게는 그렇지 않다고 말할 수 있다. 바로 이 대목에서 우리는 슬라이드식 〈상보 계열Ergänzungsreihe〉이라는 개념과 만난다.[12] 이런 상황에서는 두 개의 인자가 모여 한 병인의 요구를 성취시킨

---

11 실제로 이런 일이 일어나고 있거니와, 만일에 이 유아기의 문제를 고려나 검토에서 제외시키고도 정신분석학을 연구하고 있다고 한다면 엉터리인 것이다 — 원주.
12 『정신분석 강의』(프로이트 전집 1, 열린책들)의 스물두 번째 강의 참조.

다. 이때 한 인자가 적으면 다른 인자가 많아지면서 균형을 취한다. 일반적으로 이 양자는 공동 보조를 취하는데, 이것이 계열의 양단(兩端)에서 작용할 때만 단일한 동기가 문제를 발생시킨다. 이 개념에 따르면, 심적 외상성 병인과 비심적 외상성 병인의 구별은 우리가 검토하고 있는 유사 현상의 문제와는 본질적으로 무관하므로 무시해도 좋다.

반복해서 설명하는 감이 있지만, 우리에게는 지극히 중요한 이 유사 현상을 포괄하는 여러 사실을 한자리에 모아 보는 것도 연구에 도움이 될 것이다. 예를 들면 다음과 같다. 우리의 연구를 통하여, 우리가 신경증의 현상(증후)이라고 부르는 것은 특정한 경험이나 각인된 인상의 결과라는 것, 바로 이런 이유에서 이것을 병인성 심적 외상이라고 부르게 되었다는 것을 알았다. 이제 우리 앞에는 두 가지 과제가 놓여 있다. 그것은 (1) 이 두 경험의 공통된 특징, (2) 신경증적 증후군의 특징을 찾아야 하는 것이다. 그러자면 도식화를 기피할 필요는 없다.

(1) (a) 이 모든 심적 외상은 5세까지의 유년기에 형성된 것이다. 특히 흥미로운 것은 언어 능력이 발휘되기 시작할 즈음에 각인된 인상이라는 점이다. 2세부터 4세까지의 기간은 가장 중요한 것으로 보인다. 태어나서 몇 살 때부터 감수성을 보이기 시작하는가는 아직 분명하지 않다. (b) 문제의 경험은 대체로 완전히 잊힌다. 이 경험은 기억에 도달하지 못하고, 이른바 〈유아 건망Infantile Amnesie〉에 희생되는 것이다. 이 유아 건망은 여러 개의 기억 상실에 의해 파편이 되는데, 이것이 이른바 〈덮개-기억Deckerinnerung〉이다.[13]

13 『정신분석 강의』의 열세 번째 강의 참조.

(c) 이런 체험은 성적, 공격적 성격으로 각인된 인상과 관계가 있고, 유아기에 있었던 자아의 손상(자기애적 굴욕 *die narzisstische Kränkung*)과도 무관하지 않음이 분명하다. 이런 맥락에서 보면, 어린아이는 어른이 되었을 때와는 달리 성적인 행위와 공격적인 행위를 뚜렷하게 구분하지 않는다는 사실은 주목할 만하다(가학적 감각에서 나타나는 성적 행동의 잘못된 이해 참조).[14] 물론 성적인 요인의 우위가 가장 두드러지는데, 이에 대해서는 이론적인 검토가 필요하다.

이 세 가지 요인 — 태어난 지 5년 이내에 이런 경험을 한다는 사실, 경험을 망각한다는 사실, 경험의 성적, 공격적 내용 — 은 서로 밀접한 상호 관계를 갖고 있다. 심적 외상이란 자기 자신의 신체에 가해지는 체험 혹은 지각으로, 대부분의 경우 보거나 들은 것, 따라서 체험 혹은 각인된 인상의 형태를 취한다. 이 세 가지 요인의 상호 관련성은 이론을 통해 확립된 것인데, 이 이론은 분석 작업의 산물이다. 이 분석 작업을 통하지 않고는 잊힌 체험의 기억을 환기시킬 수도 없고, 선명하게든 부정확하게든 이를 기억으로 되돌릴 수도 없다. 이 이론의 내용은 다음과 같다. 우리가 흔히 생각하는 것과는 정반대로 인간의 성생활(혹은 뒤에 하게 되는 이에 대응하는 체험)은 조기에 개화했다가 약 5세가 되면 끝나 버리고, 이 뒤로 이른바 잠재기(사춘기까지)가 이어지는데, 이 잠재기에는 성생활은 어떤 진보도 보이지 않다가 시간이 지남에 따라 오히려 여기에서 후퇴한다는 것이다. 이 이론은 내부 생식기의 해부학적 연구를 통해서도 확인되고 있다. 이 이론에 따르면 인간은 5세 때 성적인 성숙기를 맞는 동물의 종속(種屬)에서 기원하는 것으로 추정되고, 이때부터 성생활이 지체되고 있다가

14 「어린아이의 성 이론에 관하여」(프로이트 전집 7, 열린책들) 참조 — 원주.

두 차례에 걸쳐 발현되는 것은 인류 발생*Menschwerdung*의 역사와 밀접한 관계가 있다는 것이다. 인간은 이 같은 잠재기와 성적 발현의 지연 현상을 보이는 유일한 동물인 듯하다. 영장류에 관한 연구(내가 아는 한 이런 연구는 불가능하지만)를 통하여 장차 이 문제가 자세히 검토될 것이다. 심리학적인 유아 망각의 기간이 성적인 조기 개화의 기간과 일치하는 현상에 무관심해서는 안 된다. 만일에 유아 망각의 기간이 성적인 조기 개화의 기간과 일치하는 것이 사실이라면 이것은 인간의 특권이라고 할 수 있는 신경증 유발 가능성의 전제 조건이 될지도 모른다. 이런 관점에서 볼 때 신경이라는 것은 우리 신체의 해부를 통해 명백하게 드러나는 체내의 기관과 마찬가지고, 신경증이라는 것은 신경에 남은 개인사에서의 원초적 〈잔존물〉인 것으로 보인다.

(2) 신경증 현상의 일반적인 특성 혹은 특수성으로는 두 가지 점이 강조되어야 한다.

(a) 심적 외상의 작용에는 적극적인 작용과 소극적인 작용, 이렇게 두 가지가 있다. 적극적인 심적 외상의 작용이란 심적 외상을 다시 한번 작용하게 하려는 노력이다. 다시 말하면, 잊힌 경험을 다시 기억해 내려는 노력, 그것을 현실화하려는 노력, 그것에 대한 경험을 일신시키려는 노력, 혹은 만일 그 체험이 어린 시절의 감정적인 문제와 관련이 있는 것이라면 타인과의 유사한 관계 속에서 그것을 재생시키려는 노력이다. 이러한 노력을 일괄해서 심적 외상에의 〈고착*Fixierung*〉 및 〈반복 강박*Wiederholungszwang*〉이라고 한다. 이러한 노력의 진정한 근거, 즉 그 역사적 기원은 잊혔는데도 불구하고, 아니 오히려 잊혔기 때문에 이들 노력은 이른바 정상적인 자아에 수용되고, 정상적 자아에 대한 영속적인

경향으로 불변의 성격을 부여하게 된다. 바로 이런 이유에서, 어린 시절에는 어머니에게 지나치게 의존했으면서도 현재로서는 그런 사실을 까맣게 잊고 있는 사람은 자기를 도와주고 지켜 줄, 말하자면 의지가 될 만한 아내를 찾는 데 평생을 보내게 된다. 유아기에 성적 유혹의 대상이 된 소녀는 그 뒤로도 자신의 성생활에서 계속해서 이와 유사한 성적 공격성을 도발할 가능성이 있다. 신경증 문제에 대한 이러한 통찰을 이용하면, 대체적인 성격 형성의 과정을 이해하는 것도 가능할 것으로 보인다.

소극적인 반응은 정반대의 목표를 추구한다. 말하자면 잊힌 심적 외상을 절대로 다시 생각하지도, 반복하지도 않으려는 것이다. 이러한 반응은 〈방어 반응Abwehrreaktion〉이라는 술어로 요약될 수 있다. 이 경우에 보이는 중요한 반응이 바로 〈회피Vermeidung〉인데, 이러한 심리 상태는 〈억제Hemmung〉나 〈공포증Phobie〉으로 발전할 수도 있다. 이러한 소극적 반응도 성격의 특징을 결정하는 데 막강한 영향력을 행사한다. 결국 이러한 반응도 적극적인 반응과 마찬가지로 심적 외상에 고착되는데, 다른 점이 있다면 고착의 목적이 다르다는 것이다. 좁은 의미에서의 신경증 증상이라는 것은 심적 외상에서 발생하는 두 종류의 노력을 통한 타협이다. 이러한 타협이 이루어지기는 하되 어떤 경우에는 한쪽이 우세를 보이는가 하면, 다른 경우에는 반대 현상이 나타나기도 한다. 이 반응이 서로 대립하기 때문에 통상 결론이 내려질 수 없는 갈등이 생겨나는 것이다.

(b) 이러한 모든 현상, 즉 자아에 대한 강제와 일관된 성격 변화의 증후는 〈강박적〉 경향을 보인다. 다시 말해서 심리적 긴장이 큰 경우, 이러한 현상은 외부적 현실의 요구에 적응하여 논리적 법칙을 따르는 다른 심적 사상(事象)의 조직에서 확실하게 독립

되어 있는 양상을 보이는 것이다. 이러한 현상(병리적 현상)은 외부 현실의 영향을 받지 않거나 영향을 받는다고 해도 미미하다. 그뿐만 아니라 외부 현실이나 그 심리적 대용물에는 관심을 표명하기 때문에, 이 현실과 그 심리적 대용물이 적극적인 대립 관계를 조성하기 쉽다. 이 현상은 국가 내부의 국가, 혹은 공동 작업이 불가능한 것은 물론 접근까지도 불가능한 당파(黨派)와 마찬가지이다. 문제는 이 당파가 정상적인 다른 정파를 극복하고, 이 정파로 하여금 자기에게 봉사하게 하는 데 성공할 수도 있다는 점이다. 이렇게 되면 외부 현실에 대한 내적 심리적 현실의 지배가 달성되면서 정신 이상의 길이 열리게 되는 것이다. 거기까지는 가지 않더라도 이런 상황에 대한 평가의 실제적 중요성은 아무리 높게 평가해도 지나치지 않을 만큼 엄청나다. 신경증에 지배당하는 사람이 받는 억압과 그들이 정상적인 삶을 영위할 수 없다는 사실은 인류 사회 안위의 가장 중요한 요인 중의 하나를 구성하는데, 우리는 그들이 처한 이러한 상황에서 그들의 과거 중 아주 오래된 부분이 정신에 고착되어 있다는 증거를 확인하게 된다.

이제 이 대목에서, 유사 현상에 관하여 특별히 우리의 흥미를 끄는 잠복 현상을 문제 삼아 보자. 유년기의 심적 외상은 바로 신경증 증후로 나타날 수도 있는데, 여기에 대한 자기방어의 노력이 뒤따르는 상태에서 증후군이 형성되면 이것이 바로 유아기 신경증이다. 이 신경증은 장기간에 걸쳐 지속적인 장애를 보일 수도 있고, 잠재기에 들어 우리 눈에는 관찰되지 않을 수도 있다. 유아기 신경증은 대개의 경우 당사자가 이에 저항하면 증상이 나타나지 않는다. 그러나 흉터에 견줄 수 있는 자아 변형은 그 후유증으로 남는다.[15] 유아기 신경증이 중단되지 않고 성인 신경증으로 이행하는 경우는 극히 드물다. 언뜻 보아서는 장애를 전혀 보이지 않는 기간을 통해 성인 신경증으로 이행하는 경우가 더 많다. 다시 말해서 생리적인 잠재기가 개입함으로써 유아기 신경증을 잠복시키고, 성인 신경증으로의 이행을 가능하게 하는 경우가 많은 것이다. 이때부터 일정한 시간이 흐르면 변화가 나타나는데, 이 변화와 함께 결정적인 신경증이 내부에서 지연된 심적 외상의 작용으로 나타난다. 이러한 현상은 사춘기의 시작과 동시에, 혹은 이보다 늦게 나타나기도 한다. 사춘기 시작과 동시에 나타나는 것은, 육체적 성숙을 통해 강화된 본능 충동이 이 갈등과 싸울 준비가 되어 있기 때문이다. 이 경우 갈등은 처음에는 자아의 방어에 의해 격퇴당하는 것이 보통이다. 사춘기 이후에 나타나는 것은, 이러한 방어를 통해서 생긴 반응과 자아 형성이 새로운 삶의 과제를 처리하는 데 장애가 되는 것으로 판명되고, 실재하는 외부 세계의 요구와 자아의 요구 사이에 맹렬한 갈등이 생겨나면서 이 갈등이 방어 전투를 통해서 힘겹게 획득한 조직을 보호하려고 하기 때문이다. 심적 외상에 대한 최초의 반응과 뒷날의 발병 사이에서 생기는 신경증 잠복 현상에는 하나의 전형이 있다고 보아도 무방하다. 뒷날의 발병은 자가 치유의 시도로 볼 수도 있다. 다시 말해서, 심적 외상의 영향으로 갈가리 찢긴 자아 부분을 나머지 부분과 다시 한번 융화시키고, 외부에 대하여 강력한 전체성을 과시하려는 노력이라고 볼 수 있는 것이다. 그러나 이런 종류의 노력은, 분석 작업의 도움을 받지 않는 한 성공하는 경우

15 리비도 반대 집중과 반동 형성, 자아 사이의 교체 관계는 「억압, 증상 그리고 불안」에서 처음 논의되었다. 치료적인 의미에서의 교체란 방어 기제의 작용으로 일어난 자아의 교체를 제자리로 돌려놓는 것을 말하는데, 이는 프로이트의 다음 논문에서 논의되었다. 「정신분석학 개요」(프로이트 전집 15, 열린책들)와 「끝이 있는 분석과 끝이 없는 분석Die Endliche und Unendliche Analyse」(1937) 참조.

가 지극히 드물고, 분석 작업의 도움을 받는다고 하더라도 항상 성공하는 것은 아니다. 대개의 경우 이런 노력은 자아의 황폐나 파탄으로 끝나거나, 자아가 유년기에 받은 심적 외상의 지배당하는 부분에 압도됨으로써 끝나는 것이 보통이다.

독자의 이해를 돕기 위해서는, 무수한 신경증 환자들의 자세한 생활 기록을 인용할 필요가 있을 듯하다. 그러나 대상을 너무 넓게 잡으면 어려움이 따를 것이고, 이것이 지금 우리가 하고 있는 작업의 성격을 훼손시킬 우려도 있다. 그래서 신경증 이론에 대한 논문의 형태를 빌릴 수밖에 없는데, 이렇게 할 경우 이 작품은 정신분석학 연구와 임상을 필생의 사업으로 선택한 소수의 독자들밖에는 영향을 미칠 수 없다는 난점이 있다. 나는 광범위한 일반 독자를 대상으로 하고 있으므로, 위에서 요약해서 보고한 설명을 부분적으로나마 신뢰해 줄 것을 독자에게 요청하는 수밖에 다른 도리가 없다. 따라서 독자는, 추론의 전제로 독자에게 제시하는 나의 이론이 옳은 것으로 입증될 경우에만 받아들여도 좋다.

지금부터는 내가 여태까지 검토해 온 신경증의 특징을 어느 정도 명확하게 보여 주는 사례 하나를 소개하고자 한다. 우리는 이 하나의 사례가 모든 것을 다 설명하게 될 것이라고 기대해서는 안 되며, 내용이 유사 현상을 찾아내는 것과 관련되어 있지 않아 우리의 주제와 동떨어져 보인다고 해서 실망할 필요도 없다.

중류 가정의 한 사내아이가 태어나서 얼마 되지 않아 부모와 잠자리를 같이하면서, 정기적으로 부모의 성적인 행위를 접할 기회가 있었다. 이 아이는 말을 채 배우기도 전에 부모의 성행위를 실제로 보고, 그 소리를 들었던 것이다. 몽정이 자연스럽게 시작될 시기가 되자 이 아이는 신경증 증상을 보였는데, 가장 먼저 나타난 가장 성가신 증후가 수면 장애였다. 그는 한밤중에 들려오는 소리에 특히 민감했고, 밤중에 일단 잠에서 깨면 다시는 잠들지 못했다. 이 수면 장애는 글자 그대로 타협 징후였다. 말하자면 한편으로는 그가 한밤중에 경험한 내용에 대한 방어의 표현이었고, 다른 한편으로는 그런 소리를 다시 듣기 위해서 깨어 있는 상태를 유지하고자 하는 시도였던 것이다.

이러한 경험을 통해 조속한 공격적 남성 본능을 드러내게 된 아이는 손으로 생식기를 자극하고, 어머니에게 갖가지 성적인 공격을 시도하기 시작했다. 그러니까 이 아이는 자기 자신을 아버지와 동일시하고, 아버지 자리에다 자신의 위치를 상정하고 있던 것이다. 이런 일이 계속되던 어느 날, 어머니는 아이에게 생식기에 손대는 것을 금지시키면서, 다시 거기에 손을 대는 날에는 아버지에게 이르겠다고 아이를 위협했다. 어머니는 아버지가 이 사실을 알면 벌로, 죄악의 씨앗인 생식기를 잘라 버릴 것이라고 한 것이다. 이 거세의 위협이 아이에게는 무시무시한 심적 외상의 효과를 미치게 되었다. 이때부터 아이는 일체의 성적인 행위를 포기했다. 성격도 바뀌어 갔다. 그는 자신을 아버지와 동일시하는 대신 아버지를 두려워하고, 아버지에 대하여 피동적인 자세를 취하는가 하면, 이따금씩 못된 짓으로 아버지의 체벌을 유도하기까지 했다. 아이에게는 이것까지도 성적인 의미를 지니는 행위였다. 아이는 이렇게 함으로써 자신을 학대당하는 어머니와 동일시하고 있었던 것이다. 아이는 한시도 어머니가 없으면 안 된다는 듯이 나날이 어머니에 대한 의존도를 높여 갔다. 그가 이렇게 한 까닭은, 어머니의 보호에서 벗어나는 순간 아버지가 자기를 거세할지도 모른다고 생각했기 때문이다. 오이디푸스 콤플렉스의 한 변형 같은 이런 상태에서 소년은 잠재기를 무사히 보냈다. 그에게 장애는 나타나지 않았다. 소년은 모범생으로 성장했고, 학교에서도 우수한 성적을 거두곤 했다.

이로써 우리는 심적 외상의 즉각적인 효과를 추적하면서 잠재기가 존재한다는 사실을 확인했다.

그런데 사춘기가 되면서 명백한 신경증이 발병했다. 두 번째로 중요한 증후인 성 불능 증후가 나타난 것이다. 소년의 생식기가 감각을 상실한 것이다. 소년은 이때부터 생식기에 손을 대지 않는 것은 물론, 성적인 목적으로 여자에게 접근하는 것을 두려워했다. 그의 성행위는 자학적, 가학적 환상을 바탕으로 하는 심리적 자위에 한정되었는데, 이 공상은 부모 옆에서 관찰한 성행위와 무관하지 않다. 사춘기에 필연적으로 찾아오는 남성 본능의 강화도, 이 소년의 경우는 아버지에 대한 격렬한 증오와 반감의 형태로 나타났다. 아버지에 대한 이 극단적이고 자기 파멸에 해당할 정도로 무분별한 관계는 인생의 실패나, 외부 세계와 갈등을 빚는 원인으로 작용했다. 이 소년은 직업을 골라잡았지만 아버지가 강요한 것이어서 여기에서도 실패할 것임에 분명했다. 그는 친구도 사귀지 못했고, 상사와의 관계도 늘 껄끄러울 터였다.

그는 아버지가 세상을 떠나자, 이런 증후와 무능을 짐으로 짊어진 채로 아내를 맞았다. 그러자 흡사 그라고 하는 존재의 핵심인 듯한 성격적 특징이 그대로 나타났다. 그의 주위 사람들은 이런 성격 때문에 그와의 교류를 의도적으로 기피했다. 그는 날이 갈수록 이기적이고, 전제적이고, 잔인한 사람이 되어 갔다. 이런 그가 다른 사람을 억누르거나 모욕하지 않고는 견디지 못하는 사람이 된 것은 당연하다. 그가 처한 상태는 마음속으로 그리고 있던 아버지상의 복제품 같은 것이었다. 말하자면 어린 시절, 성적인 동기에서 마음속으로 상정하던 아버지와의 동일시 현상이 고스란히 재현된 것이다. 이 이야기에서 우리가 확인하게 되는 것이 바로, 우리가 신경증이라는 것의 본질적 특징(심적 외상의 즉각적인 효과 및 잠복 현상과 함께)으로 묘사한, 억제되어 있던 것의 〈회귀Wiederkehr〉인 것이다.

4. 응용

초기의 심적 외상-방어-잠복-신경증의 발병-억압당하고 있던 것들의 부분적인 회귀. 이것이 바로 우리가 신경증의 전개에 대해서 세운 공식이다. 이제 독자들은, 인류의 삶에서 일어났던 일은 개인의 삶에서 일어나는 일과 유사한 것이라고 가정하는 단계에 이르렀을 것이다. 다시 말해서, 인류의 역사에도 개인사에서와 마찬가지로 성적, 공격적 성격을 내용물로 하는 사건이 일어나 인류에게 영속적인 흔적을 남길 수 있지만, 이러한 내용물은 내적인 방어에 직면하거나 잊히다가 긴 잠재기를 거쳐 작용을 시작하면서, 그 구조나 목적으로 보아 신경증 증후와 유사한 현상을 드러낼 것이라고 가정하기에 이르렀으리라는 것이다.

우리는 이러한 일련의 사건에 대한 추적이 가능하리라고 믿고, 이런 사건의 증후와 유사한 결과가 바로 종교 현상일 것이라는 의견을 제시하고자 한다. 진화론이 등장한 이래 인류에게 선사 역사가 있었다는 것은 더 이상 의심할 여지가 없어졌고, 그 선사 역사는 우리에게 미지의 역사이기 때문에, 다시 말해서 우리가 잊어버린 역사이기 때문에, 그 일련의 사건의 결과가 곧 종교 현상이라는 추정은 거의 공리(公理)에 가까운 무게를 지닐 것으로 보인다. 유효한 심적 외상과 잊힌 심적 외상이 개인의 경우와 마찬가지로 인류 가족과도 연관을 맺고 있다는 사실을 알게 된 이상, 지금까지 검토의 대상으로 떠오른 적이 없는 이 추정을 지극히 바람직한 부산물로 환영하지 않을 수 없다.

나는 지금으로부터 사반세기 전에 「토템과 터부」에서 이러한 주장을 등장시킨 바 있지만, 여기에서 다시 한번 반복할 필요성을 느낀다. 나의 주장의 구축은 찰스 다윈의 보고[16]에서 출발하여 앳킨슨[17]의 가설을 취한다. 나의 주장은 원시 시대의 원시인들은 소규모의 원시군(原始群) 형태로 살고 있었는데, 이 원시군은 막강한 남성의 지배 아래 있었으리라는 것이다. 인류가 이러한 형태로 살던 시대를 구체적으로 확인할 길도 없고, 우리가 알고 있는 지질학적 시대에 연결시킬 길도 없기는 하다. 인류가 이런 식으로 살고 있을 때는 언어가 발달하지 않았던 시기였을 가능성이 있다. 내가 구축한 가설의 본질적인 부분을 구성하는 것은, 묘사하려는 사건이 모든 원시 인류, 다시 말해서 우리의 모든 조상이 체험한 사건일 것이라는 가정이다. 이 사건에 관한 이야기는 엄청나게 압축된 형태로, 딱 한 차례 일어났던 것처럼 우리에게 전해진다. 그러나 이러한 이야기는 수천 년에 걸쳐 무한히 되풀이되어 왔다. 이제 이 이야기의 내용을 구성해 본다. 아득한 옛날에는 강력한 남성이 무제한의 힘을 폭력적으로 행사하면서 한 무리의 주인과 아버지로 군림했다. 모든 여성, 다시 말해서 이 무리의 아내들과 딸들, 그리고 다른 무리에서 약탈해 온 모든 여성은 이 우두머리의 소유물이었다. 이 우두머리의 아들들의 삶은 고달픈 것이었다. 만일에 아버지의 질투심을 유발하게 될 경우, 이들은 죽음을 당하거나 거세를 당하거나 무리에서 내쫓기곤 했다. 이들에게 희망이 있다면, 모두 힘을 합하여 조그만 모듬살이를 만들

16 『인류의 기원 *The Descent of Man*』 참조.
17 『원시법』 참조.

고, 어디에서 여자들을 빼앗아 와서 아내로 삼는 것이었는데, 이들 중 하나가 여기에 성공하면 이 성공한 자를 드높여 원시군에서 아버지가 차지하는 것과 유사한 지위로 밀어 올리는 것이었다. 지극히 자연스러운 일일 테지만, 대개의 경우 아들 중에서 막내가 가장 기대치가 높았다. 나이가 가장 어린 막내가 그런 기대를 한 몸에 모을 수 있었던 것은 어머니의 사랑을 통해 보호를 받을 수 있었던 데다, 아버지가 나이를 먹어 가다가 세상을 떠나면 그 뒤를 이을 가능성이 가장 높았기 때문이었다. 여기에서 우리는 흡사 장남은 배제의 대상, 막내는 편애의 대상이 되는 전설이나 동화를 읽는 듯한 착각에 사로잡힌다.

이런 종류의 〈사회적〉 조직이 변화를 향하여 최초의 결정적인 한 발을 내딛는 것은, 한 모듬살이를 이루고 있던 추방당한 형제들이 힘을 합하여 아버지를 무너뜨리고, 당시의 관습에 따라 그 아버지를 산 채로 먹어 버리는 사건이었던 것으로 보인다. 독자들은 이러한 식인 풍습에 눈살을 찌푸릴 필요가 없다. 이것은 상당한 세월이 흐르기까지 이어지던 풍습이었기 때문이다. 그러나 본질적인 것은 현대의 원시인, 즉 우리의 어린아이들에 대한 분석 연구 과정에서도 동일한 감정 태도가 드러난다는 점이다. 주목해야 할 것은 원시인들이 아버지를 미움이나 두려움의 대상으로 대했을 뿐만 아니라 전범(典範)으로 높이 받들고, 각각의 형제들이 실제로 아버지의 자리를 차지할 수 있기를 소망했다는 점이다. 이 경우 식인 행위는 아버지의 일부를 동화시킴으로써 아버지와의 동일화를 확보하려는 시도로 이해되어야 마땅하다.

아버지가 살해되고 나서 상당한 시일이 흐르면, 아버지의 유산을 두고 형제들이 서로 다투는 시기가 오는 것으로 추측된다. 형제들은 각기 혼자서 아버지의 유산을 차지하고 싶어 하는 것이다. 하지만 이런 골육상쟁이 지극히 위험하고 결국은 쓸데없는 힘의 소모전이라는 통찰, 공동으로 달성한 아버지로부터의 해방에 대한 기억, 추방당한 채로 살고 있을 당시 형제들이 이룩한 감정적 유대에 대한 그리움 같은 것을 통해 형제들의 화합, 다시 말해서 〈사회 계약〉 같은 것을 탄생시키게 된다. 〈본능적인 충동의 단념〉, 상호 〈의무〉의 인식, 신성하다고 선언된 특정 제도의 제정과 더불어 최초의 사회 조직이 성립된다. 이것이 도덕과 정의가 지배하는 사회의 시작이다. 형제들은 각기 아버지의 자리를 차지하고, 어머니와 누이들을 소유한다는 이상을 포기한다. 바로 이 대목에서 〈근친상간에 대한 터부〉와 〈족외혼속〉이 나타난다. 아버지가 제거되면서 고삐에서 풀려난 절대 권력의 상당 부분이 여자 쪽으로 넘어간다. 이때부터 〈모권제〉 시대가 시작된다. 〈형제 동맹 Brüderbund〉 시대에도 아버지에 대한 기억은 상당 기간 그대로 보존된다. 이때 가장 힘이 센 동물(처음에는 공포의 대상이기도 했던)이 아버지의 대용물로 선택된다. 이런 종류의 선택이 우리에게는 다소 이상하게 보인다. 그러나 오늘날의 인간은 인간과 동물을 뚜렷하게 구분하지만 원시인에게는 이런 구분이 없었다. 아이들에게도 이런 구분이 없다. 우리는 많은 경우 동물에 대한 아이들의 공포증은 아버지에 대한 공포증인 것을 확인하곤 했다. 토템 동물과의 관계를 통해 아버지와의 감정 관계에 대한 근원적인 분열(양가감정)은 고스란히 유지되었다. 한편으로 토템은 무리가 섬기고 보호해야 하는 피붙이의 혈친(血親)이자 수호령신(守護靈神)으로 간주되었는가 하면, 다른 한편으로는 축제를 통하여 토템 동물로 하여금 아버지가 당한 것과 똑같은 운명의 길을 걷게 했다. 무리는 토템 동물을 죽여 그 고기를 나누어 먹었다(로버트슨 스미스[18]에

18 『셈족의 종교』 참조.

따르면 이것이 바로 토템 향연이다). 이 축제는 실로, 힘을 합하여 아버지를 무너뜨리고 승리를 쟁취한 아들들의 개선 축제와 다를 것이 없었다.

그런데 이와 관련된 사건에서 종교가 차지하는 자리는 어디인 가? 우리는 아버지의 대용물 숭배, 토템 향연을 통해 드러나는 양 가감정, 기념할 만한 축제일을 제정한다든지, 금제를 정하고 이를 어기는 자는 죽이는 벌칙의 제정 등을 통해 그 모습을 드러내는 토테미즘이야말로 인류사에서 최초로 드러나는 종교 현상의 형식으로 인식하고, 종교가 처음부터 사회적 조직이나 윤리적 의무와 밀접한 관계를 맺고 있었다는 것을 증명해 보일 수 있다. 여기에서 우리는 종교가 그 뒤로 이룩한 발전에 대해서는 간단하게 요약된 형식으로 전할 수밖에 없다. 종교가 인류의 문화 발전 및 인류 사회 구조의 변화와 병행해서 발전했으리라는 것은 의심할 여지가 없다.

토테미즘으로부터 진보의 첫걸음은 숭배 대상의 인간화였다. 동물의 자리에 인격신이 나타난 것이다. 이 인격신은 토템 동물에서 유래했다는 사실을 숨기지 않는다. 신은 동물의 모습으로 그려지기도 하고, 전신이 아니면 적어도 얼굴만이라도 동물의 얼굴로 그려지는가 하면, 토템은 신이 총애하는 신으로부터 떨어질 수 없는 추종자로 그려지기도 한다. 전설에 따르면 신은 정확하게 신의 전 단계에 해당하는 토템 동물을 죽이기도 한다. 이 발전 단계의 어느 시점에서 위대한 모성신이 등장한다. 처음에는 남성 신보다 먼저 나타났지만, 이때에 이르면 남성신과 병존하는 것이다. 그동안 대규모의 사회 변혁이 자리를 잡는다. 모권제는 부활한 가부장제 질서에 그 자리를 넘겨준다. 새로 등장한 아버지들은 절대로 원초적인 아버지의 전능성을 회복하려 하지 않는다. 이들은 다수의 존재로, 이전과 견주면 훨씬 규모가 커진 무리와 공동의 삶을 영위한다. 이들은 다른 이들과 사이좋게 살아야 하고, 갖가지 사회적 질서의 제약을 받아야 한다. 모성신은 모권제가 제한된 시대에 어머니를 냉대하는 것 대한 하나의 보상 작용으로 생겨났을 가능성이 있다. 남성신들은 처음에는 모성신 옆에 앉는 아들의 모습으로 나타나는데, 이때부터 상당한 세월이 흘러야 아버지 신의 풍모를 획득하게 된다. 다신교에서 나타나는 이러한 남성신은 부권제 시대의 상황을 반영한다. 이런 남성신은 그 수가 많은 것이 보통인데, 이들은 상호 견제하면서 보다 높은 최고신에 복종하는 것이 보통이다. 하지만 여기에서 한 걸음 더 나아가면 바로 우리가 다루고 있는 주제와 만난다. 말하자면 무제한적 권능을 지닌 단일한 부성신(父性神)이 복귀하는 것이다.

우리는 이 역사적인 개관에는 빈구석이 없지 않고, 몇 가지 석연치 못한 점이 있다는 것을 인정한다. 그러나 만일 우리의 원시 역사 구축을 순수한 상상력의 산물이라고 단정하는 사람이 있다면, 그 사람은 이 역사 구축에 동원된 자료의 풍부함과 그 논거의 가치를 과소평가한 셈이 된다. 우리의 논의에 상호 관계를 통하여 수렴된 과거의 상당 부분, 예를 들어 토테미즘과 남성 동맹은 이미 역사적으로 증명된 것이다. 나머지 부분은 역사의 훌륭한 모사품(模寫品)으로 보존되어 왔다. 가령 이 방면의 많은 권위자들은 원시 시대 토템 향연의 의의와 내용물이, 신자들이 상징적인 형태로 저희들 신의 피와 고기를 먹는 기독교의 성찬식(聖餐式)을 통해 고스란히 되풀이되는 데 충격을 받기도 한다. 지금은 잊힌 원시 시대의 풍부한 유물이 전설이나 동화 속에 고스란히 살아 있으며, 어린아이의 정신생활에 대한 분석 작업은 원시 시대에 대한 우리 지식의 빈틈을 메꾸어 줄 뜻밖의 보고(寶庫)를 제공한다. 아이들의 동물 공포증, 아버지가 어쩌면 자기를 잡아먹을지도 모른다고 생각하는 데서 오는 아이들의 기묘한 아버지 공포증, 이상할 정도로 집요한 거세 공포증은 아버지와 아들의 지극히 중요한 관계를 이해하려는 나에게 큰 도움이 되었다. 우리 가설의 구축에 동원된 자료에 꾸며진 것은 하나도 없다. 확고한 근거를 통해 설명되지 않은 점은 하나도 없는 것이다.

원시사에 대한 우리의 기술이 대체로 믿을 만한 가치가 있는 것으로 받아들여진다면, 종교 교리와 의례에는 두 종류의 요소가 있다는 것을 인정할 필요가 있다. 한편으로는 고대의 가족사와 그 가족사의 유지에 대한 고착, 다른 한편으로는 오랜 망각의 기간 끝에 이루어지는 과거의 재현, 즉 회귀가 그것이다. 이 두 번째 요소는 오랫동안 사람들의 주목을 끌지 못했고, 따라서 지금까지는 거의 이해되지 못했다. 이제 여기에서 하나의 인상적인 예를 통해 이에 대한 설명을 시도해 본다.

특별히 강조할 만한 가치가 있는 사실이거니와, 망각의 강 너머에서 회귀한 부분은 특별한 힘으로 자기 존재를 주장하고 사람의 무리에 대하여 엄청난 영향력을 행사하며, 논리적 반론을 무력화시킬 정도의 거스를 수 없는 진리의 이름을 요구한다. 말하자면 〈불합리하므로 나는 믿는다credo quia absurdum〉[19]는 식이다. 이 기묘한 양상은 정신병자의 망상이라고 하지 않는 한 이해하기 어렵다. 우리가 이해해 온 바에 따르면 망상에는 잊힌 진실의 단편이 숨어 있고, 이것이 망상에서 현실로 회귀할 때는 왜곡과 오해를 감수하지 않으면 안 된다. 이때 망상 때문에 만들어진 강박

19 「어느 환상의 미래」 참조.

성 확신은 이 진실의 핵심에서 뛰쳐나와 진실을 감싸는 오류에서 밖으로 확산된다. 우리는 〈역사적〉 진실이라고 불리는 이 같은 진실의 내용이 모든 종교의 교조주의에도 포함되어 있다는 것을 인정하지 않으면 안 된다. 그리고 단지 집단 현상을 통하여 고립화의 저주를 면하고 있을 뿐, 이 같은 종교가 분명히 정신병적 증후의 성격을 갖추고 있는 것은 사실이다.

동물 토템에서, 일정한 제자들을 거느린(그리스도의 네 복음서 필자는 각기 그들의 좋아하는 동물로 그려진다)[20] 인격화한 신으로의 발전을 제외하고, 유대주의가 일신교를 받아들이고 기독교가 이 유일신교를 지속시키고 있는 사태 이상으로 이것을 분명하게 설명할 수 있는 사례를 종교사는 별로 제시하고 있지 않다. 만일 우리가 파라오의 세계 제국을 유일신교 관념 태동의 결정적인 원인이 되었다는 사실을 잠정적으로 승인하면, 우리는 모국의 토양을 떠나 다른 민족에게로 넘어간 그 종교 관념은 오랜 잠복기 이후에는 그들의 것이 되어 귀중한 자산으로 보존되며, 선택된 민족이라는 자랑스러운 선물을 베풂으로써 이 민족의 생명을 영원하게 하는 것이었음을 알 수 있다. 그렇다면 이것은 보상, 성별(聖別), 세계 지배에 대한 기대와 밀접한 관계가 있는 원초적인 아버지의 종교이지 다른 것이 아니다. 유대인들이 오래전에 포기한 이 마지막 소망의 환상은, 유대인의 적 사이에서는 〈시온의 현자들〉[21]에 의한 음모에 대한 믿음이라는 형태로 잔존하고

---

20 마르코는 사자, 루가는 소, 요한은 종종 독수리로 그려진다. 이집트의 신 호루스의 세 아들도 각각 사자, 개, 독수리로 그려진다.
21 1905년 러시아에서 유대인 비밀 결사 회의의 의정서라고 불리는 이른바 〈시온 현자들의 의정서〉라는 것이 발표되었다. 유대인의 세계 정복에 대한 야욕이 담겨 있는 것으로 알려진 이 문서는 반유대주의자들의 좋은 선전 재료가 되었다. 그러나 1921년 이 문서는 위조 문서로 밝혀졌다.

있다. 이집트로부터 차용한 유일신교의 특징이 유대인들에게 영향을 미친 양상, 마술이나 신비주의를 거부하고 정신성의 진보를 자극하며 정신적 승화의 촉진을 통해 유대인의 특질에 영원한 흔적을 남긴 경위, 진리를 소유하게 된 것을 황홀하게 여기고 선택된 백성이라는 의식에 압도된 경위, 지적인 고견(高見)을 획득하고 윤리적인 것을 강조하는 경향에 기울어진 경위, 슬픈 운명과 현실에 대한 절망이 이런 경향을 강화한 경위에 대한 기술은 다음 장(章)으로 넘기기로 한다. 지금으로서는 그들의 발전 과정을 다른 방향에서 추적해 보려고 한다.

원초적인 아버지를 복귀시키고 그 역사적 권리를 회복한 것은 큰 진보였다. 그러나 여기에서 끝나는 것이 아니다. 선사 시대 비극의 다른 부분이 일제히 저희 존재를 승인해 줄 것을 요구한 것이다. 이 과정의 단초가 된 것이 무엇인지를 밝히는 것은 쉬운 일이 아니다. 모르기는 하지만, 억압된 내용의 회귀에 선행하는 엄청나게 늘어난 죄의식이 유대 민족, 혹은 당시의 모든 문화 민족을 사로잡았기 때문인지도 모른다. 그러다 마침내 유대 민족 출신의 한 사람이 유대주의 종교로부터 새 종교(기독교)를 분리시키면서 정치적, 종교적 선동자를 합리화하는 과정에서 하나의 동인(動因)을 발견하기에 이르렀다. 타르수스Tarsus 출신인 로마의 유대인 바울로는 이러한 죄의식을 들먹거리면서, 이것이 원시사에 그 근원을 두고 있다는 것을 제대로 파악했다. 그는 이것을 〈원죄〉라고 불렀다. 원죄는 하느님에 대한 범죄 행위인 만큼 오로지 죽음을 통해서만 용서받을 수 있는 대죄였다. 죽음이 이 세계에 실현된 것도 바로 이 원죄를 통해서였다. 실제로, 죽음으로써 갚아야 마땅한 이 범죄는, 뒷날에 신이 된 원초적인 아버지를 살해한 범죄였다. 그러나 이 범죄는 세인의 기억에 남아 있지 않았다. 이 범죄의 기억이 차지하고 있어야 할 자리에는 그 죄의 속량에 대한 환상이 있을 뿐이었고, 바로 이런 이유에서 이 환상은 구속(救贖)의 희소식[福音]으로 드높여졌다. 하느님의 아들이 아무 죄 없이 죽음을 당함으로써 만인의 죄를 그 한 몸으로 지게 된 것이었다. 원죄라고 하는 것이 아버지를 살해한 죄였기 때문에 그 죄의 구속을 위한 희생자는 아들이 아니면 안 되었다. 거기에다 동방이나 그리스의 비교(秘敎)의 전승은 이 구속의 환상에 영향을 끼친 듯하고, 이 환상에서 본질적인 것은 바울로 자신의 공헌을 통해 확립된 듯하다. 바울로는 가장 본질적인 의미에서 종교적 소질을 지닌 인간이었다. 바울로의 영혼 안에서는 과거의 어두운 흔적들이 잠복한 채, 보다 의식적인 영역으로 분출할 준비가 되어 있었다.

구속자(救贖者)가 아무 죄도 없이 자신을 희생시킨다는 것은 논리적으로는 이해하기 곤란한 명백히 의도적인 왜곡이었다. 살인 행위에 관여하지 않은 결백한 인간이 어떻게 자신의 목숨을 끊는 형태로 살인자의 죄를 뒤집어쓸 수 있겠는가? 이것은 일찍이 역사도 그 유래를 기록한 적이 없는 모순이었다. 이제 〈구속자〉는 아버지를 제거한 〈형제 동맹〉의 우두머리인 주모자, 가장 죄가 많은 인간이지 다른 인간일 수가 없다. 이것은 내 생각인데, 우두머리와 주모자가 실제로 있었는지 여부는 결정하지 말고 그대로 두는 편이 옳을 듯하다. 그런 자가 있었을 가능성은 충분하다. 그러나 우리가 유념해야 하는 것은 형제 동맹의 구성원 하나하나가 혼자서 그 범행을 저지르고 그 엄청난 지위를 독식하는 야망에 사로잡혀 있었을 것이라는 점, 아버지와의 동일시는 공동체 안에서는 이미 소멸 과정에 들어 버린, 따라서 버려도 좋을 풍습이었지만, 형제 동맹의 구성원들은 그 보상만은 어떻게든 손에 넣고 싶어 했으리라는 점이다. 만일 그런 주모자가 있었다면 그리스도는 실현되기도 전에 끝나 버린 희망에서 생겨난 공상의 상속자이고, 그런 우두머리가 있었다면 그리스도는 그 후계자이자 화신(化身)이었던 셈이다. 이것이 공상이었는지, 잊힌 현실로의 회귀였는지 그것은 어쨌든 상관없다. 여기에서는 신인(神人, Hero) 개념, 말하자면 항상 아버지에게 반항하고 어떤 형태로든 아버지를 죽이고 마는 영웅 개념의 원형이 발견된다.[22] 드라마에 등장하는 주인공의, 통상 증명이 불가능한 〈비극적 죄과〉의 참근거도 바로 여기에 있다. 그리스 연극에 등장하는 주인공과 합창대는 각기 반항적인 영웅과 그 형제 동맹을 상징하는 것이 분명하다. 중세의 극장이 그리스도 수난극 상연과 함께 활기를 띠게 된 것도 의미심장하다.

우리가 이미 지적했듯이, 신도들이 구세주의 피와 살을 먹은 기독교의 성찬식 의례는 고대의 토템 향연 내용의 반복 — 숭배하는 마음의 표현이 애정 어린 의미에서 그렇다는 것이지 공격적인 의미에서 그런 것은 아닌 — 이다. 그러나 여기에는 아버지와의 관계를 지배하는 양가적 감정이 종교 개혁의 최종 결과로 선명하게 드러나 있다. 표면적으로는 아버지인 신의 비위를 맞추는 것을 목적으로 하는 것 같지만, 사실 이 의례의 목적은 아버지인 신을 왕좌에서 몰아내고 마침내 제거하는 데 있다. 유대교는 아버지의 종교였지만 이로써 기독교는 아들의 종교가 되었다. 오래된 아버지 하느님이 그리스도 뒤로 밀려난 것이다. 원시 시대의

22 어니스트 존스는 황소를 죽이는 신 미트라스(뒤에 로마의 병사들이 숭배하게 된 고대 인도와 이란의 법과 국가 질서의 신)가 자신의 행위를 자랑하는 주모자를 상징한다고 지적한 바 있다. 미트라스 숭배가 초기 기독교와 오랜 싸움 끝에 승리를 거둔 것은 잘 알려진 사실이다 — 원주.

모든 아들들이 소망했듯이 아들이 아버지의 자리를 차지한 것이다. 유대교의 계승자 바울로는 유대교를 파괴한 장본인이기도 했다. 바울로가 거둔 성공은, 첫 번째로는 구원의 이념을 통하여 인류에게 죄의식을 환기시킨 사실에, 두 번째로는 이와 함께 유대인이 신으로부터 선택된 민족이라는 관념과 선민의 징표인 할례를 포기함으로써 이 새로운 종교를 모든 사람을 포괄하는 보편적인 종교로 개혁하는 상황에 그 바탕을 둔다. 바울로가 이러한 조처를 취한 것은 자신의 개혁을 반대한 유대인들에 대한 개인적인 복수심이 그 동기가 되었는지도 모른다. 그러나 바울로는 이러한 조처를 통하여 옛 아텐교의 특징 중 하나를 재생시켰다. 다시 말해서 아텐교가 유대인이라는 새로운 그릇에 담기면서 요구했던 제약 하나를 제거한 것이다.

몇 가지 의미에서 이 새로운 종교는 선행하던 유대교에 대한 문화적 퇴행을 의미하는 것이었다. 이러한 현상은 수준이 낮은 새로운 인간 집단이 다른 집단에 침윤하거나 침윤의 허락을 받아낼 때 흔히 볼 수 있는 현상이다. 유대교는 정신성의 정점에 이르렀지만, 기독교는 이같이 높은 수준을 갖추지 못하고 있었다. 기독교는 이때 이미 엄격한 유일신교가 아니었다. 기독교는 주변 민족으로부터 상징적인 의례를 무수히 받아들이고, 위대한 모성신에 관한 관념을 재정립하며, 비록 종속적인 지위로 받아들이기는 했지만 그 신격(神格)이 모호한 다신교 신들의 특성을 받아들일 여지까지 갖추고 있었다. 기독교는 무엇보다도 아텐교와 여기에 이어지는 모세교와는 달리 미신적, 마술적, 신비적 요소의 침투를 거부하지 않았다. 그런데 바로 이러한 요소가 그 뒤로 근 2천 년간에 걸친 기독교의 발전에서 중요한 억압의 요소로 작용하게 되었다.

기독교의 승리는 1천5백 년이라는 세월을 뛰어넘어 드넓은 무대에서 이루어진, 아케나텐의 신에 대한 〈아문〉교 성직자들의 승리였다. 그뿐만 아니라 종교사에서 — 억압당한 것의 회귀 문제에 관한 한 — 기독교는 인간이 이룬 하나의 진보였고, 이때부터 유대교는 화석으로 전락했다.

유일신교 관념이 다른 민족도 아닌 유대인에게 그처럼 깊은 인상을 주었고, 이 민족이 오랜 세월이 흐르도록 이 관념에 고착되어 있었던 까닭을 이해하는 것은 중요하다. 나는 그 까닭을 밝히는 것이 가능하다고 생각한다. 운명적으로, 유대 민족은 태고 시절의 위업인 동시에 악업이기도 한 아버지 살해와 밀접한 관계를 맺고 있다. 이것을 운명이라고 하는 까닭은, 이 민족이 탁월한 아버지상(像)인 모세 개인을 선택하여 아버지 살해를 반복해 왔기 때문이다. 이것은 신경증 환자에 대한 분석 치료 중에 종종 볼 수 있는, 상기하는 대신 〈행위화 Agieren〉하는 현상을 통해서도 확인할 수 있다. 유대인들은 모세의 교리를 통해 주어진 기억을 떠올리게 하는 모종의 자극에 대하여 자기네들의 행위를 부정하는 형태로 반응한다. 유대인들은 이 위대한 아버지상을 승인해야 할 때마다 그 자리에 멈추어 버리는데, 바로 이 때문에 그들은 뒷날역사의 한 시점에 대한 접근조차 저지당했다. 뒷날 바로 이 시점을 바울로는 원시 역사를 계승하는 시점으로 삼았다. 또 하나의 위대한 인물이 폭력에 의해 살해된 사건이 바울로에게는 새로운 종교 정립의 출발점이 되었다는 사실은 우연도 아니거니와, 우리가 무관심하게 들어 넘겨도 좋은 문제가 아니다. 이 사람이 누구던가? 유대 땅의 소수 추종자들이 예언자들에 의해 고지된 하느님의 아들이자 구세주로 승인한 사람, 모세를 위해서 쓰인 유년 시대 이야기의 일부에서 주인공 노릇을 하게 되는 사람, 그런데도 불구하고 우리에게는 모세보다도 정체가 불분명한 사람이다. 이 사람이 실제로 복음서에 그려진 대로 위대한 스승이었는지, 이 사람이 획득한 결정적인 의미가 그가 죽었다는 사실과 죽은 상황과는 무관한 것인지 우리는 알지 못한다. 이 사람의 사도가 되었던 바울로조차도 이 사람과는 일면식도 없었다.

젤린이 전승의 추적을 통하여 제기한 유대인의 모세 살해(젊은 괴테[23]가 증거도 없는 이 가설을 수용한 것은 참으로 이상하다)는 이로써 우리가 구축하는 가설의 불가결한 부분이 되는 동시에, 지금은 잊힌 태고의 사건과 유일신교 형태로 이것이 후세에 재현된다는 사실과의 중요한 연결 고리가 된다.[24]

모세 살해에 대 한 회한이 원동력이 되어 언젠가는 구세주가 다시 와서 유대 백성을 구원하고, 기왕에 약속한 세계 지배를 실현시킨다는 희망적인 공상이 생겨났으리라는 것은 참으로 흥미로운 추측인 듯하다. 만일 모세가 이 최초의 구세주라면 그리스도는 모세의 대리인 겸 후계자가 된다. 그렇다면 바울로는 역사적인 근거를 가지고 사람들에게 이렇게 외칠 수 있었을 것이다.

〈보라, 구세주가 참으로 오셨다. 그런데 그분은 우리의 눈앞에서 죽음을 당하셨다!〉

그렇다면 그리스도의 부활에도 일말의 역사적 진실이 숨겨져 있다. 그 까닭은, 그리스도는 부활한 모세일 터이고, 모세의 배후에서 원시 시대 무리의 원초적인 아버지가 아들의 모습을 빌려 아버지 자리로 나타난 존재일 터이기 때문이다.

23　괴테, 「광야의 이스라엘인Israel in der Wüste」 참조 — 원주.
24　이 주제에 대해서는 프레이저의 『황금 가지』 제3부 「죽어 가는 신」에 실린, 이 방면에 대한 유명한 논의를 참고할 것 — 원주.

그 특유의 고집으로 아버지를 살해한 사실을 끈질기게 고집해온 가엾은 유대인들은 세월이 흐름에 따라 그 범행의 무거운 죗값을 받게 되었다.

〈너희들은 우리의 하느님을 죽였다!〉

사람들은 끊임없이 유대인을 비난했다. 사람들의 말이 제대로 번역되었다면 이 비난에는 일리가 있다. 그런데 이러한 비난이 종교사와 관련될 때는 이렇게 바뀐다.

〈너희들은, 하느님(하느님의 원초적인 모습, 원초적인 아버지, 후일에 나타난 그의 화신)을 죽였다는 사실을《인정하지》않으려고 한다.〉

이 비난에는 이런 말이 뒤따라야 한다.

〈우리도 분명히 같은 짓을 했다. 그러나 우리는 그 사실을《인정했다》. 인정한 이래로 우리는 우리 죄를 씻었다.〉

반유대주의가 유대 민족의 후손을 박해할 때 동원하는 모든 비난이 이와 유사한 것으로 정당화될 수 있는 것은 아니다. 다른 민족이 유대인을 격렬하게 지속적으로 증오하는 현상의 배후에는 물론 몇 가지 원인이 있다. 이 원인을 규명하는 것은 어려운 일이 아닌데, 그중에는 구태여 설명이 필요하지 않은 현실적인 원인이 있는가 하면, 우리 눈에 보이지 않는 보다 뿌리 깊은 근원에서 유래하는, 특수한 동기로밖에는 설명할 수 없는 원인도 있다. 전자의 경우, 유대인이 이방인이기 때문에 핍박을 받는다고 하면 이것은 설득력이 없다. 그 까닭은 오늘날 반유대주의가 지배적인 많은 지역의 경우, 유대인은 그런 지역에서 가장 오랫동안 살아온 민족이기 때문이다. 심지어 현재의 주민들이 그 지역으로 들어오기 전부터 유대인들이 살았던 지역도 있다. 가령 쾰른이 그렇다.[25]

25 「나의 이력서」(프로이트 전집 15, 열린책들) 참조.

유대인은 로마인들에 묻어 쾰른으로 들어왔다. 이것은 게르만인이 이 도시를 점령하기 훨씬 오래전의 일이다. 이 외에 유대인을 증오하는 근거는 이방인과 관련된 문제보다 훨씬 더 강력하다. 가령 유대인이 소수 민족으로서 다른 민족 사이에서 살고 있는 사정이 그렇다. 이 경우 이 민족은 집단의 연대감을 고취시키고, 이것을 완성하기 위해서는 이질적인 소수 민족에 대한 적의를 부추김으로써 수적으로 열세인 이 국외적 소수에 대한 압박을 가중시킨다. 그러나 유대인에게는 다른 민족이 용서할 수 없는 두 가지 특징이 있다. 첫째, 이들이 많은 점에서 〈주인 민족〉과 다르다는 점이다. 그렇다고 해서 근본적으로 다른 것은 아니다. 유대인은 그들의 적이 주장하는 것처럼 인종적으로 판이한 아시아인도 아니다. 유대인은 지중해 연안의 제 민족으로 구성되어 있고, 지중해 문화를 계승한 민족이기도 하다. 그러나 이들은 정의하기 어렵기는 하지만 하여튼 다르다. 특히 북방 민족과는 판이하다. 그런데 참으로 이상한 일은, 한 무리에 대한 증오는 근본적으로 다를 때보다 조금 다를 때 더 격렬하게 표현되곤 한다.[26] 그런데 두 번째 원인은 증오의 효과를 한층 더 강화시킨다. 그것은 이들이 모든 종류의 압제를 무시했다는 점, 어떤 박해도 이들을 멸종시키는 데는 성공하지 못했다는 점이다. 그런 압제와 박해 속에서도 영리 활동에 탁월한 능력을 보이는가 하면, 일단 개입이 허용되면 문화적 성과에 탁월하게 기여하는 능력을 보여 준다는 것이다.

유대인에 대한 증오의 보다 뿌리 깊은 동기는 먼 과거로 거슬러 올라간다. 이 증오는 다른 무의식에서 유래한다. 독자들은 처음에는 이런 동기가 믿어지지 않겠지만 나는 그런 사태를 각오하고 있다. 감히 주장하거니와, 자칭 아버지 하느님의 장자(長子)요,

26 「문명 속의 불만」 참조.

총애하는 자식이라는 유대인의 주장에 대한 다른 민족의 질시는 오늘날까지도 극복되지 못한 상태로 남아 있다. 어느 정도인가 하면, 다른 민족이 유대인의 그런 주장에 일리가 있다고 생각하는 것으로 보일 정도다. 게다가 유대인을 다른 민족과 구별하는 데 필요한 풍습 중 할례속은 주변 민족에게 어쩐지 불쾌하고 기분 나쁜 풍습이라는 인상을 주어 왔다. 이러한 인상은 할례속이 거세의 공포와 더불어 기꺼이 잊힌 태곳적 과거의 한 부분을 상기시킨다는 사실을 통해 충분히 납득할 만하다. 그리고 이 일련의 동기 중 시대적으로 가장 최근의 동기에 해당하는 것으로 우리가 잊지 말아야 하는 것은, 오늘날 경쟁이라도 하듯이 유대인을 증오하는 제 민족이 모두 후기 역사 시대에 들어와 상당 부분 혈맹의 강제에 몰려 기독교도가 되었다는 점이다. 이런 의미에서 이들은 〈세례를 잘못 받은〉 기독교도들인지도 모른다. 이들에게서 얄팍한 기독교의 분식(粉飾)을 걷어 버리면, 아득한 옛날에 야만적인 다신교를 숭배했던 조상들과 다를 것이 하나도 없다. 이들은 그러니까 자기네들에게 강제된 새로운 종교에 대한 원한을 극복하지 못한 채로, 이 원한을 기독교를 태동시킨 원천인 유대교에 쏟아붓는 것이다. 복음서가 유대인 사이에 있었던 일, 오로지 유대인 문제만 다루고 있다는 사실은 이러한 원한의 전이를 훨씬 용이하게 만들었다. 그러니까 이들의 유대인 증오의 바닥에는 기독교도 증오가 깔려 있는 것이다. 그러므로 독일의 국가 사회주의 혁명에서 두 유일신교 사이의 긴밀한 관계가 서로 명백한 적의를 드러내는 것은 별로 놀라운 일이 아니다.

5. 난점

이쩌면 지금까지의 설명으로 나는 신경증의 경과와 종교의 비밀 사이의 유사점을 파악하고, 종교 비밀의 의심할 나위 없는 근원을 밝히는 데 성공을 거두었는지도 모르겠다. 개인 심리학에서 집단 심리학으로의 이행 과정에서는, 그 성질이나 가치가 서로 다른 두 가지 난점이 두드러진다. 이번에는 이 난점을 다루어 보기로 하자.

첫 번째 난점은, 우리는 여기에서 실로 풍부하기 그지없는 여러 종교의 현상학에서 나온 한 가지 사례만 다루었을 뿐, 다른 것에는 관심을 기울이지 못했다는 점이다. 유감스럽지만 나는 이 이상의 사례를 제시할 수가 없고, 나의 전문 지식은 이 연구를 완결하기에는 턱없이 부족했다는 것을 고백하지 않으면 안 되겠다. 내가 확보하고 있는 제한된 정보에다 한 가지 덧붙인다면, 유대교를 모방한 마호메트교 창설 사례는 어쩐지 생략된 형태의 유대교의 반복처럼 보인다는 것이다. 예언자 마호메트는 자신과 그 민족을 위하여 유대교를 완전히 수용할 의도를 지니고 있었던 것 같다. 유일하고 위대한 원초적 아버지를 다시 획득함으로써 아라비아인들의 긍지는 끝없이 고양되고, 이 고양을 통해 아라비아인들은 굉장한 성공을 거두지만, 바로 이 성공을 통해 아라비아인들의 힘은 고갈되고 말았다. 알라신은 일찍이 야훼가 그 선민에게 베푼 것 이상으로 자기 선민에게 은혜를 베풀었다. 그러나 이 새로운 종교의 내적 발전은 오래지 않아 그대로 중단되고 만다. 모르기는 하지만, 유대인의 경우 자기네 종교의 개조를 죽임으로써 그 종교를 심화시킨 데 견주어 마호메트교는 그런 깊이가 없었기 때문인 것으로 보인다. 언뜻 보면 합리주의적으로 보이는 모든 동방 종교의 핵심을 이루는 것은 조상 숭배인데, 마호메트 교는 기존의 것들을 재편성하는 초기 단계에서 중단된 것이다. 현대의 모든 원시 민족의 경우, 초월적인 존재의 승인이 종교의 유일한 내용물이라는 것이 사실이라면, 종교 발전의 위축으로밖에는 이해될 수 없는 이 사정은 다른 분야에서 인정되는 무수한 미발달의 신경증에 관련시켜 볼 수 있다. 양쪽 다 어째서 진전이 없는지 우리로서는 이해할 수 없다. 이들 제 민족의 개별적 재능이나 활동 방향, 일반적 사회 상황의 방향에 책임이 있는 것으로 보지 않을 수 없다. 실제로 나타난 현상의 해명에 만족하고, 나타나지 〈않은〉 것은 설명하려고 노력하지 않는 것이 정신분석 연구가 좇는 훌륭한 원칙의 하나이다.

집단 심리학으로의 이러한 이행 과정에서 드러나는 난점은, 그것이 원칙적인 성격을 지닌 또 하나의 문제를 제기하기 때문에 지극히 중요하다. 이 난점은 영향력이 있는 전승이 어떤 형식으로 제 민족의 생활 속에 존재하느냐는 의문을 제기한다. 이러한 의문은 개인의 경우에는 제기되지 않는다. 그 까닭은 개인의 경우, 무의식 안에 이미 기억 흔적이 존재하고 있는 것으로 설명되기 때문이다. 그렇다면 역사적 실례로 돌아가 보기로 하자. 우리는 이집트에서 돌아온 사람들 사이에 강력한 전승이 남아 있게 된 것은 유대 민족이 카데스에서 타협의 기초를 마련할 수 있었기 때문이라고 생각한다. 이런 경우에는 아무것도 문제될 것이 없다. 우리가 가정하는 바에 따르면, 이 같은 전승은 당시에 생존해 있던 사람들이 문제 사건의 직접적인 참가자였거나 직접적인 목격자였던 몇 세대 전의 선조들로부터 구전(口傳)으로 들은 구비 전승의 의식적인 기억에 그 바탕을 두고 있다. 하지만 그 뒤 몇 세기 동안에도 같은 일이 일어났다고 믿을 수 있는 것일까? 말하자면 전승이 여전히 할아버지에서 손자로 이어지는 정상적인 형식을 상상할 수 있는 것일까? 이같이 지식을 보존하고 이것을 구전으로 다음 세대에 전한 사람들이 누구였는지를 앞의 경우처럼 분명하게 밝히는 것은 가능하지 않다. 젤린의 주장에 따르면, 모세 살해의 전승은 사제층(司祭層)에 은밀히 전해지다가 결국 문서화되었는데, 젤린으로 하여금 모세 살해 전승의 추정을 가능하게 한 것은 바로 이 문서뿐이었다. 그러나 이 전승은 소수의 특권층만 알고 있는 것이었을 뿐, 유대 민족의 재산은 아니었다. 이것만으로 그 전승이 지닌 영향력을 해명할 수 있는 것일까? 소수의 사람들이 알고 있던 이런 지식이 대중의 것이 되었을 때, 대중을 지속적으로 사로잡는 정신의 힘을 발휘하는 것은 과연 가능할까? 우리가 보기에 그랬다기보다는 오히려 무식한 대중 사이에도 소수 사람들이 알고 있던 것과 형태가 비슷한 지식이 존재하고 있었는데, 소수의 지식이 대중화할 즈음에 이르자 대중이 여기에 호응해서 기꺼이 수용하게 되었던 듯하다.

태고의 이러한 유사 현상을 접하고 보면 판단은 한층 더 어려워진다. 수천 년의 세월이 흐르면서, 우리가 이미 그 특성을 잘 알고 있는 원초적 아버지가 존재했다는 사실, 그 원초적인 아버지가 그 같은 운명을 겪었다는 사실이 깡그리 잊혔다는 것은 분명하다. 그러나 이런 일에 대한 구비 전승이 모세의 경우처럼 존재하리라고 보기는 어렵다. 그렇다면 전승은 어떤 의미에서 문제가 된다는 것일까? 그렇다면 그 전승은 어떤 형태로 존재해 왔다고 보아야 하는 것일까?

사태의 복잡한 심리학적 상황과 만나고 싶지도 않고, 그럴 준비도 되어 있지 않은 독자들의 이해를 돕기 위해 지금부터 우리가 하는 연구의 결과를 미리 제시하기로 한다. 나의 의견에 따르면, 개인과 집단 간에는 이 문제에 관한 한 완벽한 준거가 있다. 집단의 경우에도 과거의 인상은 무의식적 기억 흔적 안에 보존된다는 것이다.

우리는 개인의 경우에서 이것을 선명하게 확인할 수 있을 것으로 믿는다. 개인이 과거에 경험한 기억의 흔적은 그의 내부에 특수한 심리적 상태로 보존된다. 개인은 그 체험을 억압된 것을 알고 있는 정도로는 이미 알고 있다. 우리는 분석을 통하여 그다지 어렵지 않게 어떤 것이 어떻게 잊히고, 어느 정도 시간이 흐른 뒤에는 어떻게 다시 나타나는지를 확인하는 일정한 관념의 틀을 구축해 왔다. 이 틀에 따르면 잊히는 것은 소멸되는 것이 아니라 단지 〈억압〉되어 있을 뿐이다. 이 기억 흔적은 기억만큼이나 생생한 형태로 존재하되, 〈리비도 반대 집중Gegenbesetzung〉에 의해 고립되어 있을 뿐이다. 이들 기억 흔적은 다른 지적 과정과의 소통이 불가능하다. 무의식, 다시 말해서 의식이 접근할 수 없는 무의식 안에 보관되어 있기 때문이다. 억압되어 있던 것의 일부가 이 과정(억압의 과정)을 이탈하고 기억에 접근했다가 의식으로 떠오르는 경우가 종종 있다. 그러나 이런 경우에도 여전히 이 부분은, 주위와의 상호 관계가 불가능한 이방인처럼 고립되어 있다. 사태는 이와 같지만 꼭 이래야 할 필요가 있는 것은 아니다. 억압은 완벽할 수 있지만, 이제부터 억압이 취할 수 있는 대안의 문제를 다루어 보기로 하자.

억압된 내용물은 상승하려는 의지, 다시 말해서 의식으로 떠오르려는 노력을 계속한다. 그리고 다음 세 가지의 경우 억압은 그 목적을 달성한다.

(1) (정신의) 다른 부분, 즉 우리가 자아라고 부르는 부분이 습

격을 당하는 병리학적 경과를 통해 〈반대 리비도 집중〉의 강도가 현저하게 약화될 경우, 혹은 통상 수면 상태에서 그렇듯이 이 자아 안에서의 리비도 집중 에너지 배분의 변화를 통해 역시 〈반대 리비도 집중〉의 강도가 약화될 경우.

(2) 사춘기에 자주 볼 수 있는, 억압된 내용물에 부착하는 충동적인 요소가 특별히 강화될 경우.

(3) 어떤 시점의 새로운 경험을 통해 억압된 내용물과 너무나도 흡사한 인상이나 경험이 개입하여 이 억압된 내용물의 잠을 깨우는 경우.

마지막의 경우 새로운 경험은 억압된 내용물의 잠재적 에너지에 의해 강화되고, 억압된 내용물은 그 도움을 받아 새로운 경험의 배후에서 그 영향력을 발휘한다. 이 세 가지 경우 중 한 경우가 아니면, 억압되어 있던 내용물은 그 모습 그대로 의식의 영역으로 순조롭게 떠오르지 못한다. 말하자면 떠오르는 경우가 있어도 반대 리비도 집중에서 솟아오르는 저항(완전히 극복되지 않은)의 영향으로 인해, 혹은 수정을 요구하는 새로운 경험의 영향으로 인해, 아니면 이 두 가지 영향으로 인해 왜곡의 운명을 피하지 못하게 되어 있는 것이다.

어떤 심리적 현상이 의식적인 것이냐 무의식적인 것이냐 하는 구분은, 우리 연구에서 하나의 방향을 결정하는 기준과 수단 역할을 해왔다. 억압된 것은 무의식이다. 만일에 이 명제를 역전시킬 수 있다면, 다시 말해서 의식과 무의식의 질적 차이를 〈자아에 속하는 것〉과 〈억압된 것〉[27]의 차이에 대응시킬 수 있다면 이것을 단순화시키는 것도 가능하다. 우리의 정신생활에 이같이 고립된 것, 무의식적인 것이 존재한다는 사실만 해도 벌써 새롭고 지

27 「자아와 이드」(프로이트 전집 11, 열린책들) 참조.

극히 중요하다. 그러나 현실에서의 사태는 우리가 생각하는 것 이상으로 복잡하다. 억압된 내용물이 무의식적인 것이라는 것은 사실이다. 그러나 자아에 속하는 모든 것이 의식적이라고 한다면, 이것은 사실이 아니다. 우리는 의식이라고 하는 것이 우리의 정신생활을 통과하면서 심리 과정에 부착되는 일시적인 것이라는 사실에 주목한다. 따라서 우리 연구의 목적에 맞추어 〈의식적〉이라는 말 대신에 〈의식이 가능한〉으로 바꾸고, 이러한 특질을 〈전의식적(前意識的)〉이라고 불러 보기로 한다. 이렇게 하면 우리는 이제 정밀하게, 자아는 본질적으로는 전의식적(실제로는 의식적)이지만 자아의 몫은 무의식적이라고 할 수 있다.

　이 마지막 확인은 우리에게, 우리가 지금까지 의지해 온 성질은 심적 생활의 암흑 속에서의 방향 인식에 도움을 준다는 것을 보여 준다. 여기에서 우리는 질적인 것이 아닌 〈국소적(局所的)〉인 동시에 〈발생적〉인 ― 이 구분은 특별한 가치를 지닌다 ― 또하나의 구분을 도입하지 않으면 안 된다. 이제 우리는 우리의 정신생활[우리가 도(道), 군(郡) 같은 정치 기구로 인식하는]에서 〈자아〉라고 불리는 지역과, 〈이드〉라고 불리는 지역을 구분하고 있다. 이 자아와 이드 중에서 이드가 더 오래된 것이다. 자아는 외부 세계의 영향을 통하여 이드에서 수피(樹皮)의 켜처럼 발전해 온 것이다. 우리의 모든 원초적 본능이 작용하는 것은 바로 이 이드 내부에서인데, 이드 내부의 작용은 무의식적으로 진행된다. 앞에서 말했다시피 자아는 전의식의 영역과 일치한다. 이 자아에는 통상 무의식에 남아 있는 부분도 포함된다. 이드 안에서의 사태 추이와 상호 작용은 자아를 통제하는 것과는 전혀 다른 법칙을 따른다. 이 양자 사이의 서로 다른 점에 대한 통찰이야말로 우리에게 새로운 관점에서의 이해를 가능하게 하고, 이 이해를 정당화시킬 수 있을 것이다.

〈억압된 것〉은 이드의 영역에서 이루어지는 것으로서 이드와 동일한 메커니즘을 따른다. 〈억압된 것〉과 이드는 거의 동일하되 발생 과정만 다를 뿐이다. 이 양자의 구분은 어린 시절에, 다시 말해서 자아가 이드에서 빠져나와 독자적으로 발전할 때 생긴다. 이 시기에 이드의 내용물 중 일부가 자아로 들어가 전의식적 상태로 드높여지고, 다른 부분은 이 이동에 영향을 받지 않고 무의식의 내용물로 이드 안에 남는다. 그러나 자아 형성의 다음 단계에서 자아 안의 특정 심리적 인상이나 작용은 방어 과정을 통하여 배제된다(말하자면 내몰리는 것이다). 이 과정에서 이러한 인상이나 작용의 전의식적인 것의 특징은 제거되면서 다시 이드의 구성 부분으로 환원된다. 이것이 바로 이드 내부에 〈억압된 내용물〉이다. 따라서 두 정신적 영역의 상호 작용에 관한 한 우리는 이드 안에서의 무의식 작용은 전의식의 수준까지 고양되었다가 자아에 동화되는 한편, 자아 안의 전의식적 내용물은 이와는 역방향으로 작용하여 이드로 회귀한다고 말할 수 있다. 뒤에 자아 안에 있는 특별한 구역(즉 〈초자아〉)이 자아 안에서 구분된다는 사실은 현재 우리의 관심 밖에 있는 사안이다.

이 모든 현상이 일어나는 양상은 결코 간단하지 않다.[28] 그러나 이러한 심적 장치를 공간적으로 파악하는 것에 익숙해지면, 상상력을 발휘하는 데 큰 어려움이 없을 것으로 보인다. 여기에서 주석(註釋)하고 싶은 것은, 내가 여기에서 전개한 심리학적 국소론(局所論)은 딱 한 가지 측면에서 두뇌 해부학을 건드리고 지나갈 뿐, 실제로는 이 두뇌 해부학과 아무런 관계도 없다는 점이다.[29]

28 『새로운 정신분석 강의』의 서른한 번째 강의를 참조할 것.
29 이 한 가지 측면이란 ─ 프로이트가 「쾌락 원칙을 넘어서」와 「자아와 이드」에

나는 이런 종류의 관념적인 묘사에 대한 불만은 정신 과정의 〈역동성〉에 대한 우리의 무지에서 기인하는 것이라고 생각한다(나는 이 점을 어느 누구보다도 잘 알고 있다). 우리는 의식적인 표상을 전의식적 표상으로부터 구분하고, 이 전의식적 표상을 무의식적 표상으로부터 구별하는 것은 일종의 수정, 경우에 따라서는 심적 에너지의 서로 다른 배분 양상에서 유래한다고 생각한다. 우리는 〈리비도 집중 Besetzung〉이니 〈리비도 과잉 집중 Überbesetzung〉이니 하지만, 그 이상에 관한 한 이 주제에 대해서 지식이 전무한 상태이고, 적용 가능한 가설의 출발점조차 찾아내지 못하고 있다. 의식의 현상에 대해서도, 우리는 이 의식 현상이 원래는 지각(知覺)과 밀접한 관계를 맺고 있던 것이라고 말할 수 있는 정도다. 통각, 촉각, 청각, 시각 자극의 지각에서 생겨나는 모든 감각은 가장 빠르게 의식되는 감각이다. 사고 과정과 이드 내부의 이와 유사한 과정은 원래는 무의식적인 내용물인데, 이러한 것들은 시각적, 청각적 지각의 기억 잔재와 연결되고 언어 기능을 통하여 의식의 영역으로 떠오른다. 언어 기능이 없는 동물에게는 이 과정은 훨씬 단순할 터이다.[30]

우리의 출발점이 된 과거의 심적 외상의 인상은 전의식의 영역으로 이행하지 않거나, 억압을 통하여 재빨리 이드 상태로 되돌아가게 된다. 기억의 잔재는 그 경우 무의식적인 것으로서 이드에서 작용한다. 기억의 흔적이 기억 주체의 체험일 경우, 우리는 이 기억의 흔적이 겪게 되는 그 뒤의 운명을 추적할 수 있을 것으로 믿는다. 그러나 개인의 정신생활 안에는 자신이 체험한 것뿐

서 유사한 설명을 한 바 있듯이 ─ 해부학과 프로이트의 초심리학에서 외피로 여겨지는 지각 체계로 존재한다.

30 이에 대한 기술적 논의는 「무의식에 관하여」(프로이트 전집 11, 열린책들) 참조.

만 아니라 태어날 때부터 그 주체의 내부에 존재하던 내용, 계통 발생적 유래를 지닌 파편들, 즉 〈태고의 유산〉이 활동하고 있을 개연성에 주의를 기울일 경우 문제는 대단히 복잡해진다. 바로 여기에서 태고의 유산은 무엇으로 이루어져 있고, 그것은 무엇을 포괄하며, 그 증거는 무엇이냐 하는 의문이 발생한다.

가장 손쉽고 확실한 대답은, 태고의 유산의 본질은 살아 있는 모든 유기체의 특징과 같은 특정(타고난) 소질로 이루어져 있다는 것이다. 그것이 무엇인가 하면, 일정한 발전 방향을 지향하고, 특정 자극이나 인상이나 매력에 대한 특정한 형식의 반응을 보이는 능력과 경향이다. 경험이 보여 주듯이 개개인과 인류 사이에는 이런 의미에서의 차이가 있기 때문에 태고의 유산도 이런 식으로 구분되어야 한다. 이러한 차이를 우리는 개인이 지닌 〈체질적〉 요인으로 인식하는 것이다. 인류는 모두 어린 시절부터 거의 비슷한 체험을 공유하기 때문에 거기에 대한 반응도 유사하다. 그렇다면 이때, 이러한 반응을 개인적 차이와 함께 태고의 유산에 포함시킬 수 없지 않겠느냐는 회의론이 제기된다. 그러나 이러한 회의론은 고려의 대상이 될 수 없다. 그 까닭은 태고의 유산에 대한 우리의 지식은 이와 유사한 사실에 대한 인식을 통해 늘어난 것이 없기 때문이다.

그럼에도 불구하고 분석 연구는 우리에게 검토의 자료가 되는 몇 가지 결론을 도출했다. 첫째, 언어에는 상징의 보편성이 있다는 사실이다. 한 대상의 다른 대상을 통한 상징적 표현(이것은 행위에도 적용된다)은 우리 어린아이들의 전유물이다. 어린아이들에게 이런 표현은 당연한 것이다. 우리는 어린아이들에 관한 한 그들이 어떻게 그것을 습득했는지 알지 못할 뿐만 아니라, 대개의 경우 습득 자체가 불가능하다는 것을 인정하지 않을 수 없게 된다. 여기에서 문제되는 것이, 어른들은 나이가 들면서 잊어 버리는 근원적인 지식의 문제다. 어른들도 꿈에서는 같은 상징을 이용하는 것이 사실이다. 그러나 어른들은 분석적 해석의 도움 없이는 이 상징을 이해하지 못하고, 분석적 해석의 도움을 받는 다고 하더라도 그 해석을 좀체 믿으려 하지 않는다. 이 상징성이 고착되어 있는, 지극히 흔해 빠진 상투적 표현을 이용하는 경우에야 겨우 그 진정한 상징 언어가 어른에게는 잊힌 언어라는 사실을 시인한다. 더구나 상징적 표현은 언어의 차이를 무시한다. 연구 결과에 따르면, 상징 언어는 편재적(偏在的)이다. 어떤 민족에게든 동일한 의미로 읽히는 것이다. 그런데 이 대목에서, 언어 발달이 시작된 시대로까지 거슬러 올라가는 태고 유산의 사례가 있지 않겠느냐라는 의문이 떠오른다. 하지만 여기에 대해서는 다른 설명을 시도할 필요가 있다. 우리가 여기에서 다루는 문제는 관념과 관념 사이의 사고 관계이다. 다시 말해서, 역사적 언어 발전 과정에서 확립되고, 이 언어의 발달이 개인을 통해 이루어질 때마다 반복되었을 사고 관계인 것이다. 그렇다면 이것은 통상 충동적인 소질의 유전과 비슷한 지적 소질의 유전 사례가 될 수 있을 것이다. 하지만 이것은 우리의 문제 해명에 크게 도움을 주지 못한다.

그러나 분석 작업은, 지금까지 우리가 생각했던 것 이상으로 중요한 사실을 깨우쳐 주었다. 유아기의 심적 외상에 대한 반응을 연구할 때마다 우리는, 이들 반응이 당사자가 실제로 체험한 것에 엄격하게 제한되지 않고, 체험에서 동떨어져 계통 발생론적 사상(事象)의 전형에 어울리며, 또 일반적으로 그런 사상의 영향을 통해서만 설명이 가능한 방향으로 펼쳐지는 사태에 자주 놀라곤 한다. 신경증에 걸린 아이가 오이디푸스 콤플렉스나 거세 콤플렉스를 통하여 양친을 대하는 태도에서 이런 반응을 자주 접할 수 있는데, 이런 반응은 개인적인 사례를 통해서는 그 근거를 설명하기 어렵고 계통 발생론의 선상에서, 말하자면 그 민족의 옛날 체험과의 관련을 통해서만 제대로 설명이 가능하다. 내가 여기에 예시하는 자료를 모아 집대성된 형태로 발표하는 일은 수고에 걸맞게 보람 있는 일이 될 듯하다. 이 자료가 지니는 증거 자료로서의 가치는 우리가 다루고 있는 주제에서 한 걸음 더 나아가 인류가 지니고 있는 태고의 유산은 소질뿐만이 아니라 내용, 즉 옛 시대의 체험에 대한 기억의 흔적도 포함하고 있다고 주장할 수 있는 힘도 충분히 지니고 있는 것으로 보인다. 이로써 태고의 유산의 규모나 의의는 상당한 수준까지 확장될 수 있을 것이다.

이와 관련된 문제를 검토하면서, 나는 상당한 기간 동안 조상의 체험에 대한 기억 흔적의 유전은 직접 전달이나 예증을 통한 교육의 영향과는 별개의 것인 듯한 태도를 취해 온 것을 인정하지 않을 수 없다. 한 민족이 지닌 전승의 생명력과 그 민족성의 형성에 대해서 말할 경우, 내 염두를 떠나지 않은 것은 유전을 통해 전해진 이러한 전승이지 전달 수단을 통해 전파된 전승은 아니었다. 나는 이 양자를 구분하지도 않았고, 구분하지 않은 이유가 나의 태만에 있다는 것도 자각하지 못했다. 나의 입장은 오늘날의 생물학이 취하는 입장 때문에 더욱 곤혹스러운 처지로 내몰린다. 생물학은 후천적인 형질의 다음 세대로의 유전을 인정하지 않은 것이다. 그러나 나는 겸허하게 고백하거니와, 생물학이 그런 입장을 취하고 있음에도 불구하고 후천적 형질의 유전이라는 요인을 도외시하고는 생물의 진화를 상상할 수 없다. 양쪽의 경우 똑같은 문제가 제기되고 있는 것은 아니다. 다시 말하자면, 한쪽에서는 파악하기가 쉽지 않은 후천적으로 획득한 형질이 문제가 되고, 다른 한쪽에서는 외적 인상이라고 하는, 이른바 구체적인 것의 기억 상흔이 문제가 되고 있기 때문이다. 그러나 그 기저에 이르면 우리는 한쪽 없이 다른 한쪽을 상상할 수 없다.

태고의 유산에 기억의 흔적이 잔존하고 있다고 가정할 경우, 우리는 개인 심리학과 집단 심리학 사이의 간극에 다리를 놓는 셈이 된다. 다시 말해서, 우리는 한 민족을 다룰 수 있는 동시에 개인적인 신경증까지도 다룰 수 있게 되는 것이다. 태고의 유산에 기억 흔적이 존재한다는 증거로, 계통 발생론으로부터의 연역을 요구하는 분석 연구의 잉여 현상 이상으로 강력한 증거는 존재하지 않는다고 하더라도, 이 증명은 그 같은 상황을 요청할 수 있을 정도로 강력한 힘을 갖추고 있는 듯하다. 그렇지 않다면, 분석에서도 집단 심리학에서도 우리가 가기로 한 길로는 한 걸음도 전진할 수가 없다. 이 시도는 무모할 수밖에 없는 것이다.

이러한 가정을 통하여 우리는 다른 것을 규명해 보려고 한다. 우리는 고대 인류의 오만이 인류와 동물 사이에 만들어 놓은 깊디깊은 심연을 메우려고 한다. 새로운 생활 상황에 처한 동물로 하여금 처음부터 그 상황이 오래된 상황, 낯익은 상황인 것처럼 행동하게 하는 이른바 동물의 본능[31] 을 설명하는 이론이 있다면, 그것은 동물에게 선조들이 체험을 통해 축적한 기억이 보존되어 있기 때문이라는 이론일 수밖에 없다(동물의 본능적인 삶에 대한 설명이 가능하다면, 그것은 같은 종속(種屬)의 체험을 새로운 삶 속으로 도입했기 때문이라는 것 이외에 다른 설명법이 있을 수 없다). 인류라는 동물이 처해 있는 입장도 그 바탕은 다를 것이 없다. 비록 그 범위와 내용이 다를지언정 인류가 지닌 태고의 유산은 동물의 본능에 정확하게 대응한다.

31 이 부분에서 사용된 본능의 독일어는 *Trieb*가 아니고 *Instinkt*이다.

이러한 검토 끝에 나는 감히 주저 않고 인류가 한때 자기네들에게는 원초적 아버지가 있었다는 사실, 그리고 그 아버지를 죽였다는 사실을 알고(이런 식의 아주 특별한 방법을 통해) 있었을 것이라고 단언한다.

여기에서 두 가지 문제를 제기하고, 이것을 해명하기로 한다. 첫째는, 어떤 상황에서 이러한 종류의 기억은 태고의 유산에 편입되느냐는 것이고, 둘째는, 어떤 상황에서 그런 태고의 유산이 활성화하느냐, 다시 말해서 변형되고 왜곡된 모습이기는 하겠지만, 어떤 경우에 이드의 무의식 상태에서 의식 상태로 떠오르느냐는 것이다. 첫 번째 문제에는 간단하게 대답할 수 있다. 즉 사건이 중요하거나 자주 되풀이되면, 혹은 이 두 가지 조건에 두루 합당할 때 태고의 유산이 편입된다는 것이다. 그런데 존속 살해는 이 두 가지 조건에 두루 합당하다. 두 번째 질문에 대해서는 이렇게 말할 수 있다. 여기에 영향을 미치는 인자는 무수하지만 이것을 모두 알아야 할 필요는 없다. 말하자면 여러 가지 신경증 사례와 유사한 형태의, 외부의 영향과는 무관하게 자생적으로 발전하는 상황도 상정해 볼 수 있다는 것이다. 하지만 결정적으로 중요한 것은, 가장 비근한 시점에 반복되는 이와 유사한 사건을 통해 잊혔던 기억 흔적이 환기되는 경우이다. 모세 살해는 바로 이런 종류의 반복이고, 오판(誤判)에 의한 사형으로 추정되는 그리스도 살해 역시 이와 다르지 않다. 그러니까 이런 사건들이 전면에 나타난 원인으로 보이는 것이다. 어느 정도냐 하면 유일신교의 탄생에는 이런 사건들이 필요 불가결한 것으로 보이기까지 한다는 것이다. 이 대목에서 한 시인의 노래가 생각난다.

노래 속에서 영생(永生)하려면,

세상에서는 죽어야 한다.[32]

마지막으로, 심리학적 논거를 제출하는 감상 한마디를 보태겠다. 전달의 수단에만 그 바탕을 두고 있는 전승은 종교적 제 현상에서 볼 수 있는 강박적 특성을 유발시키지 못한다. 이 같은 전승은 외부로부터의 정보를 귀 기울여 듣고, 판단하고, 경우에 따라서는 거부하기도 한다. 그러나 논리적 사고의 강제로부터 해방되는 특권은 결코 누리지 못한다. 전승은 억압의 운명을 견디고, 무의식의 세계에 머무는 상태를 거쳐야 비로소 의식으로 회귀하여 강력한 영향력을 행사하면서 대중을 사로잡을 수 있는 것이다. 우리는 이러한 전승의 작용을 제대로 이해하지 못한 채 그저 놀라운 눈으로 바라보아 왔을 뿐이다. 그리고 이러한 판단은 상당한 무게를 지닌다. 이렇게 판단해야 우리는, 사태가 우리가 묘사하려고 노력한 대로, 적어도 묘사한 것과 비슷하게나마 실제로 일어났을 것이라고 믿을 수 있게 되는 것이다.

---

32 *Was unsterblich im Gesang soll leben,* / *Muss im Leben untergehn* — 실러 Schiller, 「그리스의 신들Die Götter Griechenlands」.

제2부

요약과 부연

이 연구의 다음 부분은, 광범위한 설명과 변명 없이는 일반 대중의 손에 넘겨질 수 없을 듯하다. 그 까닭은 이 부분이 비판적인 검토를 생략하고, 유대 민족의 특수한 자질의 형성 경위와 관련된 논의를 보강한, (제3논문) 제1부의 충실한(그리고 축자적인) 부연이지 다른 것이 아니기 때문이다. 나는 이 같은 서술 방법이 부적절한 것일뿐더러 몰취미한 것이라는 사실을 잘 알고 있다. 사실 나 자신부터도 이 같은 서술 방법에 솔직히 개탄을 금하지 못한다. 왜 이런 서술 방법을 피하지 못했던가? 이 질문에 대한 해답을 찾아내기는 어려운 일이 아니다. 그러나 고백하기는 쉬운 일이 아니다. 나는 어느 모로 보나 별스러운 이 연구가 성립되기까지의 흔적을 도무지 지워 버릴 수가 없다.

이 논문은 실제로 두 차례에 걸쳐 쓰였다. 처음 쓰인 것은 몇 년 전 빈에서였는데, 그때 나는 이 글이 출판될 수 있으리라고는 생각하지 않았다. 나는 이 원고를 포기하기로 결심했다. 그러나 이 원고는 흡사 떠도는 망령처럼 나를 괴롭혔다. 그래서 결국 이 논문을 두 편의 독립된 논문으로 만들어 우리가 출간하고 있는 잡지 『이마고』에 발표하는 편법을 쓰게 되었다. 이것이 바로 정신 분석학적 출발점이 되는 「이집트인 모세」와 여기에 바탕을 둔 역사적인 구조물이라고 할 수 있는 「모세가 이집트인이었다면」이다. 반론에 무방비 상태인 데다 위험하기까지 한 나머지 부분 — 유일신교의 발생과 종교 일반의 파악에 대한 응용을 그 내용으로 하는 — 은 발표를 보류하고 있었는데, 그때의 내 생각으로는 어쩌면 영원히 보류될 듯했다. 그러던 중 1938년 3월, 뜻밖에 독일

이 침공해 왔다. 독일의 침공은 나로 하여금 집을 떠나게 한 사건
인 동시에 나를 불안으로부터 해방시킨 사건이기도 하다. 당시
나는 나의 논문 출간이, 정신분석학이 용인되고 있던 내 나라에
갑자기 정신분석을 금지시키는 사태를 야기하게 되는 것은 아닐
까 하는 불안에 시달리고 있었다. 영국에 도착한 즉시 나는 보류
하고 있던 원고를 발표하고 싶다는 유혹을 이겨 낼 수 없었다. 결
국 나는 기왕에 출판된 두 편에 맞도록 내 연구의 제3부를 손질하
기 시작했다. 논문의 성질상 이 작업을 통해 자료의 부분적인 배
열을 바꾸는 것은 불가피했다. 그러나 나는 두 번째 집필에서 처
음에 쓰인 이 자료를 모두 포함시키는 데는 성공을 거두지 못했
다. 그렇다고 해서 처음 쓴 것을 모두 버린 것은 아니다. 결국 나
는 두 번째로 쓴 전체 원고에다 손질을 가하지 않은 상태에서 첫
번째 원고를 붙이는 편법을 쓰지 않을 수 없었다. 상당한 부분이
반복되는 결함은 여기에서 비롯된 것이다.

그러나 나는 나의 검토가 옳으냐 그르냐 하는 문제를 떠나, 내
가 다루는 주제 자체가 새롭고 중요하다는 생각으로 위안을 삼고
자 한다. 따라서 독자들은 같은 것을 두 번 읽지 않을 수 없게 된
셈이지만, 나는 이것도 독자를 불행하게 하지는 않을 것이라고
생각한다. 세상에는 한 번 이상 읽어 보아야 할 것도 있고, 아무리
부연해서 설명해도 지나치지 않는 것도 있는 법이다. 하지만 이
경우 내가 다룬 동일한 서술에 머물 것인지, 다른 주제로 돌아갈
것인지를 결정하는 것은 독자들의 몫이다. 독자들로 하여금 멋모
르고 한 권의 책을 통하여 같은 주제를 두 번이나 읽게 해서는 안
될 일이다. 이 점에 관한 한 저자의 이같이 서툰 솜씨는 비난을 받
아야 마땅하다. 불행히도 저자의 독창적인 능력이라고 하는 것이
항상 그 저자의 의지에 복종하는 것은 아니다. 저서라고 하는 것

은 저 나름의 방향을 지향하는 것이어서 때로는 저자의 의지와는 상관없이, 때로는 저자에게 생소하게 느껴지는 방향으로 진행되기도 한다.

1. 이스라엘인

우리 앞에 제시된 자료 중에서 도움이 될 만한 것들은 받아들이고, 우리에게 불필요한 것은 거부하며, 서로 다른 자료를 심리학적 개연성에 짜맞추는, 이런 종류의 기법이 진리의 발견을 보증해 주지 못할 바에야 이런 연구가 무슨 필요가 있을 것인가 하는 질문이 당연히 제기될 법하다. 이에 대한 해답은 연구 자체의 성과에 달려 있다. 역사학적, 심리학적 조사가 필요로 하는 엄격한 요구를 상당 부분 완화시킨다면 우리의 주목을 끌 만한 가치가 있는 것들, 최근에 일어난 일련의 사건이 우리에게 새로운 관심을 요구하는 문제를 조명하는 것도 경우에 따라서 어느 정도 가능해질 것이다. 우리 모두 잘 알고 있다시피, 고대에 지중해를 끼고 살던 민족 중에 지금까지도 그 이름과 특질을 유지하면서 살고 있는 민족은 아마 유대 민족밖에 없을 것이다. 유대 민족은 유례없는 저항 능력으로 내부의 재앙과 외부의 학대에 맞서면서 독특한 특성을 발전시켜 온 동시에 다른 민족의 격렬한 반감을 자초해 왔다. 바로 이 때문에 유달리 강한 유대인의 생존 능력은 어디에서 온 것이며, 그러한 특징은 그들의 역사와 어떤 관계가 있는가 하는 문제는 우리의 주목을 끌지 않을 수 없는 것이다.

먼저 타 민족과의 관계에서 두드러지는 유대인의 성격 특성에서 검토를 시작하기로 하자. 유대인들이 자기네들을 특별히 고급한 견해의 소유자들, 보다 높은 지위의 소유자들, 다른 민족보다 우월한 민족이라고 믿는다는 것은 의심할 여지가 없다. 말하자면 풍습을 통해서도 스스로를 다른 민족에서 구별하고 있는 것이다.[33] 동시에 귀중한 재산을 은밀하게 소유하는 예에서 볼 수 있듯이, 유대인들은 삶에 대한 독특한 믿음을 가지고 사는 것으로 알려져 있다. 말하자면 믿음이 깊은 사람들은 신에 대한 믿음이라고 부르는 일종의 낙천주의로 살아가는 사람들인 것이다.

우리는 이들이 이런 식으로 행동하고 있는 까닭, 이들이 숨기고 있는 보물이 무엇인지 알고 있다. 유대인은 실제로 자기네들을 하느님으로부터 선택받은 백성들이라고, 자기네들이야말로 하느님과 특별히 가깝다고 믿고 있으며, 이러한 믿음이 그들을 자신만만한 민족으로 만든다. 믿을 만한 보고에 따르면, 이들은 헬레니즘이 개화하고 있던 시대에도 오늘날과 똑같은 사고방식을 가지고 있었다고 한다. 말하자면 그때 이미 오늘날과 똑같은 완벽한 유대인이 살고 있었던 셈이다. 당시 유대인은 그리스인들에 섞여 살았는데, 유대인들의 이러한 특성에 대해 그리스인들도 오늘날의 〈많은 사람들〉[34]과 같은 반응을 보였다고 한다. 그러니까 유대인들이 자기네들이 우월하다고 믿었던 것처럼, 그리스인들 역시 유대인보다 우월하다고 믿었으리라는 것이다. 한 아이가 엄한 아버지로부터 총애를 받는다고 믿을 경우, 형제자매의 질투 같은 것에는 아랑곳하지 않는다. 요셉과 그 형제에 대한 유대인의 전설을 보면 이런 질투심이 어떤 결과를 초래하는지 자명해진

33 예부터 전해지는 유대인은 〈문둥이〉라는 비방은, 〈유대인은 우리가 문둥이라도 되는 것처럼 거리를 두려고 한다〉는 사고방식이 투영된 것임에 분명하다(마네토Manetho를 참조할 것) — 원주. 마네토의 『이집트 역사*The History of Egypt*』 참조. 마네토는 기원전 300년경 이집트의 고위 사제로, 오래된 이집트의 자료를 이용해 그리스에서 『이집트 역사』를 썼다.
34 아리안족을 일컫는 듯하다.

다. 그 이후의 세계사는 유대인의 불손함을 시인하는 듯하다. 유대인은 뒷날 하느님은 인류를 구원하기 위해 구세주를 보내는데, 그 구세주조차도 유대 민족 중에서 뽑아서 보낼 것이라고 믿게 된다. 다른 민족은 이러한 유대인들을 보면서, 〈옳거니, 과연 유대인은 옳아, 유대인은 역시 하느님으로부터 선택받은 민족이야〉하면서 고개를 끄덕거렸음직하다. 그러나 사태는 그런 쪽으로 발전하지 않았다. 실제로 예수 그리스도에 의한 구속(救贖)의 역사는 유대인에 대한 증오만을 강화했다. 그러니까 유대인들은 이 구속자를 알아보지 못하는 바람에 하느님에 의한 이 두 번째 총애에서도 하등의 이득을 보지 못하게 된 것이다.

앞에서 우리가 했던 논의를 바탕으로, 우리는 유대 민족에 이러한 특성(의미심장하기 그지없는)을 각인한 사람이 인간 모세였다는 것을 알 수 있다. 모세는 유대인이야말로 하느님으로부터 선택받은 민족임을 보증함으로써 유대인의 자부심을 드높이고, 그들에게 신성함을 부여했으며, 다른 민족으로부터 스스로를 격리할 의무를 부과했다. 다른 민족이라고 해서 자부심이 없는 것은 아니다. 오늘날에도 그렇듯이, 당시의 모든 나라 사람들은 다른 나라 사람보다 우월하다고 생각했다. 그러나 유대인의 자부심은 모세에 의해 종교적으로 정착되었다. 말하자면 종교 신념의 일부가 된 것이다. 유대인들은 자기네 신과의 긴밀한 관계를 통해 신의 영광을 자기네 영광으로 획득했다. 우리는 유대인을 선택하여 이집트에서 해방시킨 신의 배후에는 모세라는 인물이 있다는 것, 모세가 신의 위탁을 받아 이 일을 성사시켰다는 것을 잘 알고 있다. 그래서 우리는 감히, 이 유대인들을 창조한 사람은 바로 모세라고 주장할 수 있는 것이다. 그러므로 유대인들의 강인한 생명력도 모세에서 유래한 것이고, 이 민족이 겪어 왔고 지금도 겪고 있는 타 민족의 적의 또한 모세에서 유래한 것이다.

2. 위대한 인간

아무리 비범한 능력이 있어 이를 십분 발휘했다고 하더라도, 서로 아무 관계도 없는 개인이나 일족을 무작위로 뽑아 이를 한 민족으로 세우고, 여기에다 결정적인 특성을 각인하며, 수천 년에 걸쳐 이들의 운명을 규정하는 일이 어떻게 한 개인에게 가능할 것인가? 이러한 가능성을 상정하는 일이야말로 창조 신화나 영웅 숭배를 탄생시킨 사고 양식으로, 역사 기술이라는 것이 지배자 혹은 정복자 개개인의 행동이나 운명을 보고하는 것에 만족하던 시대로의 퇴보를 의미하는 것은 아닐까? 근대는 인류사의 모든 사건의 원인을 경제 조건의 강제력이 있는 영향, 식품 섭취법의 변화, 재료나 도구 이용법의 진보, 인구 증가나 기후 변화에 따른 이동 같은, 눈에 보이지 않는 일반적이고 비개인적인 요인에 귀속시키는 경향이 있다. 이 경우 개개인이 맡는 역할은 어차피 집단이 드러내는 경향의 상징적인 존재, 혹은 그 경향을 대표하는 대표자일 수밖에 없다. 이런 경향은 그 상징적인 존재나 대표자를 통해서 드러날 수밖에 없고, 대개의 경우 우연히 이들을 통해 발견될 수밖에 없다.

이것은 지극히 당연한 접근법이다. 그런데 이런 접근법이 우리 사고 기관이 취하는 태도와, 어차피 우리의 사고라는 수단을 통해 파악될 수밖에 없는 세계의 구조 간에 중대한 모순이 있다는 사실에 주의를 기울일 기회를 제공한다. 개개의 현상에 〈하나라도〉 증명 가능한 원인이 있다면, 우리는 이 원인을 찾아내기만 하면 된다(이것은 물론 우리가 반드시 해야 하는 일이다). 그러나 우리 외부에 존재하는 현실은 그렇지가 않아서 개개의 현상은 중복 결정의 산물로 보인다. 말하자면 몇 가지 원인이 수렴되어 생기는 결과라는 것이다. 현상의 원인이 지니는 이같이 전망하기 어려운 복잡함에 놀란 우리들의 연구는, 한 맥락에 반대하는가 하면 다른 맥락에 가담하기도 하고, 현실적으로는 존재하지 않는 모순, 포괄적인 관계의 불화를 통해서만 발생하는 모순을 상정하기도 한다.[35] 따라서 특정 사례의 연구가 한 개인의 인격에 초월적인 영향을 미치는 것만 증명할 수 있다면, 우리는 이 증명을 수용하는 일반적이고 비개인적인 요인의 의미에 대한 이론 앞에서 얼굴을 찡그린 우리의 가설에 양심의 가책을 느끼지 않아도 될 것이다. 말하자면 기본적으로 쌍방의 이론 모두 긍정적인 것으로 평가할 여지가 있다. 그러나 유일신교의 탄생에 관한 한, 우리는 일찍이 우리가 검토한 것 이상의 외부적인 인자는 없다는 점을 지적할 수 있다. 다시 말해서, 이 발전 단계는 서로 다른 여러 국가 사이에 긴밀한 관계를 수립하고, 이로써 거대한 제국을 건설하는 것과 밀접한 관계가 있는 것이다.

이렇게 해서 우리는 복합적인 원인의 사슬, 혹은 망상 조직(網狀組織)에 갇힌 〈위대한 인간der große Mann〉의 자리를 여기에다 마련한다. 하지만 어떤 조건에서 우리가 이 위대한 인간이라는 경칭을 부여하는지, 그것부터 따져 보는 것도 무익한 일은 아닐 듯하다. 놀랍게도 이 문제에 답하기는 그리 쉽지 않다. 첫 번째 정

35 그러나 나의 이러한 견해는, 세계가 지극히 복잡하므로, 제출되는 어떤 주장이든 결국은 진리의 한 단편과 만난다고 내세우는 것으로 오해해서는 안 될 것이다. 진리와의 만남은 그런 식으로는 이루어지지 않는다. 우리의 사고는 현실적으로는 서로 대응하지 않는 의존 관계나 인과 관계를 찾아내는 자유를 누린다. 학문의 안팎으로 자유가 얼마든지 향수(享受)되는 것으로도 알 수 있듯이, 자유라고 하는 선물은 지극히 높이 평가되어야 마땅한 것이다 —— 원주.

의, 즉 〈한 인간이 우리가 높이 평가하는 특질을 높은 정도로 소유하고 있을 경우, 우리는 그를 위대한 인간이라고 한다〉는 정의가 있을 수 있겠지만, 이 정의는 여러모로 핵심을 비켜서고 있다. 가령 아름다움, 근육질의 힘 같은 것은 아무리 선망의 대상이 된다고 해도 이것을 〈위대하다〉고 부를 수는 없다. 그러므로 〈위대하다〉고 불릴 수 있는 것의 특질은 정신적인 것 — 심리적, 지적 특징 — 으로 보인다. 물론 지적인 분야에 국한되겠지만, 우리는 특정 분야에서 비범한 성과를 올린 인물을 위대한 인간이라고 부르지 말라는 법은 없지 않겠느냐고 할 수도 있다. 우리는 장기(將棋)의 명수, 혹은 어떤 악기 연주의 거장을 두고 위대한 인간이라고 부르지 않는다. 뛰어난 예술가나 학자를 위대한 인간이라고 부르는 것도 쉽지 않다. 이 경우 우리는 이런 사람을 통상 위대한 시인, 위대한 화가, 위대한 수학자, 위대한 물리학자, 혹은 이러저러한 방면의 선구자라고 부르곤 한다. 가령 우리가 괴테나 레오나르도 다빈치나 베토벤 같은 사람을 위대한 인간이라고 부를 경우, 이것은 이런 인물의 독창적인 능력을 찬탄하느라고 그러는 것이지 달리 그러는 것이 아니다. 이러한 예와 상충하지 않을 경우, 〈위대한 인간〉이라는 명칭은 행동하는 인간 — 예를 들어 정복자, 장군, 통치자 — 의 업적의 위대성과 그들이 미친 영향력의 힘을 승인하는 한 방법일 수도 있다. 하지만 이 역시 만족스러운 설명은 되지 못한다. 이러한 설명법은 동시대는 물론이고 후대에까지 그 영향력을 부정할 수 없는 많은 인물에 대한 우리의 단죄와도 모순된다. 수많은 위대한 인물이 성공을 거두기는커녕 불행 속에서 파멸을 맞는 경우도 있으니, 성공한 정도를 위대성의 잣대로 삼을 수도 없는 노릇이다.

이렇게 되고 보니, 〈위대한 인간〉이라는 개념을 일목요연하게 규정한 내용을 찾는 노력이 무익해 보이기까지 한다. 그렇다면 〈위대한 인간〉이라는 표현은 〈위대하다〉는 말의 원래 의미에 상당히 근접해 있는 인간적 특질의 광범위한 확장에 대한 다소 헐거운 표현, 즉 자의적인 승인인 듯하다. 여기에서 우리가 유념해야 하는 것은 위대한 인간이 무엇으로서 그 추종자들에게 영향을 미쳤는가 하는 문제이지, 위대한 인간의 본질은 그다지 문제되지 않는다는 점이다. 하지만 우리의 목적에서 자꾸만 벗어나는 듯한 생각이 드는 만큼, 이 논의는 되도록 짧게 끝맺는 편이 좋을 듯하다.

따라서 위대한 인간이란 자신의 인격과 그가 주장한 이념이라는 두 가지 방식으로 추종자들에게 영향을 미치는 존재라고 할 수 있다. 여기에서 이념이라고 하는 것은 무리의 소망이 오래전부터 투사된 것일 수도 있고, 새로운 소망의 과녁 같은 것일 수도 있으며, 이러저러한 방법으로 무리를 사로잡을 만한 것일 수도 있다. 경우에 따라 ─ 이것이야말로 보다 근본적인 사례라고 할 수 있겠지만 ─ 인격이 작용할 뿐, 이념은 곁다리 노릇밖에 하지 못하는 때가 있다. 우리는 위대한 인간이 왜 그렇게 중요한 것이냐고 질문을 할 만큼 어리석지는 않다. 인간의 집단은 어디든 권위에 대한 강렬한 소구(訴求)가 있다는 것도 알고 있다. 말하자면 사람들은 존경을 보내고, 그 앞에서 고개를 숙이며, 지배를 받든 학대를 받든 강력한 권위자를 필요로 한다는 것이다. 우리는 개인의 심리를 통해 집단의 이런 욕구가 어디에서 유래하는지도 이미 검토한 바 있다. 이것은 모든 인간에게 유년 시절부터 내재하고 있는 아버지, 전설의 영웅이 자랑스럽게 극복한 아버지에 대한 동경의 한 표현이지 다른 것이 아니다. 지금쯤은 어렴풋하게나마 인식하게 되었을 테지만, 우리가 위대한 인물에게 부여하는 모든 특성은 결국 아버지의 특성이며, 우리가 하릴없이 구하는 위대한 인간의 본질도 이 아버지의 본질과 일치한다. 단호한 사고력, 강한 의지력, 활기찬 행동력이야말로 아버지상(像)의 중요한 일부를 이룬다. 그러나 아버지상에서 떼려야 뗄 수 없는 것이 위대한 인간의 자립성, 독립성, 그리고 신에 버금가는 무자비할 정도의 냉담함이다. 사람들은 이런 인물을 존경하고 신뢰하지만, 동시에 그에 대한 두려움도 피할 수 없다. 우리는 〈위대하다〉는 말 자체를 통해서도 이런 낌새를 알아차릴 수 있다. 도대체 이런 아이에게 아버지 말고 또 누가 〈위대한 인간〉일 수 있겠는가.

모세로 인격화하여 종살이하는 유대인들 앞에 나타나, 〈너희들은 나의 사랑하는 자식들이다〉, 이렇게 단언한 것은, 그러므로 의심할 필요도 없이 강력한 아버지의 전형(典型)인 것이다. 여기에 유대인을 대접해서 계약도 맺어 주고, 복종하고 섬기기만 하면 앞으로도 뒤를 보아주겠다고 약속하는 유일하고, 영원하며, 전지전능한 신의 관념이 대두되는 것은 조금도 놀라운 일이 아니다. 그런 유대인들에게 인간 모세상과 하느님상을 구별하기는 쉬운 일이 아니었을 것으로 보인다. 모세가 신의 속성 — 화를 잘 내고 가차 없는 — 을 자신의 개성으로 고스란히 동화시키고 있었기 때문에, 유대인들도 신의 존재를 새삼스러운 존재로 여기지 않아도 좋았다. 그러던 어느 날, 이 유대인들이 이 위대한 인간을 죽였다면 그것은 아득한 옛날부터 저질러졌던, 율법에 명시된 신의 대리자인 왕에 대한 비행의 되풀이에 지나지 않는다. 주지하다시피 이러한 관례는 아주 오래된 전형에서 유래한다.[36]

우리는 여기에서, 위대한 인간의 모습이 신의 몫을 할 정도로 성장해 있는 것을 확인한다. 그러나 우리는 아버지에게도 어린 시절이 있었다는 것에 유념해야 한다. 인간 모세가 대표하고 있

---

36   프레이저의 『황금 가지』 제3부, 「죽어 가는 왕」 참조 — 원주.

는 위대한 종교적 이념은 모세 자신의 것이 아니라는 것이 우리의 생각이다. 그 이념은 모세가 아케나텐 왕으로부터 도입한 것이지 그 자신의 것이 아닌 것이다. 더구나 종교의 개조로서의 이 왕의 위대성은 이미 의심할 여지 없이 입증된 것이지만 사실 이 왕 역시 다른 곳에서 어머니라고 하는 중매자(中媒者)를 통해 이집트에 전해진 ── 근동 혹은 중동아시아에서 ── 종교 개조의 상징인지도 모르는 것이다.[37]

우리는 이 연쇄적인 사건을 더 이상 추적할 수 없다. 하지만 우리가 이 종교 전래 과정의 첫 단계를 제대로 이해하는 경우, 유일신교 이념을 부메랑처럼 그 발상지로 되돌리는 것도 가능하다. 그렇다면 이 새로운 이념의 발전에 기여한 개인의 업적을 확인하는 작업은 하릴없을 것으로 보인다. 많은 사람들이 이 발전에 기여했을 것이기 때문이다. 그렇다고 해서 하나의 사슬을 이루는 발전의 원인을 모세에게서 끊어 버리고, 그 이념의 후계자인 유대 예언자들의 역할을 부정하는 것은 부당하다. 유일신교의 씨앗은 이집트에서는 발아하지 못했다. 만일에 유대인이, 이 주문이 까다로운 종교를 버렸다면 이스라엘에서도 이집트에서처럼 이 유일신교는 사멸했을지도 모른다. 그러나 유대인 중에는 퇴색한 전승을 소생시키고 모세의 경고와 요구를 갱신하며 잊혀진 기억을 회복하기까지 지칠 줄 모르고 애쓴 사람들이 있었다. 수세기에 걸친 끊임없는 노력과, 바빌론 유수(幽囚)를 전후로 하는 두 차례에 걸친 대개혁 끝에 이윽고 민중신 야훼는, 모세가 유대인에게 강제한 하느님으로 변모하기에 이르렀다. 유대인이 선택된 백성이 된다는 보상과 이와 유사한 보상을 전제로 모세 종교의 짐

37 아케나텐의 어머니인 티예가 외국인이었다는 설이 제기된 적이 있다. 그러나 테베에서 티예 양친의 무덤이 발견되면서 이 설은 폐기되었다.

을 질 준비가 되어 있는 무수한 사람들을 배출했다는 사실은 이 집단에 특별한 심리적 적성(適性)이 마련되어 있었다는 반증이기도 하다.

3. 정신성의 진보

한 민족에 대한 심리적 영향력을 지속시키는 데는, 그들이 신에 의해 선택되었다는 사실을 〈확인〉시키는 것만으로는 불충분했음이 분명하다. 따라서 만일에 그들이 그 사실을 믿고 싶어 하고, 그 믿음의 결과를 누리고 싶어 한다면 이것을 〈증명〉해 주지 않으면 안 된다. 모세의 종교에서 이집트로부터의 대탈출은 바로 이 증거 노릇을 했다. 하느님, 혹은 하느님의 이름을 빈 모세는 끊임없이 이 은총의 증거를 백성에게 제시했다. 대탈출이라는 대사건에 대한 기억을 환기시키기 위해 과월절(過越節)이 도입되기도 했고, 구식 명절에는 이 기억의 수혈 작업이 이루어지기도 했다. 그럼에도 불구하고 기억은 어디까지나 기억에 지나지 못했다. 출애굽은 아득한 옛일에 속했다. 하느님의 은총의 징표는 날이 갈수록 희미해져 갔다. 사람의 역사는 신으로부터의 〈실총(失寵)〉을 암시하기 시작했다. 원시 시대 사람들은 저희들의 승리와 행복과 안녕을 지키는 의무를 다하지 못할 경우, 신을 버리거나 징계하곤 했다. 어떤 시대든 왕 또한 신과 다르지 않은 대접을 받았다. 예부터 신과 왕은 동일한 것으로 믿어져 왔다. 신과 왕이 한 뿌리에서 유래한다는 사실은 이로써 분명해진다. 현대인에게도 전쟁에서의 패배를 통해 국토나 재화를 잃음으로써 치세의 위광이 손상되면 왕을 추방하는 습성이 있다. 그런데도 어째서 이스라엘 백성은 푸대접을 받으면 받을수록 그만큼 더 하느님에게 공손한 태도를 보였던 것일까? 이것은 우리가 한동안 한쪽으로 밀어 놓아야 할 문제인 것 같다.

하지만 이러한 질문은, 모세교가 백성들에게 선택된 백성이라는 자부심 이외에 무엇인가를 주지 않았을까 하는 의문을 부추긴다. 그런데 실제로 그런 것이 있었던 듯 보인다. 모세교는 유대인에게 하느님에 대한 장대 무비(壯大無比)한 관념, 더 정확하게 말하자면 장대 무비한 하느님이라는 관념을 심은 것이다. 이렇게 장대한 하느님을 믿은 사람들은, 그 하느님의 장대함을 좀 나누어 누리는 것 같은 기분에 썩 들떴을 것으로 보인다. 믿지 않는 사람들은 잘 모른다. 이것은 반란 같은 것으로 정정(政情)이 불안한 나라에 살고 있는 영국 국민의 우월감 같은 것을 통해 설명될 수 있을지도 모르겠다. 영국인이 느끼는 이러한 우월감은 약소국 국민과는 인연이 없는 감정이다. 영국인은 만일 반란군이 자신의 머리 터럭 한 올이라도 다치게 하면 대영제국 정부가 군함을 보낼 것으로 믿고 있고, 반란군도 이 사실을 잘 알고 있다. 하지만 약소국에는 군함이 없다. 따라서 대영제국의 위대함에 대한 자부심은 영국인들이 그 비호를 의식하고 느끼는 안도감과 그 뿌리가 동일하다. 장대 무비한 하느님에 대한 믿음도 이와 유사할 가능성이 있다. 하지만 믿는다고 해서 하느님에게 세계를 관리해 줄 것을 요구할 수는 없는 노릇이므로, 하느님의 위대성에 대한 자부심은 그 하느님에 의해 선택되었다는 자부심과 하나로 융합하는 것이다.

모세 종교의 계율 중에는 지금까지 인식되어 온 것 이상으로 중요한 계율이 하나 있다. 그것은 하느님상을 빚지 말라는 금제이다. 말하자면 눈에 보이지 않는 것을 믿어야 한다는 일종의 강제 같은 것이다. 바로 이 점에서 나는 모세가 아텐 종교 이상으로 엄격하다고 생각한다. 모세는 일관성을 유지하고 싶어 했는지도 모른다. 모세의 신은 이름도, 얼굴도 없었다. 모세의 이러한 조처는, 자신의 하느님이 마법에 악용되는 것을 막기 위한 조처였는지도 모른다.[38] 그러나 이 금제를 수용할 경우 엄청난 결과가 야기된다. 왜 그런가 하면, 이로써 감각적 지각은 추상적 관념에게 그 자리를 물려주는 결과가 초래되기 때문이다. 이것은 감성에 대한 정신성의 승리, 좀 더 엄격하게 말하면 심리적으로 필연적인 결과와 함께 본능적인 모든 충동의 단념을 의미한다.

언뜻 보면 큰 의미가 없어 보인다. 하지만 인류 문화 발전 단계에 속해 있는 유사한 성질의 다른 사건을 검토해 보면 이것이 얼마나 의미심장한 변화인가를 알 수 있다. 이와 유사한 사건이면서도 가장 오래된 사건, 가장 중요한 의미를 지니는 사건이 원시 시대의 암흑기에 태동한다. 이 사건의 파장이 엄청난 것인 만큼 우리로서는 현실적으로 이러한 사건이 어떻게 일어나는지 검토해 보지 않을 수 없다. 어린아이에게서, 신경증에 걸린 어른에게서, 그리고 원시인에게서 우리는 〈관념의 만능〉에 대한 믿음이라고 부르는 심적 현상과 만난다. 우리의 판단에 따르면, 이러한 심적 현상은 우리의 심적 행위(이 경우에는 지적 행위라고 해도 좋겠지만)가 외부 세계에까지 그 영향을 미칠 수 있을 것이라는, 말하자면 그 영향력의 과대평가에서 비롯된다. 결국 우리가 기술이라고 부르는 것의 원형(原形)인 모든 마술은 바로 이 전제에서 출발한다. 언어의 마술도 이 전제에서 비롯되고, 어떤 이름을 알고 그것을 부름으로써 발생하는 어떤 역동성에 대한 확신도 바로 이 전제에서 출발한다. 우리가 추측하기로, 〈관념의 만능〉은 언어의 발달에 대한 자부심의 표현이다. 이 언어의 발달이 지적 활동의

38 「토템과 터부」참조.

엄청난 진보를 주도하지 않았던가? 이로써 관념, 기억, 추리 과정의 권위를 앞세운 정신성의 새로운 왕국이, 감각 기관의 직접적인 지각을 내용으로 하는 보다 저차원의 심적 활동과 대립하게 되는 것이다. 이 단계야말로 인간화(人間化)의 도상에 놓인 가장 중요한 단계임에 분명하다.

우리가 쉽게 알 수 있는, 후대에 나타난 또 하나의 발전 과정이 있다. 외적인 인자의 영향(부분적으로는 별로 알려져 있지 않지만 우리가 여기에서는 다루지 않게 될 터인)으로 모권제 사회 질서가 부권제 사회 질서로 이행한 사건이 그것이다. 이것은 당연히 그때까지의 법적인 관계를 일거에 전복시키는 사건이었다. 이러한 변혁의 메아리는 아이스킬로스Aeschylos의 『오레스테이아 Oresteia』[39]에서 들려오는 듯하다. 하지만 어머니로부터 아버지로의 전화는 감성에 대한 정신성의 승리를 의미하기도 한다. 이것은 문화의 진전을 보여 주는 사건이기도 하다. 그 까닭은 모권은 감각의 증언에 의해 증명될 수 있는 데 비해 부권이란 결론과 전제에 그 바탕을 둔 가정(假定)이기 때문이다. 감각적 지각보다는 사고 과정의 편을 드는 이 사건이 인류에게는 기념비적 사건이었던 것이다.

내가 언급한 두 사건[40] 사이에, 지금 우리들이 검토하고 있는 종교사적 혈연관계를 보여 주는 또 하나의 사건이 있다. 인류가 〈정신성의geistig〉 힘을 발견하지 않을 수 없게 된 것이다. 이 힘은 감각(특히 시각)으로는 감지될 수 없는데도 불구하고, 의심할 여지 없이 막강한 효과를 발휘하는 힘을 승인하게 된 것이다. 언어

---

39 3부작으로 이루어져 있는 이 이야기는 클리템네스트라가 남편인 아가멤논을 살해하자 아들 오레스테스가 아버지의 죽음을 복수하는 것을 그 내용으로 한다. 오레스테스는 아테네의 아레오파고스의 재판을 받지만 무죄 판결을 받는다.

40 언어의 발달과 모권의 종식.

의 예증에 의지한다면 〈정신성Geistigkeit〉의 원형은 대기의 운동
이다. 〈정신Geist〉이라는 말은 바람의 숨결(animus, spifitus, 히브
리어로는 ruach)에서 온 말이기 때문에 그렇다. 이와 함께 개인이
지니는 〈정신성〉의 원리로서의 〈혼Seele〉의 존재가 발견되기에
이르렀다. 이러한 관찰을 통하여 인간은 인간의 호흡에도 움직이
는 공기가 작용한다는 사실, 죽으면 이 공기의 움직임이 중단된
다는 사실도 알아냈다. 오늘날에도 죽는 사람, 숨을 거두는 사람
은 〈혼을 내쉬어 버리는〉 것이다. 그러나 인간에게는 〈정신의 왕
국Geisterreich〉이 열려 있다. 이윽고 인간은 저희 안에서 발견한
〈혼〉이 자연계의 만물에도 깃들어 있다는 것을 알아내기에 이른
다. 말하자면 삼라만상이 모두 〈혼을 숨쉰다beseelt〉는 것을 알아
낸 것이다. 비교적 뒤늦게 등장한 과학은 이 세계의 일부분으로
부터 그 혼[41]의 비밀을 밝히는 데 진력하지 않으면 안 되었다. 하
지만 오늘날까지도 이 과학의 임무는 완수되지 못했다.

　모세의 금제는 하느님을 정신성의 보다 높은 단계로 드높였다.
이로써 하느님의 관념에 대한 수정의 길이 열렸다. 이 수정에 대
해서는 좀 더 검토할 필요가 있다. 그러나 먼저, 금제가 지니는 또
하나의 영향력을 문제 삼을 필요가 있다. 정신성이 진보한 결과
개인의 자부심을 드높였다. 이때부터 인간은 자부심을 느끼기 시
작하면서, 감성의 마법에 사로잡힌 사람들에 대해 우월감을 느끼
기에 이르렀다. 주지하다시피 모세는 유대인에게 선택된 백성이
라는 자부심을 심어 주었다. 하느님의 비물질화(非物質化)가 이
민족이 감추고 있는 보물의 가치를 새롭게 극대화하기에 이르렀
다. 유대인은 정신성에 대한 관심에서 그 방향을 바꾸지 않았다.

　41　〈Geist〉는 〈정신〉으로 번역될 뿐만 아니라 때로는 〈혼〉, 〈영〉으로 번역되기도
한다. 〈Seele〉는 〈혼〉, 〈영〉, 〈마음〉을 아우른다.

백성이 겪는 정치적 불행을 통하여 유대인은 저희들에게 남아 있는 유일한 재산, 즉 저희들이 가지고 있는 문서를 그 가치에 걸맞게 평가하는 것을 배운 것이다. 로마 황제 티투스Titus에 의해 예루살렘의 성전이 파괴된 직후 율법사 요카난 벤 자카이Rabbi Jochanan ben Zakkai[42]는 야브네에 최초의 율법 학교 개설을 탄원했다. 이때부터 사방으로 흩어져 있던 민족을 결집시킨 것은 바로 성서와 성서를 중심으로 하는 정신성의 노력이었다.

지금까지 기술한 것은 일반적으로 널리 알려져 있는 것들이고, 사실로 승인되고 있는 것들이다. 내가 여기에다 하나 덧붙이고 싶은 것은, 유대인들이 지닌 이러한 발전적 특징은 하느님을 눈에 보이는 형태로 섬기는 것을 금지한 모세의 금제를 통해서 이루어졌다는 점이다.

근 2천 년에 걸쳐 유대인의 삶을 지배해 온 이러한 정신적 노력의 탁월한 성과가 어떤 영향력을 발휘하게 된 것은 당연하다. 이러한 노력은, 물리적인 힘의 강화가 대중의 이상 노릇을 하기 쉽던 시절에도 야만성과 폭력으로 기울어지는 경향을 억제하는 데 큰 힘이 되었다. 그리스인들이 획득한 정신 활동과 육체 활동의 조화의 기회가 유대인에게는 주어지지 않았다. 정신과 육체의 갈등 속에서 유대인은 보다 가치 있는 것에 대한 선택을 결단하지 않으면 안 되었다.

---

42 기원전 1세기의 율법학자. 관(棺) 속에 든 채로 예루살렘에서 탈출, 로마 장군으로부터 예루살렘 서안의 해안 도시 야브네(오늘날의 얌니아)에 토라(율법)를 가르치는 학교의 개설 허가를 얻어 냈다고 한다.

4. 본능적 충동의 포기

　정신성의 진보, 즉 감성의 후퇴가 어째서 개인이나 민족의 자의식을 드높이는가 하는 문제는 대번에 알 수 있는 것도 아니고, 이해하기 쉬운 것도 아니다. 이것은 특정 가치 기준이나 이것을 다루는 타인의 가치 기준, 혹은 동인(動因)의 존재를 전제로 하는 것으로 보인다. 이것을 설명하기 위해서, 이제 우리가 어느 정도 이해할 수 있게 된 개인의 심리에서 발견되는 유사한 사례로 눈길을 돌려보기로 하자.

　인간 내부의 이드가 성애적 혹은 공격적 성질의 충동을 일으킬 경우, 사고 및 근육 기관을 갖추고 있는 자아가 이 요구를 행동으로 만족시킨다는 것이 가장 단순하고 자연스러운 현상이다. 이 본능의 충족을 자아는 쾌감으로 받아들이고, 충족시키지 못할 경우에는 불쾌감으로 받아들인다. 그런데 자아가 외적인 장애를 고려해서 본능적 충동의 충족을 포기해 버리는 경우가 있다. 그 특정 행동이 자아에 중대한 위험을 초래한다는 것을 깨닫는 경우이다. 이런 종류의 충족의 포기, 외적 장애로 — 혹은 현실 원리에 대한 복종으로 — 인한 본능적 충동의 단념은 어쨌든 바람직한 경우가 못 된다. 본능적 충동의 단념은 에너지의 전이를 통해 충동의 강도를 저하시키지 못할 경우, 불쾌감으로 인한 지속적인 긴장이 조성된다. 그러나 본능적 충동의 단념은 다른 방법을 통하여, 정확하게 말하면 〈내적〉인 이유에서 강제되기도 한다. 개성화의 과정에서 외부에 있는 억제력의 일부가 내면화하고, 자아 내부에 동인이 조성되면, 이것이 바로 자아의 나머지 부분과 대치하고 동인을 비판하며 금지시키는 것이다. 이때 우리는 이 새로운 동인을 〈초자아 das Über-Ich〉라고 부른다. 이드가 요구하는 본능적 충동을 만족시키기 전에 자아는 외부의 위험에 대해서는 물론이고 초자아의 이의 제기까지도 참조하게 되는데, 이런 경우에는 본능적 충동의 충족이 유예되는 것이 보통이다. 그러나 장애 요소가 외부적일 경우 충동의 단념이 〈오로지〉 불쾌한 느낌만을 안기는 데 견주어 내적인 이유에서, 말하자면 초자아에 복종하는 의미에서 충동을 단념할 때는 이와는 다른 경제적인 작용이 나타난다. 이 충동의 단념이 불유쾌한 느낌을 야기시키는 것은 피할 수 없는 일이나, 경우에 따라서는 자아에 일종의 쾌감을 안겨 주기도 한다. 말하자면 대리 만족을 통한 쾌감이 이것이다. 이 경우 자아는 의기양양해진다. 자아는 본능 충동을 포기하고 가치 있는 일이라도 해낸 듯이 자랑스러워한다. 우리는 이 쾌락의 장(場)을 지배하는 메커니즘을 이해할 수 있다고 믿는다. 초자아는 개인의 행동을 유아기에 감독하는 양친(그리고 교육자)의 후계자 겸 대리인으로서, 양친(그리고 교육자)의 기능을 한결같이 수행한다. 초자아는 자아를 항구적인 종속 상태에 두고 끊임없이 압력을 가한다. 유아기에 그렇듯이 자아는 최고 권위자인 초자아의 사랑이 자기에게 쏠리고 있다는 것을 안다. 그래서 자아는 초자아로부터 인정받을 때는 이것을 해방으로 느끼고, 초자아의 비난에는 양심의 가책을 느낀다. 자아는 초자아에 대하여 본능적 충동의 단념이라는 희생을 지불하면, 그 보상으로 초자아로부터 더 큰 사랑을 받을 것이라고 기대한다. 자아는 바로 이 사랑받을 만한 행위를 한 것을 의식하고는 자랑스러워하는 것이다. 권위가 초자아로서 내면화하지 못하고 있던 시절에는 사랑의 상실에 대한 위협과 본능적 충동의 요구의 관계는 동일했다. 이 시기에는 양친에 대한 애정 때문에 본능 충동을 포기하면 실제로 안정과 충족의 감정 경험이 가능했다. 그러나 권위가 자아의 일부가 된 뒤로 이러한 기분은 기묘한 자기애적(自己愛的) 자만심의 성격을 띠게 되었다.

본능 충동의 단념을 통해 충족을 느낀다는 이 설명은 우리가 연구하려는 과정의 이해, 즉 정신성의 진보에 따르는 자의식이 고양되는 과정의 이해에 어떤 기여를 할 수 있을 것인가? 우리가 확인한 바로는 별로 기여하는 바가 없다. 말하자면 상황이 전혀 다른 양상을 보여 주고 있는 것이다. 문제는 본능 충동의 단념이 아니고, 희생이 치러지는 제2의 대상 혹은 제2의 기관이 존재하는 것도 아니라는 점이다. 그런데 우리는 이 두 번째 주장에 의혹을 느끼게 된다. 어떤 업적이 바쳐지는 대상인 기관은 바로 위대한 인물이라고 할 수 있다. 그런데 위대한 인물 자신이 바로 그 아버지와 유사하다는 이유에서 영향을 발휘하기 때문에, 집단 심리에서 초자아의 역할이 이 위대한 인물에게 부여된다는 것은 놀라운 일이 아니라고 할 수 있다. 이것은 유대인과의 관계에서 인간 모세에게 그대로 적용시켜 볼 수 있다. 그러나 관점이 바뀌고 보면 이런 유사 현상 관계의 적절한 정립은 불가능하다. 정신성 진보의 본질은 직접적인 지각에 반대하는 고도로 지적인 모든 과정 ― 즉 기억, 반성, 추리 과정 ― 으로 이루어져 있다. 가령 감각의 증거로서는 증명할 수 없는데도 불구하고, 정신성의 진보는 부성이 모성보다 중요하다고 결정해 버린다. 그리고 바로 이런 이유 때문에 아이는 아버지의 성을 계승하고, 그 유산의 상속자가 되는 것이다. 경우에 따라 정신성의 진보는, 신은 바람처럼 혹은 유령처럼 보이지 않는데도 불구하고, 우리 하느님은 위대하고 전능하다고 주장한다. 성적 혹은 공격적인 본능 충동의 요구를 배격하는 것은 이와는 전혀 다른 것으로 보인다. 더욱이 정신성의 진보 중 또 하나의 진보 ― 가령 부권이 승리를 거둔 사례 ― 의 경우,

비교 우위에 대한 존중의 척도가 되는 권위의 흔적을 찾아볼 수 없다. 이 경우 아버지는 권위가 아니다. 아버지는 진보 그 자체를 통하여 비로소 권위 있는 존재로 드높여졌기 때문이다. 따라서 우리는 여기에서 인류의 발전 과정에서 감성이 정신성에 의해 단계적으로 압도되고, 바로 그 진보의 과정을 통하여 인간이 그 위상에 대한 만족감과 긍지를 느끼는 현상에 직면한다. 그러나 우리는 왜 그렇게 되는지는 알지 못한다. 여기에 이어, 정신성 자체가 이번에는 신앙이라는 듣도 보도 못한 정신적 현상에 압도당하는 사태가 발생한다. 이것이 바로 저 유명한 〈불합리하므로 믿는다〉는 것인데, 바로 이 현상 안에서 이것을 실현시킨 자는 이 현상을 최고의 업적으로 여긴다. 이러한 심리학적 상황 전체에 공통되는 요소는 이와는 별개의 사안일 수 있다. 어쩌면 인간은, 보다 곤란한 것은 높은 것이라고 단정해 버리는지도 모르겠고, 인간이 누리는 긍지는 그 곤란을 극복하고 싶다는 의식이 확장시킨 나르시시즘에 지나지 않는 것인지도 모른다.

이것은 별로 생산적인 검토가 되지 못한다. 이 같은 논구(論究)는, 유대 민족의 성격을 규정한 것이 무엇이냐는 우리 연구와는 아무 관계도 없어 보인다. 하지만 바로 이 점 때문에 이런 검토는 우리에게 도움이 된다. 이것이 우리 문제와 불가분한 모종의 관계가 있다는 사실은, 뒤에 우리가 다시 검토하게 되는 문제를 통해 분명하게 드러난다. 신의 형상을 만드는 것을 금지시키는 데서 시작된 종교는 기나긴 세월이 흐르면서 본능적 충동을 억제하는 종교로 발전했다. 그렇다고 해서 종교가 성의 포기를 요구하는 것은 아니다. 단지 성의 자유에 일정한 제약을 마련하는 데 만족하고 있을 뿐이다. 그러나 신은 성에서 완벽하게 분리되어 윤리적으로 완벽함의 이상으로 드높여진다. 예언자들은 지칠 줄 모르고 신이 그 신민에게 요구하는 것은 바르고 고결한 생활 태도이지 다른 것이 아니라고 주장했다. 다시 말해서, 오늘날까지도 우리의 윤리에서 악덕으로 단죄되는 본능적인 모든 충동을 포기할 것을 주장한 것이다. 이 윤리적 요구의 진지함에 견주면 신에 대한 신앙의 요구조차도 부수적인 요구에 머무는 것 같아 보일 정도이다. 이런 식으로 본능 충동의 단념은, 처음에는 종교에 등장하지도 않다가 차츰 두드러지는 역할을 맡게 된다.

그러나 지금 이 자리는 오해를 피하기 위하여 몇 가지 이론(異論)을 보삽(補揷)해야 하는 자리다. 본능적 충동의 단념과 여기에 바탕을 둔 윤리는 종교의 본질적인 내용이 아닌 것 같아 보일지도 모르지만, 결국 발생적으로는 아주 밀접한 관계를 맺고 있다. 우리는 종교가 취한 최초의 형태를 토테미즘으로 상정하는데, 토테미즘은 이 조직의 필수적인 구성 요소로서 명령과 금제를 갖추고 있다. 그런데 이 명령과 금제는 결국 본능적 충동의 단념이라는 의미를 지닌다. 토템 동물을 죽여서도 안 되고 다치게 해서도 안 된다는 금제를 비롯한 토템 숭배, 족외혼속 ── 원시군(源始群) 내부에서의 어머니나 누이에 대해 야기될 수 있는 뜨거운 욕망을 단념하게 하는 제도 ── 과 형제 동맹의 모든 구성원에게 동등한 권리를 주자는 암묵적인 승인은 결국 형제들의 폭력적인 대립 경향을 제한하는 본능 충동의 단념을 뜻하는 것이지 다른 것이 아니다. 도덕적이고 사회적인 질서의 규정은 바로 여기에서 생겨난다. 그런데 우리가 간과하지 말아야 하는 것은, 여기에는 두 가지 서로 다른 동기가 작용하고 있다는 점이다. 처음의 두 가지 금제, 즉 토템 금제와 족외혼속은 제거된 아버지의 뜻에 합당한 방향으로 작용한다. 다시 말해서 제거된 아버지의 의지를 계승하는 금제인 것이다. 세 번째 규정, 즉 동맹을 맺은 형제들에게 동등한 권리를 주어야 한다는 규정은 아버지의 의지를 무시하고, 아버지가 제거된 이후에 태동한 질서를 되도록 오래 유지할 필요에서 생겨난 규정이다. 말하자면 이런 규정이 없으면 그 이전 상태로의 회귀는 불가피하게 될 것이기 때문에 생겨난 규정이다. 바로 여기에서 이 사회적 질서를 위한 규정은 종교와의 직접적인 관계에서 유래하는 다른 규정에서 분리된다.

이러한 일련의 과정에서 본질적인 부분은, 개개인의 발전에서 단축된 형태로 반복된다. 여기에서 대두되는 것은 아이들에게 본능적 충동의 단념을 요구하거나, 어떤 짓은 허용되고 어떤 짓은 금지되는지를 결정하는 양친의 권위인데, 이것은 본질적으로 힘을 바탕으로 처벌하고 위협하며 전제적이다. 부모가 아이의 행위를 평가할 때 쓰이던 〈착하다〉, 〈버르장머리 없다〉라는 평가는, 사회와 초자아가 부모 역할을 대신하게 되면서부터 〈선하다〉, 〈악하다〉 혹은 〈미덕이다〉, 〈악덕이다〉가 되는 것이다. 그러나 본질적으로는 다를 것이 없는, 결국은 아버지 대신 아버지의 역할을 수행하는 권위가 자식에게 강제하는 본능적 충동의 단념인 것이다.

이러한 통찰은 〈거룩함〉이라는 기묘한 개념의 연구를 통하여 한층 더 심화된다. 우리가 높이 평가하고, 중요한 것으로 인정하는 것 이상의 의미를 지니는 이 〈거룩하다 heilig〉는 것은 과연 무엇일까?[43] 거룩함 혹은 신성함이 종교적인 것과 밀접한 관계를 맺고 있는 것은 의심할 나위가 없다. 그런데 문제는 이 관계가 현저하게 강조되고 있는 점이다. 종교적인 것은 모두 신성하다. 이것이 바로 신성함의 핵심이다. 그런데 우리의 판단에 장애가 되는 것이 바로 종교와는 아무 인연이 없는 것들 ─ 인물, 제도, 기능 ─ 에 신성함이라는 성격이 있는 것으로 인정하는 관행이다. 이런

43   *heilig*는 〈신성한〉 또는 〈거룩한〉으로 번역된다.

관행은 명백한 의도적 목적에 봉사하는 것에 지나지 않는다. 신성함은 과연 무엇인가? 일단 신성함이라는 개념과 불가분의 관계가 있는 금제적 성격을 출발점으로 삼아 보자. 신성한 물건은 건드려서는 안 된다. 신성함에 대한 금제에는 강력한 감정적 반응이 요구되는데, 이 감정적 반응의 요구는 합리적으로 아무 근거도 없다. 가령 딸이나 누이와의 근친상간이 그렇게 심각한 범죄 ─ 다른 성관계와는 비교가 되지 않을 정도로 죄질이 나쁜 ─ 가 되어야 하느냐는 질문이 그렇다.[44] 우리가 이 질문에 대한 합리적인 대답을 요구할 경우, 우리의 정서에 맞지 않기 때문이라는 대답 밖에는 들을 수가 없다. 이것은 무슨 뜻이냐 하면, 사람들은 금제를 당연한 것으로 치부할 뿐 그 근거가 무엇인지는 전혀 모르고 있다는 뜻이다.

이 같은 설명을 무용지물로 만들어 버리기는 간단하다. 우리의 가장 신성한 감정에 대한 심각한 모욕이라고 할 수 있는 근친상간은 고대 이집트나 그 밖의 고대 민족의 지배 계급에는 보편적인 풍습이었다(성화[聖化]된 풍습이었다고 해도 좋다). 파라오가 누이를 제1의 정식 아내로 삼아야 하는 것은 자명한 이치였다. 헬레니즘 시대의 프톨레마이오스 왕조의 왕들은 이 전범(典範)을 좇는 데 조금도 망설이지 않았다. 우리는 이로써 근친상간(이 경우 남매 간의 근친상간)이 평범한 인간들 사이에서는 사라졌지만, 신의 대리자인 왕들 사이에는 오랫동안 특권으로 남아 있었다는 사실을 알게 된다. 우리는 그리스와 게르만의 전설에서 이런 종류의 근친상간 관계를 접하면서도 하등의 심리적 거부감을 느끼지 않는다. 오늘날의 귀족 계급에서도 동등한 문벌의 유지에 부심하면서 동원되는 것이 바로 이 태곳적 특권의 잔재라고 추정

44 근친상간의 공포에 대해서는 「토템과 터부」를 참조할 것.

할 수 있는데, 사회의 최고 계층이 오랜 세월이 흐르도록 근친상 간해 온 결과가 바로 오늘날의 유럽이 한두 가문에 의해 통치되 고 있는 실정인 것이다.

신, 왕, 영웅 사이에서 근친상간이 일반화되어 있었다는 증거 는 이들이 힘을 기울이던 또 하나의 시도를 설명하는 데 도움이 된다. 그 시도가 무엇이었는가 하면, 바로 근친상간을 기피하는 까닭을 생물학적으로 설명하고 동종 번식의 폐해에 대한 막연한 상식을 선명하게 규명하자는 시도이다. 그러나 동종 번식에 폐해 의 위험이 〈있다〉는 주장은 아직 확실하지 않다. 원시 민족이 그 위험을 인식하고 여기에 대처하는 방향으로 반응했다고도 보이 지 않는다. 몇 촌(寸)까지는 근친상간이 가능하고 몇 촌까지는 금 지되어야 하는지 분명하게 정의되어 있었던 것 같지도 않다. 이 런 사실은 근친상간 기피의 원인이 〈자연스러운 감정〉을 그 바탕 으로 하고 있다는 가설을 편들어 주지 못한다.

상고 시대에 관하여 구축한 우리의 가설은 또 다른 식으로의 설명 가능성을 시사한다. 족외혼속은 근친상간 기피의 소극적인 표현인데, 이 족외혼속을 선호하는 규정은 아버지가 내린 유지 (遺志)의 산물이자, 아버지가 제거된 뒤로도 계속해서 지켜진 규 정이라는 것이다. 바로 여기에서 이 규정에 대한 감정적인 반응 이 강조되고, 그것이 어째서 신성한 것인가에 대한 합리적인 근 거 규명이 불가능해지게 된다. 우리는 다른 신성한 금제에 대한 연구도, 근친상간 기피의 금제와 마찬가지 결론에 이를 것이라고 자신있게 예상할 수 있다. 말하자면 신성한 것은 모두 원초적인 아버지가 내린 유지의 계승과 밀접한 관계가 있지 않겠느냐는 것 이다. 바로 여기에 초점을 맞추면, 신성이라는 개념을 표현하는 언어의 지금까지는 전혀 이해되지 못한 양면성이 드러난다. 아버지에 대한 관계를 지배하고 있는 것이 바로 이 양면성이다. 라틴어 〈사케르sacer〉는 〈신성한〉, 〈성별(聖別)된〉이라는 의미만 가지고 있는 것이 아니다. 이 단어는 〈악랄한〉, 〈구역질 나는〉으로 번역되어야 할 때가 얼마든지 있다(가령 〈황금에 대한 구역질 나는 욕심auri, sacra fames〉에서의 경우처럼).[45] 그런데 아버지의 유지라는 것은 아들이 건드려서는 안 되는 것, 다시 말해서 아들이 지극 정성으로 존중해야 하는 것일 뿐만 아니라, 고통스럽게도 본능적 충동의 단념을 요구하는 것이므로 외포(畏怖)의 감정으로 전율해야 하는 대상이기도 하다. 이 대목에 이르러서야 우리는, 모세가 할례속을 도입함으로써 자기 백성을 거룩하게 했다는 말의 깊은 의미에 접근할 수 있게 된다. 할례라는 것은, 아득한 옛날 절대 권력의 전성기를 누리던 원초적인 아버지가 아들들에게 행사했던 거세의 상징적 대용물이다. 이것을 받아들임으로써 아들은, 이 상징적 대용물의 강제가 자기에게 어떤 고통스러운 희생을 강요할지라도 아버지의 뜻에 기꺼이 따를 준비가 되어 있다는 것을 보여 주었던 것이다.

윤리적인 문제로 되돌아가서, 우리는 최종적으로 윤리 제 규정의 일부는 개인에 대한 공동체의 권리, 사회에 대한 개인의 권리, 개인 상호 간의 권리 등을 한정할 필요에서 나왔다는 결론을 내릴 수 있다. 그러나 이 윤리 규정에서 그 규모가 웅대하고, 불가사의하며, 신비스럽게 느껴지는 부분은, 아버지의 유지에서 유래하는 종교로부터 그 특징을 빌린 것으로 보인다.

---

45 베르길리우스의 『아이네이스』. 프로이트의 「원시어의 반의」참조.

5. 종교의 진리

우리같이 믿음이 가난한 자들에게, 절대자의 존재를 확신하고 있는 탐구자들은 얼마나 엄청난 선망의 대상인가! 이 위대한 정신이 살아 있으므로 세계는 아무 문제도 없어 보인다. 이 정신 자체가 세계의 모든 조직을 창조했을 터이니, 오히려 그쪽이 당연해 보인다. 기껏해야 우리가 할 수 있는 어색하고, 하찮고, 단편적인 해명의 시도에 견주면 믿음이 깊은 자들의 교의는 얼마나 포괄적이고, 철저하고, 결정적인가! 그 자체가 이미 윤리적 완성의 이상인 신적인 정신은 인간에게 그 이상에 대한 지식과, 본질적으로 여기에 접근하려는 충동을 동시에 심어 주었다. 그래서 인간은 무엇이 더 고귀하고 고상한지, 그리고 무엇이 더 하찮고 비천한지 바로 인지한다. 인간이 영위하는 감정생활의 내용물은 이 이상과 어느 정도 멀어지면 언제든지 자동으로 통제된다. 여기 ― 말하자면 이상의 근일점(近日点) ― 에 도달하면 인간은 굉장한 만족감을 느낀다. 그러나 이상의 원일점(遠日点)에 이르면 인간은 심한 소외감을 느낀다. 이때 인간이 받는 심리적인 벌은 극심한 불안감이다. 이 모든 현상은 지극히 간단하고도 확고하게 일어난다. 삶을 영위하면서 획득한 모종의 경험이나 세계관 때문에, 그같이 절대적인 존재가 있다는 전제를 받아들이는 일이 불가능해질 경우, 그 인간에게는 참으로 유감스러운 일이 발생한다. 이제 우리에게는 다른 사람들이 어떻게 신적인 존재에 대한 믿음을 획득하게 되었는지, 그리고 그 믿음이라는 것이 도대체 어디에서 〈이성과 학문〉을 압도하는 도저한 힘을 획득했는지를 이해하기 위한 새로운 과제가 주어져 있다. 이 과제를 해명하면 바야흐로 세계의 수수께끼라는 수수께끼는 깡그리 풀려 버리는 듯한 형국

이 될 것이다.

여기에서, 지금까지 우리를 사로잡아 왔던 평범한 문제로 되돌아가자. 우리는 오늘날까지 유대인의 존속을 가능하게 한 요인일지도 모르는 유대인의 특수한 형질의 기원을 설명하려고 했다. 지금까지 우리는 모세가 유대인에게 이런 형질을 부여했다고 설명했다. 말하자면 모세가 유대인에게 종교를 부여하고, 이 종교를 통해 유대인의 긍지를 드높였으며, 그 결과 유대인들이 다른 민족보다 우월한 민족이라고 믿기에 이르렀다고 설명한 것이다. 이때부터 유대인들은 다른 민족과는 멀어진 채로 살아왔다. 유대인의 경우 혼혈은 그다지 문제가 되지 않았다. 유대인들을 한 덩어리로 묶은 것은 지적, 정서적 재산의 공유라는 관념적 요인이었기 때문이다. 모세교로 하여금 이런 성취를 가능하게 한 것은, (1) 모세 종교가 유대인으로 하여금 새로운 신 관념이라고 하는 웅대한 관념 체계에 합류할 수 있게 했기 때문이고, (2) 이 민족은 이 위대한 신에 의해 선택되었고 이 신이 내리는 은총을 받도록 예정되어 있다는 주장을 가시화할 수 있었기 때문이며, (3) 이 민족에게 정신성의 진보 — 그 자체로서도 중요한 — 를 통해 지적 작업의 중요성을 일깨우고 본능적 충동을 단념하게 하는 길을 열었기 때문이다.

이것이 우리의 결론이다. 그런데 우리는 여기에서 어느 것 하나 철회하고 싶지 않지만, 어딘가 미진하고 불만스럽다는 것을 숨길 수 없다. 말하자면 원인은 결과에 대응하지 못하는 것으로 보이고, 우리가 설명하려는 사실은 설명의 수단이 되는 것들과는 전혀 차원이 다른 듯하다는 것이다. 이것은 어쩌면 지금까지의 연구가 동기를 규명하지 못하고, 오로지 피상적인 표층을 조명하는 데 집중되어 왔기 때문인 듯하다. 따라서 이 동기의 배후에 아주 중요한 요소가 우리의 주목을 기다리고 있는지도 모른다. 인생이나 역사의 인과 관계가 지극히 복잡한 것으로 미루어, 이 또한 그에 못지않게 복잡하리라고 각오해야 할 듯하다.

이 심층적 동기에의 접근은 지금까지의 검토가 그랬듯이 한곳에 집중되어야 할 듯하다. 모세의 종교가 영향을 미친 것은 직접적이 아니라 간접적이었다는 것이 바로 우리가 검토해야 할 과제다. 이 말은 단지 모세 종교가 바로 유대인에게 그 영향을 미친 것이 아니라, 실제로 영향을 미치기까지는 오랜 세월이 걸렸다는 것을 의미하지는 않는다. 하기야 한 민족의 성격 형성의 문제라면, 그 정도의 세월이 필요했을 것이라는 점은 당연해 보이기도 한다. 그러나 이러한 제약은 우리가 유대 종교사로부터 알아낸 사실, 혹은 유대 종교사 안으로 수렴시킨 어떤 사실과 관계가 있다. 우리는 어느 정도 세월이 흐르자 유대 민족이 다시 한번 모세교를 거부했다고 주장한 바 있다. 유대인들이 이 종교를 완전히 거부했는지, 중요한 교리의 일부는 그대로 따르고 있었는지 우리로서는 알 길이 없다. 만일 가나안 지역 점령과 그 지역 선주민과의 싸움에 소요된 오랜 기간 동안 야훼 종교는 본질적으로 바알림 신앙과 다를 것이 없었다고 가정한다면, 그 이후의 의도적인 노력이 이같이 부끄러운 상태를 은폐하는 데 기울여졌는데도 불구하고 우리의 가정은 역사적 근거를 확보하는 셈이 된다.

그러나 모세교는 흔적도 없이 사라진 것이 아니었다. 모세교에 대한 일종의 기억은 애매하고 왜곡된 형태로, 어쩌면 보강된 옛 기록의 형태로 성직자 계급에 속하는 개개인에게 계승되었다. 이 위대한 과거의 전승은 유대인의 배후에서 계속 작용하며 사람들의 마음속에서 그 힘을 얻어 가다가, 마침내 야훼 신을 모세의 신으로 변형시키는 데 성공을 거두게 된다. 말하자면 이로써, 아득한 옛날에 성립되었다가 방기된 모세교가 되살아나기에 이른 것이다.

이 연구의 앞 부분에서 우리는 필요 불가결한 가정을 통하여 전승의 그런 작용에 대한 이해를 시도한 바 있다.

6. 억압된 것의 회귀

정신생활에 대한 분석적 연구 성과에는 이와 유사한 과정을 보여 주는 자료들이 얼마든지 있다. 이 중에는 병리학적 연구 성과도 있고, 정상 상태에서 진행되는 다양한 사건으로부터 나온 자료도 있다. 하지만 이것은 별문제가 되지 않는다. 그 까닭은 이 양자(병리학적 현상과 정상적인 현상)의 경계선을 명확하게 그을 수 없고, 실제로 이 양자의 메커니즘은 넓은 의미에서 동일한 것이기 때문이다. 이보다 중요한 것은 이러한 변화가 자아 그 자체의 내부에서 일어나는가, 이 양자가 이질적인 것으로 서로 대립하고 있는가 하는 데 있다. 서로 대립할 때 우리는 이것을 병증이라고 부른다.

많은 자료 중에서 나는 우선 성격의 형성과 관련 있는 사례 몇 가지를 제시하고자 한다. 이를테면 자기 어머니와 결정적으로 대립하는 상태에 이른 한 소녀의 사례를 살펴보자. 이 소녀는 어린 시절부터 어머니에게는 결여되어 있는 성격은 애써 계발하고, 어머니를 상기시키는 부분은 극력 기피해 왔다. 보충해서 설명하자면, 이 소녀는 여자아이들이 대부분 그러듯이 어린 시절에는 어머니와의 동일화를 꾀하다가, 일정한 나이가 되자 어머니와 동일한 여성이 되는 것에 맹렬히 저항하게 된 것이다. 하지만 놀라운 것은 이 소녀가 결혼해서 아내가 되고 어머니가 되면, 그토록 적대하던 어머니를 닮아 가다가 급기야는 극복의 대상이었던 어머니와의 동일화가 다른 식으로 재현된다는 점이다. 사내아이들에게도 이와 똑같은 일이 일어난다. 이런 일은 위대한 문호 괴테에게도 일어났다. 일찍이 천재적인 재능을 보이던 그는 완고하고 현학적인 아버지를 경멸했다. 그러나 노년이 되자 그 역시 아버지 성격과 비슷한 것으로 보이는 특징을 드러내곤 했다. 양자의 대립이 첨예하면 첨예할수록 그 결과는 그만큼 더 두드러진다. 열등한 아버지 옆에서 살아가지 않을 수 없었던 한 청년은, 오로지 아버지에게 저항한다는 목적에서 자신을 유능하고, 신뢰성이 있고, 존경받는 인물로 가꾸어 나갔다. 그러나 생애의 정점에서 이 사람의 성격이 일변하면서, 이때부터는 아버지를 전범(典範)으로 삼아 온 듯이 행동한 사례도 있다. 우리가 검토하고 있던 주제에서 이탈하지 않기 위해서는, 이런 사태 추이의 단초가 되는 것은 바로 어린 시절 아버지와의 동일화 욕구라는 것을 염두에 둘 필요가 있다. 다시 말하지만 세월이 흐르면서 아버지와의 동일화 욕구는 아이의 마음속에서 배제되고, 심지어 과잉 보상의 과정을 거치기도 하다가, 결국에는 다시 한번 실현된다는 것이다.

태어나고 나서 5년간의 체험이 그 사람의 인생에 결정적인 영향을 미친다는 것은 이제 상식에 속한다. 이 5년간의 체험은 그 이후의 어떤 체험보다 중요하다. 이 유년의 체험이 그 이후의 체험에 저항해서 명백한 자기주장을 하는지, 이러한 자기주장이 과연 우리가 알아야 할 만큼 중요한 것인지 여부는 우리 문제와 직접적으로는 관련이 없다. 하지만 우리에게 별로 알려지지 않은 중요한 사실은, 가장 강력한 영향력은 심적인 장치에 완전한 수용 능력이 없을 듯한 시기에 아이들이 받는 인상에서 비롯된다는 점이다. 이것은 의심의 여지가 없다. 하지만 현상 자체는 기묘하다. 독자의 이해를 돕기 위해 이것을 임의의 기간이 지난 다음에 현상하고 인화하는 사진 촬영과 견주어 보기로 하자. 나는 여기에서, 이 불유쾌한 발견이 상상력이 풍부한 한 대담한 작가에 의해 예견되었고, 이 대담한 예견은 후일의 시인들에게도 그 영향을 미쳤다는 점을 기꺼운 마음으로 지적하고자 한다. 호프만E. T. A. Hoffmann이 바로 그 사람이다. 호프만은 젖먹이 시절 어머니의 가슴에 안긴 채로 우편 마차를 타고 몇 주일 동안 여행을 한 적이 있었는데, 그의 작품에서 갖가지 인물이 풍부하게 구사되고 있는 것은 젖먹이 시절의 여행에서 체험한 풍경의 변화에서 받은 깊은 인상 덕분이었다고 설명하곤 했다. 어린아이가 두 살 때의 체험을 이해할 리 없다. 이런 체험의 내용물은 꿈을 통해서가 아니면 절대로 재현되지 않는다. 정신분석 치료를 통해서가 아니면 이런 것은 절대로 의식의 표면으로 떠오르지 않는다. 그러나 뒷날 강박적 충동과 함께 떠오를 경우, 이런 기억은 당사자의 행동을 지배하고, 공감과 반감의 대상을 결정하며, 경우에 따라서는 사랑의 상대를 결정하는 데도 결정적인 영향을 미치는데, 이런 선택은 합리적으로는 설명할 수 없는 경향을 보이는 것이 보통이다. 이러한 사실은 두 가지 점에서 우리가 여기에서 다루는 문제와 명백한 관련이 있다.

첫째는 체험과의 시간적 거리인데,[46] 여기에서 이 시간적인 거리는 결정적인 요소로 인식된다. 가령 우리가 유아 체험 가운데 〈무의식적〉인 것으로 분류하는 기억의 특별한 상태가 바로 이런 종류의 체험이다. 이제 우리는 바로 여기에서, 한 민족의 정신

---

46 이것 역시 시인은 놓칠 수 없다. 사상(事象)에 대한 집착을 두고 시인은 이렇게 상상한다.
오, 아득한 옛날에는, 그대는 나의 누이, 나의 아내.
Ach, du warst in abgelebten Zeiten meine Schwester oder meine Frau.
(샤를로테 폰 슈타인에게 바치는 괴테의 시에서) — 원주.

생활에서 전승으로 회귀하고 싶어 하는 상태와의 유사점을 찾아야 한다. 하지만 무의식의 관념을 집단 심리학 속으로 유입시키는 것이 쉬운 일이 아님은 물론이다.

둘째는 신경증 형성으로 통하는 메커니즘은 우리가 검토하고 있는 현상에 끊임없이 어떤 기여를 해왔다는 점이다. 여기에서도 결정적인 사건은 유아기에 일어났던 사건이지만, 이 경우 강조되는 것은 시기가 아니라 이 사건에 대한 반응이다. 우리는 이것을 도식화시킬 수 있다. 체험의 결과 본능의 권리 주장이 제기되는데, 이때 이 본능의 주장은 충족을 요구한다. 자아는 이 요구를 거절한다. 자아가 이것을 거절하는 까닭은, 이 요구를 들어주면 자아가 마비되기 때문이거나, 자아가 여기에서 위험을 감지했기 때문이다.[47] 그래서 자아는 억압의 과정을 통해 이 위험에서 벗어나고자 한다. 이 두 가지 이유 중에서 전자가 더 근원적인데, 이로써 양자는 위험한 상황을 면한다. 본능적 충동은 이렇게 해서 억제되고, 충동의 충족을 요구하던 동기는 이것과 관련 있는 지각이나 관념과 함께 잊힌다. 그러나 이로써 과정이 끝나는 것은 아니다. 본능적 충동은 그 강도를 유지하거나, 그 강도를 재결집시키거나, 새로운 동기를 통해 재분출을 시도한다. 이렇게 되면 충동은 조금 전에 했던 요구를 반복한다. 그러나 정상적인 충족 방법은 이른바 〈억압 상흔〉이라는 것에 차단당해 있기 때문에, 충동은 취약한 곳을 뚫어 이른바 〈대리 만족〉이라는 또 하나의 출구를 마련하기에 이른다. 이것이 바로 자아로서는 승인한 적도 없고, 이해하지도 못하는 병증이다. 모든 병증이 형성되는 현상은 〈억압된 것의 회귀〉라고 불러도 좋다. 그러나 이 회귀한 것의 두드러지는 특징은, 엄청나게 왜곡되어 애초의 모습과는 전혀 다르다는

47 「억압, 증상 그리고 불안」 참조.

점이다. 마지막으로 검토한 이 일련의 사례는, 우리가 다루고 있던 전승의 유사 현상과 동떨어졌다는 인상을 줄지도 모르겠다. 하지만 이러한 사례가 본능적 충동의 단념이라는 문제에 다가서는 데 도움이 된다면, 이런 인상을 주는 것도 두렵지 않다.

7. 역사적 진실

우리는 모세의 종교가 전승을 통하여 유대인들에게 영향을 미쳐 왔다는 사실을 납득하기 위하여 갖가지 심리학적 우회로를 제시해 왔다. 그럼에도 불구하고 우리는 일정한 수준의 개연성을 제시한 것 이상의 성취를 본 것 같지는 않다. 하지만 여기에서 우리가 그것을 완벽하게 증명하는 데 성공을 거두었다고 가정해 보자. 그렇다고 하더라도 이 가정이 요구하는 〈질적〉인 인자만 만족시켰을 뿐, 양적으로는 만족시키지 못했다는 인상을 받는다. 유대인의 종교를 비롯해서 종교의 기원에 관련된 일체의 문제는 장엄한 것이다. 우리가 지금까지 설명하느라고 했지만, 우리의 설명은 이 장엄함에 미치지 못하는 것도 사실이다. 여기에는 다른 요인, 말하자면 유사한 것은 존재하지 않으며 똑같은 것은 절대로 존재할 수 없다는 요인이 작용한 것임에 분명하다. 이 요인은 어디에도 견줄 수 없는, 여기에서 연유한 종교 그 자체만큼이나 독특하고 거대한 것인지도 모른다.

이제 반대 방향에서 이 주제에 접근해 보자. 우리는 원시인들이 우주의 창조자로서의 신, 저희 족장으로서의 신, 보호자로서의 신을 필요로 했으리라는 것을 이해한다. 이 신은 전승으로 전해지는 한 종족의 죽어 버린 아버지의 배후에 그 자리를 차지한다. 그 뒤의 시대, 즉 우리 시대 사람들도 마찬가지 태도를 보인다. 우리 시대 사람들도 어른이 되어서조차 어린아이처럼 신의 보호를 필요로 한다. 우리 시대 어른들 역시 신의 도움이 없으면 아무것도 할 수 없을 것이라고 생각한다. 신과의 끈을 놓치지 않으려고 하는 것이다. 그러나 그 신이 왜 〈유일〉신이어야 하는지, 왜 단일신 숭배Henotheismus[48]에서 유일신 숭배Monotheismus로의 진전이 그토록 중요한 것인지를 이해하기는 쉬운 일이 아니다. 앞에서도 설명한 바 있거니와, 신도들이 저희들이 믿는 신의 위대함을 나누어 누린다는 것은 의심의 여지 없는 사실이다. 따라서 신이 위대하면 위대할수록 이 신이 약속하는 보호는 그만큼 높은 신뢰성을 획득하게 되는 것이다. 그러나 신의 권능은 신이 유일하다는 전제를 필요로 하는 것은 아니다. 많은 민족은 주신(主神)이 자신보다 열등한 다른 신들을 다스리고 있을 경우 주신만을 찬양하고, 주신 주위에 다른 신들이 있다고 해서 주신의 권능이 약화하는 것은 아니라고 믿었다. 만일 이 주신이 보편적인 신의 존재가 되고, 모든 나라와 민족에게 마음을 쓰게 될 경우, 이 신과의 특별한 관계에 손상이 온 것을 의미한다고 믿었다. 다시 말해서 이방인도 저희 주신을 믿게 될 경우, 사람들은 이것을 저희들이 그 신의 은총을 받는 전제 조건으로 믿었다는 것이다. 우리는 유일신 관념 자체를 정신성의 진보를 의미한다고 주장할 수는 있지만, 이 점을 그렇게 높게 평가하기는 불가능하다.

　여기에는 동기 부여라는 맥락에서 분명히 간극이 있어 보이지만, 신심이 있는 사람들은 이 간극을 적절하게 메꾸는 방법을 잘 알고 있다. 신심 있는 사람들은, 유일신 이념이 인간에게 압도적

48　이 술어에 대한 정의는 아직 완벽하지 않다. 이것은 한 모듬살이가 섬겨 오던 어느 특정 신에 대한 믿음을 뜻하는 의미로 쓰이기도 하고, 서열상 다른 신들을 압도하는 한 특정 신에 대한 믿음을 뜻하는 의미로 쓰이기도 한다. 어느 경우든 모듬살이가 섬기는 문제의 신이 〈유일신〉이라는 뜻은 아니다.

인 영향을 미치는 것, 즉 오랫동안 감추어져 있다가 마침내 날빛 아래로 드러난 그 가르침이야말로 영원한 〈진리〉이고, 모든 사람이 함께하게 되어 있는 진리라고 주장한다. 우리는 이런 종류의 요인이 결국 결과의 위대함에 걸맞게 대상을 위대하게 만든다는 것을 인정하지 않을 수 없다.

우리도 이 해답을 받아들이고 싶다. 그러나 우리에게는 의혹이 생긴다. 이같이 경건한 사람들의 논거는 낙관적, 이상주의적 전제 위에 선다. 다른 맥락에서, 인간의 지성이 진리에 대하여 특별히 예민한 후각을 보여 주고, 인간의 정신생활이 진리를 인정하는 특별한 경향을 보이고 있는 것으로 확인된 바는 없다. 대신 우리가 확인한 것은 우리의 지성은 예고도 없이 쉽게 길을 잃는 존재에 지나지 않는다는 사실이다. 우리의 지성만큼이나 희망적인 환상에 영합하여 아무런 근거도 없는 진리를 쉽게 믿어 버리는 존재도 흔치 않다. 그러므로 우리는 동의에 유보 조항을 덧붙이지 않으면 안 된다. 우리 역시 신심 깊은 자들의 주장에 일말의 진리가 섞여 있다는 것을 믿는다. 그러나 그것은 〈역사적〉 진리이지 〈물질적〉 진리는 아니다. 그리고 우리는 이 진리가 회귀할 때 경험하는 왜곡을 수정하는 권리를 행사한다. 다시 말하면 우리는 단 하나뿐인 위대한 신이 지금 이 시각에 존재하고 있다는 것은 믿지 않지만, 원시 시대에는 여기에 상응하는 인물이 존재했고, 뒷날 인류의 기억 속에서 이 존재가 신으로 드높여졌다는 사실은 믿는 것이다.

우리는 앞에서, 모세 종교가 처음에는 배격을 당하고 반쯤은 잊혔다가 뒤에 전승으로 다시 나타났다고 가정했다. 이제 우리는 이 과정이 그 시대 이래로 다시 한번 되풀이되는 사건으로 가정한다. 모세가 자기 백성에게 유일신 관념을 가르쳤지만 그 관념은 새로운 것이 아니었다. 그것은 인류의 의식적 기억에서 오래 전에 사라진, 인류 가족의 원시 시대 경험의 의미심장한 부활이었다. 그러나 그 사건은 지극히 중요한 사건이었고, 인류의 삶을 심층으로부터 변화시켰거나 변화시키는 길을 열었기 때문에 우리로서는 인간 정신의 전승에 견주어지는 영속적 흔적을 남긴 것으로 믿지 않을 수 없는 것이다.

우리는 개인의 정신분석을 통하여, 어린아이가 말을 배우기도 전에 받아들인 유아기 인상이 개인으로서는 의식적으로 기억할 수 없는 강박적 성격을 만들어 내거나, 그런 성격 형성에 엄청난 영향을 미칠 수 있다는 것을 알게 되었다. 우리는 이것을 인류의 태곳적 체험에 대한 동일한 가정에도 적용시킬 수 있다. 이러한 작용의 하나가 바로 위대한 유일신 이념을 탄생시켰는지도 모른다. 이 이념이 상당 부분 왜곡되어 있는 것은 사실이나, 나머지는 완벽하게 정당한 기억으로 승인되어야 한다. 그리고 이런 이념은 강박적인 성격을 지닌다. 말하자면 믿어지지 않으면 〈안 되는〉 것이다. 이념의 왜곡된 부분은 〈망상〉이라고 불러야 할 것 같다. 그러나 이념이 과거를 회귀시키면 이것은 〈진리〉라고 불러야 마땅하다. 정신 의학상의 망상에도 일말의 진리는 들어 있다. 환자의 확신은 이 진리에서 그 망상적인 포장으로 확장되는 속성을 지닌다.

지금부터 이 글 끝으로 이어지는 부분에서는, 제1부(이 세 번째 논문)에서 검토한 내용을 다소 수정해서 반복할 것이다.

1912년 나는 「토템과 터부」에서, 위에서 기술한 바와 같은 작용의 근원이 된 태곳적 상황의 재구성을 시도했다. 이 시도에서 나는 다윈, 앳킨슨, 그리고 특히 로버트슨 스미스에 의해 제출된 몇 가지 이론적 사고를 이용하고, 이 자료를 정신분석학적 발견이나 그 연구 성과와 합성했다. 다윈으로부터 나는 인류가 태곳적에는 소규모의 원시군(原始群)으로 살았다는 가설을 빌려 왔다. 다윈에 따르면 이 각 원시군은 무리 안의 여자를 독점하고, 자기 아들을 비롯하여 젊은 남성은 모조리 제거하거나 추방한, 비교적 연장자인 남성의 전제적인 지배를 받고 있었다. 이 서술에 이어지는 부분에서 나는 앳킨슨의 이론을 빌렸다. 앳킨슨에 따르면 이러한 가부장제는, 아버지에게 대적하기 위해 힘을 뭉치고, 마침내 아버지를 이겨 내고는 그 고기를 함께 나누어 먹은 아들들의 반역으로 끝난다. 이어서 나는 로버트슨 스미스의 토템 이론을 바탕으로, 아버지를 중심으로 하던 무리는 토템을 받드는 형제를 중심으로 하는 무리로 자리바꿈했을 것이라고 추정했다. 평화로운 삶을 영위하기 위하여 아버지로부터 승리를 쟁취한 형제들은 아버지를 죽인 뒤부터 아버지의 소유였던 여자를 포기하고 족외혼속을 좇게 되었다. 이로써 아버지의 권능은 붕괴되고, 가족은 모권 중심으로 재편성되었다. 아버지에 대한 아들들의 양가적인 감정 태도는 그 이후의 전 발전 단계에 걸쳐 상당한 영향력을 행사하게 되었다. 형제들은 아버지의 자리에 특수한 동물을 토템으로 세웠다. 이 토템 동물은 형제들의 조상이자 수호령신으로 받아들여졌다. 따라서 다치게 하거나 죽여서는 안 되었다. 모듬살이의 남성들은 1년에 한 번 한자리에 모여 의례적(儀禮的)인 향연을 벌였는데, 그들은 바로 이 자리에서 토템 동물(평소에는 숭배의 대상이던)을 죽이고는 모두 그 고기를 나누어 먹었다. 모듬살이의 남성이면 어느 누구도 빠질 수 없는 이 향연은 아버지 살해의 의례적인 반복이었다. 바로 여기에서 사회적인 질서, 윤리적인 규범, 그리고 종교가 시작되었다. 로버트슨 스미스의 토템 향연과 기독교의 최후의 만찬 사이의 유사성은 무수한 내 선배 학자들의 주목을 환기시켰다.

나는 오늘날까지도 내가 구축한 이 가설을 고집하고 있다. 최근의 민속학자들이 만장일치로 로버트슨 스미스의 가설을 배격했고, 부분적으로는 전혀 다른 이론을 제시했는데도 불구하고, 나는 이 책의 신판에서 내 의견을 수정하지 않았다는 이유로 격렬한 비난에 부딪친 일이 한두 번이 아니다. 나는 이런 학설의 외적 진보는 잘 알고 있다고 대답하겠다. 그러나 이 새로운 이론이 옳은 것인지 로버트슨 스미스가 옳은 것인지 아직도 확신하지 못하고 있다. 학설이라고 하는 것은 부정된다고 해서 논파되는 것이 아니며, 새로운 이론이 반드시 진보된 이론이라고 볼 수도 없다. 그뿐만이 아니다. 나는 정신분석학자이지 민속학자가 아니다. 나는 민속학적 자료에서 내 분석에 필요한 자료를 원용할 권리가 있는 사람이다. 로버트슨 스미스 — 천부적인 학자 — 의 보고는 나에게 정신분석과 심리학적 소재의 가치 있는 접촉 기회와, 그 소재의 이용에 필요한 지침을 마련해 주었다. 나는 로버트슨 스미스의 반대자들과의 일치점은 찾아낼 수 없었다.

8. 역사적 발전

나는 여기에서 「토템과 터부」의 내용을 이 이상으로 자세하게는 반복하지 않겠다. 그러나 내가 상정한 원시 시대부터 역사 시대에 유일신교가 승리를 얻기까지 기나긴 세월이 흐르는 동안 있었던 일은 간략하게나마 보충해서 쓰지 않을 수 없다. 형제 중심의 무리, 모권 중심제, 족외혼속, 토테미즘이 한데 어우러져 합주곡이 편곡되자, 〈억압된 것의 회귀〉라고밖에는 표현할 수 없는 느린 전개부가 시작되었다. 나는 이 〈억압된 것의 회귀〉라는 술어를 본래의 의미와는 조금 다르게 사용하고 있다. 원래는 과거에 속하는 것, 사라진 것, 극복된 것을 말하지만, 나는 감히 이것을 개인의 정신생활 내부에 존재하는 억압된 것에다 견준다. 우리 눈에 보이지 않는 동안 이 억압된 과거의 내용물이 어떤 형태로 남아 있었는가는 함부로 말할 수 없다. 우리에게 개인의 심리학 개념을 집단 심리학에다 적용시키는 것은 쉬운 일이 아니다. 〈집단〉 무의식의 개념을 도입한다고 해서 사정이 호전되는 것도 아니다. 실제로 무의식의 내용물이라고 하는 것은 어떤 경우든 인류의 집단적, 보편적 공유 재산이다. 따라서 우리는 유추를 통한 임시변통으로 이 표현을 쓰기로 한다. 우리가 연구하고 있는 한 민족의 생활에서 일어난 사건은, 정신 병리학을 통해서 알게 되는 사건과 정확하게 동일한 것은 아니지만 매우 흡사하다. 그래서 우리는 저 태곳적의 심적 침전물이 이미 상속 재산과 비슷한 상태로 다음 세대로 전해지는 것, 따라서 획득의 대상이 아니라 각성의 대상인 것으로 가정하기로 했다. 이러한 가정이 상기시키는 것이 언어 발달 과정에서 나타나는 〈동시 발생〉의 상징성이다. 어린아이들은 배우지 않아도 말을 익히는데, 이것은 언어가 서로 다른 모든 민족 사이에서도 공통으로 일어나는 현상이다. 이 과정에서 우리는 분명하게 확정할 수 없는 것은 정신분석학 연구 성과로부터 도움을 빌려 오기도 했다. 우리는 매우 중요한 상호 관련성을 통하여 아이들은 체험에 상응하게 반응하는 것이 아니라 동물처럼 본능적으로, 다시 말해서 계통학적으로 획득한 것이라고밖에는 설명할 수 없는 방법으로 반응한다는 것을 알고 있다.

억압된 내용물의 회귀는 자연 발생적인 것이 아니라, 인류 문화사를 채우는 생활 조건의 모든 변화의 영향 아래서 서서히 진행된다. 우리는 여기에서 회귀를 결정하는 인자를 밝힐 수도 없고, 회귀 단계의 단편적인 목록을 상세하게 열거할 수도 없다. 아버지는 다시 한번 가족의 우두머리가 되지만, 과거에 원시군에서 누리던 절대 권력을 지닌 그런 아버지는 아니다. 토템 동물은 매우 분명한 이행 과정을 보여 주면서 신에게 그 자리를 물려주었다. 처음에 신은 사람 형상에 동물의 머리를 하고 있었다. 그러다가 자기가 좋아하는 특정 동물로 변신하곤 했는데, 이때부터 이 동물은 그 신에게만 신성한 동물, 신의 총애를 받는 동물이 되었다. 경우에 따라 신은 이 동물을 죽이고, 이 동물에서 유래하는 이름으로 불리기도 했다. 토템 동물과 신 사이에 이윽고 영웅이 출현한다. 이 영웅은 인간이 신이 되는, 말하자면 신화(神化) 현상의 직전 단계를 보여 주는 것이 보통이다. 초월적인 신 관념은 태곳적에 이미 등장한 것으로 보이지만, 처음에는 인간의 일상적 관심사에는 개입하지 않는 그림자 같은 신이었을 것으로 보인다. 부족과 종족이 모여 거대한 무리를 형성했을 때 가족을 이루거나 위계 조직을 갖추게 되었다. 이 신들 중 하나가 다른 신들이나 인간 위에 군림하는 절대신의 자리에 오르기도 했다. 이러다 결국 사태가 급진전하면서 한 신만 숭배하게 되고, 다른 신에게 속하던 권능을 몰아 이 신에게 부여하면서, 그 옆에는 다른 신을 용납하지 못하는 방향으로 발전한다. 오직 이런 과정을 통해서만 인류는 원시군을 지배하던 절대적인 아버지를 회복하고, 그 아버지와 관련된 감정 상태를 다시 체험할 수 있게 된 것이다.

그렇게 오랫동안 그리워하고 갈망하던 이 아버지와의 만남이 지어내는 효과는 압도적인 것으로, 이것은 시나이산에서의 율법 전수에 관해 전승이 그려 보이는 바와 같다. 찬탄과 경외, 그리고 그 눈에서 은총을 발견한 것에 대한 감사하는 마음 — 모세교는 아버지인 신에 대한 이런 적극적 감정 외에는 어떤 감정도 알지 못했다. 원시군의 아버지의 자식인 이 무력하고 겁이 많은 백성은 아버지인 신이 저항할 수 없는 존재이고, 그 의지에 굴복해야 한다는 것 외에는 아무것도 몰랐다. 이들은 원시적인 환경, 유아적인 환경으로 전락한 다음에야 이것을 완전히 이해할 수 있게 된 것이다. 유아의 감정적 충동은 성인에 견주면 비교가 되지 않을 정도로 강렬하고 끝없이 용출할 수 있을 정도로 깊다. 이 감정 충동의 용출을 원상태로 되돌릴 수 있는 것은 오로지 종교적인 황홀뿐이다. 신에 대한 귀의에서 생기는 이런 환희는 위대한 아버지로의 회귀에 대한 첫 반응이었다.

이 아버지 종교가 취한 이러한 정위(定位)는 이런 식으로 오랜 세월에 걸쳐 이루어진 것이었다. 그러나 이로써 이 종교의 발전이 완결된 것은 아니었다. 양가감정은 아버지와 맺게 되는 관계에서 본질적인 한 부분이다. 기나긴 세월이 흐르면서 그토록 찬탄과 외경의 대상이었던 아버지를 살해하자는, 아들들을 들고일어나게 했던 해묵은 적의가 싹틀 가능성도 없지 않았다. 그러나 모세교의 틀 안에는 살의에 넘치는 아버지에 대한 증오가 직접적으로 표현될 여지가 없다. 여기에서 가능한 것은 이 증오에 대한 무시무시한 반작용이다. 말하자면 그런 적의에 대한 죄의식, 하느님에게 죄를 짓고, 그 죄업을 중단할 수 없는 것에 대한 양심의 가책이다. 선지자들에 의해 끊임없이 환기되어, 이윽고 종교 조직의 본질의 내용물이 된 이 죄의식에는, 이 죄의식의 발단으로 교묘하게 위장되는 또 하나의 표면적인 동기가 있다. 모든 사태는 백성들에게 불리하게 전개되었다. 하느님의 은총에 맡기고 있던 희망은 성취되는 것이 없었다. 선택된 백성으로 하느님의 사랑을 받는다는 환상을 유지하기는 쉬운 일이 아니었다. 만일 유대인들이 행복을 찾으려 했다면, 죄를 지었다는 데서 오는 죄의식을 통하여 하느님을 방면할 훌륭한 수단을 발견할 수 있었을 것이다. 그러나 그들은 하느님의 계명에 복종하지 않았고, 이 때문에 하느님으로부터 벌을 받을 수밖에 없었다. 채워지지 않는 죄의식, 보다 심층적인 근원에서 유래한 이 죄의식을 해소할 필요에 쫓긴 유대인들은 이 계명을 보다 엄격하게 제정하지 않을 수 없었다. 따라서 이전보다 훨씬 소심하고 좀스러운 존재가 되어 가지 않을 수 없었다. 윤리적 금욕주의에 새롭게 도취된 그들은 자신들에게 본능적 충동을 단념하게 할 훨씬 엄격한 새 계율을 부여하고, 이런 과정을 통해 그들은 고대의 다른 민족은 접근도 할 수 없는 고도의 윤리적 위상 ── 적어도 교리와 계율 속에서 ── 에 도달했다. 많은 유대인들은 이 윤리적 위상의 획득을 유대 종교의 두 번째로 중요한 특징, 두 번째로 위대한 성취로 여긴다. 이것의 첫 번째 특징 ── 유일신 관념 ── 은 지금까지 우리가 검토해 온 것을 통해 자명해진다. 그러나 이러한 윤리적 관념은 하느님에 대한 억압된 적의 때문에 생겨나는 죄의식의 근원을 소거(消去)하지 못한다. 이들은 강박 신경증적 반응 형성의 특징 ── 미완인 동시에 끝내 완성될 수 없는 ── 을 보인다. 우리는 이들의 윤리가 은밀한 자기 처벌 욕구에 도움이 되고 있을 것으로 본다.

이 이상의 발전 단계는 유대교의 발전 단계를 넘어선다. 원초적 아버지에 대한 비극적인 드라마에서 회귀한 나머지 백성은 어떤 형식으로든 모세교와 화해할 수 없었다. 이 시대의 죄의식은 더 이상 유대인에게만 국한되는 것이 아니었다. 이 시대의 죄의식은 지중해 연안의 모든 민족에게 육중한 불쾌감을 안겼다. 이 불쾌감은 어느 누구도 그 까닭을 해명해 내지 못하는 재앙의 전조 같은 것이었다. 오늘날의 역사가들은 이것을 고전 고대 문화의 노화(老化)라고 하지만, 내가 추측하기로는 이들의 평가는 민족 간 불협화음의 비본질적, 보조적 원인을 제대로 지적한 것 같지 않다. 이 울적한 상황의 해명은 유대교에서 나왔다. 주변 세계에서 갖가지 문제에 대한 접근이 시도되고, 그런 준비가 이루어지고 있을 무렵, 이와는 상관없이 명민한 정신으로 사태의 본질을 꿰뚫은 사내가 출현했다. 타르수스의 사울(로마 시민으로서는 바울로라고 불리던)이라는 유대인이 바로 그 사람이었다. 그는 이렇게 주장했다.

〈우리가 이렇게 불행한 것은 우리가 아버지 하느님을 죽였기 때문이다.〉

그가 이러한 진리의 단편을 망상의 형태로 위장된 복음 속에서밖에 파악할 수 없었다는 것은 충분히 납득할 만한 일이다. 그의 주장은 계속된다. 〈우리는 모든 죄에서 해방되었다. 우리 중의 한 분이 그 목숨을 희생시켜 우리를 풀어 주었기 때문이다.〉 이 언명에 하느님 살해가 언급되어 있지 않은 것은 물론이다. 하지만 사람의 목숨을 희생시켜야 갚음이 되는 범죄는 살인죄밖에 없다. 그리고 망상과 역사적 사실의 바로 다음 단계에, 하느님의 아들이라는 언질이 마련된다. 역사적 사실에서 흘러나온 힘을 통하여 이 새로운 신앙은 모든 장애를 압도한다. 하느님에 의해 선택되었다는 이 지복의 선민 사상 대신에 해방을 의미하는 구원의 사상이 들어선 것이다. 그러나 인류의 기억으로 회귀하는 존속 살해 사실은 실제 사건 자체보다 훨씬 강력한 저항을 극복하지 않으면 안 된다. 이 저항은 유일신교의 내용을 결정한 것과는 별개인 저항이었는데, 이것은 보다 강력한 왜곡에 맡겨지지 않으면 안 되었다. 이로써 차마 입에 올릴 수 없는 범죄는 무시무시한 〈원죄〉라고밖에는 불릴 수 없는 가정으로 대치되지 않을 수 없었다.

원죄와 희생자의 자기희생을 통한 구속(救贖)은 바울로가 세운 새 종교의 초석이 되었다. 원초적인 아버지에 반역한 형제들 사이에 주모자나 선동자가 있었는지 없었는지, 있었다면 이들은 후일 상상력이 풍부한 예술가들이 스스로를 영웅으로 만들기 위해 창작했는데, 이것이 전승으로 흘러 들어온 것인지는 분명하지 않다. 기독교 교리가 유대교 교리의 틀을 분쇄한 뒤 다른 관념 체계로부터 종교의 구성 요소가 될 만한 것들을 수렴했고, 순수한 유일신교의 특징을 단념했으며, 여러 가지 분야에서 지중해의 다른 민족들의 의례에 동조했다. 흡사 이집트가 아케나텐의 계승자에게 다시 한번 복수의 칼을 들이대는 형국이었다. 주목할 만한 것은 이 종교가 아버지와의 관계에서 드러나는 유서 깊은 양가감정을 어떻게 다루었는가 하는 점이다. 이 종교의 주된 내용물이 아버지 하느님과의 화해, 그 하느님에게 저질러졌던 죄업의 보상인 것은 사실이다. 그러나 이 감정 관계의 이면이 보여 주는 것은 스스로 화해를 성취한 아들이 아버지 옆에 나란히 앉는, 실제로는 아버지를 대신하는 신이 되었다는 점이다. 아버지 종교에서 솟아오른 기독교가 아들 종교가 된 것이다. 결국 기독교도 아버지를 제거하는 운명에서 벗어나지 못한 것이다.

유대인의 극소수만이 이 새로운 교리를 받아들였다. 이것을 거부한 사람들은 오늘날까지도 유대인으로 불린다. 이 분열을 통해 유대인은 그 이전의 어느 때보다도 다른 민족으로부터 철저하게 분리되기에 이르렀다. 유대인들은 새로운 종교 공동체 ─ 이집트인, 그리스인, 시리아인, 로마인, 심지어는 게르만인까지도 포함되지만 유대인만은 제외되는 ─ 로부터 하느님의 살해자들이라는 비난을 들어야 했다. 그 비난을 그대로 옮기면 이렇게 된다.

〈우리는 인정하고 그 죄를 벗었지만, 놈들은 저희들이 하느님

을 살해했다는 것을 인정하려 하지 않는다.〉

따라서 이 비난의 배후에 어느 정도의 진실이 깃들어 있는지 알아보는 것은 간단하다. 하느님을 죽였다는 고백이 갖가지로 왜곡되고 있기는 하지만, 유대인들이 어째서 하느님을 죽였다는 이 고백의 수긍을 암시하는 진보적인 대열에 합류할 수 없는가는 특수한 연구를 통해서야 밝혀질 것으로 보인다. 유대인들이 이 진보의 대열에 들어서지 않음으로써 비극적인 죄짐을 지는 길로 들어섰다고 볼 수 있다. 이로써 그들은 그 죗값을 호되게 치르지 않을 수 없게 된 셈이다.

우리의 연구는 유대인들이 어떻게 해서 다른 민족과는 확연하게 구분되는 특징을 획득하게 되었느냐는 질문을 다소나마 조명한 듯하다. 그들이 어떻게 해서 오늘날까지 그 특질을 민족의 개성으로 유지하게 되었느냐는 질문에 대한 해명은 여전히 미흡하다. 그러나 공정하게 말하면, 이 같은 수수께끼의 철저한 해명은 누가 요구하고 기대한다고 해서 되는 것이 아니다. 내가 이 문제에 대하여 할 수 있는 공헌은, 내가 이 논문의 첫머리에서 언급한 대로 제한적인 범위 안에서 평가될 수밖에 없을 것이다.

프로이트의 삶과 사상

— 제임스 스트레이치

지크문트 프로이트Sigmund Freud는 1856년 5월 6일, 그 당시에는 오스트리아-헝가리 제국의 일부였던 모라비아의 소도시 프라이베르크에서 출생했다. 83년에 걸친 그의 생애는 겉으로 보기에는 대체로 평온무사했고, 따라서 장황한 서술을 요하지 않는다.

그는 중산층 유대인 가정에서 두 번째 부인의 맏아들로 태어났지만, 집안에서 그의 위치는 좀 이상했다. 프로이트 위로 첫 번째 부인 소생의 다 자란 두 아들이 있었기 때문이다. 그들은 프로이트보다 스무 살 이상 나이가 많았고, 그중 하나는 이미 결혼해서 어린 아들을 두고 있었다. 그랬기에 프로이트는 사실상 삼촌으로 태어난 셈이었지만, 적어도 그의 유년 시절에는 프로이트 밑으로 태어난 일곱 명의 남동생과 여동생 못지않게 조카가 중요한 역할을 했다.

그의 아버지는 모피 상인이었는데, 프로이트가 태어난 후 얼마 지나지 않아 사업이 어려워지기 시작했다. 그래서 프로이트가 겨우 세 살이었을 때 그는 프라이베르크를 떠나기로 결심했고, 1년 뒤에는 온 가족이 빈으로 이주했다. 이주하지 않은 사람은 영국 맨체스터에 정착한 두 이복형과 그들의 아이들뿐이었다. 프로이트는 몇 번인가 영국으로 건너가서 그들과 합류해 볼까 하는 생각을 했지만, 그것은 거의 80년 동안 실행에 옮겨지지 못했다.

프로이트가 빈에서 어린 시절을 보내는 동안 그의 집안은 몹시 궁핍한 상태였지만, 어려운 형편에도 불구하고 그의 아버지는 언제나 셋째 아들의 교육비를 최우선으로 꼽았다. 프로이트가 매우 총명했을 뿐 아니라 공부도 아주 열심히 했기 때문이다. 그 결과 그는 아홉 살이라는 어린 나이에 김나지움에 입학했고, 그 학교에서 보낸 8년 가운데 처음 2년을 제외하고는 자기 학년에서 수석을 놓친 적이 없었다. 그는 열일곱 살 때 아직 어떤 진로를 택할 것인지 결정을 하지 못한 채 김나지움을 졸업했다. 그때까지 그가 받았던 교육은 지극히 일반적인 것이어서, 어떤 경우에든 대학에 진학할 것으로 보였으며, 서너 곳의 학부로 진학할 길이 그에게 열려 있었다.

프로이트는 수차례에 걸쳐, 자기는 평생 동안 단 한 번도 〈의사라는 직업에 선입관을 가지고 특별히 선호한 적이 없었다〉고 주장했다.

나는 그보다는 오히려 일종의 호기심을 느꼈다. 하지만 그것은 자연계의 물체들보다는 인간의 관심사에 쏠린 것이었다.[1]

그리고 어딘가에서는 이렇게 적었다.

어린 시절에 나는 고통받는 인간을 도우려는 어떤 강한 열망도 가졌던 기억이 없다. (……) 그러나 젊은이가 되어서는 우리가 살고 있는 세상의 수수께끼들 가운데 몇 가지를 이해하고, 가능하다면 그 해결책으로 뭔가 기여도 하고 싶은 억누를 수 없는 욕망을

1 「나의 이력서」(1925) 앞부분 참조.

느꼈다.2

또 그가 만년에 수행했던 사회학적 연구를 논의하는 다른 글에서는 이렇게 적기도 했다.

나의 관심은 평생에 걸쳐 자연 과학과 의학과 심리 요법을 두루 거친 뒤에 오래전, 그러니까 내가 숙고할 수 있을 만큼 충분히 나이가 들지 않았던 젊은 시절에 나를 매혹시켰던 문화적인 문제들로 돌아왔다.3

프로이트가 자연 과학을 직업으로 택하는 데 직접적인 계기가 되었던 사건은 — 그의 말대로라면 — 김나지움을 졸업할 무렵 괴테가 썼다고 하는(아마도 잘못된 것으로 보인다) 〈자연〉에 관한 매우 화려한 문체의 에세이를 낭독하는 독회에 참석한 일이었다고 한다. 하지만 그 선택이 자연 과학이긴 했지만, 실제로는 의학으로 좁혀졌다. 그리고 프로이트가 열일곱 살 때인 1873년 가을, 대학에 등록했던 것도 의과대 학생으로서였다. 하지만 그는 서둘러 의사 자격을 취득하려고 하지는 않았다. 한두 해 동안 그가 다양한 과목의 강의에 출석했던 것만 보더라도 이를 알 수 있다. 그러나 차츰차츰 관심을 기울여 처음에는 생물학에, 다음에는 생리학에 노력을 집중했다. 그가 맨 처음 연구 논문을 쓴 것은 대학 3학년 때였다. 당시 그는 비교 해부학과 교수에게 뱀장어를 해부해서 세부 사항을 조사하라는 위임을 받았는데, 그 일에는 약 4백 마리의 표본을 해부하는 일이 포함되었다. 그로부터 얼마 지

2 「비전문가 분석의 문제」(1927)에 대한 후기 참조.
3 「나의 이력서」에 대한 후기 참조.

나지 않아서 그는 브뤼케Brücke가 지도하는 생리학 연구소로 들어가 그곳에서 6년 동안 근무했다. 그가 자연 과학 전반에 대해 보이는 태도의 주요한 윤곽들이 브뤼케에게서 습득되었다는 것은 의심할 여지가 없는 일이다. 그 기간 동안 프로이트는 주로 중추 신경계의 해부에 대해서 연구했고, 이미 책들을 출판하고 있었다. 그러나 실험실 연구자로서 벌어들이는 수입은 대가족을 부양하기에는 충분하지 못했다. 그래서 마침내 1881년 그는 의사 자격을 따기로 결정했고, 그로부터 1년 뒤에는 많은 아쉬움을 남긴 채 브뤼케의 연구소를 떠나 빈 종합 병원에서 근무하기 시작했다.

그러나 결국 프로이트의 삶에 변화를 가져다준 결정적인 계기가 있었다면, 그것은 생각보다도 더 절박한 가족에 대한 것이었다. 1882년에 그는 약혼을 했고, 그 이후 결혼을 성사시키는 데 모든 노력을 기울였다. 그의 약혼녀 마르타 베르나이스Martha Bernays는 함부르크의 이름 있는 유대인 집안 출신으로, 한동안 빈에서 지내고 있었지만 얼마 안 가서 곧 머나먼 독일 북부에 있는 그녀의 집으로 돌아가야 했다. 그 뒤로 4년 동안 두 사람이 서로를 만나 볼 수 있었던 것은 짧은 방문이 있을 때뿐이었고, 두 연인은 거의 매일같이 주고받는 서신 교환으로 만족해야 했다. 그 무렵 프로이트는 의학계에서 지위와 명성을 확립해 가고 있었다. 그는 병원의 여러 부서에서 근무했지만, 얼마 지나지 않아 곧 신경 해부학과 신경 병리학에 몰두하기 시작했다. 또 그 기간 중에 코카인을 의학적으로 유용하게 이용하는 첫 번째 연구서를 출간했고, 그렇게 해서 콜러에게 그 약물을 국부 마취제로 사용하도록 제안하기도 했다. 바로 뒤이어 그는 두 가지 즉각적인 계획을 수립했다. 하나는 객원 교수 자리에 지명을 받는 것이었고, 다른 하나는 장학금을 받아 얼마 동안 파리로 가서 지내려는 것이었다. 그곳에서는 위대한 신경 병리학자 샤르코Charcot가 의학계를 주도하고 있었다. 프로이트는 그 두 가지 목적이 실현된다면 자기에게 커다란 도움이 될 것이라고 생각했고, 열심히 노력한 끝에 1885년에 두 가지 모두를 얻어 냈다.

프로이트가 파리 살페트리에르 병원(신경 질환 치료로 유명한 병원)의 샤르코 밑에서 보냈던 몇 달 동안, 그의 삶에는 또 다른 변화가 있었다. 이번에는 실로 혁명적인 변화였다. 그때까지 그의 일은 전적으로 자연 과학에만 관련되었고, 파리에 있는 동안에도 그는 여전히 뇌에 관한 병력학(病歷學) 연구를 계속하고 있었다. 그 당시 샤르코의 관심은 주로 히스테리와 최면술에 쏠려 있었는데, 빈에서는 그런 주제들이 거의 생각할 만한 가치가 없는 것으로 여겨졌다. 그러나 프로이트는 그 일에 몰두하게 되었다. 비록 샤르코 자신조차 그것들을 순전히 신경 병리학의 지엽적인 부문으로 보았지만, 프로이트에게는 그것이 정신의 탐구를 향한 첫걸음인 셈이었다.

1886년 봄, 빈으로 돌아온 프로이트는 신경 질환 상담가로서 개인 병원을 열고, 뒤이어 오랫동안 미루어 왔던 결혼식을 올렸다. 하지만 그렇다고 해서 그가 당장 자기가 하던 모든 신경 병리학 업무를 그만둔 것은 아니었다. 그는 몇 년 더 어린아이들의 뇌성 마비에 관한 연구를 계속했고, 그 분야에서 주도적인 권위자가 되었다. 또 그 시기에 실어증에 관해서 중요한 연구 논문을 쓰기도 했지만, 최종적으로는 신경증의 치료에 더욱 노력을 집중했다. 전기 충격 요법 실험이 허사로 돌아간 뒤 그는 최면 암시로 방향을 돌려서, 1888년에 낭시를 방문하여 리에보Liébeault와 베르넴Bernheim이 그곳에서 괄목할 만한 성공을 거두는 데 이용한 기법을 배웠다. 하지만 그 기법 역시 불만족스러운 것으로 밝혀지자, 또 다른 접근 방법을 강구하지 않을 수 없었다. 그는 빈의 상담가이자 상당히 손위 연배인 요제프 브로이어Josef Breuer 박사가 10년 전쯤 아주 새로운 치료법으로 어떤 젊은 여자의 히스테리 증세를 치료했다는 사실을 알고 있었다. 그는 브로이어에게 그 방법을 한 번 더 써보도록 설득하는 한편, 그 스스로도 새로운 사례에 그 방법을 몇 차례 적용해서 가망성 있는 결과를 얻었다. 그 방법은 히스테리가 환자에게 잊힌 어떤 육체적 충격의 결과라는 가정에 근거를 둔 것이었다. 그리고 치료법은 잊힌 충격을 떠올리기 위해 적절한 감정을 수반하여 환자를 최면 상태로 유도하는 것으로 이루어져 있었다. 얼마 지나지 않아 프로이트는 그 과정과 저변에 깔린 이론 모두에서 변화를 일으키기 시작했고, 마침내는 그 일로 브로이어와 갈라설 정도까지 되었지만, 자기가 이루어 낸 모든 사상 체계의 궁극적인 발전에 곧 정신분석학이라는 이름을 붙였다.

그때부터 — 아마도 1895년부터 — 생을 마감할 때까지 프로이트의 모든 지성적인 삶은 정신분석학의 발전과 그 광범위한 언외(言外)의 의미, 그리고 그 학문의 이론적이고 실제적인 영향을 탐구하는 데 바쳐졌다. 프로이트의 발견과 사상에 대해서 몇 마디 말로 일관된 언급을 하기란 물론 불가능하겠지만, 그가 우리의 사고 습관에 불러일으킨 몇 가지 주요한 변화를 단절된 양상으로나마 지적하기 위한 시도는 얼마 안 가서 곧 이루어질 것이다. 그러는 동안 우리는 그가 살아온 삶의 외면적인 과정을 계속 좇을 수 있을 것이다.

빈에서 그가 영위했던 가정생활에는 본질적으로 에피소드가 결여되어 있다. 1891년부터 47년 뒤 그가 영국으로 떠날 때까지 그의 집과 면담실이 같은 건물에 있었기 때문이다. 그러나 행복한 결혼 생활과 불어나는 가족 — 세 명의 아들과 세 명의 딸 — 은 그가 겪는 어려움들, 적어도 그의 직업적 경력을 둘러싼 어려움들에 견실한 평형추가 되어 주었다. 의학계에서 프로이트에 대해 편견을 가지고 있었던 이유는 그가 발견한 것들의 본질 때문만이 아니라, 어쩌면 그에 못지않게 빈의 관료 사회를 지배하고 있던 강한 반유대 감정의 영향 때문이기도 했을 것이다. 그가 대학교수로 취임하는 일도 정치적 영향력 탓으로 끊임없이 철회되었다.

그러한 초기 시절의 특별한 일화 한 가지는 그 결과 때문에 언급할 필요가 있다. 그것은 프로이트와, 명석하되 정서가 불안정한 베를린의 의사 빌헬름 플리스Wilhelm Fließ의 우정에 관한 것이다. 플리스는 이비인후과를 전공했지만 인간 생태학과 생명 과정에서 일어나는 주기적 현상의 영향에 이르기까지 관심 범위가 매우 넓었다. 1887년부터 1902년까지 15년 동안 프로이트는 그와 정기적으로 편지를 교환하면서 자기의 발전된 생각을 알렸고, 자기가 앞으로 쓸 책들의 윤곽을 개술한 긴 원고를 그에게 미리 보냈다. 그리고 무엇보다도 중요한 것은 「과학적 심리학 초고」라는 제목이 붙은 약 4만 단어짜리 논문을 보낸 것이었다. 이 논문은 프로이트의 경력에서 분수령이라고도 할 수 있는, 즉 그가 어쩔 수 없이 생리학에서 심리학으로 옮겨 가고 있던 1895년에 작성된 것으로, 심리학의 사실들을 순전히 신경학적 용어들로 서술하려는 시도였다. 다행스럽게도 이 논문과 프로이트가 플리스에게 보낸 다른 편지들도 모두 보존되어 있는데, 그것들은 프로이트의 사상이 어떻게 발전되었는가에 대해 매혹적인 빛을 던질 뿐 아니라, 정신분석학에서 나중에 발견된 것들 중 얼마나 많은 것이 초기 시절부터 이미 그의 마음속에 있었는지를 보여 준다.

플리스와의 관계를 제외한다면, 프로이트는 처음에는 외부의 지원을 거의 받지 못했다. 빈에서 점차 프로이트 주위로 몇몇 문하생이 모여들었지만, 그것은 대략 10년쯤 후인 1906년경, 즉 다수의 스위스 정신 의학자가 그의 견해에 동조함으로써 분명한 변화가 이루어진 뒤의 일이었다. 그들 가운데 중요한 인물로는 취리히 정신 병원장인 블로일러E. Bleuler와 그의 조수인 융C. G. Jung이 있었는데, 그것으로 우리는 정신분석학이 처음으로 확산되기 시작했음을 알 수 있다. 1908년에는 잘츠부르크에서 정신분석학자들의 국제적인 모임이 열린 데 이어, 1909년에는 미국에서 프로이트와 융을 초청해 여러 차례의 강연회를 열어 주었다. 프로이트의 저서들이 여러 나라 말로 번역되기 시작했고, 정신분석을 실행하는 그룹들이 세계 각지에서 생겨났다. 그러나 정신분석학의 발전에 장애가 없지는 않았다. 그 학문의 내용이 정신에 불러일으킨 흐름들은 쉽게 받아들이기에는 너무 깊이 흐르고 있었던 것이다. 1911년 빈의 저명한 프로이트 지지자들 중 한 명인 알프레트 아들러Alfred Adler가 그에게서 떨어져 나갔고, 이삼 년 뒤에는 융도 프로이트와의 견해 차이로 결별했다. 그 일에 바로 뒤이어 제1차 세계 대전이 발발하자, 정신분석의 국제적인 확산은 중단되었다. 그리고 얼마 안 가서 곧 가장 중대한 개인적 비극이 닥쳤다. 딸과 사랑하는 손자의 죽음, 그리고 삶의 마지막 16년 동안 그를 가차 없이 쫓아다닌 악성 질환의 발병이었다. 그러나 어떤 질병도 프로이트의 관찰과 추론의 발전을 막을 수는 없었다. 그의 사상 체계는 계속 확장되었고, 특히 사회학 분야에서 더욱더 넓은 적용 범위를 찾았다. 그때쯤 그는 세계적인 명사로서 인정받는 인물이 되어 있었는데, 1936년 그가 여든 번째 생일을 맞

던 해에 영국 왕립 학회Royal Society의 객원 회원으로 선출된 명
예보다 그를 더 기쁘게 한 일은 없었다. 1938년 히틀러가 오스트
리아를 침공했을 때 국가·사회주의자들의 가차 없는 박해로부터
그를 보호해 주었던 것도 — 비록 그들이 프로이트의 저서들을
몰수해서 없애 버리기는 했지만 — 들리는 말로는 루스벨트 대통
령까지 포함된, 영향력 있는 찬양자들의 노력으로 뒷받침된 그의
명성이었다. 그렇다 하더라도 프로이트는 어쩔 수 없이 빈을 떠
나 그해 6월 몇몇 가족과 함께 영국으로 건너갔고, 그로부터 1년
뒤인 1939년 9월 23일 그곳에서 세상을 떠났다.

프로이트를 현대 사상의 혁명적인 창립자들 중 한 사람으로 일
컬으며, 그의 이름을 아인슈타인Albert Einstein에 결부시켜 생각
하는 것은 신문이나 잡지에 실릴 법한 진부한 이야기가 되었다.
그러나 대부분의 사람은 그나 아인슈타인에 의해 도입된 변화들
을 간략하게 설명하기가 매우 어려울 것이다.

프로이트의 발견들은 물론 서로 연관되어 있기는 하지만 크게
세 가지로 묶을 수 있다. 연구의 수단, 그 수단에 의해 생겨난 발
견들, 그리고 그 발견들에서 추론할 수 있는 이론적 가설들이 그
것이다. 그런데 여기서 우리는 프로이트가 수행했던 모든 연구
이면에 결정론 법칙의 보편적 타당성에 대한 믿음이 있었다는 사
실을 인정해야 한다. 자연 과학 현상과 관련해서는 이 믿음이 아
마도 브뤼케의 연구소에서 근무한 경험에서 생겨났을 것이고, 궁
극적으로는 헬름홀츠Helmholtz 학파로부터 생겨났을 것이다. 그
러나 프로이트는 단호히 그 믿음을 정신 현상의 분야로 확장시켰
는데, 그러는 데는 자기의 스승이자 정신 의학자인 마이네르트
Meynert에게서, 그리고 간접적으로는 헤르바르트Herbart의 철학

에서 영향을 받았을 수도 있다.

　무엇보다도 먼저 프로이트는 인간의 정신을 과학적으로 탐구하기 위한 첫 번째 도구를 찾아낸 사람이었다. 천재적이고 창조적인 작가들은 단편적으로 정신 과정을 통찰해 왔지만, 프로이트 이전에는 어떤 체계적인 탐구 방법도 없었다. 그는 이 방법을 단지 점차적으로 완성시켰을 뿐인데, 그것은 그러한 탐구에서 장애가 되는 어려움들이 점차적으로 분명해졌기 때문이다. 브로이어가 히스테리에서 설명한 잊힌 충격은 가장 최초의 문제점을 제기했고, 어쩌면 가장 근본적인 문제점을 제기했을 수도 있다. 관찰자나 환자 본인 모두에 의해서 검사에 즉각적으로 개방되지 않는, 정신의 활동적인 부분들이 있다는 것을 결정적으로 보여 주었기 때문이다. 정신의 그러한 부분들을 프로이트는 형이상학적 논쟁이나 용어상의 논쟁을 고려하지 않고 〈무의식〉이라고 기술했다. 무의식의 존재는 최면 후의 암시라는 사실로도 증명되는데, 이 경우 환자는 암시 그 자체를 완전히 잊었다 하더라도 충분히 깨어 있는 상태에서 조금 전 그에게 암시되었던 행동을 수행한다. 그러므로 어떠한 정신의 탐구도 그 범위에 이 무의식적인 부분이 포함되지 않고는 완전한 것으로 여겨질 수 없었다. 그렇다면 이것이 어떻게 완전해질 수 있었을까? 명백한 해답은 〈최면 암시라는 수단에 의해서〉인 것처럼 보였다. 그리고 이 방법은 처음엔 브로이어에 의해, 다음에는 프로이트에 의해 이용된 수단이었다. 그러나 얼마 안 가서 곧 그 방법은 불규칙하거나 불명확하게 작용하고, 때로는 전혀 작용하지 않는 불완전한 것임이 밝혀졌다. 따라서 프로이트는 차츰차츰 암시의 이용을 그만두고 나중에 〈자유 연상〉이라고 알려진 완전히 새로운 방법을 도입했다. 즉 정신을 탐구하려는 상대방에게 단순히 무엇이든 머릿속에 떠오르는 것을 말하라고 요구하는, 전에는 들어 보지 못했던 계획을 채택했다. 이 중대한 결정 덕분에 곧바로 놀라운 결과가 도출되었다. 프로이트가 채택한 수단이 초보적인 형태였음에도 불구하고 그것은 새로운 통찰력을 제시했던 것이다. 한동안은 이런저런 연상들이 물 흐르듯 이어진다 하더라도 조만간 그 흐름은 고갈되기 마련이고, 환자는 더 말할 것을 아무것도 생각하지 않거나 또는 할 수 없게 된다. 그렇게 해서 저항의 진상, 즉 환자의 의식적인 의지와 분리되어 탐구에 협조하기를 거부하는 힘의 진상이 드러난다. 여기에 아주 근본적인 이론의 근거, 즉 정신을 뭔가 역동적인 것으로, 일부는 의식적이고 일부는 무의식적이며, 때로는 조화롭게 작용하고 때로는 서로 상반되는 다수의 정신적인 힘들로 이루어져 있다고 가정할 근거가 있었다.

그러한 현상들은 결국 보편적으로 생겨난다는 것이 밝혀지기는 했지만, 처음에는 신경증 환자들에게서만 관찰 연구되었고, 처음 몇 년 동안 프로이트의 연구는 주로 그러한 환자들의 〈저항〉을 극복하여 그 이면에 있는 것을 밝혀낼 수단을 발견하는 일과 관련되었다. 그 해결책은 오로지 프로이트 편에서 극히 이례적인 자기 관찰 — 지금에 와서는 자기 분석이라고 기술되어야 할 — 을 함으로써만 가능해졌다. 다행스럽게도 우리는 앞에서 얘기한, 그가 플리스에게 보냈던 편지로 그 당시의 상황을 직접적으로 알 수 있다. 즉 그는 분석 덕분에 정신에서 작용하는 무의식적인 과정의 본질을 발견하고, 어째서 그 무의식이 의식으로 바뀔 때 그처럼 강한 저항이 있는지를 이해할 수 있었다. 또 그의 환자들에게서 저항을 극복하거나 피해 갈 기법을 고안할 수 있었고, 무엇보다도 중요한 것, 즉 그러한 무의식적인 과정의 기능 방식과 익히 알려진 의식적인 과정의 기능 방식 사이에 아주 큰 차이점이 있음을 알아낼 수 있었다는 것이다. 다음 세 가지는 그 하나하나에 대해서 언급이 좀 필요할 것 같다. 왜냐하면 사실 그것들은 정신에 관한 우리의 지식에 프로이트가 미친 공적들의 핵심을 구성하고 있기 때문이다.

정신의 무의식적인 내용들은 대체로 원초적인 육체적 본능에서 직접 그 에너지를 이끌어 내는 능동적인 경향의 활동 — 욕망이나 소망 — 으로 이루어져 있는 것으로 보인다. 이 무의식은 즉각적인 만족을 얻는 것 외에는 전혀 아무것도 고려하지 않고 기능하며, 따라서 현실에 적응하고 외부적인 위험을 피하는 것과 관련된, 정신에서 더욱더 의식적인 요소들과 동떨어져 있기 마련이다. 더군다나 이러한 원초적인 경향은 훨씬 더 성적이거나 파괴적인 경향을 지니며, 좀 더 사회적이고 개화된 정신적인 힘들과 상충할 수밖에 없다. 이것을 계속 탐구함으로써 프로이트는 오랫동안 숨겨져 있던 어린아이들의 성적인 삶과 오이디푸스 콤플렉스의 비밀을 알아낼 수 있었다.

두 번째로, 그는 자기 분석을 함으로써 꿈의 본질을 탐구하기 시작했다. 이 꿈들은 신경증 증상들과 마찬가지로 원초적인 무의식적 충동과 2차적인 의식적 충동 사이에서 생겨나는 갈등과 타협의 산물임이 밝혀졌다. 그것들을 구성 요소별로 나누어 분석함으로써 프로이트는 숨어 있는 무의식적인 내용들을 추론할 수 있었으며, 꿈이 거의 모든 사람들에게 보편적으로 일어나는 공통된 현상인 만큼 꿈의 해석이 신경증 환자의 저항을 간파하기 위한 기술적 도구 중의 하나임을 밝혀냈다.

마지막으로, 꿈에 대해 면밀하게 고찰함으로써 프로이트는 그가 생각의 1차적 과정과 2차적 과정이라고 명명한 것, 즉 정신의 무의식적 영역에서 일어나는 일과 의식적 영역에서 일어나는 일

사이의 엄청난 차이점들을 분류할 수 있었다. 무의식에서는 조직이나 조화는 전혀 발견되지 않고, 하나하나의 독립적인 충동이 다른 모든 충동과 상관없이 만족을 추구한다. 그 충동들은 서로 영향을 받지 않고 진행되며, 모순은 전혀 작용하지 않고 가장 대립되는 충동들이 아무런 갈등 없이 병존한다. 그러므로 무의식에서는 또한 생각들의 연상이 논리와는 아무런 관련도 없는 노선들을 따라 진행되며, 유사한 것들은 동일한 것으로, 반대되는 것들은 긍정적으로 동등하게 다루어진다. 또 무의식에서는 능동적인 경향을 수반한 대상들이 아주 이례적으로 가변적이어서, 하나의 무의식이 아무런 합리적 근거도 없는 온갖 연상의 사슬을 따라 다른 무의식으로 대체될 수도 있다. 프로이트는 원래 1차적 과정에 속하는 심리 기제가 의식적인 생각으로 침투하는 것이 꿈뿐만 아니라 여러 가지 다른 정상적 또는 정신 병리학적인 정신적 사건의 기이한 점을 설명해 준다는 사실도 분명히 알아냈다.

프로이트가 했던 연구의 후반부는 모두 이러한 초기의 사상들을 무한히 확장하고 정교하게 다듬는 데 바쳐졌다고 해도 과언이 아닐 것이다. 그러한 사상들은 정신 신경증과 정신 이상의 심리 기제뿐 아니라 말이 헛나온다거나 농담을 한다거나 예술적 창조 행위라거나 정치 제도 같은 정상적인 과정의 심리 기제를 설명하는 데도 적용되었고, 여러 가지 응용과학 — 고고학, 인류학, 범죄학, 교육학 — 에 새로운 빛을 던지는 데도 일익을 담당했다. 그리고 정신분석 요법의 효과를 설명하는 데도 도움이 되었다. 마지막으로, 프로이트는 이러한 근본적인 관찰들을 근거로 해서 그가 〈초심리학〉이라고 명명한 좀 더 일반적인 개념의 이론적인 구조를 세우기도 했다. 그러나 많은 사람들이 이 일반적 개념을 매혹적이라고 생각할지라도, 프로이트는 언제나 그것이 잠정적인 가설의 속성을 띤다고 주장했다. 만년에 그는 〈무의식〉이라는 용어의 다의성과 그것의 여러 가지 모순되는 용법에 많은 영향을 받아 정신에 대한 새로운 구조적 설명 — 여러 가지 문제점을 해명하기 위해 만들어진 것이 분명한 새로운 설명 — 을 제시했는데, 거기에서는 조화되지 않은 본능적인 경향은 〈이드〉로, 조직된 현실적인 부분은 〈자아〉로, 비판적이고 도덕적인 기능은 〈초자아〉로 불렸다.

지금까지 훑어본 내용으로 독자들은 프로이트의 삶에 있었던 외면적인 사건들의 윤곽과 그가 발견한 것에 대해 어느 정도 조망했을 것이다. 그런데 더 많은 것을 요구하는 것이, 좀 더 깊이 파고들어 가서 프로이트가 어떤 부류의 사람이었는지를 알아보는 것이 과연 적절할까? 아마도 그렇지 않을 것이다. 그러나 위인에 대한 사람들의 호기심은 만족할 줄 모르며, 그 호기심이 진실된 설명으로 충족되지 않으면 필연적으로 꾸며 낸 이야기라도 붙잡으려고 할 것이다. 프로이트는 초기에 낸 두 권의 책(『꿈의 해석』과 『일상생활의 정신 병리학』)에서 그가 제기한 논제로 인해 개인적인 사항들을 예외적으로 많이 제시하지 않을 수 없었다. 그럼에도 불구하고, 또는 바로 그런 이유로 그는 자기의 사생활이 침해당하는 것을 완강히 거부했으며, 따라서 여러 가지 근거 없는 애깃거리의 소재가 되었다. 일례로 처음에 떠돌았던 아주 단순한 소문에 따르자면, 그는 공공 도덕을 타락시키는 데 온 힘을 쏟는 방탕한 난봉꾼이라는 것이었다. 또 이와 정반대되는 터무니없는 평가도 없지 않았다. 그는 엄격한 도덕주의자, 가차 없는 원칙주의자, 독선가, 자기중심적이고 웃지도 않는 본질적으로 불행한 남자로 묘사되었다. 그를 조금이라도 알고 있는 사람들이라면 누구에게나 위의 두 가지 모습은 똑같이 얼토당토않은 것으로 보일 것이다. 두 번째 모습은 분명히 부분적으로는 그가 말년에 육체적으로 고통받았다는 것을 아는 데서 기인한 것이다. 그러나 또 한편으로는 가장 널리 퍼진 그의 몇몇 사진이 불러일으킨 불행해 보이는 인상에 기인한 것일 수도 있다. 그는 적어도 직업적인 사진사들에게는 사진 찍히기를 싫어했으며, 그의 모습은 때때로 그런 사실을 드러냈다. 화가들 역시 언제나 정신분석학의 창시자를 어떻게든 사납고 무서운 모습으로 표현할 필요를 느꼈던 것처럼 보인다. 그러나 다행히도 좀 더 다정하고 진실한 모습을 보여 주는 다른 증거물들도 있다. 예를 들면 그의 장남이 쓴 아버지에 대한 회고록(마르틴 프로이트Martin Freud, 『명예로운 회상』, 1957)에 실려 있는, 휴일에 손자들과 함께 찍은 스냅 사진 같은 것들이다. 이 매혹적이고 흥미로운 책은 실로 여러 가지 면에서 좀 더 형식적인 전기들 — 그것들도 매우 귀중하기는 하지만 — 의 내용에서 균형을 회복하는 데 도움을 주는 한편, 일상생활을 하는 프로이트의 모습도 얼마간 드러내 준다. 이러한 사진들 가운데 몇 장은 그가 젊은 시절에 매우 잘생긴 용모였다는 것을 보여 준다. 하지만 나중에 가서는, 그러니까 제1차 세계 대전 뒤 병이 그를 덮치기 얼마 전부터는 더 이상 그렇지 못했고, 그의 용모는 물론 전체적인 모습(대략 중간 키 정도인)도 주로 긴장된 힘과 빈틈없는 관찰력을 풍기는 인상으로 널리 알려졌다. 그는 공식적인 자리에서는 진지하되 다정하고 사려 깊었지만, 사사로운 곳에서는 역설적인 유머 감각을 지닌 유쾌하고 재미있는 사람이기도 했다. 그가 가족에게 헌신적인 애정을 기울인 사랑받을 만한 남자였다는 것을 알아보기란 그리 어려운 일이 아니다. 그는 다방면으로 여러 가지 취미가 있었고 — 그는 외국 여행과 시골에서 보내는 휴일, 그리고 등산을 좋아했다—미술, 고고학, 문학 등 좀 더 전념해야 하는 주제에도 관심이 많았다. 프로이트는 독일어 외에 여러 외국어에도 능통해서 영어와 프랑스어를 유창하게 구사했을 뿐 아니라, 스페인어와 이탈리아어에도 상당한 지식을 갖고 있었다. 또 그가 후기에 받은 교육은 주로 과학이었지만(대학에서 그가 잠시 철학을 공부했던 것은 사실이다), 김나지움에서 배웠던 고전들에 대한 애정 또한 잃지 않았다. 우리는 그가 열일곱 살 때 한 급우[4]에게 보냈던 편지를 가지고 있는데, 그 편지에서 그는 졸업 시험의 각기 다른 과목에서 거둔 성과들, 즉 로마의 시인 베르길리우스에게서 인용한 라틴어 구절, 그리고 무엇보다도 『오이디푸스왕』에서 인용한 30행의 그리스어 구절을 적고 있다.

한마디로 우리는 프로이트를, 영국에서라면 빅토리아 시대 교육의 가장 뛰어난 산물과 같은 인물로 볼 수도 있을 것이다. 그러므로 프로이트의 문학과 예술에 대한 취향은 분명 우리와 다를 것이며, 윤리에 대한 견해도 자유롭고 개방적일지언정 프로이트 이후 세대에 속하지는 않을 것이다. 그러나 우리는 그에게서 많은 고통을 겪으면서도 격한 태도를 보이지 않는, 충만한 감성을 지닌 인간형을 본다. 그에게서 두드러지는 특징들은 완전한 정직과 솔직성, 그리고 아무리 새롭거나 예외적이더라도 자기에게 제시된 사실을 어떤 것이든 기꺼이 받아들여 숙고할 준비가 되어 있는 지성이다. 그가 이처럼 놀라운 면을 지니게 된 것은, 아마도 표면적으로 사람들을 싫어하는 태도가 숨기지 못한 전반적인 너그러움을 그러한 특징들과 결합하여 확장시킨 필연적인 결과일 것이다. 미묘한 정신을 지녔음에도 불구하고 그는 본질적으로 순

4   에밀 플루스Emil Fluss. 이 편지는 『프로이트 서간집』(1960)에 들어 있다.

박했으며, 때로는 비판 능력에서 예기치 않은 착오를 일으키기도 했다. 예를 들어 이집트학이나 철학 같은 자기 분야가 아닌 주제에서 신빙성이 없는 전거(典據)를 받아들이는 실수를 한다든가, 그리고 무엇보다도 이상한 것은 그 정도의 인식력을 지닌 사람으로 믿기 어려울 만큼 때로는 그가 알고 있는 사람들의 결점을 보지 못한 것 등이 그렇다. 그러나 프로이트가 우리와 같은 인간이라고 단언함으로써 허영심을 만족시킬 수 있다 하더라도, 그 만족감은 쉽사리 도를 넘어설 수 있다. 이제까지는 정상적인 의식에서 제외되었던 정신적 실체의 모든 영역을 처음으로 알아볼 수 있었던 사람, 처음으로 꿈을 해석하고, 유아기의 성욕이라는 사실을 처음으로 인정하고, 사고의 1차적 과정과 2차적 과정을 처음으로 구분한 사람 — 우리에게 무의식을 처음으로 현실로 제시한 사람 — 에게는 사실상 매우 비범한 면들이 있었을 것이다.

프로이트 연보

1856년 5월 6일, 오스트리아 모라비아의 프라이베르크에서 태어남.

1860년 가족들 빈으로 이주, 정착.

1865년 김나지움(중등학교 과정) 입학.

1873년 빈 대학 의학부에 입학.

1876년 1882년까지 빈 생리학 연구소에서 브뤼케의 지도 아래 연구 활동.

1877년 해부학과 생리학에 관한 첫 번째 논문 출판.

1881년 의학 박사 과정 졸업.

1882년 마르타 베르나이스와 약혼. 1885년까지 빈 종합 병원에서 뇌 해부학을 집중 연구, 논문 다수 출판.

1884년 1887년까지 코카인의 임상적 용도에 관한 연구.

1885년 신경 병리학 강사 자격(프리바트도첸트) 획득. 10월부터 1886년 2월까지 파리의 살페트리에르 병원(신경 질환 전문 병원으로 유명)에서 샤르코의 지도 아래 연구. 히스테리와 최면술에 대해 소개하기 시작.

1886년 마르타 베르나이스와 결혼. 빈에서 개업하여 신경 질환 환자를 치료하기 시작. 1893년까지 빈 카소비츠 연구소에서 계속 신경학을 연구. 특히 어린이 뇌성 마비에 관심을 가지고 많은 출판 활동을 함. 신경학에서 점차 정신 병리학으로 관심을 돌리게 됨.

1887년 장녀 마틸데 출생. 1902년까지 베를린의 빌헬름 플리스와 교분을 맺고 서신 왕래. 이 기간에 프로이트가 플리스에게 보낸 편지는 프로이트 사후인 1950년에 출판되어 그의 이론 발전 과정에 많은 시사점을 주고 있음. 최면 암시 요법을 치료에 사용하기 시작.

1888년 브로이어를 따라 카타르시스 요법을 통한 히스테리 치료에 최면술을 이용하기 시작. 그러나 점차 최면술 대신 자유 연상 기법을 시도하기 시작.

1889년 프랑스 낭시에 있는 베르넴을 방문. 그의 〈암시〉 요법을 연구. 장남 마르틴 출생.

1891년 실어증에 관한 연구 논문 발표. 차남 올리버 출생.

1892년 막내아들 에른스트 출생.

1893년 브로이어와 함께 히스테리의 심적 외상(外傷) 이론과 카타르시스 요법을 밝힌 『예비적 보고서』 출판. 차녀 소피 출생. 1896년까지 프로이트와 브로이어 사이에 점차 견해차가 생기기 시작. 방어와 억압의 개념, 그리고 자아와 리비도 사이의 갈등의 결과로 생기는 신경증 개념을 소개하기 시작. 1898년까지 히스테리, 강박증, 불안에 관한 연구와 짧은 논문 다수 발표.

1895년 브로이어와 함께 치료 기법에 대한 증례 연구와 설명을 담은 『히스테리 연구』 출판. 감정 전이 기법에 대한 설명이 이 책에서 처음으로 나옴. 『과학적 심리학 초고』 집필. 플리스에게 보내는 편지 속에 그 내용이 포함되어 있는 이 책은 1950년에야 비로소 첫 출판됨. 심리학을 신경학적인 용어로 서술하려는 이 시도는 처음에는 빛을 보지 못했지만 프로이트의 후기 이론에 관한 많은 시사점을 담고 있음. 막내딸 아나 출생.

1896년 〈정신분석〉이란 용어를 처음으로 소개. 부친 향년 80세로 사망.

1897년 프로이트의 자기 분석 끝에 심적 외상 이론을 포기하는 한편, 유아 성욕과 오이디푸스 콤플렉스에 대해 인식하게 됨.

1900년 『꿈의 해석』 출판. 책에 표시된 발행 연도는 1900년이지만 실제로 책이 나온 것은 1899년 11월임. 이 책의 마지막 장에서 정신 과정, 무의식, 〈쾌락 원칙〉 등에 대한 프로이트의 역동적인 관점이 처음으로 자세하게 설명됨.

1901년 『일상생활의 정신 병리학』 출판. 이 책은 꿈에 관한 저서와 함께 프로이트의 이론이 병적인 상태뿐만 아니라 정상적인 정신생활까지 적용된다는 것을 분명히 보여주고 있음.

1902년 특별 명예 교수에 임명됨.

1905년 「성욕에 관한 세 편의 에세이」 발표. 유아에서 성인에 이르기까지 인간의 성적 본능의 발전 과정을 처음으로 추적함.

1906년 융이 정신분석학의 신봉자가 됨.

1908년 잘츠부르크에서 제1회 국제 정신분석학회가 열림.

1909년 프로이트와 융이 미국으로부터 강의 초청을 받음. 〈꼬마 한스〉라는 다섯 살 어린이의 병력(病歷) 연구를 통해 처음으로 어린이에 대한 정신분석을 시도. 이 연구를 통해 성인들에 대한 분석에서 수립된 추론들이 특히 유아의 성적 본능과 오이디푸스 콤플렉스 및 거세 콤플렉스에까지 적용될 수 있음을 확인함.

1910년 〈나르시시즘〉 이론이 처음으로 등장함.

1911년 1915년까지 정신분석 기법에 관한 몇 가지 논문 발표. 아들러가 정신분석학회에서 탈퇴. 정신분석학 이론을 정신병 사례에 적용한 슈레버 박사의 자서전 연구 논문이 나옴.

1912년 1913년까지 『토템과 터부』 출판. 정신분석학을 인류학에 적용한 저서.

1914년 융의 학회 탈퇴. 「정신분석 운동의 역사」라는 논문 발표. 이 논문은 프로이트가 아들러 및 융과 벌인 논쟁을 담고 있음. 프로이트의 마지막 주요 개인 병력 연구서인 『늑대 인간』(1918년에 비로소 출판됨) 집필.

1915년 기초적인 이론적 의문에 관한 〈초심리학〉 논문 12편을 시리즈로 씀. 현재 이 중 5편만 남아 있음. 1917년까지 『정신분석 강의』 출판. 제1차 세계 대전까지의 프로이트의 관점을 광범위하고도 치밀하게 종합해 놓은 저서임.

1919년 나르시시즘 이론을 전쟁 신경증에 적용.

1920년 차녀 사망. 『쾌락 원칙을 넘어서』 출판. 〈반복 강박〉이라는 개념과 〈죽음 본능〉 이론을 처음 명시적으로 소개.

1921년 『집단 심리학과 자아 분석』 출판. 자아에 대한 체계적이고 분석적인 연구에 착수한 저서.

1923년 『자아와 이드』 출판. 종전의 이론을 크게 수정해 마음의 구조와 기능을 이드, 자아, 초자아로 나누어 설명. 암에 걸림.

1925년 여성의 성적 발전에 관한 관점을 수정.

1926년 『억압, 증상 그리고 불안』 출판. 불안의 문제에 대한 관점을 수정.

1927년 『어느 환상의 미래』 출판. 종교에 관한 논쟁을 담은 책. 프로이트가 말년에 전념했던 다수의 사회학적 저서 중 첫 번째 저서.

1930년 『문명 속의 불만』 출판. 이 책은 파괴 본능(〈죽음 본능〉의 표현으로 간주되는)에 대한 프로이트의 첫 번째 본격적인 연구서임. 프랑크푸르트시로부터 괴테상(賞)을 받음. 어머니 향년 95세로 사망.

1933년 히틀러 독일 내 권력 장악. 프로이트의 저서들이 베를린에서 공개적으로 소각됨.

1934년 1938년까지 『인간 모세와 유일신교(有一神敎)』 집필. 프로이트 생존 시 마지막으로 출판된 책.

1936년 80회 생일. 영국 왕립 학회의 객원 회원으로 선출됨.

1938년 히틀러의 오스트리아 침공. 빈을 떠나 런던으로 이주. 『정신분석학 개요』 집필. 미완성의 마지막 저작인 이 책은 정신분석학에 대한 결정판이라 할 수 있음.

1939년 9월 23일 런던에서 사망.

역자 해설

강박적 집착과 터부의 심리학

이 책에는 모두 네 편의 논문이 실려 있다. 그 내용을 거칠게나마 요약하면 다음과 같다.

1. 강박 행동과 종교 행위(1907)

프로이트는 이 논문 첫머리에서, 신경증 환자의 강박적인 행동과 종교에 대한 종교인들의 과민한 집착이 유사한 데 충격을 받았다고 고백한다. 이 짧은 논문을 통해 그는 신경증 환자의 강박적인 행동과 종교에 대한 종교인의 집착이 유사한 데 주목하여, 신경증을 개인적인 종교성(宗敎性)에 대한 강박적인 집착, 종교를 보편적인 신경증에 대한 강박적인 집착으로 파악해 낸다. 프로이트의 견해는 〈꿈은 개인의 신화이며 신화는 모듬살이의 꿈〉이라고 한 신화학자 조지프 캠벨의 주장을 상기시킨다.

2. 토템과 터부(1913)

이 논문에서 그는 토템과, 토템에 대한 터부[禁制]의 심리학, 그리고 이 토템과 터부에 대한 원시인들의 양가적(兩價的)인 감정 습관을 분석해 낸다. 그는 이 분석을 통해 태곳적의 토테미즘이 어떤 식으로 유아기 신경증에 침윤하는지, 어떤 식으로 현대인의 내면으로 회귀하는지, 그 회귀 메커니즘의 규명을 시도한다.

3. 불의 입수와 지배(1932)

프로메테우스가 불을 훔쳐 오는 데 사용한 회향나무 대롱을 남근, 독수리에게 파먹히는 족족 재생하는 프로메테우스의 간을 성욕으로 해석한 짧지만 독특한 논문. 프로이트는 헤라클레스가 퇴치한 히드라(대가리를 자르면 그 자른 자리에서 또 하나의 대가리가 솟아오르는, 대가리가 아홉 개인 물뱀)까지도 성욕을 상징하는 괴물로 해석해 낸다.

4. 인간 모세와 유일신교(1939)

구약 성서와 유대 전설을 논거로 모세는 이집트인이었고, 그가 히브리인에게 전한 유일신교는 이집트의 종교였다는 놀라운 주장이 담긴 논문이다. 유대인인 프로이트는 유대교의 성립 과정을 정신분석학적 입장에서 고찰하고, 유대인에 의한 모세 살해 및 그리스도의 고난을 토테미즘 시대의 살부(殺父) 모티프와 동일시한다. 그는 구약 성서와 신약 성서의 분석을 통하여 심리적으로 억압되어 왔던 태곳적 진실이 종교를 통하여 어떻게 드러나는가를 해명한다.

편집자의 요청을 좇아 프로이트가 처음으로 확립한 개념어나 정신분석학 술어의 역어(譯語)에 원어인 독일어를 덧붙였다. 이 것을 보고 혹 원전인 독일어에서 바로 번역한 것으로 오해하는 독자가 있을까 봐서 미리 밝혀 두거니와, 이 책의 번역은 독일어 대본이 아닌 영어 대본을 통하여 이루어졌다. 원전을 번역한 것임에 분명한 일본어판의 역문(譯文)은 만연체 늘여 빼기와 구어적(口語的) 중언부언이 심하기는 했지만, 때로 의미 파악에 요긴한 방향 가늠자가 되기는 했다. 좋은 참고 자료로 삼았다. 어려울 것임을 처음부터 예감하고도 전집의 번역에 끼어들었다. 어려운 책을 쉽게 옮겨 보겠다는 허황한 기대와 희망을 나는 버리지 못하고 있다. 번역은 생닽이 축자역(逐字譯)이 아닌 친절한 의역이어야 한다고 나는 믿어 왔다. 하지만 소설 번역에 길이 들고, 주로 소설 문법에만 익숙한 나에게 이런 종류의 번역은 힘이 무척 들었다. 그래서 주제넘게 끼어든 것을 많이 후회했다. 일반 독자에 대한 봉사의 의무에 충실하고 싶다는 나의 희망이 이 책의 번역에서는 아무래도 이루어지지 못한 것 같아 보인다.

프로이트 사상의 생소함과 논리 전개 방식의 난삽함보다는 오히려 문장에 반영되는 프로이트 특유의 표현 방식이 작업을 어렵게 했다. 어쩌면 당시의 어법이 그랬던 것인지도 모르겠고, 정신분석학의 입지가 오늘날에 견주면 형편없이 취약했던 나머지 반대파에게 꼬투리를 잡히면 딴죽 걸릴 가능성이 있어서 그랬던 것인지도 모르겠다. 하여튼 진의를 파악하자면 현미경이 필요할 듯한 완곡어법, 무수히 생략되는 문장의 논리적·인과적 접속사, 문장 한중간에서 일어나는 복합적인 논리의 방향 전환 같은 것들이 애를 먹였다. 그래서 되도록 풀어서 독자에게 의미를 전하려고 했다. 비학술적인 번역 태도라는 비난은 두렵지 않다. 다만 우려되는 것은 비전공자에 의해 정신분석학의 술어가 엉뚱하게 옮겨지는 사태이다. 일본어판을 자주 뒤적거린 까닭이 여기에 있다.

번역 대본은 1990년 펭귄 사에서 출판된 펭귄 프로이트 라이브러리Penguin Freud Library 『종교의 기원*The Origins of Religion*』을 썼다. 원고 상태에서는 〈원주〉, 〈영역자주〉, 〈역주〉를 따로 밝혔으나 편집 방침에 따라 〈원주〉만 밝히고, 〈영역자주〉와 〈역주〉는 뭉뚱그려져 별도 표시가 없는 〈옮긴이주〉가 된 모양이다. 하지만 〈원주〉 표시가 되지 않는 각주에는 영역자의 각주가 포함되어 있음을 밝혀 둔다.

이윤기

참고 문헌

프로이트의 저술은 『표준판 전집』에 있는 논문 제목과 권수를 표시하고 열린책들 프로이트 전집의 권수를 병기했다.

Abraham, K. (1911) "Über die determinierende Kraft des Namens", *Zentbl. Psychoanal.*, 2, 133.

(1914) "Über Einschränkungen und Umwandlungen der Schaulust bei den Psychoneurotikern", *Jb. Psychoanal.*, 6, 25.

Adler, A. (1910) "Der psychische Hermaphroditismus im Leben und in der Neurose", *Fortscher. Med.*, 28, 486.

Atkinson, J. J. (1903) *Primal Law*, London. Included in A. Lang, *Social Origins*, London.

Auerbach, E. (1932, 1936) *Wüste und Gelobtes Land* (2 vols.), Berlin.

Bachofen, J. J. (1861) *Das Mutterrecht*, Stuttgart.

Bastian, A. (1874-5) *Die deutsche Expedition an der Loango-Küste* (2 vols.), Jena.

Batchelor, J. (1901) *The Ainu and their Folk-Lore*, London.

Bleuler, E. (1910) "Vortrag über Ambivalenz" (Berne), Report in *Zentbl. Psychoanal.*, 1, 266.

Blumentritt, F. (1891) "Über die Eingeborenen der Insel Palawan", *Globus*, 59, 181.

Boas, F. (1888) "The Central Eskimo", *Sixth Ann. Rep. Bur. Amer. Ethn.*, 399.

(1890) "Second General Report on the Indians of British Columbia", *Report of the Sixtieth Meeting of the British Association*, 562.

Breasted, J. H. (1906) *A History of Egypt*, London.

(1934) *The Dawn of Conscience*, London.

Brown, W. (1845) *New Zealand and its Aborigines*, London.

Buschan, G. (ed.) (1922-6) *Illustrierte Völkerkunde* (2 vols. in 3), Stuttgart.

Cambridge Ancient History (1924) (ed. J. B. Bury, S. A. Cook and F. E. Adcock),

Vol. II, *The Egyptian and Hittite Empires to 1000 B.C.*, Cambridge. (Historical Egyptian Chapters by J. H. Breasted.)

Cameron, A. L. P. (1885) "Notes on Some Tribes of New South Wales", *J. anthrop. Inst.* 14, 344.

Codrington, R. H. (1891) *The Melanesian*, Oxford.

Crawley, E. (1902) *The Mystic Rose, A Study of Primitive Marriage*, London.

Darwin, C. (1871) *The Descent of Man* (2 vols.), London.

　(1875) *The Variation of Animals and Plants under Domestication* (2 vols.), 2nd ed., London. (1st ed., 1868.)

Dobrizhoffer, M. (1784) *Historia de Abiponibus* (3 vols.), Wien.

Dorsey, J. O. (1884) "An Account of the War Customs of the Osages", *Amer. Nat.*, 18, 113.

Durkheim, E. (1898) "La prohibition de l'inceste et ses origines", *Année sociolog.*, 1. 1.

　(1902) "Sur le totémisme", *Année sociolog.*, 5, 82.

　(1905) "Sur l'organisation matrimoniale des sociétés australiennes", *Année sociolog.*, 8, 118.

　(1912) *Les formes élémentaires de la vie religieuse: Le système totémique en Australie*, Paris.

Eder, M. D. (1913) "Augenträume", *Int. Z. ärztl. Psychoanal.*, 1. 157.

Ellis, havelock (1914) *Studies in the Psychology of Sex*, Vol. IV: *Sexual Selection in Man*, Philadelphia.

Ellis, W. (1832–6) *Polynesian Researches*, 2nd ed. (4 vols.), London. *Encyclopaedia Britannica* (1910–11) 11th ed., Cambridge.

Erlenmeyer, E. H. (1932) "Notiz zur Freudschen Hypothese über die Zähmung des Feuers", *Imago*, 18, 5.

Erman, A. (1905) *Die Ägyptische Religion*, Berlin.

Ferenczi, S. 1913a) "Ein kleiner Hahnemann", *Int. Z. ärztl. Psychoanal.*, 1, 240.

　(1913b) "Zur Augensymbolik", *Int. Z. ärztl. Psychoanal.*, 1, 161.

Fison, L. (1885) "The Nanga", *J. anthrop. Inst.*, 14, 14.

Fison, L., & Howitt, A. W. (1880) *Kamilaroi and Kurnai*, Melbourne.

Fraser, J. (1892) *The Aborigines of New South Wales*, Sydney.

Frazer, J. G. (1910) *Totemism and Exogamy* (4 vols.), London.

　(1911a) *The Magic Art* (2 vols.) (*The Golden Bough*, 3rd ed., part 1), London.

　(1911b) *Taboo and the Perils of the Soul* (*The Golden Bough*, 3rd ed., Part II),

London.

(1911c) *The Dying God* (*The Golden Bough*, 3rd ed., Part III), London.

(1912) *Spirits of the Corn and of the Wild* (2 vols.) (*The Golden Bough*, 3rd ed., Part V), London.

(1914) *Adonis, Attis, Osiris, 3rd ed.*(2 vols.) (*The Golden Bough*, 3rd ed., Part IV), London.

Freud, M. (1957) *Glory Reflected*, London.

Freud, S. (1891b) *On Aphasia*, London and New York, 1953.

(1893a) & Breuer, J.,"On the Psychical Mechanism of Hysterical Phenomena: Preliminary Communication", in *Studies on Hysteria, Standard Ed.*, 열린책들 3.

(1895b [1894]) "On the Grounds for Detaching a Particular Syndrome from Neurasthenia under the Description 'Anxiety Neurosis'", *Standard Ed.*, 3, 87; 열린책들 10.

(1895d) & Breuer, J., *Studies on Hysteria*, London, 1956; *Standard Ed.*, 2; 열린책들 3.

(1900a) *The Interpretation of Dreams*, London and New York, 1955; *Standard Ed.*, 4-5; 열린책들 4.

(1901b) *The Psychopathology of Everyday Life, Standard Ed.*, 6; 열린책들 5.

(1905c) *Jokes and their Relation to the Unconscious*, London, 1960; *Standard Ed.*, 8; 열린책들 6.

(1905d) *Three Essays on the Theory of Sexuality*, London, 1962; *Standard Ed.*, 7, 125; 열린책들 7.

(1905e [1901]) "Fragment of an Analysis of a Case of Hysteria", *Standard Ed.*, 7, 3; 열린책들 8.

(1906a [1905]) "My Views on the Part Played by Sexuality in the Aetiology of the Neuroses", *Standard Ed.*, 7, 271; 열린책들 10.

(1907a) *Delusions and Dreams in Jensen's 'Gradiva', Standard Ed.*, 9, 3; 열린책들 14.

(1907b) "Obsessive Actions and Religious Practices", *Standard Ed.*, 9, 1167; 열린책들 13.

(1908b) "Character and Anal Erotism", *Standard Ed.*, 9, 169; 열린책들 7.

(1908c) "On the Sexual Theories of Children", *Standard Ed.*, 9, 207; 열린책들 7.

(1908d) " 'Civilized' Sexual Morality and Modern Nervous Illness", *Standard Ed.*, 9, 179; 열린책들 12.

(1909a [1908]) "Some General Remarks on Hysterical Attacks", *Standard Ed.*,

9, 229; 열린책들 10.

(1909b) "Analysis of Phobia in a Five-Year-Old Boy", *Standard Ed.*, 10, 3; 열린책들 8.

(1909c) "Family Romances", *Standard Ed.*, 9, 237; 열린책들 7.

(1909d) "Notes upon a Case of Obsessional Neurosis", *Standard Ed.*, 10, 155; 열린책들 9.

(1910a [1909]) *Five Lectures on Psycho-Analysis*, *Standard Ed.*, 11, 3; in *Two Short Accounts of Psycho-Analysis*, Penguin Books, Harmondsworth, 1962.

(1910c) *Leonardo da Vinci and a Memory of his Childhood*, *Standard Ed.*, 11, 59; 열린책들 14.

(1910e) "The Antithetical Meaning of Primal Words", *Standard Ed.*, 11, 155.

(1911b) "Formulations on the Two Principles of Mental Functioning", *Standard Ed.*, 12, 215; 열린책들 11.

(1911c [1910]) "Psycho-Analytic Notes on an Autobiographical Account of a Case of Paranoia" (Dementia Paranoides), *Standard Ed.*, 12, 3; 열린책들 9.

(1912g) "A Note on the Unconscious in Psycho-Analysis", *Standard Ed.*, 12, 257; 열린책들 11.

(1912-13) *Totem and Taboo*, London, 1950; New York, 1952; *Standard Ed.*, 13, 1; 열린책들 13.

(1913i) "The Disposition to Obsessional Neurosis", *Standard Ed.*, 12, 313; 열린책들 10.

(1914c) "On Narcissism: An Introduction", *Standard Ed.*, 14, 69; 열린책들 11.

(1914d) "On the History of the Psycho-Analytic Movement", *Standard Ed.*, 14, 3; 열린책들 15.

(1915b) "Thoughts for the Times on War and Death", *Standard Ed.*, 14, 275; 열린책들 12.

(1915e) "The Unconscious", *Standard Ed.*, 14, 161; 열린책들 11.

(1916-17 [1915-17]) *Introductory Lectures on Psycho-Analysis*, New York, 1966; London, 1971; *Standard Ed.*, 15-16; 열린책들 1.

(1917c) "On Transformations of Instinct as Exemplified in Anal Erotism", *Standard Ed.*, 17, 127; 열린책들 7.

(1918a [1917]) "The Taboo of Virginity", *Standard Ed.*, 11, 193; 열린책들 7.

(1918a [1914]) "From the History of an Infantile Neurosis", *Standard Ed.*, 17, 3; 열린책들 9.

(1919e) "A Child is Being Beaten", *Standard Ed.*, 17, 1777; 열린책들 10.

(1919h) "The 'Uncanny' ", *Standard Ed.*, 17, 219; 열린책들 14.

(1920g) *Beyond the Pleasure Principle*, London, 1961; 열린책들 15., 18, 7; 열린책들 11.

(1921c) *Group Psychology and Analysis of the Ego*, London and New York, 1959; *Standard Ed.*, 18, 69; 열린책들 12.

(1922b [1921]) "Some Neurotic Mechanism in Jealousy, Paranoia and Homosexuality", *Standard Ed.*, 18, 223; 열린책들 10.

(1923b) *The Ego and the Id.*, London and New York, 1962; *Standard Ed.*, 19, 3; 열린책들 11.

(1924c) "The Economic Problem of Masochism", *Standard Ed.*, 19, 157; 열린책들 11.

(1924d) "The Dissolution of the Oedipus Complex", *Standard Ed.*, 19, 173; 열린책들 7.

(1925d [1924]) *An Autobiographical Study*, *Standard Ed.*, 20, 3; 열린책들 15.

(1925j) "Some Psychical Consequences of the Anatomical Distinction Between the Sexes", *Standard Ed.*, 19, 243; 열린책들 7.

(1926d [1925]) *Inhibitions, Symptoms and Anxiety*, London, 1960; *Standard Ed.*, 20, 77; 열린책들 10.

(1927a) "Postscript to *The Question of Lay Analysis*", *Standard Ed.*, 20, 251; 열린책들 15.

(1927c) *The Future of an Illusion*, London, 1962; *Standard Ed.*, 21, 3; 열린책들 12.

(1930a [1929]) *Civilization and its Discontents*, New York, 1961; London, 1963; *Standard Ed.*, 21, 59; 열린책들 12.

(1932a) "The Acquisition and Control of Fire", *Standard Ed.*, 22, 185; 열린책들 13.

(1933a [1932]) *New Introductory Lectures on Psycho-Analysis*, New York, 1966; London, 1971; *Standard Ed.*, 22; 열린책들 2.

(1935a) Postscript (1935) to *An Autobiographical Study*, new edition, London and New York; *Standard Ed.*, 20, 71; 열린책들 15.

(1937c) "Analysis Terminable and Interminable", *Standard Ed.*, 23, 211.

(1939a [1934-8]) *Moses and Monotheism*, *Standard Ed.*, 23, 3; 열린책들 13.

(1940a [1938]) *An Outline of Psycho-Analysis*, New York, 1968; London, 1969; *Standard Ed.*, 23, 141; 열린책들 15.

(1950a [1887-1902]) *The Origins of Psycho-Analysis*, London and New York,

1954.

(1960a) *Letters 1873-1939* (ed. E. L. Freud), New York, 1960: London, 1961.

(1963a [1909-39]) *Psycho-Analysis and Faith. The Letters of Sigmund Freud and Oskar Pfister*, London and New York, 1963.

(1965a [1907-26]) *A Psycho-Analytic Dialogue. The Letters of Sigmund Freud and Karl Abraham* (ed. H. C. Abraham & E. L. Freud), London and New York, 1965.

(1966a [1912-36]) *Sigmund Freud and Lou Andreas-Salomé: Letters* (ed. E. Pfeiffer), London and New York, 1972.

(1968a [1927-39]) *The Letters of Sigmund Freud and Arnold Zweig* (ed. E. L. Freud), London and New York, 1970.

(1970a [1919-35]) *Sigmund Freud as a Consultant. Recollections of a Pioneer in Psychoanalysis* (Freud가 Edoardo Weiss에게 보낸 편지, Weiss의 회고와 주석, Martin Grotjahn의 서문과 해설 포함), New York, 1970.

(1974a [1906-23]) *The Freud / Jung Letters* (ed. W. McGuire) London and Princeton, N. J., 1974.

Gardiner, Sir A. (1927) *Egyptian Grammar*, London (2nd ed., 1950; 3rd ed., 1957).

Goldenweiser, A. (1910) "Totemism, an Analytical Study", *J. Amer. Folklore*, 23, 179.

Gramberg, J. S. G. (1872) "Eene maand in de binnenlanden van Timor", *Verh. batavia Genoot.*, 36, 161.

Gressmann, H. (1913) *Mose und seine Zeit: ein Kommentar zu den Mose-Sagen*, Göttingen.

Guis, le Père, J. (1902) "Les Canaques", *Missions Catholiques*, 34, 208.

Haddon, A. C. (1902) "Presidential Address to the Anthropological Section", *Report of the Seventy-Second Meeting of the British Association*, 738.

Haeberlin, P. (1912) "Sexualgespenster", *Sexualprobleme*, 8, 96.

Herlitz, G. L, & Kirschner, B. (eds.) (1930) *Jüdisches Lexikon*, 4, Berlin.

Herodotus. *Historiai*.

Howitt, A. W. (1904) *The Native Tribes of South-East Australia*, London.

Hubert, H., & Mauss, M. (1899) "Essai sur la nature et la fonction du sacrifice", *Année sociolog.*, 2, 29.

(1904) "Esquisse d'une théorie générale de la magie", *Année sociolog.*, 7, 1.

Jevons, F. B. (1902) *An Introduction to the History of Religion*, 2nd ed., London (1st ed., 1896).

Jones, E. (1953) *Sigmund Freud:Life and Work*, Vol. 1, London and New York.

(1955) *Sigmund Freud:Life and Work*, Vol. 2, London and New York.

(1957) *Sigmund Freud:Life and Work*, Vol. 3, London and New York.

Josephus, Flavius. *Antiquitates Judaicae*.

Joustra, M. (1902) "Het leven, de zeden en gewoonten der Bataks", *Meded. ned. Zend.*, 46, 385.

Jung, C. G. (1906, 1909) *Diagnostische Assoziationsstudien* (2 vols.), Leipzig.

(1911-12) "Wandlungen und Symbole der Libido", *Jb. psychoanalyt. psychopath. Forsch.*, 3, 120, and 4, 162; 단행본으로는 Leipzig und Wien, 1912.

(1913) "Versuch einer Darstellung der psychoanalytischen Theorie", *Jb. psychoanalyt. psychopath. Forsch.*, 5, 307; 단행본으로는 Leipzig und Wien, 1913.

Junod, H. A. (1898) *Les Ba-Ronga*, Neuchâtel.

Kaempfer, E. (1727) *The History of Japan* (2 vols.), London.

Keane, A. H. (1899) *Man, Past and present*, Cambridge.

Kleinpaul, R. (1898) *Die Lebendigen und die Toten in Volksglauben, Religion und Sage*. Leipzig.

Krafft-Ebing, R. von (1867) *Beiträge zur Erkennung und richtigen forensischen Beurteilung krankhafter Gemütszustände für Ärzte, Richter und Verteidiger*, Erlangen.

Labb, P. (1903) *Un bagne russe, l'île de Sakhaline*, Paris.

Lambert, Le Père (1900) *Moeurs et superstitions des Néo-Calédoniens*, Nouméa.

Lang, A. (1903) *Social Origins*, London.

(1905) *The Secret of the Totem*, London.

(1910-11) "Totemism", *Encyclopaedia Britannica*, 11th ed., 27, 79.

(1911) "Lord Avebury on Marriage, Totemism, and Religion", *Folk-Lore*, 22, 402.

Leslie, D. (1875) *Among the Zulus and Amatongas*, 2nd ed., Edinburgh.

Lorenz, E. (1931) "Chaos und Ritus", *Imago*, 17, 433.

Low, H. (1848) *Sarawak*, London.

Löwenfeld, L. (1904) *Die psychischen Zwangserscheinungen*, Wiesbaden.

Lozano, P. (1733) *Descripción corográfica del Gran Chaco Gualamba*, Cordova.

Lubbock, J. (Lord Avebury) (1870) *The Origin of Civilisation*, London.

McLennan, J. F. (1865) *Primitive Marriage*, Edinburgh. (Reprinted in same author's Studies in *Ancient History*, London, 1876.)

(1869-70) "The Worship of Animals and Plants", *Fortnightly Rev.*, N. S., 6, 407 and 562; N. S., 7, 194. (Reprinted in same author's *Studies in Ancient History: Second Series*, London, 1896.)

Manetho. *The History of Egypt*.

Mann, T. (1929) "Die Stellung Freuds in der modernen Geistesgeschichte", *Psychoanal. Beweg.*, 1, 3.

Maori, A pakeha [F. E. Maning](1884) *Old New Zealand*, new ed., London.

Marett, R. R. (1900) "Pre-Animistic Religion", *Folk-Lore*, II, 162.

Marillier, L. (1898) "La place du totémisme dans l'évolution religieuse", *Rev. Hist. Relig.*, 37, 204.

Mariner, W. (1818) *An Account of the Natives of the Tonga Islands*, 2nd ed. (2 vols.), London. (1st ed., 1817.)

Max-Müller, F. (1897) *Contributions to the Science of Mythology* (2 vols.), London.

Meyer, E. (1905) "Die Mosesagen und die Lewiten", *S. B. Akad. Wiss. Berl.* (Phil-Hist. Kl.), 31, 640.

(1906) *Die Israeliten und ihre Nachbarstämme*, Halle.

Morgan, L. H. (1877) *Ancient Society*, London.

Müller, S. (1857) *Reizen en Onderzoekingen in den Indischen Archipel*, Amsterdam.

Parkinson, R. (1907) *Dreissig Jahre in der Südsee*, Stuttgart.

Paulitschke, P. (1893–6) *Ethnographie Nordost-Afrikas* (2 vols.), Berlin.

Peckel, P. G. (1908) "Die Verwandtschaftsnamen des mittleren Neumecklenburg", *Anthropos*, 3, 456.

Pikler, J., & Somló , F. (1900) *Der Ursprung des Totemismus*, Berlin.

Rank, O. (1907) *Der Künstler. Ansätze zu einer Sexualpsychologie*, Leipzig und Wien.

(1909) *Der Mythus von der Geburt des Helden*, Leipzig und Wien.

(1912) *Das Inzestmotive in Dichtung und Sage*, Leipzig und Wien.

(1913) "Eine noch nicht beschriebene Form des Ödipus-Traumes", *Int. Z. ärztl. Psychoanal.*, 1, 15.1

Reinach, S. (1905–12) *Cultes, mythes et religions* (4 vols.), Paris.

Reitler, R. (1913) "Zur Augensymbolik", *Int. Z. ärztl. Psychoanal.*, 1, 159.

Ribbe, C. (1903) *Zwei Jahre unter den Kannibalen der Salomo-Inseln*, Dresden.

Rivers, W. H. R. (1909) "Totemism in Polynesia and Melanesia", *J. R. anthrop. Inst.*, 39, 156.

Rose, H. J. (1928) *A Handbook of Greek Mythology*, London.

Roth, H. Ling (1896) *The Natives of Sarawak and British North Borneo* (2 vols.),

London.

Schaeffer, A. (1930) "Der Mensch und das Feuer", *Psychoanal., Beweg.*, 2, 201.

Schreber, D. P. (1903) *Denkwürdigkeiten eines Nervenkranken*, Leipzig.

Sellin, E.(1922) *Mose und seine Bedeutung für die israelitisch-jüdische Religionsgeschichte*, Leipzig.

Silberer, H. (1909) "Bericht über eine Methode, gewisse symbolische Halluzinations-Erscheinungen hervorzurufen und zu beobachten", *Jb. psychoanalyt. psychopath. Forsch.*, 1, 513.

Smith, Lindon (1956) *Tombs, Temples and Ancient Art*, Oklahoma.

Smith, W. Robertson (1894) *Lectures on the Religion of the Semites*, new [2nd] ed., London. (1st ed., 1889.)

Soloweitschik, M. (1930) *Contribution to Jüdiches Lexikon*(ed. Herlitz & Kirschner), Berlin, 4(1), 303.

Spencer, B., & Gillen, F. J. (1890) *The Native Tribes of Central Australia*, London.

Spencer, H. (1870) "The Origin of Animal Worship", *Fortnightly Rev.*, N. S., 7, 535.

(1893) *The Principles of Sociology*, 3rd ed., Vol. 1, London.

Stekel, W. (1911) "Die Verpflichtung des Namens", *Z. Psychother. med. Psychol.*, 3, 110.

Storfer, A. J. (1911) *Zur Sonderstellung des Vatermordes*, Leipzig und Wien.

Taylor, R. (1870) *Te Ika a Maui*, 2nd ed., London. (1st ed., 1855.)

Teit, J. A. (1900) *The Thompson Indians of British Columbia* (Jessup North Pacific Expedition, Vol. 1), New York.

Thomas, N. W. (1910-11a) "Magic", *Encyclopaedia Britannica*, 11th ed., 17, 304.

(1910-11b) "Taboo", *Encyclopaedia Britannica*, 11th ed., 26, 337.

Tylor, E. B. (1889) "A Method of Investigating the Development of Institutions", *J. anthrop. Inst.* 18, 245.

(1891) *Primitive Culture*, 3rd ed. (2 vols.), London.(1st ed., 1871.)

Volz, P. (1907) *Mose: ein Beitrag zur Untersuchung über die Ursprünge der Israelitischen Religion*, Tübingen.

Weigall, A. (1922) *The Life and Times of Akhnaton*, new and revised ed., London. (1st ed., 1910.)

Westermarck, E. (1901) *The History of Human Marriage*, 3rd ed., London.(1st ed., 1891.)

(1906-8) *The Origin and Development of Moral Ideas* (2 vols.), London.(114, 115 ff., 182)

Wilken, G. A. (1884) "Het animisme bij de volken van den Indischen Archiel",
   Ind. Gids, 6 (Part I), 925

Wulff, M. [M. Woolf] (1912) "Beiträge zur infantilen Sexualität", *Zentbl.
   Psychoanal.*, 2, 6.

Wundt, W. (1906) *Völkerpsychologie*, Vol. 2, Part II: *Mythus und Religion*, Leipzig.
   (1912) *Elemente der Völkerpsychologie*, Leipzig.

Yahuda, A. S. (1929) *Die Sprache des Pentateuch in ihren Beziehungen zum
   Ägyptischen*, Berlin.

Zweifel, J., & Moustier, M. (1880) *Voyage aux sources du Niger*, Marseilles.

찾아보기

ㄱ

강박 관념Zwangsvorstellung / obsessive idea 9, 149

강박성 자책Zwangsvorwurfe / obsessive self-reproach 116, 117

강박 신경증Zwangsneurose / obsessional neurosis 7, 9, 10, 12, 17~21, 70, 79, 80,
110, 117, 127, 130, 133, 134, 149, 150, 152, 166, 247, 248, 441

강박 행위Zwangshandlung / obsessive action 11~13, 16, 19, 70, 73, 80, 151, 152

개인 심리학Individual-Psycholgie / individual psychology 27, 385, 396

거세Kastration / castration 207, 208, 237, 259, 366, 369, 374, 384, 394, 424

거세 불안Kastrationsangst / castration-fear 237

거세 위협Kastrationsdrohung / threat of castration 208

거세 콤플렉스Kastrationskomplex / castration complex 207, 394

고착Fixierung / fixation 53, 64, 71, 153, 361, 362, 374

골든와이저Goldenweiser, A. 178

공격적 충동die aggressive Strebung / aggressive urge 98

공포증Phobie / phobia 18, 162, 164, 203~205, 207, 225, 362, 371, 374

광장 공포증Agoraphobie / agoraphobia 163, 164

괴테Goethe, J. W. von 245, 249, 381, 406, 429, 430, 447

귀스Guis, J. 107

그레스만Gressmann, H. 308, 313

근친상간Inzest / incest 25, 32, 36, 37, 39, 41, 42, 44, 47, 52~54, 128, 142, 174, 177,
194~200, 225, 226, 237, 255, 422, 423

길런Gillen, F. J. 38, 185, 188, 189

꿈-사고Traumgedanke / dream-thoughts 161

충동Strebung(Trieb) / impulse 9, 19, 36, 50~53, 71~74, 77, 78, 80, 84, 98, 99, 102,
　　122, 124, 128~130, 132~134, 147, 153~155, 157, 158, 184, 197, 198, 221, 228,
　　235, 239, 245, 246, 248, 256, 258, 259, 338, 371, 389, 394, 412, 416, 417, 419~421,
　　424~426, 430~432, 440, 441
츠바이펠Zweifel, J. 100

ㅋ

캠퍼Kaempher, E. 94
코드링턴Codrington, R. H. 43, 46, 145
쾌감Lust / pleasure 163, 416, 417, 441
크라프트-에빙Krafft-Ebing, R. von 9
크롤리Crawley, E. 48, 49
클라인파울Kleinpaul, R. 114
키르슈너Kirschner, B. 268
킨Keane, A. K. 179

ㅌ

타이트Teit, J. A. 106
타일러Tylor, E. B. 48, 135, 136, 138, 140, 146
테일러Taylor, R. 69, 91, 113
텔레파시Telepathie / telepathy 148, 149
토마스Thomas, N. W. 56, 146
토테미즘Totemismus / totemism 23, 28, 29, 32~35, 39, 42~47, 63, 74, 75, 167~195,
　　198, 200, 202, 206~211, 215, 216, 219, 220, 222, 225~231, 372, 420, 437
토템Totem / totem 7, 28, 29, 32~37, 39~42, 74, 169~194, 202, 208~211, 216,
　　218~223, 225~234, 237, 238, 240, 241, 284, 332, 337, 369, 371~373, 375, 378,
　　420, 422, 435~437, 439
퇴행Regression / regression 53, 154, 379
투사Projektion / projection 117, 119~122, 158, 159, 188, 407

ㅍ

파킨슨Parkinson, R. 44
페렌치Ferenczi, Sándor 207~209, 237
페켈Peckel, P. G. 44
편집증Paranoia / paranoia 101, 134, 157, 158, 162

옮긴이 **이윤기**(1947~2010) 경북 군위에서 출생하여 성결교신학대 기독교학과를 수료했다. 1977년 단편소설 「하얀 헬리콥터」가 중앙일보 신춘문예에 당선되었으며, 1991년부터 1996년까지 미국 미시간 주립대학교 종교학 초빙 연구원으로 재직했다. 1998년 중편소설 「숨은 그림 찾기」로 동인문학상을, 2000년 소설집 『두물머리』로 대산문학상을 수상했다. 소설집으로 『하얀 헬리콥터』, 『외길보기 두길보기』, 『나비 넥타이』가 있으며 장편소설로 『하늘의 문』, 『사랑의 종자』, 『나무가 기도하는 집』이 있다. 그 밖에 『어른의 학교』, 『무지개와 프리즘』, 『이윤기의 그리스 로마 신화』, 『꽃아 꽃아 문 열어라』 등의 저서가 있으며, 움베르토 에코의 『장미의 이름』, 『장미의 이름 작가 노트』, 『푸코의 진자』, 『전날의 섬』을 비롯해 카를 구스타프 융의 『인간과 상징』, 니코스 카잔차키스의 『그리스인 조르바』, 『미할리스 대장』 등 다수의 책을 번역했다.

프로이트 전집 13
종교의 기원

발행일	1997년	6월 10일	초판	1쇄
	1999년	4월 15일	초판	3쇄
	2003년	9월 30일	2판	1쇄
	2019년	9월 30일	2판	16쇄
	2020년	10월 30일	신판	1쇄
	2022년	4월 15일	신판	2쇄

지은이 **지크문트 프로이트**
옮긴이 **이윤기**
발행인 **홍예빈·홍유진**
발행처 **주식회사 열린책들**

경기도 파주시 문발로 253 파주출판도시
전화 031-955-4000 팩스 031-955-4004
www.openbooks.co.kr

Copyright (C) 주식회사 열린책들, 1997, 2020, *Printed in Korea.*
ISBN 978-89-329-2061-0 94180
ISBN 978-89-329-2048-1 (세트)

이 도서의 국립중앙도서관 출판예정도서목록(CIP)은 서지정보유통지원시스템 홈페이지(http://seoji.nl.go.kr)와 국가자료공동목록시스템(http://www.nl.go.kr/kolisnet)에서 이용하실 수 있습니다.(CIP제어번호: CIP2020039785)